THE ISLAMIC ENLIGHTENMENT

伊斯蘭啟蒙運動

在信仰與理性中掙扎的現代化之路

Christopher de Bellaigue
克里斯多福・德・貝萊格——著　洪世民——譯

目次

前言

在喬治三世統治的英國，羅伍德女子學校裡，一位自幼無父無母、飽受虐待的教師躺在床上，思考她的未來。她名叫簡愛（Jane Eyre）。

「我在這裡服務了八年，如今我只想到別處服務，難道我連這點事都不能自己做主嗎？這件事難道不可行嗎？可以的，可以的。這個目標不算太困難，只要我的腦袋夠靈活，能想出達成目標的辦法。」

我起來坐在床上，好讓腦子清醒一點。那天晚上氣溫很低，我用圍巾包住肩膀，繼續殫精竭慮去思考。

「我想要什麼？新的職位，在新的房子裡，周遭都是新臉孔，置身全新的境遇中。我想要這些，因為奢望其他更好的結果只是白費工夫。人們如何找到新的職位呢？我猜他們會找親友幫忙，但我沒有親友。世界還有很多無親無故的人，他們必須照料自己，必須自己幫自己，那他們有什麼對策呢？」

我說不上來，也得不到解答。我命令我的腦子找出答案，而且要快。我的大腦運轉得愈來愈快……我一躺下來，那個念頭自然而然悄悄潛入我腦海：「那些想要職務的人會刊登廣告，妳必須在某郡先驅報上刊登啟事。」

「怎麼做呢？我對廣告一無所知。」

答案來得順利又即時。

「妳要把廣告內容和刊登費用裝在信封，寄給先驅報的編輯。一有機會，妳就得把信拿到羅登鎮郵局投遞，回郵地址就寫郵局，收件人是J. E.。信件寄出大約一星期後，妳再到郵局詢問有沒有回信，如果有，再思考下一步。」

在這不眠的時刻，正是簡愛投入羅徹斯特先生懷抱前所度過的難關，因為她在郡報刊登廣告的決定，將帶領她前去羅伍德數哩外就任新職：在羅徹斯特先生的棘園擔任家庭教師。上面那段文字決定了一本備受喜愛小說的情節發展，但也能以更宏大、更具社會意義的角度來看待：那是一條通往新世界的途徑。

簡愛的強烈渴望無需贅言；她想要變化，尋求變動，而她受過的教育是她達到目標的辦法。當年英國女子學校的數量遽增，而她在其中一所獲得的指導，不僅為一顆優秀的頭腦注入使命感，也讓她揮別自卑，不再缺乏自信。簡愛不依賴宗教，而這將使她得以不受工具支配。簡愛是現代人。

她的現代性也延伸到她如何看待世界與所處境地的方式。簡愛是基督徒，但在她遲疑不決的時候，她不會緊握木十字架，也不會翻看福音書，更不會在滿天星斗中尋找徵兆。在她面臨道德和情感危機時，信仰會指引她、給她力量，但日常運作遭遇困境時——也就是她要找「清楚、實際的做法」、讓焦躁不安的腦袋休息時——簡愛不會質問上帝，而是問自己。

然而，簡愛的計畫要開花結果，尚需要近代英國的某些特徵推波助瀾。假如沒有地方報紙、沒有郵局，假如最後她前往棘園時，沒有安全無虞、可讓女性單獨搭乘的有輪交通工具載她通過收費公路，她什麼也做不成。

或許比上述種種更重要的是，簡愛需要社會認同她有權掌控自己的命運——一名未婚女性可以爬上驛馬車，想去哪裡就去哪裡，沒有敗壞名聲之虞。

現在我想將這幅英王喬治三世時期的畫面，嵌入截然不同的背景。請想像將夏綠蒂．勃朗特（Charlotte Brontë）的小說《簡愛》置入非歐洲的情境裡。按照十九世紀全球化的標準來看，這個新環境不算非常遙遠——越過地中海就到了。在那裡，你會遇到簡愛所居住的猶太基督教世界之親兄弟，既是第三個、也是最新一個以希伯來一神論為基礎，且深受希臘思維模式所影響的文明。

這是伊斯蘭文明。這個文明會怎麼看待簡愛？以及讓她輾轉難眠的、對個人成就的展望呢？它會贊同、或皺起鼻子呢？伊斯蘭能「了解」簡愛嗎？

要是我能給這個問題肯定的答案，你很可能不會拿起這本書，或者你會拿著一本完全不一樣的書。十九世紀頭幾十年的伊斯蘭文明，不僅不欣賞、也不了解簡愛，因為它沒有可以欣賞她或了解她的途徑。

首先，想想可讓穆斯林讀者遇見她的媒介：印刷書。這在《簡愛》設定的年代下還不切實際，因為在古騰堡（Gutenberg）發明活字印刷術、徹底改革歐洲的智識及宗教生活近四百年後，印刷機仍被伊斯蘭視為不受歡迎的異域創新，不許普遍使用。接著是把勃朗特名著譯為當地語言的問題。精通土耳其語、阿拉伯語或波斯語的英譯人才少之又少，中東也沒有翻譯外國著作的市場。

就算這些限制已用某種方式克服，例如有可靠的抄寫員刻印了大量的《簡愛》譯本，但基於另一個理由，讀者仍將少之又少。最新的學術研究成果認為，十九世紀初，土耳其、埃及和伊朗——中東地區最重要的智識和政治中心——識字率大約只有三％，英國則有超過六八％的男性和四三％的女性識字。在阿姆斯特丹——當時世界的讀寫素養之都——數字更分別達到八五％及六四％。當書沒有人讀得懂的時候，是不可能有廣大讀者的。

儘管如此，讓我們繼續不屈不撓地假設這些因素皆可拋開，想像一下，有大批穆斯林透過公眾場合的說書人，接觸到簡愛的生平與時代背景，他們將會作何反應？報紙和郵政的概念，會在這塊沒有報紙亦無郵政的土地上造成困惑，更別說鎮與鎮之間有車輛往來的幻想了。再來是簡愛的行為將打開道德的潘朵拉盒子。女主角在沒人護送下四處遊蕩、愛上一個男人、又吸引別的男人注意，成何體統？而且這種淫蕩的表現，竟然還被作者視為美德模範而呈現出來？

這裡的社會制度和簡愛的英國南轅北轍：家裡的閨房呢？女眷呢？為什麼羅徹斯特先生沒有奴隸？更別說那些在棘園裡飲酒作樂，在古鋼琴上搔首弄姿、邊騎馬邊炫耀乳房和飄逸長髮的女賓客了。

關於《簡愛》的情節，中東讀者最寬厚的評論或許是它闡明了穆斯林的教義有多優越。依據穆斯林的教法，羅徹斯特先生可以娶簡愛為第二個妻子（最多可以娶四個），還能保住她其餘的美德，不會有人鬼扯閣樓裡的瘋婆子什麼的。

簡而言之，在十九世紀初的穆斯林眼中，簡愛這個角色絕不可能存在，也幾乎沒有人能理解，而她一生的故事，荒謬到跟精神錯亂差不多了。

隨著輪船發明，可能前往的目的地倍增。到處走動變得容易。在那之後，鐵路出現，旅行又更容易了。一如旅行透過以上方式加快速度，通訊也藉著電報而加快了。以前從遠方要花一年才能送到的消息，現在只需要一個鐘頭。這個世界被倒進不一樣的模子了。

這段出自一八九一年的短文中，土耳其女作家法瑪・阿里耶（Fatma Aliye）傳達了數十年來擾動及鼓舞鄂圖曼帝國的技術變革有多巨大。她最後一個句子巧妙地保留了一種曖昧：生命的意義與詮釋這種意義的責任，正從過往徐徐注入一個柔軟、易感的未來。這和阿里耶本身於一八六〇年代度過、嚴格且劃分清楚的童年截然不同。當年，身為鄂圖曼的名門之後，阿里耶所居與世隔絕、精緻考究，那個世界似乎是設計來維持差異的。

阿里耶十五歲時進入深閨、足不出戶，四年後嫁出去，還「偷學」法語以免觸怒母親。對她母親來說，學異教徒的語言與叛教無異。但沒有人——就連怒眉騰騰、暴虐專橫的蘇丹阿卜杜勒哈米德二世（Abdulhamid II）也一樣——能夠阻止現代化，而那些新發明滲入帝國的結果，便是提升個人的自主性。拜教育普及之賜，鄂圖曼識字的讀者迅速增多，而剛獲眾人接受的報刊機構，讓阿里耶在隱居時寫的東西得以在讀者間傳播開來。在年輕的土耳其文報界，她是獨樹一格的發言人；她寫女孩的教育，反對一直以來男性貶抑女性的舉止。阿里耶早期的文學作品以「一個女人」之類的筆名刊登，而當她終於鼓足勇氣以真名出版小說時，憤世嫉俗的人，不分男女，都說那些東西出自她的父兄之手。

勃朗特姊妹也是用筆名出版——用了聽起來像男性的名字——因為她們懷疑真有人想讀沒沒無聞的約克夏年輕女性所寫的作品。說來奇妙，類似關乎女性能力的問題，不久便會在半個世界外的伊斯坦堡被提起，早在一八六九年，一本新女性雜誌《穆斯林女性的進步》（Terakki-i-Muhadderat）某位供稿人怒氣沖沖地聲稱：「正如女人不是生來被男人保存的，男人也不是生來服務女性的……我們難道沒有學習知識和熟練的能力嗎？我們的腿、眼睛和大腦，跟他們不一樣嗎？我們不是人嗎？只因性別不同，我們就得落到這步田地嗎？凡是有常識的人都不會接受這種情況。」隨著鄂圖曼帝國在十九世紀現代化，愈來愈多有自信的土耳其女性，其世界觀已變得相當接近同時代的西方女性了——像簡愛這種年輕女性自己做決定、墜入愛河、自力謀生而獲得成功的故事，已不再那麼光怪陸離了。

法瑪．阿里耶的人生之所以過得如此深刻，原因之一是她和周遭不斷變遷的世界維持生產力的關係。她是真正的現代人，為現代化塑造，也回頭塑造現代化；此外，她也毫不畏懼闖入嶄新而危險的女權和輿論領域。

她最著名的作品之一，是一部由信件構成的小說；上層階級的女性透過那些信件，訴說她們的生活與愛情。如果沒有鄂圖曼帝國郵政提供服務（成立於一八四〇年），這樣的故事情節便無法成立。阿里耶書寫女性在定期往返博斯普魯斯海峽的輪船上，與陌生男性暢談哲學；博斯普魯斯海峽分隔了歷史名城伊斯坦堡和亞洲，而這條航線在一八五四年開闢後，大獲好評。

法瑪．阿里耶也像許多西方卓越的女性一樣擔下慈善的責任，設立機構幫助一八九七年希土戰爭陣亡士兵的遺眷。她的作品被翻譯成法文和阿拉伯文，她也在一八九三年獲芝加哥世界博覽會選入婦女館。她晚年追著漂泊不定的小女兒祖貝達（Zubeyda）跑；令身為母親的她懊惱不已的是，祖貝達皈依天主教，在巴黎聖母院掌管聖秩。在哀傷的尋女過程中，阿里耶走遍全歐洲——一個穆斯林女子隻身（或與另一個女兒同行）走在異教的土地上。對她這種背景的女性來說，行使這種程度的自主性，原是年輕時難以想像的。前往法國、和當地人來往，原本會被視為敗壞道德，讓她在回國後遭人迴避排擠。但已不復如此。

我們該怎麼理解祖貝達所言：她的母親阿里耶一直被「社會兩性平等」的問題與「實現兩性平等」的奮鬥糾纏？在法瑪．阿里耶童年時的土耳其，沒有「兩性平等」的問題、沒有所謂的「奮鬥」，現在兩者都有了。

我們不必仰賴像《簡愛》這樣的小說，就能知道十九世紀頭數十年西方女性所邁出的腳步。許多歷史書籍和傳記都寫到女性如何自學和進入職場，促使諸多法律和態度隨之改變。反過來說，晚她們一些的穆斯林女性——比如法瑪．阿里耶的故事——在西方就很少人知道，而這不能簡單地歸因於人們天生對住家附近的故事比較感興趣。這個西方歷史理解中的盲點，也不只跟穆斯林女性有關；西方世界向來不願承認穆斯林的文化和生活在任何層面上有革新與現代化的可能性——或者說必然性。這個盲點已存在數百年，但最近愈來愈大、愈來愈黑。那阻撓我們理解過去，反倒鼓勵我們偏離軌道，走進死胡同，相信那些煽動專家和簡化主義者的主張。那妨礙我們建立平衡、連貫的世界觀。

在這個許多暴行都打著伊斯蘭名號的時代，耀武揚威的西方史學家、政客和評論員，以及某些伊斯蘭出身卻反咬穆斯林的叛徒，頻頻散布歷史謬論，已損害我們評價穆斯林文明的能力。這些人通同一氣地要求穆罕默德的宗教，重新檢視它在現代世界的位置和良知。他們說，伊斯蘭該委身於西方從十五到十九世紀經歷過的智識和社會變革，也就是奠定當代社會基礎的那種變革。伊斯蘭需要它自己的啟蒙運動。伊斯蘭需要宗教改革、文藝復興和幽默感。穆斯林該學習坦然接受他人對其先知的侮辱，不再視聖書為真主真正的語錄——就像許多基督教和猶太教追隨者所做的那樣。

這種規勸背後的概念很簡單：由於本質上的缺陷，妨礙了伊斯蘭文明通過若干不可或缺的「成人儀式」，導致本身永遠無法脫離落後的狀態。但更符合這些評論的其實是做出這些評論的人，而非伊斯蘭。

如果你認為現代伊斯蘭文明從未受到改革影響，你自然而然會相信你從西方歷史所熟知的一系列人物，不會記載於伊斯蘭過往的書頁上，包括伊斯蘭世界還在等待著的世俗哲學家、女性主義者、科學家、民主主義者和革命者。同樣地，有誰會質疑這個說法：「缺乏智識與政治改革的伊斯蘭歷史，必將錯失社會和文化的現代化。」政治、教育、科學、醫學、性別等對當今地球上超過十五億穆斯林（接近全球人口的四分之一）來說，尚未獲得現代化洗禮，其範疇實際上根本是無限大。

我們不必是伊斯蘭社會的專家就能明白，這種思考脈絡是死路一條。充滿好奇而赴穆斯林國家旅遊的西方人，一定會注意到，對那些國家的人民來說，現代化的挑戰是他們生活中勢不可擋的一個事實。這種雙重義務，一方面追求現代化和普遍性，一方面又要遵從宗教、文化、民族的傳統身分認同，使他們的一切作為變得複雜卻豐富。那些人民正深陷現代化的泥淖，西方人還要他們更現代化，這固然出自一片赤忱，卻完全不得要領。

在離家近一點的地方，我們只要睜開眼睛，就能看到數百萬有穆斯林信仰或穆斯林出身的人民，在西方世界謀生，他們已順利融入包容、重視經驗、內化或淡化信仰的現代價值觀裡。他們並未獲得太多關注——為什麼要關注他們呢？他們又不會斬首、橫衝直撞，或試著要非穆斯林的鄰居皈依。但他們就在我們身邊，住在現代社會之中，且自認是穆斯林。

他們如何調適，乃至和解，就是我要說的故事——透過我們以為不存在的穆斯林先驅者及其生平與冒險。我的目的是要證明，那些呼籲伊斯蘭展開啟蒙運動的非穆斯林和某些穆斯林，宛如正在打開一間馬廄的門，但那匹馬早就衝出去了。透過這本書提及的人物，我們將看到過去兩百年來，伊斯蘭一直在經歷痛苦卻令人振奮的轉型——同時發生了宗教革命、啟蒙運動和工業革命。這些地方的經驗是殘酷無情但生氣勃勃的，有改革、有反動、有創新、有發現，當然也有背叛。

但身在西方的我們，怎麼會在中東逐漸成為旅遊勝地之際——從赫曼·梅爾維爾（Herman Melville）一八五七年造訪耶路撒冷，看見「乾旱的岩石」用「冰冷的灰眼睛」盯著他看，到維多利亞女王二十歲的兒子伯提（Bertie，即未來的愛達華七世）在一八六二年赴聖地（Holy Land）旅行，得在迦密山（Mount Carmel）射殺鵪鶉才能活著回來——沒看到當地發生的一切轉變呢？這是因為，很少有西方人——不論他們是誰——帶著非常開闊的心胸來到東方。我們著實很少見到有說服力的十九世紀文獻指出緊繃、變化無常、隨時可能崩解的社會正在中東各地形成，或中東居民有可能構成活力十足、甚至革命性的力量。那些進步觀念，狹隘到只包含自己經歷過的事情；一心只想在陌生社會看到靜滯和衰敗的人，就只會看到靜滯和衰敗。無論是坐在自己國家發展的高速列車上欣賞窗外的東方，或希望——一如維多利亞時代的商業攝影師法蘭西斯·貝德福特（Francis Bedford，他在一八六二年陪伯提前來）——靠永恆的橄欖山賺錢，這就是西方遊客哀嘆、嘲弄或拍攝，總之就是他們能注意到的東方死氣沉沉的預設立場。

西方史觀的偏見已造成非常顯著的影響。這種認為東方人口還停留在嬰兒狀態的傾向，根深柢固。當事情在東方人懵懂未知的雙眼前展開時，他們是被動的旁觀者。這事不關己的立場，加上慵懶、被動、固執地想維持現狀而備受譴責。無精打采和貪圖感官享受是十九世紀作家寫作的兩個出發點，而我們已從他們身上承襲了穆斯林世界宛如環礁、不受歷史潮流衝擊的觀念。

「古老的東方，」福樓拜（Gustave Flaubert）一八五〇年在開羅寫信給一個朋友（七年後他出版了讓他被控傷風敗俗的《包法利夫人》〔*Madame Bovary*〕），在生動細膩地描繪埃及的娼妓時，他這麼寫道：「永遠年輕，因為什麼都沒變。在這裡，聖經是今天生活的寫照。」他推測埃及的未來不會隨著這個國家的作為而有所改變，反而是繞著其他國家對埃及的作為在打轉。「英國會拿下埃及，俄羅斯會奪取君士坦丁堡。」他這麼預測。在此期間，福樓拜則忙著尋花問柳。

東方研究者，也是未來的殖民行政官員格特魯德．貝爾（Gertrude Bell）照理來說應該了解得比較清楚——至少她懂她所造訪的土地人民的語言——但一八九〇年代她卻形容波斯已「滑出生意盎然的世界……她的景色之單純，就如死那般單純。」回想站在德黑蘭城門外的經驗，她寫道：「你明白你們之間存在著一條鴻溝。東方望向它自己，面對廣大的世界，雖身為世界的公民卻一無所知，它對你不聞不問，對你的文明亦不感興趣。」旅行作家、新聞記者或史學家不一樣。他們感興趣的不是事實，而是他們替事實「妝點」的方式，因此他們不是可靠的記錄者。年輕的義大利作家兼記者愛德蒙多．得．亞米契斯（Edmondo De Amicis）更是如此。在一八七四年秋天造訪伊斯坦堡時，亞米契斯的描寫功力已頗負盛名，而他的書寫方式是先做大量的筆記，再回家細細勾勒，就像為最終的油畫「加強」透視和構圖細節一般。他的旅行見聞錄《君士坦丁堡》（*Constantinople*）精彩絕倫地描述了橫跨金角灣的加拉塔大橋上、後宮（「滿是祕密與誘惑……這座龐然的宮殿」）和城市歐洲區（也是福樓拜《包法利夫人》販售的地方，書中通姦的場面想必沒有被土耳其的審查員發現）的群眾。

在亞米契斯的例子中，旅遊文學與生俱有的問題又因這個事實變本加厲：他只在伊斯坦堡待一個星期，又不肯承認這樣的寫作流於表面。但他對自己非常有信心，竟用現在式這種不受時間影響的時態寫《君士坦丁堡》，彷彿他的所見所聞會持續到他離開之後，甚至持續到此時此刻，我們讀它的這當下。

亞米契斯在描述這個城市的狗時，更將他的浪漫感性表現得淋漓盡致。那是精雕細琢的哥德式小品文，全是怪誕的結合，有咆哮的大混戰和浸毒藥的肉丸子（當地一位醫生分發的，這樣他晚上才能睡一會兒）。儘管文學表現精湛，但看完以後，我們仍不明白狗在伊斯坦堡的現代化故事中重不重要。

土耳其作家易卜拉欣・希納西（Ibrahim Şinasi）早些時候對同樣的問題就不是這樣討論了。一八二六年生在伊斯坦堡的他受過相當廣泛的教育，進而創立現代土耳其新聞寫作。他描寫城市惡犬的方式：翻垃圾堆、吠叫、咆哮、瘋狂爭奪地盤或碎骨而擋住人的去路等等，都露骨得一點也不優雅。這是注重實用之故。他在他的報紙專欄問道，當「正直的人」在城裡上班的路上暴露於「這不理性的野獸」是對的嗎？他建議把狗帶走，如有必要就帶到鄉下做看門犬，接著用一句維多利亞時代衛生宣導人員一定會同意的格言做了結論，大致譯成：「潔淨僅次於虔信。」亞米契斯和希納西處理同樣議題的差異——一個是真正在伊斯坦堡生活的居民，一個是用觀劇望遠鏡探看的觀光客——就是強有力的告誡：別輕易相信東方主義的文字作品。

事實上，這些歐洲觀光客所書寫的東方，在許多重要的方面與他們描繪的大相逕庭。歐洲觀光客沿襲的見解和假設，也就是他們傳遞給西方讀者的東西，說好聽是「不完整」。這片被他們和其他作家形容為石化地層的土地，其實震動得非常劇烈。

這場「地震」，正是那些旅行作家出身的西方人造成的，包括法國人、英國人、伊比利亞人、義大利人等等，他們在十八、十九世紀時，察覺到鄂圖曼帝國正在衰弱，於是四散各地攫取利益。這些商人、大使、傭兵、詩人、傳教士，以及壓軸的征服者，紛紛踏上北非、黎凡特、土耳其和希臘。基於象徵性的理由，他們的第一波衝擊常被回溯到一七九八年拿破崙入侵埃及時：當時世界最現代的社會之一，撞上了最落後的社會。

這是自十字軍東征以來，首次有大批西方人進入穆斯林世界。他們的到來，迫使當地菁英分子——統治者、神職人員、行政官員和軍事將領——承認，唯有採用西方的做法和技術，他們才能避免在政治和經濟上被遺忘。史學家胡安・柯爾（Juan Cole）精闢地概述了接踵而至的飛快變遷。

> 不過數十年，知識分子就拋棄托勒密，改信哥白尼的天文學……商人組成股份公司（伊斯蘭律法原本不允許），將領讓軍隊接受新的訓練，並設立軍火工廠，地方上的愛國情操被強化、為民族主義鋪路，人口拜經濟作物和新醫藥之賜開始大幅成長，紅海和波斯灣突然有輪船行駛，農業資本主義和工廠的出現，導致新類型的階級衝突。[1]

改變，在十九世紀時加快腳步。沒有邊界，也沒有紅線攔得住它。十九世紀中葉，鄂圖曼蘇丹宣布他的穆斯林與非穆斯林子民一律平等、禁止奴隸交易、閨房象徵的性別隔離也不再強勢。謝赫（Sheikh，伊斯蘭學者的尊稱，或稱教長）和穆拉（Mullah，指受過伊斯蘭神學和教法教育的老師）見到他們在律法及公眾道德中的特權，被逐漸擴張的政府官僚所取代了。反對醫學解剖的宗教聲浪被克服了，解剖手術室開張了。文化也轉變了，非宗教的教育內容激增，阿拉伯語、土耳其語、波斯語紛紛進行改革——為了更完善地在強而有力的新「輿論」大眾前表現現代詩、小說和報導。

這些十九世紀創新的特色之一是許多事件被重疊、壓縮在一起。以下這個事實便是明證：可追溯到十五世紀的活字印刷術，與一八四四年發明的電報，幾乎同時傳入穆斯林地區。

雖然百般不願承認他見到的變化，但亞米契斯確實在《君士坦丁堡》書中提供了一段劇烈變遷的敘述。他在這特別的段落裡寫到，這座城市「正在轉變，有頹圮中的古城、也有昨天才冒出來的新城，還有其他正在誕生的城市；一切都在混亂狀態；每一側都可見到巨大工程的殘跡，被鑿穿的山，被削掉的丘，整個地區都被夷為平地。」

穆斯林現代化的故事有時被描述為少數權貴無視人民抵抗，強行推動外來規則之舉。埃及十九世紀前半大部分時間擔任總督的穆罕默德．阿里（Muhammad Ali），以及差不多同期（也是名義上的君主）土耳其蘇丹馬哈茂德二世（Mahmud II），的確都身兼現代化推手與嚴厲執行者兩個角色，他們的革新被形容為不敬神的，因而有許多平民反對的事例。

像這類根本的改革會引發爭議和反對，也沒什麼好大驚小怪的。就連在最承平的時代，現代化也代表著緊張、失序和躁動，以及——套用一句尼采的話來表現萬花筒般怪誕的觀點——「春天、秋天，宿命般同時降臨。」但現代化在中東天生缺乏人支持的說法，並不符合進步的本質。進步，通常先由少數人明確有力地表達出來，過程遇上反對或訕笑，最後才克服障礙、生根發展。雖然現代化和進步的原則是從西方引進中東的，但它們源自於他處的事實，並未構成在新環境獲得採用的阻礙。與西方人認定穆斯林落後又頑固的想法恰恰相反，伊斯蘭反對現代化的情況，並不比早年西方猶太基督教文化來得嚴重。

一如本書許多人物由衷感受到的興奮之情可以證明，當構想被認為是普世一致、而非意識形態的敵對工具時，傳播效果最好。個體的自主權、衛生的效益和君主制的不牢靠（這裡僅列舉三項）不算什麼獨特的標記，可以被所有人理解。其實對以上這些、甚至其他許多價值觀來說，穆斯林世界適應的速度，遠比西方設計的速度來得更快，只是重點不同罷了。

實際上，在抵抗新的想法和做法時，穆斯林保守派和反動派發現自己根本無力阻擋，只希望能加以緩和與抑制。於是一個誘人的想法由此而生：現代性可分解為一連串有限的主題（和小玩意兒），雖使伊斯蘭的主幹精神煥發，卻不會改變它。伊斯蘭可以借用西方人在沒那麼討人厭和不敬神的狀況下設計發展，這些概念可嫁接到事物的表面，讓事物運作得更順暢，而內裡那個優秀的老伊斯蘭精神仍然持續，甚至比西方提供的任何事物都來得卓越。但這種避重就輕的途徑並未真正奏效。當人們一心一意思考新的做事方法時，便很難放棄這種進步之道來看待世界。每一次朝這個方向做出實際的努力，似乎都會帶來豐厚的回饋，無論是新獲得的便利性、拓展的視野，或揚眉吐氣、找到自我價值的感覺。進步，本身就是一種宣傳。

要了解伊斯蘭社會到底在十九世紀改變了多少，只要看看埃及經歷的變化即可。一七九八年拿破崙進犯埃及時，謝赫們對法國的價值觀和知識論深惡痛絕，而在那場侵略中首要的埃及記錄者阿卜杜·拉赫曼·賈巴爾迪（Abd al-Rahman al-Jabarti）乞求真主「讓他們啞然失聲……腦袋混沌，呼吸停止」。

一個世紀後，賈巴爾迪原本蒙昧的國家已徹底轉變了，連它的高階司法權威——神職人員穆罕默德·阿布都（Muhammad Abduh）——崇拜達爾文，跟托爾斯泰（他已被逐出俄羅斯東正教）通信，並運用他對歐洲語言的知識，努力吸收異教的學問。

到第一次世界大戰前，在阿布都和其他像他這樣的人士影響下，一種自由現代化的傾向，已經在中東三大智識和政治中心——埃及、土耳其和伊朗——強而有力地浮現，引來許多構想，並隨即轉傳到毗鄰地區。政治意識已經起飛，政治和民族的熱切渴望逐漸以獲得政治自由主義的普同象徵——民主選舉議會——為目標，沒有民主選舉的議會，政權就不具正當性。

但戰爭爆發與其毀滅性的影響，讓反對自由主義和進步思想的人士大膽起來，並開始猛烈反擊。一九一九年的凡爾賽條約（Treaty of Versailles），戰勝的協約國瓜分戰利品，並強制德國割地賠款，也讓鄂圖曼帝國正式落幕。穆斯林的土地遭到分割，成為西方列強帝國主義的禁臠；第二次世界大戰後，儘管全球掀起強烈的反殖民潮流，這裡卻成為冷戰期間兩大集團爭奪影響力的戰場。這般忍辱負重，也難怪許多穆斯林尋求政治手段，來表達他們對西方的憎恨。

一次世界大戰是伊斯蘭啟蒙運動史的分水嶺。戰前，這個地區一直朝現代化和接納自由、世俗的價值觀邁進。戰後，這場運動便遭遏止，而穆斯林對殖民剝削的強烈反感，則在抵抗的意識形態中找到出口。

這種意識形態迅速崛起，隨後又突變成暴力，讓我們不禁想問一個與伊斯蘭啟蒙運動直接相關的重要問題：如果伊斯蘭在一次世界大戰前的現代化非常成功，為什麼一次大戰後，反動的信仰復興運動能席捲更廣大的穆斯林世界呢？

政治伊斯蘭——俗稱伊斯蘭主義——是一種意識形態，因反對帝國主義及後來的共產主義瓜分中東而起家，為許多害怕的穆斯林提供宣洩恐懼的管道避免中東會無可挽回淪為其他滲透力強大的意識形態所掌控。激進伊斯蘭由此而生——一個多數穆斯林僅有模糊印象且興趣缺缺的千禧年主義。今日，我們經常看到被少數穆斯林頌揚的暴力和無知，其實應該視為源自於伊斯蘭啟蒙運動的一種後座力。儘管可憎，但仍是現代化本身的一個面向。

在處理「現代化」和「進步」等生於西方且已於西方流傳的詞彙時，我們應當謹慎。「啟蒙」（Enlightenment）一詞或許是其中最棘手的基準，因為它有「自鳴得意」的包袱。牛頓爵士的「啟蒙」也好、法國的「Lumières」也好，萊布尼茲（Gottfried Wilhelm Leibniz）

的「Aufklärung」也好，不管你用哪一種歐洲語言說它，這個詞都會讓人想起對現狀最前衛的挑戰和質疑，從笛卡兒對個體性的肯定，到莫札特《魔笛》（Magic Flute）——啟蒙時代出類拔萃的歌劇——莊嚴的開場與和弦皆然，這些光彩奪目的事件，發生在更普遍的騷亂和變動之中。教育（例如從中受惠的簡愛）、大量印刷和輿論的興起、衛生與家庭生活的提升（現代核心家庭在十八世紀開始成形）、各種「世界」被發現（天空中的世界、顯微鏡底下的世界）、博物館的興建、封建制度的崩潰，以及為法國大革命這個現代的典範所做的各種準備。

我們現在提到啟蒙運動時聯想到的成就，穆斯林都不是一員。伊斯坦堡沒有鐵匠發明活字印刷術，尼羅河畔沒有穆斯林版的伏爾泰抨擊神職人員。但認同啟蒙運動並非穆斯林文明的啟迪者，跟指出穆斯林未接受啟蒙運動的成果，甚或未享用它的果實，兩者是完全不一樣的。這是相當大膽的主張。這意味穆斯林要不是先天的與世隔絕，就是更糟糕地刻意閉關自守，排拒許多人視為普世一致的價值。這也意味伊斯蘭的土地依然疏遠科學、民主與和平等原則。這是在今日分歧、惱人、焦躁的世界中常聽到的指控。這是在胡說八道。

本書主張，伊斯蘭啟蒙運動確實是在西方的影響下所發生的，但它找到自己的形式。「伊斯蘭」和「啟蒙運動」二詞並列，或許看來怪異，但就像我們將羅馬和大英帝國並列時，也可以理解它們在組織、精神氣質（ethos）和經濟上互不相同。我們也可以採用「現代伊斯蘭啟蒙運動」一語，而不指望它遵循和歐洲或美國啟蒙運動相同的路徑。「啟蒙」暗示著教義已被驗證過的知識打敗，神職人員從社會的仲裁者位置上被拉下來，宗教被貶謫到私領域。它預示民主原則占了上風，個人可以出來質疑他或她所屬的群體。這些概念可轉移到所有信仰體系，也確實進入到伊斯蘭的信仰裡。如今它們仍在起作用——即使如我們接下來將看到的，它們已遭抵制。

西方的覺醒已有詳盡徹底的紀錄，但本書卻是第一本用英文、為一般讀者撰寫，徹底記錄伊斯蘭轉型的書。我援用了學者、新聞記者和傳記作家的作品。作品內容許多來自該作者的親身經歷，強烈、尖刻地說明了伊斯蘭世界為何從十八世紀起不得不改變，不僅受西方影響，也受嘈雜的內部需求所驅使。伊斯蘭世界在劇烈搖撼中進入新的時代。

雖然談論的是「伊斯蘭世界」，不過本書會聚焦在中東三地發生的事：埃及、土耳其和伊朗。現代化當然也在其他地方發生。穆斯林世界的第一個君主立憲政體於一八六一年在突尼斯建立。一八七五年，成立於印度的穆罕默德盎格魯東方學院（Mohammedan Anglo-Oriental College）則成為穆斯林世界最早的世俗高等教育機構之一。但我們提及思想和文化的巨變時，聯想到的現象和特徵，主要是埃及、土耳其和伊朗，它們受其催化與影響最深。就像伊斯蘭的「心」會望向麥加，對十九世紀和二十世紀的多數時間而言，伊斯蘭的「腦」會望向開羅、伊斯坦堡和德黑蘭。現代化、社會變革與革命就是在這三個充滿活力卻騷亂的地點發生——起初是一波又一波、同時間但或多或少獨立發生的衝擊事件，隨後卻形成宏大且環環相扣的轉變，改造了穆斯林世界。

這種各自的努力逐漸一統的現象，就反映在本書的結構中：本書從地理的分野——開羅、伊斯坦堡和德黑蘭——著手，在第四章〈漩渦〉及第五章〈國家〉榫接，前者探討在十九世紀發生的猛烈社會變遷，後者探究現代國家的崛起。最後一章〈反啟蒙〉則描述這些趨勢在一次世界大戰後遭遇的挑戰。

本書結束於一九八〇年代，伊斯蘭歷史也在這個時候進入新紀元。伊朗一九七九年的革命，將伊斯蘭的戰鬥精神和政體綁在一起，改變了伊斯蘭政治參與的條件。當一九八一年埃及總統沙達特（Anwar Sadat）遭到自己的士兵刺殺，那是塔克菲理派（takfiri）伊斯蘭主義的勝利，他們聲稱不敬或不義的穆斯林應該死，而這正是今天許多激進團體背後的基本戒律。土耳其也在一九八〇年軍方接管國家時走上新的道路。軍人獨裁政府間接——且不經意地——促成選舉派的伊斯蘭主義，讓艾爾多安（Recep Tayyip Erdoğan）的正義與發展黨（AKP）得以在二〇〇二年上台執政。

以上事件發生的同時，反對蘇聯掌控阿富汗的國家主義聖戰（jihad）正日益壯大，這進而允許沙烏地阿拉伯，也就是聖戰的贊助者躋身世界舞台，挑戰伊朗、土耳其和埃及，做為伊斯蘭世界發展的引擎。事實上，隨著全球伊斯蘭志業的國際化，從阿富汗、阿爾及利亞、波士尼亞戰爭到諸如蓋達組織等跨國伊斯蘭參與者嶄露頭角，既有的意識形態和政治地理中心逐漸讓位給全球的虛擬宗教交易市場。開羅、伊斯坦堡和德黑蘭不再是伊斯蘭世界思想、政治和社會方面的領導先驅。透過實質的地理中心引領伊斯蘭思想的概念，已變得過時而古怪。西方於二〇〇〇年代入侵阿富汗和伊拉克後，遜尼派和什葉派相對和睦的共存態勢也瓦解了，沙烏地阿拉伯和伊朗互相對峙，瓜分一片飽受摧殘的土地。二〇一一年，阿拉伯之春讓人短暫瞥見啟蒙價值復甦的希望，但那隨即屈從於更深一層的暴力和極權主義，又因大規模移民和環境災害而雪上加霜。

穆斯林歷史後面的篇章——自一九八〇年起——已經有很多人鑽研和書寫了。它現今的困境，源頭則要溯至更早以前。

伊斯蘭世界的現代化從一七九八年拿破崙入侵埃及開始，點燃了西方文明和伊斯蘭文明的碰撞。然而，要了解那何以產生，我們必須暫時回到較遙遠的過往，那為許多後來發展的論述提供燃料和靈感。

伊斯蘭心臟地帶的早期歷史，大致可分為兩個時期。一是光榮、繁榮和成就的時期，自伊斯蘭於西元六三二年穆罕默德死後由發祥地阿拉伯半島向外擴張開始，大約持續五百年；二是後來的孤立和緊抱保守主義、讓這個區域極易受到西方侵入的時期。伊斯蘭於中世紀的盛況證明它有能力產生思想，領導人類進行更宏大的發展志業；後來的衰退則有相反的暗示。伊斯蘭該做些什麼來重新找回它生龍活虎的精神呢？是需要對世界開放？還是將世界阻隔在外？這些正是十九、二十世紀的改革者試圖找出正確公式時，一再提出的問題，而他們向自己的過往尋求指引。

穆斯林對西方的創新有著矛盾的情感，而其中扮演要角的是這個想法：得到真主垂青的是他們，不是西方人。真主創造的伊斯蘭為「最後一個」亞伯拉罕信仰，它們不是為了補基督教之不足，而是為了消滅它，因此認定一旦伊斯蘭傳入某地，基督教或猶太教就沒有存在的必要，是再自然不過的事。

伊斯蘭創立後的數百年間，溫瑪（umma），即伊斯蘭社群，似乎有充分理由自認是歷史的勝方。神的鍾愛孕育了人的天賦，唯有這能解釋伊斯蘭在六三二年後奇蹟般的擴張。他們突然從阿拉伯半島崛起，奪取拜占庭帝國大量的土地，並終結伊朗為時四百年的薩珊帝國（Sassanian Empire）。新的帝國以伊斯蘭之名建立，首先是建都於大馬士革的伍麥葉王朝（Umayyad Caliphate），再來是八世紀中葉定都巴格達的阿拔斯王朝（Abbasid Caliphate）。擴張持續深入非洲、伊比利半島和中國。伊斯蘭從困守沙漠的狂熱性宗教，搖身變成主宰已知世界的強大勢力。

西元七三二年，伊斯蘭大軍差點拿下歐洲。倘若普瓦捷戰役（Battle of Poitiers）獲勝的是哈里發而非法蘭克人，誠如後來啟蒙運動時期歷史學家愛德華．吉朋（Edward Gibbon）所寫：「現在牛津的學校會教《古蘭經》的解釋，《古蘭經》的教士會對行過割禮的民眾闡明穆罕默德啟示的神聖與真理。」德國歷史學家漢斯．戴布流克（Hans Delbrück）欣喜若狂：「世界史上沒有比那更重要的戰役了。」

普瓦捷戰役後，穆斯林和基督教的政體大抵都在各自的大陸地盤上建立，接下來的一千年，雙方持續拉鋸，形成自古希臘羅馬與波斯人纏鬥以來，最長的文明衝突。但毫無疑問地，政治、軍事和道德的天平傾向穆斯林這邊。最能展現伊斯蘭光輝的地方，莫過於阿拔斯王朝的巴格達；長達兩百多年的時間，那裡堪稱文明世界的首都。阿拔斯王朝是自亞歷山大大帝以來，首度橫跨東西方文明的政府，而這座在八世紀中葉由哈里發曼蘇爾（Al-Mansur）構思、建於底格里斯河畔的城市，不僅吸引了阿拉伯人，也吸引著波斯人和說亞蘭語（Aramaic）的猶太人及基督徒前來，是阿拔斯王朝的地理中心。阿拔斯的統治是由綿延數千哩的令狀、商業和知識交流路線所維繫。在這段期間，由於願意接受他人留下的影響，阿拔斯統治下的伊斯蘭接納了其他文化的喜好與知識。

九世紀時，阿拔斯派出的使者周遊了已知世界，帶回印度的數學論文、伊朗的治國理論，以及那部平易近人的混種文學——《一千零一夜》——的原型。最重要的是，哈里發的人馬從拜占庭帶回現存幾近完整的希臘書寫文化。

受這些文化珍寶的啟發，穆斯林開始在人類知識體系裡做出他們自己的貢獻，不僅在阿拔斯的領土上，也影響周圍一票公國。九世紀初，天文學家花拉子米（al-Khwarizmi）讓數字的使用普及化，並在當時用他卓越的星體運行圖表使西方學者大為驚奇。一百年後，針孔相機首度由來自巴斯拉（Basra）的海什木（al-Haytham）在實驗中使用。西元十世紀初，拉齊（al-Razi）醫師發現痲疹與天花的差異；代數學的研究——代數（algebra）源於阿拉伯文「al-jabr」，意味「修復」——則由他的同事波斯人奧瑪．開儼（Omar Khayyám）倡導，他也為享樂主義者寫下宣言，即著名的四行詩《魯拜集》（*Rubáiyát of Omar Khayyám*）。在穆斯林世界的另一端，安達魯西亞（Andalusia）——一個自立門戶、占領今西班牙和葡萄牙大半地區的大公國——農藝學相當發達，栽種茄子、西瓜、菠菜和今天製作優質義大利麵必不可少的杜蘭小麥。自始至終，橫跨多樣化的領土，伊斯蘭融合自然環境，營造出一種精緻又優美的文化，尤其擅長建築、紡織、陶瓷和冶金術。

在伊斯蘭的黃金年代，一些穆斯林學術中心是如此朝氣蓬勃、如此允許理性的心智自由發揮，讓十二世紀初周遊地中海數十年、吸收阿拉伯人知識的英國人「巴斯的阿德拉德」（Adelard of Bath）瞧不起他愚昧的同胞。「我從我的阿拉伯大師那裡學到一件事，」他這麼寫道：「以理性做我的嚮導，但你們不是：『你們被韁繩帶著走，被權威的化身奴役。』畢竟，除了韁繩，權威還能叫作什麼呢？」[2]

古典伊斯蘭文明的成就——與普遍退化、自羅馬帝國淪亡後便學術停滯、知識失落的基督教世界相比，有著巨大的差距——將持續困擾又激勵著十九世紀嶄露頭角的現代化主義者。讓此過程更加複雜的是，伊斯蘭的政府、商業及藝術與宗教科學及其他世俗的知識研究方法，並轡發展。神學與哲學傳統之間，也就是信仰與理性之間的分歧，愈來愈深，日後的伊斯蘭啟蒙運動也將在這方面遭遇挫折。

先知留下一條路給穆斯林遵循——伊斯蘭教法（sharia）、和聖行（sunna），前者的原料是《古蘭經》、聖訓（hadith）或先知之言，後者則是先知的行為和典範紀錄。教法提供意欲取悅真主的男女應奉行的規範，但它若要成為法律制度，就必須經由宗教權威烏里瑪（ulema，字面意義為「知道的人」）詳盡闡述，而律法學校就是為了完成這件事而成立。

早期的穆斯林沒有花太多心思去想這兩個哲學問題：一是他們相對於神的位置，二是神相對於宇宙的位置。阿拔斯王朝開始修正這點。他們翻譯的古典希臘文本讓識字的穆斯林得以和古代人一起思考宇宙的本質和力學，以及真主所用的方法。

八世紀時，一個名叫穆爾太齊賴（Muʿtazilites）的團體主張自由意志凌駕於宿命論，並引用《古蘭經》經文，證明真主不喜歡了無生氣的心智。有這麼一句經文說道：「阿拉的造物中，最糟的是聾啞，他們不會思考。」穆爾太齊賴也反對擬人觀——真主擁有人類特徵的概念——堅稱《古蘭經》不是和真主永恆共存的，而是被創造出來的。

這些論點帶推測性，並為進一步的思辨提供動力。有些學識淵博的「faylasuf」（希臘文「philosopho」的訛用，意指哲學家）甚至質疑特定宗教真理的正確性，包括先知的奇蹟，甚至教法本身。他們認為若用神的法則來琢磨人性粗糙的稜角，那就是堪用的工具，但還比不過人已獲致的完美道德觀念。此時，伊斯蘭世界一些最大膽的思想家主張，這些途徑應由理性和經驗勘測。伊本．西那（Ibn Sina），即西方人熟知的阿維森納（Avicenna），就是這樣的一號人物。俊美、迷人、四處遊歷的他，在十一世紀初像年輕的莫札特一樣，被迎入波斯宮廷，治療以為他是一頭母牛的國王，並撰寫他的醫學論文：《醫典》（*Canon*）。他一待就是數十年，記錄下著名的「證據」證明真主存在。此紀錄傳入歐洲，一直留存到啟蒙時代。他雖相信真主存在，但他自己卻不受神諭瑣碎的限制，除了每天都喝一杯酒，因為那能使他振作起來繼續進行研究，他也奉行一日五禱——不是因為那是全能真主的旨意——因為那能提升他的專注力。

儘管有菁英主義的傾向，伊斯蘭黃金時代的賢哲、藝術家和行政官員合力創造了一個既「單一」又「多元」的文化。部落和族群的分離主義被截然相反的「真主是最後奇蹟」的唯一真理給抵銷了。人類的所有成就都是為了榮耀真主，但投入那些成就的勤勉、敏銳和創新，是屬於人類的。古典阿拉伯文明也不強調這個後來「基本教義派」崇尚的概念：唯有存在於先知時代的事物才可視為純正的伊斯蘭。先知時代的阿拉伯沒有拱頂、沒有梵文的智慧、沒有玫瑰花蔭，是成熟的伊斯蘭文明為它們騰出空間。

毫無意外地，並非人人都喜歡這種融合與進步的生活之道，因此一股敵對的潮流——文本主義者（literalist）和道德派——主張「哲學家」的思辨正是《古蘭經》力圖避免的。因為人無法真正理解真主，接近真主的最好方式是秉持「bila kayf」，即「不問怎麼做」的精神。這個詞彙在十世紀由巴斯拉神學家艾什爾里（Ab'ul Hassan al-Ashari）廣為宣傳，他原本是穆爾太齊賴的一員，後來卻站到它的對立面，主張「我們相信神創造萬物的方式，是命令萬物出現，因為祂說：『的確，當我們想要一物時，我們只要說：成，它便成了。』」

雖然穆爾太齊賴在九世紀末遭到迫害，但他們的精神延續下來。他們已鼓勵前所未有的思辨，甚至連他們的反對者都不得不將卡拉姆（kalam，意為神學）——基於理性標準討論宗教——列為學校的一門學科。西元十九及二十世紀時，伊斯蘭改革派常被指控為穆爾太齊賴；他們的批評者引用當年首要的反哲學人士，法學家艾哈邁德·伊本·罕百勒（Ahmad Ibn Hanbal）之觀點，他相信真主的意志必須透過聖訓來發現，因此熟背了兩萬五千條。基本教義和哲學之間的分歧，在西元九世紀便已確立。

從我們二十一世紀的觀點來看，伊斯蘭文明的衰退，甚至是在它開花結果時就開始了。西元十世紀時，穆斯林世界開始分裂，遜尼派和什葉派各自集結成敵對的國家，相互爭鬥。

人數較少的什葉派一度要掌握整個阿拉伯世界，但一一七一年什葉派的哈里發法提瑪（Fatimid）被薩拉丁（Saladdin）推翻，確立遜尼派的優勢。隨著薩法維王朝（Safavid）一五〇〇年代崛起於波斯高原，伊朗穆斯林和他們遜尼派的教友分道揚鑣，伊朗自此成為什葉派國家，直到今天。

外來的威脅也阻滯了穆斯林的創造力。十一世紀末開始的十字軍東征被詮釋為真主不悅的象徵。十三世紀，伊斯蘭世界一端的穆斯林遭逢西班牙興起收復失地運動（reconquista），另一端則遭蒙古人入侵。毫無意外，這些巨變導致懷疑、內省和贏回真主恩寵的渴望。就是這種迫在眉睫，唯有倚靠確信、掃除懷疑才能補救的危機意識，致使伊斯蘭的哲學思想家敗給他們基本教義的對手。

理性主義是罪魁禍首。這是一位憤怒的蒙古難民伊本・泰米葉（Ahmad Ibn Taymiyya）的主張。他成為那個時代的傑出法學家，壓制所有形式的理性，甚至做為檢視伊斯蘭教學的方式，烏里瑪只應參照《古蘭經》、聖訓和「祖先」的聖行。他所謂的祖先不只是先知，還有先知的同伴和直接的繼承人。信徒的目標不是了解真主，而是服從真主。關於人的能力，伊本・泰米葉的觀念特別保守而悲觀。

在文藝復興於西歐達到巔峰之際，伊斯蘭思辨傳統在學院的地位已大不如前，勝利的派別若非聚焦在真主言論的字面意義上，就是試圖理解真主的深奧途徑。文本主義的烏里瑪和神祕主義者（mystics）的作風不同。前者是試圖把世界縮小，後者則是逃離。兩者對伊斯蘭文明有災難性的累積效應——在那之前，伊斯蘭文明一直是愉快投入世界運作的，也是將好奇心導入思想、藝術和施政的渠道。然而如此一來，伊斯蘭文明許多最活躍的形式都減緩下來，終至停擺。在保守與創新之間、思想開放與本真之間，那個讓文化得以一面前進、一面仍不失本來面目的脆弱平衡，戛然而止。

一開始，減速現象被鄂圖曼帝國的宏偉所遮掩。一四五三年，拜占庭帝國首都君士坦丁堡淪入蘇丹穆罕默德二世（Mehmed II）之手，易名為伊斯坦堡；基督教世界最大的巴西利卡（basilica，長方形會堂）聖索菲亞大教堂變成清真寺。一個半世紀後，鄂圖曼帝國的版圖除了安那托利亞和高加索的心臟地帶，還包含巴爾幹半島、地中海以及聖地麥加、麥地那。但這會兒鄂圖曼帝國已經開始失去阿拔斯和法提瑪王朝原有的獨創與精巧，而歐洲就是在觀察鄂圖曼之後，做出伊斯蘭會扼殺人類潛能的結論。事實上，鄂圖曼帝國的宗教科學狀態愈來愈讓人聯想到死後的僵硬，一代接著一代的學者，將古老、相互辯論的聖訓選集削減成少數權威式的概要；遜尼派四大法學派的主要差異，也早就被摸透、解決了。塔格利德（taqlid），即仿效宗教權威的原則，充斥在宗教學校，而獨立進行推理的「伊智提哈德（ijtihad）」不再被視為可被接受的一種判斷真主意志的方式。隨著教法制定得如此權威而詳盡，尋求人類脆弱心智的真理，就帶有傲慢、愚蠢的意味了。修道院與清真寺裡的趨勢為反對思辨、理性和創造力。

伊斯蘭淪為中世紀困擾歐洲的那種迷信和保守的犧牲品。現在信徒深信穆罕默德聖潔無罪，且曾創造各種奇蹟，例如使月亮一分為二，從中露出星星。教士要信徒注意菸草、咖啡和數學的邪惡；音樂、舞蹈、崇拜聖徒，這些和神祕主義有關的瀆神傳統，也被教士譴責。彷彿要強調這種信仰是孤立似的，基督教和猶太教徒不准進入麥地那和麥加。最惡名昭彰的，或許是一五八〇年伊斯蘭世界碩果僅存、位於伊斯坦堡加拉塔（Galata）的天文台，因鼓勵占星術、觸怒真主且釋放瘟疫，而被夷為平地。

宗教學校外的教育同樣受到無知的蒙蔽。埃及在十八世紀課堂的重點是背誦《古蘭經》。《古蘭經》提供此生與來生所需的一切，因此村裡的老師，除了好好運用手上的棍子，根本不必教歷史、地理或自然科學。數學課則分配給市場的公共秤重人教，讓年輕男性（幾乎從來沒有年輕女性）學習秤重和度量的基本原理。大部分的平民百姓相信鍊金術勝過化學；手術由理髮師在刮臉的空檔操作；隸屬於大清真寺的計時人員，仍抗拒哥白尼以太陽為中心的宇宙真理。

在這個孤立的世界裡，不再有人確定好奇心是種美德，因為好奇心會使人脫離七世紀阿拉伯的安穩。如一位現代埃及人所說：「沒有人聽過緬甸，甚至沒有人知道、或特別有興趣他們自己的尼羅河源自哪裡，只知道它源遠流長，深入非洲奴隸出身的地方。而這樣的知識有什麼用呢？」[3]雖然中東地區已成為世界相互連結的一部分——例如埃及棉就從亞歷山大港出口運往歐洲——但沒什麼人認知到外交、貿易和戰爭，其影響可能不只在非常有限的範圍內。大致來說，鄂圖曼帝國認為法國大革命是跟他們沒什麼利害關係的變動，而革命者是一群破壞宗教、教人撒謊的「害群之馬」。一般認為，「美洲」要到十八世紀末才出現在波斯的語言中。

正當歐洲激烈辯論文藝復興、宗教改革和啟蒙運動帶來的新意見與新建議之際，穆斯林卻躲進假的避難所，不肯質疑統治的秩序。沒有屬於土耳其的古騰堡。事實上，當印刷術在一四九〇年代一出現在鄂圖曼帝國的海岸時就被禁了，理由是讓《古蘭經》易於傳播，只會使更多的無知者錯誤詮釋它；後來，印刷更被定為死罪。要消除疑慮和懷疑，一個相當有用的方式是盛讚自己的無知，秉持「不問怎麼做」的精神，處理不可知的神性。艾什爾里的構想當初並不起眼，現在卻一再過度使用，成為自我克制的幸福教義，讓謝赫及其他權威人士援用來回答各種不受歡迎的問題。

於是，伊斯蘭文明崩壞了、腐朽了，就像基督教世界在羅馬帝國淪亡後那樣。除了少數例外，到了十八世紀時，主流伊斯蘭已退回到經院哲學和文本主義，偶見瘋狂的神祕主義。至於讓九世紀巴格達生龍活虎的精神，中世紀安達魯西亞的宗教共融，以及波斯東北部開創性的天文學和數學，已幾乎不見蹤跡。

一、開羅

當文柱已經腐爛的真相昭然若揭，伊斯蘭世界只好甩掉優越情節。但要放棄這些錯覺，是何其痛苦、懊惱的一件事，這強烈衝擊了一個從古到今都深知自己才華洋溢的文明。長久以來，對伊斯蘭而言，最重要的——也可望帶來歡喜——比較是跟基督教國度比。那些土地，跟伊斯蘭地理位置與文化相近，同樣系出亞伯拉罕一脈，卻因為三位一體、變質論（transubstantiation）和耶穌神性等匪夷所思的教義，變成令人心寒的廢物。

因此，在穆斯林眼中，有那麼多基督徒在穆斯林中找到服務和慰藉，是合情合理的。從十二世紀初盛讚伊斯蘭科學的「巴斯的阿德拉德」；生於列斯伏斯島（Lesbos）、雙親都是希臘人、其艦隊在地理大發現時掌控地中海鄂圖曼海上大軍的巴巴羅薩．海雷丁（Hayreddin Barbarossa）；一五九八年離開肯特的啤酒花花園、搖身變成波斯沙阿（Shah）底下外交官的羅伯特．雪莉（Robert Shirley），想分沾伊斯蘭成就的基督徒在歐洲比比皆是。

一七九八年，基督徒崇拜穆斯林的幻想，消失無蹤。拿破崙偶然併吞鄂圖曼帝國的一顆寶石，不僅帶來軍事和政治上的挑戰，那也是令人極度苦惱的人身冒犯，這讓穆斯林抉擇：他們該欣然接受法國象徵的新知識和新組織，或拒絕那些外國的創新？

這次侵略的主要記錄者賈巴爾迪寫道，一七九八年是「激烈戰鬥與重要事件」之始；「重大不幸與駭人折磨」之始；「怨恨累積和事態加速發展」之始；「固有的被反轉、確立的被消滅」之始；「恐懼之後還有恐懼、矛盾之外還有矛盾」之始；「所有戒律被曲解還有毀滅即將降臨」之始；「破壞橫行與事變反覆發生」之始。

拿破崙士兵在一七九八年七月征服的埃及，絕非是十一世紀法提瑪全盛時期稱霸北非的那個繁榮喧囂的發電所。埃及是鄂圖曼帝國的糧倉——蘇丹塞利姆一世（Selim I）在一五一七年併吞之前，也提供大量穀物和原棉給法國。它居於往印度陸路貿易的路線上，這個位置賦予它重要的戰略價值，即便繞經非洲好望角的海上路線愈來愈受歡迎。但這個國家卻支離破碎，生產效率不彰。它的人口從中世紀開始衰退，到十八世紀末只剩大約四百萬人（反觀法蘭西共和國則有兩千八百萬人）。埃及民間在馬木路克（Mamluk）的統治下哀鴻遍野。馬木路克最早為奴隸階級，向他們稱為「崇高宮廷」（Sublime Porte）的鄂圖曼帝國進貢，換取恣意壓迫與侵占的特權。拜管理不善和稅賦沉重之賜，就算國家的農產豐盛，埃及人有時仍會挨餓。至於寓言中的城市開羅，枝條已經取代石塊成為這個前中世紀奇蹟的主要建築原料。

學習的狀況尤其悲慘。開羅在十五世紀初有七十二所學校，現在只剩二十所，埃及知識分子的堡壘，髒兮兮的拱廊學校艾資哈爾（al-Azhar）懷疑科學、鄙視哲學、多年未產生原創的思想了。他們名副其實抵制伊斯蘭以外的世界——地理大發現和美洲大陸、科學和工業革命的世界。

地中海東岸的時代錯誤，現在撞上地表自我意識最強的現代社會，以及它最新的發電機：拿破崙。這位野心勃勃的科西嘉人已在義大利和奧地利接連大敗哈布斯堡王朝，擦亮他的威名，但他性格驕矜自大，又像青少年一般難以專注，折損了他的軍事才智。拿破崙不只是個將領，他也深受啟蒙時代的知識活力和法國大革命的改造潛力所鼓舞。剛被選入法蘭西學院（Institut de France）——當時一如現在，是法國大膽無畏菁英中的菁英——的他，數學造詣深厚，熱愛辯論哪些星球可住人和解夢等問題。他也熱情澎湃，且出於自利去採用法國後革命時期的帝國主義信條，引用他未來盟友夏爾・莫里斯・德塔列朗—佩里戈爾（Charles Maurice de Talleyrand-Périgord）的話：「讓一切裡裡外外秩序井然，以符合人類的利益。」

讓一切秩序井然的第一個意思，是教馬木路克什麼叫作戰鬥。在七月一日從亞歷山大港登陸，無視紊亂的補給所造成的麻煩及士兵口渴的問題後，拿破崙繼續南行，終於在七月二十一日率兩萬五千人抵達位於尼羅河左岸、與開羅相望的尹霸巴（Imbaba），碰上一群人數較少但精力充沛的馬木路克部隊。

跨坐鞍上高大威猛，口咬韁繩、身上的絲質馬甲和長袍如繁花盛開的馬木路克人全速衝刺，場面驚人，但他們完全稱不上現代戰鬥部隊。當跨過苜蓿田向法國人疾馳而來，他們先開卡賓槍，再開手槍，抛下用過的武器給僕人撿，最後投擲標槍、再近身揮舞彎刀。在這一次的交戰裡，他們的表演毫無成效。馬木路克人的進攻完全遭到一個超出他們經驗的陣仗所遏止：排列緊密、猛吐葡萄彈和排槍齊射的陣式。

「士兵如此沉著地射擊，一顆彈藥也沒浪費。」一名法國中尉這麼報告：「一直等到那些騎士眼看就要衝破我方陣式的那一刻才射擊。」[1]短短一小時，敵人就在拿破崙命名為「金字塔戰役」（Battle of the Pyramids）的交戰中潰不成軍，法軍神祕的隊形可在薄霧中辨識出來，即使大部分的法國人不知道那是什麼。傷亡人數中約有一千名馬木路克人喪命，只有二十九個法國人身亡，說明了戰術、訓練和裝備的失衡，而賈巴爾迪比較了異教徒和悲慘防禦者之間的效率，後者「彼此未團結一致、相互妒忌、唯恐失去性命和安逸、深陷於無知與自欺、穿著自以為是、目中無人。」[2]另外，這場戰事的結果反映的不僅是雙方的特性，還代表一支中世紀的東方軍隊被一支現代化的西方軍隊所殲滅，而驕傲的伊斯蘭首府——夸西拉（al-Qahira，即開羅），意為「勝利的」——落入了異教徒之手。

在金字塔戰役後的數星期，法國在開羅建立起行政機構，拿破崙則一如以往同時運用魅力和冷酷馴服了這座城市。他邀請領導的謝赫和其他貴族組成「迪旺」（diwan），或可稱為議會，在他的監督下管理埃及。一切反抗都被鎮壓，而十月時，他以懲戒性的嚴厲手段，敉平一場全市規模的叛亂。但拿破崙不以做為管理者、平定者為滿足；他很清楚自己正在參與一場偉大的人類冒險，且持續抱持這個想法：在法國仁慈地監護下，埃及可以重建昔日榮光。法國不是協助美國打獨立戰爭，給予美國自由了嗎？他自己不也幫義大利脫離哈布斯堡的暴政了嗎？

為了讓這個新關係的雙方互蒙其利，拿破崙帶來一票學者，在他的軍隊於戰場行動的同時，於知識的場域起作用，指向未來，讓過去相形見絀。拿破崙視他的學者承繼了昔日跟隨亞歷山大大帝東征的智者；對他來說，征服埃及是這場長期殖民行動的第一步，直到把英國人從印度趕走才結束。這些學者包括法國第一位動物學教師艾蒂安・若弗魯瓦・聖伊萊爾（Etienne Geoffroy Saint-Hilaire）、讓白雲石（Dolomite）得名的礦物學家德奧達・格拉特・德・多洛米厄（Déodat Gratet de Dolomieu），以及多才多藝、既發明鉛筆又設計出史上第一次空中侵略計畫（目標英國，乘熱氣球）的尼古拉斯—傑克瓊斯・孔德（Nicolas-Jacques Conté）。還有一位科學家艾蒂安—路易・馬呂斯（Etienne-Louis Malus），他設法在停留埃及期間染上瘟疫，然後自己治癒。馬呂斯也發現了光的偏振原理。他們都是法國大革命的結晶，並以奇快的速度席捲埃及。

設在開羅娛樂區烏茲巴基亞（Uzbakeya）的埃及研究院（Institute of Egypt），位於一片徵收來的花園建築群之中，以大公宮殿為中心，猶如突然在荒野中冒出的智囊團。它坐擁鳥園、植物園、天文台、多座小博物館，以及製造刀片、精密儀器與顯微鏡等各種科學工具的工坊。學者沒有外出實地研究、給魚做分類或測量人面獅身像時，就睡在附近其他被充公的房舍。

接下來幾個月，在忙著追趕馬木路克叛軍、管理開羅和安慰情婦寶琳・富萊（Pauline

Fourès，她是拿破崙從部下手中搶來的）之際，拿破崙也和他的學者一起辯論，拿問題轟炸他們：如何連接地中海和紅海（他造訪蘇伊士〔Suez〕，努力追溯拉美西斯二世〔Ramesses II〕運河的遺跡）；如何大幅提升農業產量；如何尋找啤酒花的代替品來釀造啤酒；如何遏止傳染病。在此同時，現代公共建設的計畫也被提出，包括醫院、農學院和一所美術學校。但若要傳播啟蒙運動的創新，領頭的埃及人就必須相信他們的價值觀。於是，埃及研究院遂成為近代最深刻的一次文化衝擊的舞台。

賈巴爾迪就是接受邀請、在一七九八年埃及研究院創立後不久親自造訪的傑出埃及代表之一，正是賈巴爾迪提供了我們主要的活動紀錄。這位生於一七五三年的謝赫出身自一個有權勢的家族。他的父親曾任大穆夫提（mufti，解釋伊斯蘭教法的學者），也是埃及少數名實相符的科學家之一，本身也認識最高烏里瑪和政府官員。但儘管賈巴爾迪是埃及最傑出的人才之一，一如大多數同胞，他渾然不知歐洲發生的進展。對賈巴爾迪來說，歷史至高的因果要素就是真主本身，祂接連不斷的動力凌駕於次要的人類意志。前啟蒙時代的歐洲採信類似的觀點，將神的歷史和人類的歷史連成一線。（例如華特・雷利爵士〔Sir Walter Raleigh〕的《世界史》〔*History of the World*〕就從上帝創造萬物開始，講到馬其頓的腓力二世〔Philip of Macedon〕。）但啟蒙時代切斷了塵世與神的聯繫，對此，賈巴爾迪就像舊政權（ancient régime）天主教那般老古板地反對。對法蘭西俗稱的「共和」他幾乎毫無所悉，只知道那是建於上帝之前人人平等的假設上。「這怎麼可能，」他問：「上帝明明就讓一些人比其他人優秀，這點從有些人住在天堂，有些人則住在塵世就可以印證了。」[3]

我們無法肯定賈巴爾迪的樣貌。他沒有留下肖像，所以我們無從判斷他的鼻子是挺是扁。這透露了他出身的環境。繪製畫像是褻瀆真主之舉；就連素描也被視為輕佻。我們知道賈巴爾迪是有品味、有教養的男人，喜歡坐在花園裡給朋友寫詩。但他也是主流的教士，強烈反對民眾背離嚴格的伊斯蘭教義，例如崇敬聖徒等，且我們沒有理由料想他排斥當時常見的迷信。例如精靈（djinn）就在人類周遭，藏身廁所和井底等濕暗地點，根本不容辯駁。夢是預兆，星星的運行影響著人類的命運。撒旦無所不在，任《古蘭經》大剌剌地攤開，就是邀請撒旦對書頁吐口水。當賈巴爾迪描述一位蘇非（Sufism）神學家之死是摘去保護埃及人的護身符時，他這麼寫並非出自詩意，而是照字面意義去解釋。

現代化的浪潮已打上伊斯蘭之岸，賈巴爾迪是率先明白這意義何在的阿拉伯人之一，而他留下的敘述反映出他面對一股神祕力量時的困惑和驚奇。當他抵達埃及研究院時，法國人預期訪客會多少想一較長短，並已做好充分準備。謝赫和他的同伴被帶進設在徵收宮殿裡的圖書館——每一名研究人員都專注而沉默，「沒有人打擾旁邊的人。」——學者全都面帶微笑，而他們帶給賈巴爾迪和同伴「各式各樣的印刷書籍來打破僵局，書中有琳琅滿目的插圖……有國家和地區、動物、鳥類、植物、古代史、國家的戰役、先知的故事，包括先知本身、奇蹟及其令人讚嘆的言行之圖畫，還有所屬各民族的事件。」

賈巴爾迪立刻深深著迷，因為這些是「那種會困惑心智的事情」，而他興高采烈地描述「一大本包含先知傳記的書籍，說他慈悲又安詳。書中他們根據對他的了解和判斷畫了他的聖像。他被描繪成佇立仰望著天空，彷彿傲視萬物。他右手拿著劍，左手拿著聖書，身邊圍繞著他的同伴。」還有其他畫了「國家、海岸、海洋」和金字塔的圖畫，而最驚人的是，「光榮的《古蘭經》被翻譯成他們的語言！」一群法國藝術家為賈巴爾迪介紹藝術的寫實主義。其中一人「肖像畫技精湛，栩栩如生，彷彿要開口說話。」

這些學者的一言一行似乎都是為了讓訪客印象深刻，而拿破崙的科學家稱職地在擺了一排排瓶子的化學實驗室裡進行了一場表演。賈巴爾迪回憶道：

一名助手拿來一只裝著某種液體的燒瓶，把其中一些液體倒進一個空玻璃杯；然後他又取來另一只燒瓶，把另一種液體倒入同樣的玻璃杯；杯中冒出彩色的煙霧，當煙霧消散，液體已經凝固，且略呈黃色。我摸了那個固體，發現它硬得跟石頭一樣。他們又拿其他液體做同樣的實驗，得到一顆藍色的石頭；第三次則是一顆像紅寶石的紅石頭。

然後助手拿來白色的粉末，放在鐵砧上；他拿榔頭敲，立刻傳出巨大的爆炸聲，宛如槍響；我們大吃一驚，助手大笑……他給我們看了一具發動機，裡面有塊玻璃在轉，

> 異物一接近，就會迸出火花和爆裂聲。如果有人一手碰了某樣接觸發動機的東西，包括鐵絲，另一手碰了旋轉的玻璃，他會瞬間受到震動，讓肩膀和手臂的骨頭劈啪作響……透過這種傳播方式，可能同時有一千多人受到衝擊。[4]

讓賈巴爾迪百思不解的不只是歐洲知識的複雜，還有它的侵略性質，因為那些學者認為不同學問領域之間並無分野；他們擁抱藝術與科學、歷史與思辨。從幼齡的脊骨曲度到《古蘭經》的文句，這些外國人簡直滴水不漏。

也難怪這位謝赫和朋友離開研究院時會悶悶不樂了。他們被介紹的現象，超出了他們的眼界。電力、解剖學、印刷的文字，跟當時的開羅生活毫無瓜葛，而在他記錄的字裡行間，我們感覺到賈巴爾迪反覆思忖他親眼所見的事物之意涵。以法國畫家對先知的描繪為例，那是公然的「以物配主」（*shirk*），或聯想主義，挑戰上帝造物的獨占權，為教法所禁。但賈巴爾迪對肖像畫虔誠的反對，也被他見到先知俊美容貌的欣喜給沖淡了。至於把《古蘭經》譯成異教徒的語言，那實在太過驚悚，他連想都不敢想。

在埃及，知識被認為是有限的，且大抵是伊斯蘭的禮物。現在這個國家淪入外國人之手，而那些外國人的言行舉止違背了這些假設，還暗示掃除這些假設是當務之急。在法國人的事物結構中，人類已從心懷感激的知識收受者，晉升到持續追求深刻真理的創造者。這無非意味世界的階層已徹底重新排序了。

賈巴爾迪看不出法國天文學家建造的日晷有何用處。除了顯示穆斯林祈禱的時間——就像謝赫自己的父親所建造、現在附屬於各清真寺的日晷——它們也顯示白天的時間和黃道十二宮；就這位謝赫看來，都是沒用的資訊。[5]他也不贊成法國博物學家保存先前未知的物種做進一步研究的慣例。先知不是說過，水面上有一萬種獸、水面下有兩萬種魚嗎？這樣大費周章，就為了證實已經知道，而且有更權威證據的事情，究竟有何意義？

「他們又進行了更多和第一場一樣離奇的實驗。」這位謝赫悲傷地給他的紀錄畫下句點：「像我們這樣的心智無法想像，也無從解釋的實驗。」

在賈巴爾迪看來，拿破崙的侵略，以及在埃及製造的混亂，只可能是神的旨意，因為《古蘭經》這麼說：「你的真主絕不會不公正地毀滅城市。」但真主究竟在懲罰哪個過失呢？埃及人是道德失檢或知識偏差而冒犯真主了嗎？為什麼伊斯蘭的土地，先前被神賦予最崇高的祕密——透過《古蘭經》來揭示神的意志——現在卻陷入黑暗之中，受盡羞辱？

賈巴爾迪的求知方式，和法國人求知方式之間的差異，只要比較各自的傑出作品便清楚凸顯出來。這位埃及人的文學紀錄是《紀錄與生平的功業奇蹟》（*Marvels of Deeds in Annals and Lives*）：一部二十七卷、一六八八到一八二一年的埃及生活史，以及兩部篇幅較短、法國占領時期的紀錄；拿破崙的智者則是經由其《埃及描述》（*Description of Egypt*）被後人記得，這是一部龐雜的地方性概要，內容多是他們在新殖民地的所見所聞，由多達一百六十幾名的學者合撰，分成二十三卷，在一八〇九至一八二八年於巴黎出版。

賈巴爾迪的作品和法國人的作品都不愧是菁英之作，絕對優於凡夫俗子，但兩者的相似之處僅止於此。兩部作品之間有個巨大的缺口，不亞於任兩部同時同地生成、目標顯然都在提升人類知識的作品。

《紀錄與生平的功業奇蹟》囊括了我們對學者求知方式的一切反應；那由衷表現了一位天生的保守派對那些威脅他所知的一切事件，所感受到的恐懼和厭惡。一如華特．雷利爵士之作，這部作品從真主創造世界開始，儘管賈巴爾迪堅稱歷史是有用的學科，「能牢記和傳達不同民族及其國家情況的知識」，但人類顯然不過是真主選擇注入的特性總和：即「正義與不正義感」[6]，使他盼望能被一名學識淵博、大公無私的哈里發統治，並溫順地服從一個永恆不變，包含先知、烏里瑪、國王、總督和各種較低類別人類的階級體系。[7]對於身在賈巴爾迪這種地位的人來說，類似一七八九年讓法國亂七八糟的那種革命，是令人深惡痛絕的。

就像他看不懂他在研究院被展示的科學，法國的政治語言也令他百思不解。占領者一直在自誇「自由」——阿拉伯文的同義詞是「hurriya」——但從這個詞，賈巴爾迪只能領略他們不是奴隸。他覺得人們根本不可能理解法國人所自稱，已在法國確立的那種政治、社會的自由，至於把「hurriya」的概念，延伸到脫離真主的束縛——無神論——更是駭人至極，他想都不敢想。

賈巴爾迪身上有許多和我們這個時代的穆斯林清教徒類似的特質——反對外來道德放肆的腐蝕與影響。他不明白怎會有人穿著踩過室外髒污的靴子踏到地毯上來，怎會有人「在家具上吐痰和擤鼻涕。」[8]法國人不刮鬍子也不刮陰毛。粗俗的軍人不以在清真寺排便為恥，拿破崙的軍需官則喜歡躺在長沙發上，「嘴叼琥珀菸斗，托盤上擱著咖啡杯。」[9]外國人令人不快地把食物混在一起。「有人甚至在一個碟子裡放了咖啡、糖、亞力酒、生雞蛋、萊姆等等。」賈巴爾迪嫌惡地寫道。[10]而他乞求真主「讓他們啞然失聲……腦袋混沌，呼吸停止。」[11]

賈巴爾迪譴責「東方軍隊」（Armée d'Orient）突然帶來的道德淪喪，也指責隨之而來、不知檢點的歐洲女性，是在尼羅河氾濫期之前來到的放蕩深淵，害得易受影響的埃及姑娘不顧羞恥，毫無節制地放縱欲望。她們和法國男人一起上船，穿挑逗的服裝，戴滿珠寶，日日夜夜縱情歌舞，尋歡作樂。當地的水手，滿腦子大麻，扮著各形各色的鬼臉，學法國人說粗話，而他們狂亂的叫聲和女人的歌唱與音樂混在一起。

賈巴爾迪對法國人顯露的敵意，有些來自拿破崙本身的投機和虛偽。這位將軍侵略後發表的聲明，包含了對穆罕默德及伊斯蘭的讚頌；後來又聲稱先知進過他的夢裡。但很少埃及謝赫上當，議會主席阿卜杜拉．夏爾卡威（Abdullah al-Sharqawi）謝赫就譴責占領者「物質至上、放蕩不羈……否認耶穌復活、來世和……先知。」[12]謝赫們也不屑那些為了娶穆斯林妻子而改變宗教信仰的法國男人，其中包括後來接替拿破崙擔任總司令，性格平淡無奇的雅克—法蘭索瓦．梅努（Jacques-Francois de Menou，後來改名為阿卜杜拉〔Abdullah〕）。賈巴爾迪嗤之以鼻：這些男人不必花什麼代價就可以宣布改信伊斯蘭，因為他們本來就沒有宗教信仰需要拋棄。（到頭來這些皈依者連包皮都不用割。）

法國人的《埃及描述》與賈巴爾迪的紀錄呈現鮮明的對比。法國人並不認為人類可以了解的事物有任何局限，恰恰相反，它展現了一群人的企圖心：不考慮神的奧祕、意圖揭露一個地方所有的物質現象和社會現象。那群學者將好奇心提升為人類最高貴的特質，而這個概念也隱含在他們的探索之中。所有事實和現象都可以讓人類發現。

在《埃及描述》出版一個半世紀後，巴勒斯坦裔學者愛德華．薩伊德（Edward Said）在著作《東方主義》（*Orientalism*）中批評西方的知識帝國主義時，形容《埃及描述》為這種思想的立基文件。「為創立新的專門化領域，」薩伊德語帶強烈的反諷說，「為建立新的學科；為劃分、部署、系統化、製表、編索引和記錄放眼所及（和未及）的一切。」這就是那些勇敢法國人的壯志雄心。

在譴責《埃及描述》時，薩伊德寫到它把埃及貶低成法國學問的一個範疇；若真是如此，那真主就是範疇中的範疇了。神出現在許多與埃及宗教信仰有關的討論、聖甲蟲形式的護身符，以及對法老膜拜的見解之中。有不同的文章記錄造訪陵墓之行；作者們強烈反對埃及的宿命論。但《埃及描述》的作者並未祈求上帝也未讚美上帝。他們不需要神的幫忙，就能對人文主義使凡人臻至完美的目標做出貢獻。上帝存在於《埃及描述》，只是因為身為祂的子民，人們對祂堅信不疑。

在《埃及描述》中，諸多撰文者始終沒有放鬆他們對鄂圖曼埃及的怠忽和「科學與藝術完全廢退」的非難眼光。[13]數學家讓—巴普蒂斯．約瑟夫．傅立葉（Jean-Baptiste Joseph Fourier）在為這部巨著撰寫的序言中，對「穆斯林宗教絲毫不允許心智發展」而感到遺憾。[14]相反地，這個國家「深陷未開化狀態」，而這樣的死氣沉沉似乎給埃及的犬類帶來痛苦，牠們成天懶洋洋地躺在陽光下，一年叫醒自己一次，悲傷地交尾。[15]

為反擊法國人文化上的自信，諸如賈巴爾迪等穆斯林傳統派說服自己：西方拒絕接受伊斯蘭，是注定自取滅亡；偶然的靈光一閃當然不足以挽救西方本質上的荒蕪。但這位謝赫見證了一場非常不平等的競賽，從表面、名望到持久性，都不得不承認侵略者在某些方面其實一點也不野蠻，他們展現了智慧與見地，甚至是完整的道德。

西方其中一個出奇優秀的面向是法律之前人人平等。在一七九九年八月拿破崙突然離開埃及追求政治野心後（他將在數個月後的霧月政變〔Brumaire coup〕中奪取政權），這個原則的實行得到驗證。一八〇〇年六月，接替拿破崙擔任總司令的讓—巴普蒂斯特·克萊貝爾（Jean-Baptiste Kléber）被一名狂熱分子一刀刺進心窩。「一個不重要的男人背信忘義，成功刺殺了法國總司令。」賈巴爾迪難以置信地寫道。「這個男人仍拿著他犯罪的武器，上頭還淌著遇害者的血。在這種情況下，你預期法國人會在他認罪後立刻處決他和他的共犯。但沒有，事情不是這樣發展。法院開庭審理。」結果審判過程嚴謹公正，沒有人爭論最終判處死刑的正當性。刺殺克萊貝爾的兇手被用長槍刺穿直腸處決，而他的頭顱被送回法國做教育用途，展現「犯罪和狂熱的後果」。賈巴爾迪詫異地說法國是個「沒有宗教，但遵從理性判斷」的國家。[16]

其他法國革新的重要性，賈巴爾迪就沒那麼清楚了。例如拿破崙在野外簡樸的生活方式、沒有大批隨扈同行、和部屬打成一片等等，都暗示領導者和被領導者之間不像許多穆斯林統治者那樣階級分明。預防，似乎是公共衛生的指導原則，因為法國人會設置檢疫區、隔離染上瘟疫的人家。法國人也莫名堅持將重要決策交給「迪旺」表決，那是拿破崙為其統治披上合法性外衣所設置的機構（後來賈巴爾迪也加入了）；「多數，」這位謝赫不帶好惡地說：「握有代表全體的力量。」[17]

賈巴爾迪絕不接受以理性代替神啟做為人生的指引。他同情一七九八年在阿拉伯爆發、反鄂圖曼統治的瓦哈比派（Wahhabi）起義——此派回溯十三世紀鞭笞理性的伊本·泰米葉，意欲替伊斯蘭修剪不純正的枝葉，使之回復先知時代的純粹。賈巴爾迪本身的改革態度也傾向於我們現今所稱的基本教義路線，但在他書寫的時候，例如「改革」和「基本教義派」之類的詞彙尚未流傳開來，而我們所認定這兩者之間的差異，當時也尚不明確。他呼籲重建「伊斯蘭的威能」，但他一直沒有在著作中釐清這個詞的含意，或許是因為他已目睹了西方的力量和思想在埃及的勝利，思緒混亂了。

賈巴爾迪對法國人抱持的憂慮不安，將於整個十九世紀西方對穆斯林土地蠶食鯨吞之際，也出現在其他許多人身上。穆斯林被迫面對這個迫切的問題：他們該不該模仿西方——或說能不能。其實，投入西方思想或「撇開頭去」的選擇，根本是假議題。歐洲從來沒有給伊斯蘭世界撇開頭去的選項。

爭執很快在兩派人馬之間浮現：其中一派認為進步是普世的脈衝，只是先在歐洲湧現，在其他地方也會起作用；另一派則主張歐洲踏上這條發展軌跡的基本條件，是穆斯林所達不到的，因此沿著同樣的途徑追求同樣的目標，是愚蠢之舉。這場辯論是進步主義和保守主義之間、擁抱未來和害怕失去過往之間的辯論，而參與辯論的人，很自然用了穆斯林的工具，包括《古蘭經》和教法來進行。無可避免地，在一個知識被單一教士階級壟斷的國家，正是這群人造就了第一批現代派人士，還有第一批反動者。而或許也不令人驚訝的是，由於埃及的知識分子圈子甚小，力抗賈巴爾迪等守舊派的革新人士，正是他自己的弟子。

這位男士名叫哈桑．阿泰爾（Hassan al-Attar），他將會為埃及引進陌生的科學，並讓埃及重新認識其他自中世紀便失傳的知識。阿泰爾成為埃及第一位現代思想家的旅程，也是從法國占領的嚴酷考驗中展開；相對於賈巴爾迪的旅程，卻在此結束。

阿泰爾在一七六六年前後生於埃及，被形容為「一個俊美的年輕人……胸膛寬闊、雙眼清澈，有北非血統，但穿著埃及的服裝，操著埃及口音。」[18]他的父親是出身卑微的藥劑師，這個男孩原本也走這行，直到他獨力把《古蘭經》背得滾瓜爛熟，才透過此長才進入艾資哈爾就讀。

雖然已進入埃及正統學問的堡壘，阿泰爾卻因其外國血統和愛去聲名狼藉、顧客吟誦同性戀詩歌的咖啡館，多少顯得格格不入。由於興趣廣泛，他無疑想造訪埃及研究院與裡頭的學者，但他並不在受邀的資深謝赫與其他顯要之列，如果他想進入那座現代學術的殿堂，他必須親自登門拜訪。

或許是一七九九年的一天早上，阿泰爾前往烏茲巴基亞清新舒爽的花園區，也就是法國人駐紮的地方。他很緊張，因為他聽說這附近常有人酒後鬧事，但他還是受到一股奇妙的衝動所吸引，「茫然行走……搞不清方向，也不知走在哪條街上；以為自己要毀滅了。」

阿泰爾的來訪似乎出乎年輕學者們的意料，但他們讓阿泰爾覺得自己受到歡迎，而這位穆斯林學者一下子就著迷了。

這些年輕人像太陽一樣耀眼、像新郎一樣精神抖擻；他們的臉龐為美所覆蓋，他們像箭一樣高大俊拔。他們的頭髮像大批情人熱情追隨的標竿……其中一個年輕人要我看一本書，我們開始交談，我發現他的阿拉伯語沒有不合語法的用法，沒有貧瘠的措辭，沒有其他缺點……但更令我驚訝的是他對文學的愛……他告訴我他已經把阿拉伯文翻譯成他自己的語言，而他已經決定把這件（他朗讀的）作品背下來……一股熱情油然而生，我好久沒有這種感覺了。我對文學曾經強烈、卻又衰微的熱情，現在復甦了。

阿泰爾碰到的年輕學者可能是萊吉（R. Raige），他也燃起另一位年輕的謝赫伊斯邁爾．卡沙布（Ismail al-Khashab）的熱情，後者寫過許多刻毒的詩作，常夜間來訪。萊吉熟諳中世紀的伊斯蘭學術，且能引用中世紀天文學家納西爾丁．圖西（Nasir al-Din Tusi）巧妙的雙本輪（double-epicycle）設計——已輾轉傳給哥白尼（Nicolaus Copernicus）——以及《治療論》（*al-Shifa*）。《治療論》是四處遊歷的阿維森納在十一世紀初編纂的哲學及預言知識概論。怪不得阿泰爾會神魂顛倒。法國的求知之道比他所了解的一切都令人振奮：萊吉不怕學習另一種文明的語言，還熱愛另一種文明的書籍，而樂在學習是他唯一的理由。

後來，阿泰爾又找了一天下午回去看萊吉和他的同事。

我人一到，他們就開始倒葡萄酒，但見我堅決反對，便讓我看了一些大大小小的書，其中有些我從未見過，有些（我知道）很有名，都是物理科學或文學的書。他們也讓我任意使用他們的天文和工程設備，然後他們和我討論這些領域的種種問題，寫下我說的話……然後給我看了幾首詩……請我解釋表面的意義和弦外之音。

阿泰爾記得，他為法國人即興解釋的詩句。

他們聽得很高興，也吃驚不已。他們開始為此讚美我，讚美得過分了。然後他們慫恿我去跟他們住，並讓我了解這是他們真心的請求。但我一直推遲，沒給答案，並保守這個祕密……我明白如果我毫不遲疑地答應，將有非難與敵意降臨，還有社會的輕蔑等著我。因此我回歸理性，做了決定。請真主饒恕我的所作所為。[19]

這段敘述若在阿泰爾的親友之間流傳開來，解釋情詩的情色段落其實還是震驚程度最低的；男人間的情詩雖淫猥，卻是一種已確立的文學形式，修道院中的迷戀行為偏離宗教教育的苦行訓練，卻也非無人知曉。阿泰爾在此承認了比情慾更糟的罪：來自艾資哈爾、伊斯蘭最高學府的一名教士，竟大聲宣揚對異教徒的癡迷——對他的一切——他的哲學、他的性格，還有他對阿拉伯文化及文學出乎意料的精通。

法國人願意浸淫在異國文化和宗教的事實，說明了一種阿泰爾可能從未見過的世界主義。在十八、十九世紀之交的埃及，兩大宗教社群——穆斯林與科普特基督徒（Coptic Christian）——之間幾乎沒有知識交流，而社會進一步分裂成說阿拉伯語的「農人」——稱作費拉（fellahi），阿拉伯語「耕作者」之意——以及說土耳其語的馬木路克和其他鄂圖曼帝國境內的少數民族。那些學者願意向外人敞開心胸，對阿泰爾一定有所啟發，畢竟阿泰爾與他們接觸相對久（或許長達十八個月），在這段時間用阿拉伯文給歐洲人上課，也得對方「國家教授的科學」做為回報。[20]

阿泰爾對法國男人長久的傾慕，使他不接受同住的邀請是加倍重要的決定。萬一他任自己的癡心擺布、燒毀他和其他謝赫之間的橋樑、允許自己被外國人當戰利品收編，他會被逐出艾資哈爾，很可能還被迫流亡，甚至魂斷狂熱分子之手。無論何者，他都無法繼續融合伊斯蘭與世俗知識的工作，我們今天也不會記得他。

不過，阿泰爾對伊斯蘭啟蒙的貢獻主要取決於更大的歷史力量，比如說法國逐漸式微的殖民能力。原本打算永久進駐，結果拿破崙的埃及殖民地僅僅維繫兩年，接著便遇到法國一連串的包括印度、北美在內的挫敗。一八〇一年八月，東方軍隊降於一支英國遠征軍，並遵照協定打道回府。賈巴爾迪和阿泰爾認識的學者也離開了，帶走最後將成為《埃及描述》的素材。但英國搶走了法國人發現的羅塞塔石碑（Rosetta Stone），並用抄本繼續譯解，如今收藏於大英博物館這座典型的啟蒙機構之中。

直接受到法國人占領衝擊的是馬木路克人。在鄂圖曼帝國鬆散的宗主統治下，這個管理埃及的奴隸兵階級徹底潰散，從此再也無法主宰埃及。法國撤退後，當地陷入失序，鄂圖曼帝國和歐洲人繼續操控地方代理人來取得相對優勢。一八〇二年歐洲列強簽署的《亞眠和約》（Treaty of Amiens）將埃及交還鄂圖曼控制，英國撤退，但這不代表埃及回復原狀。儘管占領時間短暫，影響到的一般埃及民眾也不多，但這個國家已被那個最能體現基進現代性（radical modernity）的民族，刻下永難磨滅的印記了。

阿泰爾或許拒絕了法國男人的同居之邀，但眾所皆知他已跟他們混在一起，而對像他這樣的親法分子而言，法國撤退之後的氣氛充滿交相指責的味道；前迪旺之首阿卜杜拉・夏爾卡威謝赫，這會兒開始存心報復地批判他服務過的政權。由於乏人資助，阿泰爾在一八〇二年離開埃及。往後十三年，他大半在鄂圖曼帝國下的敘利亞和土耳其度過，要到埃及被一名占領時期的繼承人、一名歐洲價值觀的倡導者帶上新的道路後才歸國。

當東方軍隊於一八〇一年一瘸一拐地離開埃及時，或許看不出會有這番情景，但在法國人撤離短短十年後，新的埃及誕生了，它為自己「建立新的學科；劃分、部署、系統化、製表、編索引和記錄」。

穆斯林現代派人士的標準形象是暴躁易怒、好管閒事；對同胞的老派穿著、宿命論及一再逃避努力工作的態度感到不耐。他們是現代價值觀充滿幹勁的盟友，方法或許有點粗暴，但對進步的召喚卻有清晰無比的回應。這個形象花了超過一個世紀發展，透過多位不同的人物，如伊朗的李查汗（Reza Shah）、阿富汗的阿曼諾拉汗（King Amanullah）和現代土耳其的創建者穆斯塔法．凱末爾．阿塔圖克（Mustafa Kemal Atatürk）等人物體現。

這些強勢的現代派人士走了同樣的捷徑。他們建立了新的現代機構，但機構裡的精神氣質未必現代化。學校和大學、報刊、國會和法院，這些地方不能安置只能被移來移去的「填充動物」，而是要透過依本能和文化而行動自如的生物負責運作。但這些統治土耳其、伊朗、阿富汗的強人獨裁政權，卻阻礙了這樣的人類自主權。法律固然存在，但法院是「忠誠的」。國會和新聞媒體遵從統治者的領導。而統治者永遠不打算放鬆對臣民的掌控，因為他打從心底不信任他們，一心只想催促他們照他的鋼鐵意志改變。這些以進步之名大量進行的淨化型暴力，打算取得西方歷經數百年緩慢的歷史才獲致的成就。因此，現代化的過程沒那麼像失去一雙手腳、能夠前進但只能慢慢來的動物，而比較像施行腦葉切開術的動物，外表看似一切正常，但內在重要的機能持續失常。

這些獨裁者中，有好幾位將在本書登場。這是個尷尬的事實：沒有這些人，穆斯林世界現代化的故事就不完整。是競爭與敵對——包括他們彼此之間，以及他們與西方之間——驅策他們前進，因為若不是西方和伊斯蘭的土地之間顯露著那可恥的缺口，穆斯林文明就沒有動力逼自己經歷那自我審問和拋棄文化的折磨——一種徹底復興的必經過程。

改革鮮少在平靜的時代進行，它是一種需要穩固、甚至嚴厲的力量貫徹到底的緊急措施。個別的夢想家、機構、甚至整個社會階級都可能經歷「我發現了！」的重要時刻，但這些時刻要加總成持久的變革，就需要運行程序：委身、計畫、立法。另外，在十九世紀的中東，改革需要迅雷不及掩耳，以杜絕威脅接管這個區域的西方列強持續染指，落得像埃及一樣成為其野心的戰場。

埃及的現代派人士穆罕默德．阿里總督（Muhammad Ali Pasha，總督也可直譯為「帕夏」）是阿爾巴尼亞人，或許有庫德族血統——較不重視族群，而重視冷酷、勇氣和虔誠的鄂圖曼世界。結果穆罕默德．阿里有前兩種特質，獨獨缺了虔誠。擔任鄂圖曼蘇丹的埃及總督近半個世紀——從一八〇五年到一八四九年——他在這短時間內拚命塞進跟這個國家過去三百年來一樣多的改革，匆忙改造他所接觸到的一切，以便建立一個強有力的歐式國家，進而避免被外國征服。

穆罕默德・阿里於一七七〇年前後出生在鄂圖曼馬其頓，原為侍從兵和菸草商。一八〇一年春天他獲派率領四百名傭兵越過地中海，協助英國人驅逐法國人，證明自己腦筋靈活、足智多謀。東方軍隊隨後離開，留下像穆罕默德・阿里這麼充滿活力和魅力、又天生懂得掌握政治利益的人（他沒有受過值得一提的教育），以自己的本事填補政治真空。接下來幾年，他周旋在馬木路克、鄂圖曼當局和歐洲人之間，這位經營人脈的高手讓每個人都覺得他很重要，並擊退英國第二次入侵，於一八〇五年讓自己的地位如日中天，使鄂圖曼蘇丹別無選擇，只能任命他為總督。昔日主導拿破崙迪旺的那位夏爾卡威謝赫，授予他儀式性的阿拉伯長袍——同時證明了埃及高階神職人員也有彈性。

儘管穆罕默德・阿里名義上支配該省，馬木路克仍持續掌控埃及大部分的農村地區。一八一一年三月，穆罕默德・阿里用授銜儀式做藉口，引誘馬木路克頭目進入開羅大城堡區，沿著一條從岩石劈出、蜿蜒又狹窄的通道，讓火槍隊從高處射殺。其他馬木路克則在城裡被追捕、斬首、洗劫財產。次日穆罕默德・阿里走下城堡恢復秩序，接受夏爾卡威的祝賀。

掌控埃及的富饒——得益於尼羅河從阿比西尼亞（Abyssinia，今衣索比亞）帶來的礦物質，是世上最好的肥料，使沖積土壤終年飽足——帶給這位總督的可能性，似乎比向宮廷稱臣來得更宏大，也更有利可圖；頂著蘇丹封臣的名義，他很快公然挑戰蘇丹的權威。隨著早年羊毛和亞麻布主宰世界貿易的情況不再，現在棉花稱王了，穆罕默德在當政期間將尼羅河三角洲轉變成偌大的棉花田，供應英國蘭開夏（Lancashire）的動力織布機。他沒收馬木路克的封建田地、銷毀地契，讓土地回歸國有。至一八一二年，上埃及區的所有穀類作物都歸穆罕默德・阿里所有，他現在不僅掌控埃及的農業生產，也壟斷國際貿易。「他可以不經審判就將任何臣民處死。」一八二〇年代晚期造訪埃及的英國人愛德華・雷恩（Edward Lane）這麼寫道。「他的手簡單往旁邊一劃，就足以暗示斬首。」[21]

為了鞏固和享受當家作主的好處，這位埃及的新暴君需要保護埃及——正如金字塔戰役清楚證明的——他需要一支現代軍隊。

有那麼多實行現代化的領導人一開始都將改革的熱情注入軍隊，絕非巧合。穆罕默德・阿里也不是第一位看出歐洲軍事準則與技術重要性的穆斯林領導人。在印度，一七九〇年代由邁索爾的蒂普蘇丹（Tipu Sultan of Mysore）研發的火箭，就曾重創英國敵人。此外，蒂普蘇丹也建造了以銅製造的戰艦，這是從法國人那裡學來的。在近一點的地方，拿破崙在中東唯一受到的軍事挫敗，是一七九九年在阿卡（Acre）敗給塞利姆三世（Selim III）培養的一支實驗性現代化軍隊。有相當多例子可以證明西方傑出的軍事才幹是可以被模仿，甚至超越的。

一八一五年穆罕默德・阿里以他不守紀律的阿爾巴尼亞軍隊搶劫開羅店家為由，開啟他自己的軍事改革。他得到法國人約瑟夫・安特赫爾姆・席夫（Joseph Anthelme Sève）的幫助，委派他在尼羅河上游的亞斯文（Aswan）訓練軍隊。席夫其實資格不符。他自稱上校，但在拿破崙軍隊裡頂多升到下士，就因抗命而被革職。但他很早就在叛逆新兵拿槍指著他時加以制服，因而建立威名，也贏得他們的尊敬。[22]

還有其他挑戰。有數千名從蘇丹（當時是埃及一省）輸入的奴隸兵病死。語言使用混亂，席夫和其他法國教官用法語發號施令，學員則用土耳其語和阿拉伯語拒絕。再來是士兵的家屬——跟著他們從這個駐地遷徙到那個駐地——分食他們的配糧、住在髒亂的棚戶區。但總督和教官們不屈不撓，不准家屬隨行，並嚴懲違規者。現代軍事的原則慢慢注入這支新軍，往後幾年，軍校數量逐漸攀升，提供的課程也更廣、更複雜，從防禦工事、幾何學到地圖繪製等等。在此同時，埃及工廠開始製造歐洲武器的複製品，也打造一小支海軍船隊。從席夫上校到一八〇七年穆罕默德．阿里裝配艦隊的第一艘船——有三十支火砲的「非洲號」及船上的英國工人——所有軍事技術和知識都必須從歐洲輸入。總督感受到現代化必須忍辱負重仰賴歐洲人，即便歐洲人在很多方面仍是他們的對手。

在嵌入鄂圖曼的權力結構後，穆罕默德．阿里繼續讓自己在蘇丹心目中更加不可或缺，除了派遣由其子領導的軍隊平定瓦哈比的暴動，也加入鄂圖曼征討希臘民族主義者的戰役。整個一八二〇及三〇年代，還有其他擴張性的戰役，例如進駐蘇丹省，以及狡詐地部署在蘇丹王牢牢控制的敘利亞與安那托利亞。這些戰役不僅在軍事和經濟上至關重要，總督的現代化軍隊也是新埃及的象徵兼催化劑。

在一八三〇年代的全盛時期，穆罕默德的軍隊共有十五萬人，由還算有效率的軍需部供糧，也多少遵守歐洲的軍事準則。一八三二年，在敘利亞荷姆斯（Homs）作戰期間，它結合西方教科書的精髓，狂射火槍和葡萄彈的步兵陣、在側翼伺機而作的騎兵隊，以及最終毀滅性的刺刀衝鋒，讓一支鄂圖曼部隊落荒而逃。[23]因此，英國旅人及外交官安德魯．阿奇博．帕頓（Andrew Archibald Paton）這麼寫道：「鄂圖曼帝國軍隊『被歐洲軍事準則最簡單、最自然的應用給擊潰』，令『完全不懂其基本原理』的土耳其指揮官大惑不解。』」從馬木路克於金字塔戰役援用的中世紀戰術，到荷姆斯的整合性現代戰爭，只經過短短三十四年。

阿里總督的埃及，就跟他意欲並駕齊驅的任何歐洲國家一樣施行帝國主義。有段短暫的時間，他統治的領土包含蘇丹、漢志（包括麥加和麥地那）、敘利亞、巴勒斯坦和安那托利亞部分地區。但在一八三〇年代，「崇高宮廷」聯合英國及外交大臣巴麥尊子爵（Lord Palmerston））集結軍力，把他趕回尼羅河。然而，穆罕默德．阿里已為管理帝國，建立起中央集權官僚體系，並開始勾勒出民族國家的輪廓。軍隊的編成促進了這個過程，而總督徵召了相當多費拉從軍。他雖然在文化上是鄂圖曼人，也相信土耳其菁英高人一等，卻已認識到，一支沒有阿拉伯人的軍隊既強盛不了，也不具代表性。事實上，他對埃及境內所有種族和宗教群體採取一視同仁的態度，讓非穆斯林出任重要職務（他的商業和外交事務總管波格斯．尤斯菲安〔Boghos Bey Yusufian，Bey為頭銜〕是亞美尼亞人），也歡迎所有民族進入他的行政及商業機構高層，包括曾隨拿破崙到埃及、而在滑鐵盧戰役後失業的法國人。

無可避免地，在一個為創建者量身訂作的體系裡，穆罕默德．阿里的埃及反映了自己的喜惡。由總督任命、掌理埃及第一所獸醫學校的法國人哈蒙（P. N. Hamont），形容他是「街頭遊民的敵人……他什麼都想看、什麼都想評斷、夜以繼日地工作。」[24]他似乎受到拿破崙「行動，行動，馬上行動！」口號的激勵，也有類似爆炸性的成果。

總督對人的觀念是人如役畜。他強迫勞動者做公共工程，造就百萬畝新耕地、運河、防波堤、電線和紡織工廠等。一八一九年，據信有多達兩萬名男性、女性和孩童在建造某條運河期間身亡。[25]

現代化要成功，就必須降低它最大的敵手烏里瑪的威信，而穆罕默德．阿里毫不遲疑地著手對付這群最大的既得利益者。為瓦解教士的權力基礎，他徵收了六十萬畝宗教捐獻（religious endowment）持有的優質土地，或瓦合甫（waqf）——占埃及總耕地面積的五分之一。他這番攻擊象徵自阿拔斯時代以來，支撐穆斯林政體的統治者與謝赫同盟戛然而止。那些人怨聲載道，稱他為「異教徒」，而謝赫一連發動數場叛變，都被猛烈鎮壓了。但穆罕默德．阿里是分化敵人的高手，透過賄賂、奉承和驅逐等手段達到目的。而隨著宗教的根基充公，苛稅的果實從眾多包稅商手上轉入國庫（制度上沒有比較不苛，但比較集中於中央），埃及政府的規模和財富皆有所成長，教士的威望則相應萎縮。一列列外表光鮮、內心貪婪的教士堂皇走在街上的既有印象不再，換上瘦骨嶙峋的神學家形象，衣衫襤褸地站在那裡，背誦《古蘭經》賺幾個埃及鎊。同一時間，總督則出售穀物給英國商人賺取可觀的利潤。

穆罕默德的改革也改變了教育、經濟、運輸和公共衛生——但未必是好的方向。一間印刷廠設在開羅郊區布拉克（Boulaq），不顧烏里瑪和抄寫員的反對，他出版了一連串實用的書籍，包括歐洲著作的譯本和鄂圖曼土耳其的經典。另外，《古蘭經》也被排成鉛字，在穆斯林世界首開先例，而開羅的穆夫提被說服同意這樣的創新。費拉依照總督的命令種植兩百種新作物；開羅的建築外觀煥然一新，沿著大道兩旁種了金合歡，樹木筆直排列。女性被派去新工廠按配額紡紗，她們蒙著面紗工作，這或許是中東最早的工業化女性勞動力。她們在田裡的姊妹則上了挽具，代替被軍事徵用的牛來轉動水泵和磨臼。[26]昂貴的水動式篩米器從英國進口，由英國工人安裝在英國磚塊上（但因缺少備用零件，很快就動不了了）。所有埃及人都要蒙受新的稅賦。「付不出人頭稅的農民或鎮民可慘了。」在其他方面對總督這場「革命」讚譽有加的安德魯．帕頓寫道：「他會被鞭打到稅繳完為止。」[27]

或許無情且專橫，這位總督也是凡事追根究柢、不矯揉造作的男人；他位於亞歷山大港的夏宮「無花果海角」（Ras el-Tin）——一座花香撲鼻、輕風拂面的懸臂式建築——若外國人在午餐時間造訪，都會被他強迫留下來進餐。這座傳統式的宮殿，原以他年輕時在巴爾幹的住所為靈感，但迅速注滿歐洲的特色，如瓦斯燈、撞球桌和排在牆上的家人畫像。坐在桌前（桌子本身是新的東西）、身邊圍繞著官員、杯裡不斷斟入法國美酒，總督的訪客可能會發現自己成為這位服飾閃亮、無懈可擊的東道主打破砂鍋問到底的對象——在他臉上「無可磨滅地烙印著意志堅定的性格」——問起歐洲政治近來的發展，或他聽說的某個發明。[28]

在穆罕默德·阿里的統治下，亞歷山大港從破落不堪、傳播疾病、拿破崙一七九八年登陸的下錨地，搖身變成能處理埃及棉花出口遽增的現代貨物集散地。這裡坐擁造船廠、海軍基地和兩百艘可同時停泊的船，並由一條新鑿的運河連接尼羅河西分流。亞歷山大港成為地中海沿岸人口最混雜的城市之一，阿拉伯人、土耳其人、切爾克斯人、馬木路克人、科普特人、亞美尼亞人、馬爾他人、希臘人、義大利人與聖西蒙教派（Saint-Simonian）及身無分文的波蘭貴族等歐洲流民，都相當親暱地——雖然偶有齟齬——齊聚於此。待在亞歷山大港讓總督得以一面照看商業事務，一面監控新兵工廠的進展——一座名符其實的「黎凡特巴別塔」，這裡雇用每一種地中海民族血統的混血兒和法國土倫來的徵兵、囚犯及挖土工人。套用一句俄國領事的美言，每一天「我們都看得到一些為了城市進步或公用事業而援用歐洲風格的創新」，地方行政引進了歐式管理、跨國商業法庭、設於法國領事館的公共衛生辦公室等等。[29]

埃及快速變遷，其中當然也有備受困擾的居民。可以理解，他們對穆罕默德·阿里試圖現代化的步調和目的感到困惑。「大部分的居民，」獸醫哈蒙嘆道：「不相信醫生，或獸醫的科學……地方民眾還是比較喜歡找理髮師，鐵匠也比獸醫受人信任。」[30]

那些發現自己成為穆罕默德・阿里改革目標的人，開始絕望地抗拒。有些費拉為了避免徵召而把滅鼠藥塞入眼睛（被抓到的會判處終身勞役，女性共犯則會被處死），也有人逃離家鄉，到不斷擴張的開羅和亞歷山大港找工作。強制接種天花疫苗時（費拉會把家人藏起來，不肯打針），民間發生了動亂，緊接著被強力鎮壓。一八二〇年代，愛德華・雷恩驚訝地聽到埃及人說要殺光歐洲人來警告穆罕默德・阿里，莫再繼續革新。[31、32]

但並非人人都受到總督改革的衝擊，大部分的埃及人仍繼續過著他們過了好幾千年的生活，沿尼羅河兩岸及三角洲耕作，安撫同一位真主，信任同樣的謝赫，但也明白——雖然不怎麼愉快——新埃及唯一不變的特色，就是變。

這樣的不和諧令人煩躁，民眾也抱持懷疑，但若因此認為埃及的現代化是統治者注定失敗的愚行，那就錯了。這種「進步派」和「反動派」雙方都在叫囂的觀念，是基於這樣的謬見：現代性是種固定不變的價值觀，只可能引發兩種反應——接受，或安於現狀而拒絕。發現新價值觀和技術的人，或者如埃及費拉的例子，被新價值觀和技術找上的人，心理通常會經歷一場震撼的裂解，這有其內部邏輯與強迫性。拒絕現代化就像假裝沒聽到電話響；一旦它出現、在空氣中顫動，人們就非得接起來不可。聲音可能失真，可能被蒙住，可能被回以咆哮，可一旦一種現代思想傳播出來，世界就不再是以前的世界了。

穆罕默德．阿里總督以有願景的獨裁者之姿，用有限、矛盾的方式將埃及現代化。他並不鼓吹任何不敬、懷疑論和個人賦能的精神；這些精神不亞於榴彈砲和特效藥，是任何啟蒙計畫所不可或缺的。他是那種會費心教育年輕官僚，又在他們膽敢提出建議時厲聲斥責的人。「統治的人是我。」總督曾訓斥這麼一位放肆之徒，然後叫他滾蛋，翻譯外國軍事手冊去。

他意欲建造的是強大、活潑、有前瞻性的國家——但不特別善於反省或創造。這不是說在他統治期間完全沒有思想發展，也不是說國內菁英的世界觀一如馬木路克時期的迂腐守舊；恰恰相反，我們在回顧中東改革派獨裁者時，會一再遇到同一種模式：許多知識活動會在檯面下進行，對於知識、個體和真主，出現了新的態度。

埃及在穆罕默德．阿里統治期間的知識解放過程，貢獻最多的當屬四處遊歷的學者哈桑．阿泰爾。因為擔心親法形象會給他惹來麻煩，他離開了開羅，事實上，阿泰爾在地中海的另一端度過總督統治的頭十年；在那裡他沒沒無聞，得以追求他由衷感興趣的事。阿泰爾是在伊斯坦堡和大馬士革——跟開羅一樣令人憶起昔日伊斯蘭榮光的城市——的自由氛圍中，繼續發展他在埃及研究院得到的世俗啟示。在此過程中，他不但擴展了知識，也習得關於知識普遍性本身的重要課題，這兩者在他一八一三年回埃及後大有用處。

一八〇二年阿泰爾暫居的伊斯坦堡，比馬木路克占據的開羅更有利於他現代化的努力，這大概要歸功於蘇丹塞利姆三世對知識的好奇心。藏書室的大門為阿泰爾敞開，他在這裡跟學者交朋友，阿泰爾也開始研究比待在埃及時更廣泛的知識，包括天文學、邏輯學和神祕主義。[33]在此同時，他也認識了被艾資哈爾斥責「遭哲學和思辨荼毒」的古典伊斯蘭學派。從納西爾丁．圖西的天文學到阿維森納的形上學，以及富有創新精神的十四世紀突尼西亞學者伊本．赫勒敦（Ibn Khaldun）的社會學觀察，阿泰爾在這些前輩知識分子身上見到不帶成見的學習熱忱，也就是之前使他對法國備感興奮的熱忱。對一個以知識復興做為終身職志的男人而言，這些穆斯林光輝燦爛的先例，否定了西方人縈繞不散、自認高人一等的看法，例如學者讓—巴普蒂斯．約瑟夫．傅立葉就認為伊斯蘭對「心智的發展」有害。

阿泰爾很高興地發現，偉大的穆斯林思想家不僅精通神學和法律，對「其他科學也有浩瀚的知識」。另外，這些中世紀學者不覺得參閱非穆斯林的作品有什麼好奇怪的；阿泰爾舉了一名謝赫為例：為了回應猶太人對伊斯蘭的批評，他引用猶太教經典《妥拉》（*Torah*）裡的話來反擊。[34]

待在伊斯坦堡時，阿泰爾因無法救活一個罹患天花的小男僕而心煩意亂。雖然主人用了散沫花——據信能關閉毛孔的療法，男孩依然病故。（幾年前愛德華．詹納〔Edward

Jenner〕開創性的首劑疫苗問世了，但阿泰爾可能還不知道這件事。）這起不幸，刺激了這位埃及人加強醫學專業，他住在伊斯坦堡亞洲側的斯庫達里（Scutari）一位鄂圖曼帝國首席醫師家中，他可以一邊研究，一邊享受外國醫師的陪伴，並請教他們有關醫學的問題。[35]

阿泰爾學到的愈多，就愈覺得難以苟同阿維森納在一〇二五年《醫典》裡奉為神聖、以哲學角度思考人體和以純推理來研究身體的方式。《醫典》的拉丁文譯本，讓歐洲醫學生持續讀了五百年固定不變，後來才在巴黎及帕多瓦被實驗與觀察的原則所取代。阿泰爾支持歐洲方。「根據阿維森納，」他寫道：「最確實的解剖學研究途徑是透過閱讀一位技術嫻熟、具備確切知識的人士，其發現已為世人所接受……但我們知道，解剖……是一門若不透過自己的雙眼就無法認真探求的科學。」

十三世紀時，敘利亞人伊本．納菲斯（Ibn al-Nafis）假設了血液流經心肺的圓周運動，捨棄血管同時含有血液及空氣的謬論，比英國醫師威廉．哈維（William Harvey，一般將「肺循環」的發現歸給他）早了近四百年。阿泰爾的結論是，如果阿維森納是偉大的醫學理論家，那伊本．納菲斯就是偉大的醫學實踐者。但這位敘利亞人卻情願屈於外在的約束：他避免做人體解剖，因為那是伊斯蘭律法所不容的。解剖學到十九世紀初仍是禁忌，因為正如阿泰爾抑鬱指出的：「我們被勸阻追求『實證的研究途徑』，因為那被認定是對真主律法和信仰的阻礙。」[36]

這就是另一個在歐洲和伊斯蘭土地之間顯而易見的尷尬缺口，阿泰爾明白這會嚴重阻礙穆斯林前進。解剖學已在十五世紀併入西方醫學傳統裡，是李奧納多．達文西（Leonardo da Vinci）等人文主義者世界觀不可或缺的一部分。但解剖——沒有解剖，解剖學就只是瞎子摸象的探究——卻為穆斯林信仰所拒。穆斯林相信死者會感受到加諸於身上的每一次切割。先知不許切開屍體，「就算它可能吞了別人最貴重的珍珠。」另外，由於追求精確，解剖圖也厚顏無恥地違反了複製人類形體的禁令。

但人體解剖卻是現代醫學必不可少的要素，而穆斯林的責任不就是減輕人類的痛苦嗎？阿泰爾無疑見過埃及研究院的獸醫解剖室。[37]現在的他已不需要人說服，對他來說，實證解剖學和天文學是他在現代科學中收穫最多的，但「現在幾乎不存在，唯獨一小撮人研究，把我們從無知中救出來。」

據說阿泰爾在一八〇六年——實行現代化的塞利姆三世被反動派的堂弟穆斯塔法四世（Mustafa IV）取代前一年——離開伊斯坦堡，接下來九年接連在亞歷山大勒塔（今伊斯肯德倫〔Iskenderun〕，位於土耳其地中海沿岸）、伊茲密爾（Izmir）和大馬士革繼續他的研究，但當鄂圖曼的心臟地帶再次陷入反動，一八一五年他才回到那個在他旅外期間、已成為伊斯蘭世界改革中心的國家。

具備或許沒有其他埃及人兼有的知識和經驗，才氣煥發的阿泰爾，亟欲為穆罕默德總督發動的復興貢獻己力。但他隨即發現開羅大抵仍未脫離中世紀，且整個國家的轉變沒有像他希望的那麼深刻，或那麼快。穆罕默德召集的那群進步派人數很少，他們的孤立感，阿泰爾很快就感受到了。他和總督相處融洽，但未獲得烏里瑪的支持，他親法的過往，他們可是記得一清二楚。而當他不得不緊緊依附穆罕默德・阿里及其他在政府高階圈子交到的朋友時，神職人員卻覺得他愈來愈可疑。

但他的卓越才智不容否認。一八一五年阿泰爾一回到艾資哈爾，就以一系列構思、講述俱佳的神學演說脫穎而出，連保守的謝赫都離開自己的班級來聆聽。但這所開羅大學和阿泰爾革新、國際性的傾向仍不相契合。不僅風氣敗壞且不受控制，它還具有城市學府較不討喜的面向——宿舍照種族和地域劃分，彼此暴力相向；爭奪最好教職的講師更是各據山頭，水火不容。學校行專制管理，效率不彰。不受歡迎的校長可能會被盲從的學生抓住鞭打；而軍隊隨時準備鎮壓任何暴動。不用說，截至目前為止，沒有任何一位艾資哈爾的校長對學校迫切需要的現代化改革表示興趣。

到了一八二〇年代晚期，也就是穆罕默德・阿里的改革在農業、軍事等領域接近開花結果之際，艾資哈爾的情況變得非常危險，使阿泰爾主要在家裡指導幾批挑選過的學生。他鍾愛的學科——理性神學、邏輯、歷史、科學、醫學和地理學——表現出兼容並蓄的教育理念。他就是在這裡，避開那些窺探的眼，形成他最重要的遺產：一個受他教學概念形塑的埃及現代化世代。這些門徒中與他最親近的或許是里發．塔哈塔維（Rifaa al-Tahtawi），他對埃及的現代化影響深遠，因此後來被譽為「埃及身分認同之父」。里發從阿泰爾那裡獲得或許是當時埃及人所能獲得最完善的教育，而他也將許多阿泰爾的理論發揚光大。

在教學的空檔，阿泰爾寫了大量文章為邏輯和現代天文學辯護。他也為先知的「古萊什」（Quraysh）部落創造了一段歷史，為伊斯蘭創建故事的重要事件援引歷史、社會和環境因素。他的分析架構大半應該感謝赫勒敦，是赫勒敦首開先河，以循環的概念描述歷史，此方式在阿泰爾書寫的時代遭學術界漠視。

關起門來教學，並且小心捍衛在較古老、較傳統的專著中表達出現代思想，都看得出一個經過磨練的阿泰爾，他不再是昔日那個去埃及研究院拜訪的叛逆唯美主義者。要成為成熟的神學家，不是覺得自己非破壞傳統不可——例如盧梭（Jean-Jacques Rousseau）拋棄了習俗和宗教，到阿爾卑斯山區積聚創造力那樣。旅行回來的阿泰爾變成一個謹言慎行的都市人，一位有社會地位要維護，還有奴隸妻子遮掩同性戀傾向的北非新貴。（但這不是個很有用的幌子，因為他的「狀況」眾所皆知，他也不隱瞞自己不喜歡女性，還曾引用先知的見解：「如果凡事都交給女人管，沒有人會成功。」）他骨子裡仍是創新者，他一拿到歐洲書籍就會拚命讀——讀很多土耳其文的譯本——但在大眾面前，他仍維持溫和無害的表面，暗中卻接待外國訪客。「要不然，」他對一個法國外交官透露：「我會被烏里瑪詆毀。」[38]他的經驗告訴他，這個國家要改變和復興別無他法，「唯有透過新的學習」，但在備受失望與挫折的生涯裡，他鮮少處在全力協助此過程的地位上。[39]

一八二〇年代，一個這樣的機會出現了，且幸運地與解剖學有關——阿泰爾很早以前就明白它的重要性。穆罕默德・阿里委託法國外科醫師安東尼・巴泰勒米・克勞特（Antoine Barthélémy Clot）——後來授予「貝伊」（Bey）的尊稱——開辦埃及第一所醫學院。但他的工作卻遇到一大阻礙，套用克勞特貝伊的話：「宗教界對人體解剖科學的反對無法克服。」[40]他指出，權力當局固執己見，而「計畫的成敗完全繫於這一點」。

得不到宗教人士的支持，就不可能解剖。埃及的第一批醫學生都是在艾資哈爾做研究的，幾乎不可能指望他們違抗教導他們的謝赫。這時候阿泰爾介入了，宣布他贊成解剖課，並表達他對衛生或預防醫學的支持。有這種革新態度的不止阿泰爾一人，但誠如克勞特貝伊的同事哈蒙所言：「他是『開羅的信仰之首』，雖然他和創新與改革的關係有爭議，但他是人們會聽的聲音。」[41]歷史並未記錄誰的屍體是一八二七年二月埃及第一次官方解剖的人體，但克勞特貝伊留下一份令人著迷的紀錄，透露他們是用了哪些伎倆來規避伊斯蘭律法。

> 我們先在未知會大眾的狀況下進行屍體解剖，並在梯形教室四周部署衛兵，假如他們知道我們在裡面幹什麼，說不定就會率先攻擊我們。漸漸地，學生克服偏見和嫌惡

感，進而相信解剖學研究的必要性。他們把這種信念帶回家中跟雙親分享，於是現在大眾對解剖屍體的概念完全不以為意了。

在他留下的另一份寫給外國熟人的紀錄裡，克勞特貝伊描述了如何逐步瓦解民眾的偏見。

「首先，」克勞特說：「我們找了條狗，解剖牠——甚至不是穆斯林的狗，而是猶太人的狗，或基督徒的狗。」他們抱怨了一會兒，便同意了。然後，鎮外某座墓園有些骨骸和頭骨四散。「說真的，」克勞特對他的學生說：「如果我們為了向你們做些解釋，拿了這裡的頭骨和骨骸，會造成什麼傷害呢？與其在陽光底下被曬得褪色，不如擱在我桌上。」這個論點被接受了，但當他提出要解剖屍體時，還是有些雜音。「哎呀！」他說：「我們不會解剖自由的白人，會解剖黑奴啦！」最後，這種說法也沒必要了，就這樣一步一步，受過教育的埃及人獲得了解剖學的知識。42

當解剖學終於被埃及人接受之際，阿泰爾已成為該國頂尖的神學家之一。但被謝赫鄙視的政府和源自外國的思想，始終都跟阿泰爾有關聯。這些矛盾立場之間的緊張，即便一八三一年穆罕默德·阿里任命他為艾資哈爾校長——可說是遜尼派伊斯蘭聲望最高的神職職務——仍不減反增。這個看似錦上添花的任命，不但沒有促成伊斯蘭最老機構的內部改革，更是毒藥。

四年後，阿泰爾過世，精力被那些宿怨消耗殆盡。雖然謝赫不敢直接質疑總督，但總督任命的神職首長就是可抨擊的對象了。他們妨礙阿泰爾的任命案，對他派任的政府報刊編輯和校對出言不遜；他們其中一人解釋，那些人不從事有生產力的日常工作，還「利用他們讀寫的才能自肥」。[43]結果，阿泰爾當然沒有機會更新舊式的課程和教學安排。他的敵人甚至過分到趁他開會時偷他的鞋，逼這位艾資哈爾的校長，某些方面堪稱伊斯蘭最重要的男人，只能穿襪子走路回家。

就在過世前不久，阿泰爾對弟子里發吐露滿腹的苦痛，寫到他想「獨自坐在我的椅子上遠離這些貪婪的怪物……我什麼都沒看見，只見到裝成朋友的敵人。只見到傲慢、狡猾、惡毒的騙徒設陷阱給我……而我的毀滅正凝視我的眼。」[44]他跟中世紀思想家展現的「心智運動家」精神，與當代的貧乏和孤寂做比較：「沒有兄弟可以交談……因為智者和愚者被擺在同一個水平上。」[45]

雖然著有五十部涵蓋各類學科的作品，更重要的是他身後將被視為埃及民族復興的先驅與知識探險家，阿泰爾本人卻因他的信念備受折磨。倘若他身處的環境沒那麼敵意環伺，他無疑會更激進地推動質疑正統的思想。但他最後還是被正統壓垮了。法國的典範、穆罕默德．阿里和他本身的努力，都尚未給埃及和它的人民帶來持久性的變革。總督想像的國家和土地跟真正的國家之間，仍隔著一道鴻溝。

阿泰爾痛苦的失敗感，和穆罕默德．阿里保護不了他的事實，喚起這個尖銳的問題：伊斯蘭的進步派獨裁者，與那些將現代化價值織入社會的創新者、中介者之間，到底是什麼樣的關係？他們的聯盟是真誠的，或是權宜之計？若是後者，又是誰利用誰？我們可能很想斥責知識分子與暴君為伍，但在此同時，我們又很難看出如此可憐的小眾，在與近乎病態的抗拒力量抗衡時，還能做些什麼不一樣的事。在一些例子中，唯有得到握有無限權力的君主所提供的保護，鼓吹現代化的思想家和中介者才可能闡述他們的前衛想法，否則將會被暴民用私刑處死。更何況「要跟暴君、還是要跟較開明的統治者合作」的選項，在十九世紀初，儘管上位者的類型都不一樣，但其實只有獨裁者可選。

阿卜杜勒．拉赫曼．賈巴爾迪、哈桑．阿泰爾和里發．塔哈塔維可說是一脈相承。那不僅是一條教學法的傳輸線，也是讓宛如攀緣植物的知識之苗，培養、濃密和成熟的棚架。賈巴爾迪或許是第一個察覺西方和伊斯蘭知識體系之間存在缺口的人，那令他大為震驚；而相同的認知卻在阿泰爾身上起了不同的作用，迫使他接受新知。真正最有成效地援用這些現代知識的人，是曾在一八二〇年代初期於阿泰爾違抗艾資哈爾正統而私下授課期間，追隨他的里發・塔哈塔維（今天通常簡稱「里發」）；他不只將現代知識應用於埃及——這個國家的現代意義可說是他發明的——還應用在伊斯蘭本身。他以證明穆斯林信仰可與進步思想相容為終身職志。

里發於一八〇一年出生在開羅南部尼羅河畔的富裕人家裡。他的父親屬於遭穆罕默德・阿里土地徵收政策摧殘的稅款承包商階級，最後落得貧窮，在里發大約十四歲時過世。窮困但有才幹的里發在一八一七年進了艾資哈爾，遇到阿泰爾，而阿泰爾非常喜歡這位才智過人、眉清目秀的年輕學者。一八二四年阿泰爾提拔他的新門徒出任總督新軍隊的伊瑪目，也就是教長。這次經歷讓他與法國軍事教官有密切的接觸，於是不久後，當阿泰爾推薦他出任一個有機會展現截然不同重要性的職位——陪同埃及第一批教育使節團前往法國——他欣然同意。

穆斯林學生到西方研究的現代傳統，始於一八一五年一票年輕伊朗人被派去英國度過幾個月開始；我們稍後會回到他們的故事。但這個十年後出發、隸屬穆罕默德・阿里麾下、試圖吸收歐洲知識運動的埃及使節團，是第一批預計長久留在法蘭克人土地上的中東穆斯林團體——久到每一名學生足以精通一門回國後能派上用場的專長。里發將以造詣深厚的譯者之姿回到埃及；其他人則專攻法律、工程和外交。[46]

一八二六年四月十三日下午，這位二十五歲的謝赫小心翼翼踏上單桅帆船鱒魚號

（La Truite）前往法國，他接下來五年的人生，都將在那裡度過。一開始，里發有輕微的發燒，可能因為他強迫自己喝下幾杯海水預防暈船而加劇——這是阿泰爾給的建議，而他當然有豐富的旅行經驗。里發搭的這艘船讓他挺開心的：「規格合乎邏輯、船員乾乾淨淨。」橫渡地中海——埃及人叫它拜占庭海（Byzantine Sea）——的頭幾天，鱒魚號順著和煦的微風前進，里發的燒「隨著航行和船的移動」退了。但在這段一帆風順後，風暴來襲，將蹩腳的水手吹倒在甲板上，臉色蒼白，頭巾歪斜，緊抓著木板向「居中調解審判日的神」乞求幫助。淒風苦雨中，里發想起那位詩人的詩：「我用生命發誓我絕不會再上船，如果還要旅行，永遠只坐動物的背。」

穆罕默德·阿里為這次任務挑選的四十三名男人中，大多是出身良好的開羅人，有說阿拉伯語和土耳其語的人，還有少數亞美尼亞人。此行原來的目的是拓展這些菁英的視野，未來他們將管理埃及。但最後最重要的成果，或許是里發在國外寫的回憶錄，他將在一八三一年歸國後出版。《里發貝伊遊記》（*Travelogue of Rifaa Bey*）是第一本以阿拉伯文出版、對包羅萬象的現代法國進行的描述，也奉穆罕默德·阿里之令翻譯成土耳其文。很快在整個鄂圖曼帝國名聞遐邇。

就某些方面來說，埃及派出使節團的時機不怎麼幸運。受到拜倫勳爵（Lord Byron）協助希臘民族主義抵抗「可怖的土耳其人」時壯烈辭世的刺激，歐洲輿論支持過去四年反叛宗主國鄂圖曼、現正遭到穆罕默德・阿里高效率（法國訓練之）部隊摧殘殆盡的起事者。報刊向讀者灌輸埃及暴虐無道的故事：叛民的耳朵被割下來裝成袋，獻給蘇丹當禮物；希臘的婦孺在開羅奴隸市場出售。就連法國的親希臘派也不會放過這個顯然能迎合法國自我價值感的機會。有些法國報社編輯能夠區分總督被鄙視的外交政策，以及他選擇法國做為教育菁英培訓地的智慧。一八二七年穆罕默德・阿里更送了一頭長頸鹿給法國，象徵互惠互敬，使巴黎人爭先恐後到巴黎植物園一睹牠的真面目。[47]當然，現代埃及對法國的興趣，與法國對古埃及的興趣密不可分。法國語文學家尚—法蘭索瓦・商博良（Jean-François Champollion）剛剛譯解了在羅塞塔石碑上發現的古埃及象形文字；羅浮宮的埃及藝廊正在收尾，為法國從法老的土地上搜刮來的戰利品，提供最富麗堂皇的環境。

埃及教育使節團由出身自拿破崙知名的科學與藝術委員會、經驗豐富的地理學家、也是《描述埃及》的編輯和非洲探險的推廣人艾德美—法蘭索瓦・喬邁爾（Edme-François Jomard，綽號「埃及人」）負責籌畫，是再適合不過了；正是他掌理了埃及學生的全部課程，且在一八二六年七月他們抵達巴黎後，照顧學生們的生活起居，同時也幫他們規畫造訪劇院、博物館等行程。在一次參訪活動中，里發一行人在國家自然史博物館的多具防腐屍體裡，和蘇萊曼・哈拉比（Sulayman al-Halabi）——也就是一八〇一年行刺克萊貝爾將軍而遭處決的狂熱分子——面對面，而這些訪客得知，他的頭蓋骨展現了一名狂熱犯罪者的所有特徵。[48]

對於那幅陰森的景象，里發沒什麼回應，唯有高喊：「偉大全能的真主，力量展現無遺！」就是這種出乎意料的「邂逅」，讓他的回憶錄如此活靈活現。很難想像這群埃及學生面對當時地球上最活躍、最有自信的國家時，會感受到多大的暴露感。這些埃及人踏進的是科學與醫學先進的法國，小說因巴爾札克（Honoré de Balzac）臻於完美，群論（group theory）由二十歲的埃瓦里斯特．伽羅瓦（Évariste Galois）詳盡闡述（他有高盧人的氣魄，在決鬥中身亡）；他們三三兩兩從班上前往各個博物館，再回到住處。

這群學生必須遵守嚴格的規範，避免跟法國人的必要接觸，外溢到不健康的領域。首先，學生們一起寄宿在一間門禁森嚴、確保沒有人擅自出入的宣教所，每個學生都要嚴守命令，不可做「任何有損尊嚴之事」。他們卻給還在世的拿破崙智庫們設宴款待，結果被諷刺刊物撰文嘲諷——例如《潘朵拉》（La Pandore）就浪漫細述了他們怎麼設法引誘法國女子進到他們後宮——而他們永不滿足的親王則不斷催逼他們努力再努力，常連珠炮似地無理斥責他們懶惰和缺乏熱情。

里發的遊記中看不到憤世嫉俗或灰心洩氣。雖然法國和埃及的智識關係向來建立在不平等的條件上，但對於歐洲殖民及其影響，這樣的思考仍未生根於埃及人心中。（里發完全忽視法國殖民阿爾及利亞的重要性，那是他在巴黎期間發生的事，且比其他事件更能確立法國殖民主義的特色。）他像寫生一般為穆斯林讀者描寫西方表面的生活方式與態度，這部遊記多少有點含蓄，但不間斷地比較了里發在家鄉及當下的所見所聞。對開羅、伊斯坦堡或黎凡特的讀者來說，《里發貝伊遊記》就像一連串事實與建議的炮擊，肯定或駁斥先前的傳聞，或增添全新的東西。

法蘭克人的土地為這群初來乍到者，提供了迷人但常互相矛盾的線索。這個國家採用了諸多平等主義的革命價值觀；中央集權和侵略型國家則是拿破崙的遺產。波旁王朝在一八一四年復辟時，君權神授的支持者再次主張教會與王位的價值，但自由派與革命派人士沒那麼容易鎮壓，不久後將強力抗爭。

里發的遊記對穆斯林讀者透露，在法國的一切——真的是每一件事情！——都不一樣。有椅子可以坐，不坐地毯，用餐時「食物會放到每個人的盤子裡，他要拿面前的刀子切，然後用叉子送進嘴裡，不是用手」。咖啡館貼滿鏡子，把幾個人變成一大群人；女性露出「臉、頭、喉嚨和喉嚨下面，還有頸背和頸背下面，幾乎露到肩膀的雙臂」——一切事物都讓這位伊瑪目看得目不轉睛，神魂顛倒。[49]他指出巴黎生活的顯著特色：優良的排水系統、形形色色的馬車——運輸車（roulages）、驛馬車（diligences）、布穀車（coucous）、租用車（fiacres）——孩子早熟、投入追求知識的機構繁多，以及異性彼此跳舞——而且跟愈多異性跳舞、每一次時間愈短愈好——不會被視為不檢點，而是有魅力。郵政系統——發送信件的正確率奇高（所有房屋都有門牌號碼），又遵行隱私規範避免信件被非收件人開啟。以上是

「想像得到最高尚的事物之一」。[50]

法國人對衛生的注重使他們躋身「最睿智的民族」之一，即便日常社交時他們吝嗇又不誠懇。[51]伊瑪目僅約略提到天主教，將之描述成邏輯不通、由一群性壓抑的教士掌控的組織，那些教士莫名其妙地授予自己赦罪的權利。但天主教似乎不怎麼重要，至少里發是這麼聲稱的。法國人只是名義上的基督徒，若他們曾經珍視以前較易投入信仰的時代，宗教是如何教人倫理道德的，那們人類現在已經精進到不需要它了。里發斷定，法國很少真正虔誠的人，因此「那些人毫不重要」。[52]他特地煞費苦心地凸顯法國東道主和埃及科普特基督徒的不同，說後者「展現了無知、愚蠢的天生傾向」。法國人不會這樣，他們不是傳統的囚徒，而希望能「明白事物的源起」。

雖然里發的一些評價並不正確——天主教其實在整個十九世紀都展現了相當旺盛的活力——但他的紀錄是穆斯林改革派思想的重要路標。據里發表示，基督教會遭世俗知識橫掃並不意外，那裡頭充斥太多難以自圓其說的無理性。反觀伊斯蘭是最合乎邏輯的宗教——拒絕聖徒、禁欲和聖餐儀式幾乎不遮掩的同類相食——非常適合吸收新知，又不失去它的本質。

英國學者愛德華・雷恩碰巧在一八三〇年代初期《巴黎一位伊瑪目》（*An Imam in Paris*）出版後來到開羅一家書店，那時店裡還有「一個外表非常體面、聰慧的男士，要了一冊……問這本書裡大概寫些什麼，在場一個人回答他，作者敘述他從亞歷山大港到馬賽的航程；他怎麼在船上喝醉，怎麼被綁在桅杆上鞭打；說他在不信神又頑固的國度吃豬肉，說那風味絕佳；說他怎麼跟法國女孩相處愉快，她們的魅力如何勝過埃及女性；然後，憑這一切成就，有資格在地獄留有一席之地後，回到了土生土長的國家。」[53]

雷恩偷聽到的誹謗，在十九世紀穆斯林赴國外旅遊人數節節上升後，猶如家常便飯。那是基於兩個概念，一是和其他文化接觸必定會被污染，二是赴國外旅遊的穆斯林，回家時必已失去道德羅盤和文化本真。在里發的例子裡，情況絕非如此，因為他回家時仍是虔誠的穆斯林，仍穿長袍、戴頭巾——穆罕默德．阿里不贊成埃及人在國外時過當地人的生活——對神啟依舊深信不疑。

里發最同情法國人的一點就是他們缺乏信仰，就算他欣賞他們的其他成就：

還有像巴黎這樣的地方嗎？
知識的太陽永不西下，
不信神的夜沒有黎明，
哎呀，這不是天底下最奇怪的事嗎？[54]

他的翻譯作品帶領他接觸了一些最激進、最危險的啟蒙運動文本。但里發顯然不覺得伏爾泰昭然若揭的無神論、盧梭對人類本性的頌揚、或哲學家埃蒂耶納・博諾・德・孔迪亞克（Etienne Bonnot de Condillac）的感覺至上論會對他構成威脅；他的理由跟阿維森納沒什麼不同，後者在八百年前主張，只要人們在伊斯蘭的科學上有扎實的基礎，哲學思辨就不會造成傷害。

他除了翻譯，也「非常透澈地了解」十八世紀瑞士思想家讓—雅克・布拉馬克（Jean-Jacques Burlamaqui）的《自然法理》（*Principles of Natural Law*），書中描述人係受到上帝創造的自然法則所支配，但也被賦予了意志和理性。人就是透過理性才有辦法思考，「才能就自己想到的不同事物構成適當的概念，才能對事物的相容與一致性做出穩健的判斷。」[55]布拉馬克將神性的起源回歸到已被盧梭排除聖性（holiness）的自然法則，這對後來的里發大有用處。另外，這位埃及人對民族認同的觀念無疑受到孟德斯鳩（Montesquieu）著作的影響，後者認定地理環境有助於劃出世界不同國家的輪廓，也認為對祖國的愛是政治道德觀的基礎。里發在巴黎遇到的學者，比較了孟德斯鳩和阿拉伯出身的社會學之父赫勒敦，也就是他的庇護人兼老師阿泰爾協助從沒沒無聞的文獻中挖掘出來的那位。

里發在法國的五年，使他確信歐洲的科學和技術，有必要引入伊斯蘭世界，但他選擇不去探究自由的頭腦與自由的靈魂之間存在的連結，換句話說，他不去問他所崇拜的法國人為何如此好奇好問，這是否多多少少跟他們追求政治的自由有關。許多穆斯林對現世統治者擁有默默順從的態度，受這段知名的《古蘭經》經文深深影響：「喔，信神的你們！服從真主，服從使者，服從你們之間掌權的人。」在穆斯林眼中，法國近代史上的接連轟炸，從革命的暴力、拿破崙毀滅性的擴張到波旁復辟，似乎都是無政府狀態的負面例證。待在巴黎期間，里發親眼目睹一八三〇年七月的革命：波旁王朝獨裁者查理十世（Charles X）被推翻，路易腓力（Louis-Philippe of Orléans）繼位。雖然這位埃及人的紀錄透露他其實贊同法國自由派，以路易腓力為首，建立君主立憲制，但無論現在或之後，他都沒有暗示家鄉或許嚮往類似的變革。

事實上，一如三十年前賈巴爾迪看待克萊貝爾遇刺事件一樣，贏得里發欽佩的是法國司法制度的正直。查理十世的首相波利尼亞克（Jules de Polignac），一場針對他的審判會是「你聽過最令人肅然起敬的審判，構成法國文明及其國家司法的確切證據」。[56]（「文明」一詞其實相當新，直到一七六〇年代才進入法文語彙；在英國，詹森博士〔Samuel Johnson〕拒絕將之收錄在他著名的《詹森字典》〔*A Dictionary of the English Language*〕中。）里發覺得非比尋常的是「波利尼亞克只想要一位法律學者幫他辯護，於是選了馬蒂尼亞克（Jean-Baptiste de Martignac）……雖然兩人一點交情也沒有。」而這位律師「極盡忠實地完成他的工作，用上一切專業知識來為他的客戶辯護」，就算這位前首相最終仍被判處無期徒刑。[57]

里發將自己能出訪法國的機會歸功於阿泰爾，而正是阿泰爾——已在一八三一年、也就是里發回國那年，出任艾資哈爾校長——將他的遊記推薦給穆罕默德．阿里。雖然這兩位謝赫感情深厚，里發卻未重蹈前輩的覆轍。回到埃及後不久，里發就定下明智的婚約（娶了艾資哈爾副校長的女兒）。然後他開始發展志業，期間未曾稍減對高階烏里瑪的尊敬。換作三十年前，里發會發現自己很難在艾資哈爾以外的地方揚名立萬，但穆罕默德．阿里建立的世俗學校，已吸走那所大學在公共事務方面的核心重要性，將之分配給各個公務機構。事實上，往後四十年，里發累積了一項在一八二五年過世的賈巴爾迪完全不熟悉的經驗：現代的官僚履歷。

無可避免地，里發的公職生涯——持續到他一八七三年過世——大多要看總督的臉色。他得到穆罕默德．阿里的寵信，卻不討繼任的阿拔斯一世（Abbas Helmy I）歡心，於是被流放到蘇丹首府喀土木（Khartoum）。在阿拔斯一世被太監刺殺後，里發又受到後兩位統治者賽義德（Mohamed Sa'id Pasha）和伊斯梅爾帕夏（Isma'il Pasha）喜愛，一直讓他做為進步、前瞻性思考的官僚典範。他同時受雇為文職和軍事管理者，也是埃及廣泛教育政策背後的指路明燈，設立並管理好幾所學校，特別是開羅語言學校，附設遠近馳名、由他監督的翻譯事務處。進出這些機構大門的是未來一代埃及的現代化推手，從作家、神職人員到司法改革擘畫師不等。[58]在他漫長的公職生涯裡，里發也寫了第一本阿拉伯文文法書給學校使用，還在軍中爬升到上校官階，並編輯埃及第一份全國性報紙。

無論擔任作家、教師或公職，以上這張最簡略的履歷表，也顯示里發四十年來滿懷熱情且相當成功地追求進步的目標。就這個目標而言，他也比阿泰爾更往前跨了一大步。里發的終身職志是將文明的成就融入埃及——也大力宣揚「文明」的阿拉伯語同義詞「tamadun」（原意為「城市」）。他這麼做不是要將伊斯蘭社會連根拔除，而是要豐富它、振興它。

這位謝赫對「新」的愛是誠摯無悔的。看到輪船往返尼羅河，他感動到寫詩；一八六〇年代聽到第一條橫貫大陸的鐵路連接美國兩岸，他也欣喜若狂。真主將人類帶到世界，這當中的奇異恩典本身就是樂觀的理由，而里發也嚴厲責備那些將現代化斥為「缺乏價值、步向毀滅」的可悲反動派。他反駁道：「我們這個時代的發明，那些受到國家和國王喜愛的發明，是心智最高貴的果實；後繼的世代要加以傳承，並用更完善、更優美的形式加以表現。」[59]為證明真主是以讚許的眼光望著人類的進步，他引用《古蘭經》的話：「是真主展現塵世予你。出去吃一些祂給你的日糧吧！」

里發之所以充滿希望，部分是因為他一輩子活在太平時代：他太年輕、沒有見過國家被拿破崙占領，也在一八八二年埃及淪為英國統治前過世。他可以相信外國人的文明本質是良善的。況且，親眼見證過外國文明起了作用，他對其機動性自有敏銳的判斷。恰如其分地，他最為今人所懷念的身分是譯者——廣義的譯者：從一個「家」汲取構想，讓它們在另一個「家」舒服自在的人。

讓里發在法國印象極深的是，原來可以用樸素的語言傳達意義，而不會引起什麼爭議。「在阿拉伯語裡被視為潤飾的東西，」他寫道，「法語有時會視為缺點。」他對那些被視為阿拉伯語的光榮、卻無助於理解力的修飾語表示懷疑。[60]為了敘述現代生活，巴黎法語不斷更新和自我調整。「唉，開羅的阿拉伯語就不是這樣了。」尤其在艾資哈爾，學生以不懂語法為榮，且沒有能力針對他們專業領域外、大眾感興趣的主題撰寫簡單的論文。[61]除此之外，歐洲語言是名副其實的「濫交」——每一天都在播種阿拉伯語找不到對應的新詞彙。

里發努力縮小現代思想與阿拉伯語表達能力之間的差距。他是第一個使用「jumhuriyya」一詞的阿拉伯人，如今，這個意為「共和」的詞彙已納入世界許多穆斯林國家的官方名稱中；他也將「hurriya」（自由）送上軌道，朝現今代表政治及個人解放的意義前進。[62]里發發現有些概念陌生到完全沒辦法翻譯，碰到這種情況，他只能在借用法文字或發明新字中擇一。他的遊記中有「duk」（公爵）沿著兩旁種了樹的「bulwar」（大道）漫步，而他們較貧窮的同胞則在什麼都要量到最後一「santimitr」（公分）的「fabrika」（工廠）裡勞動。[63]上述所有法文的音譯至今仍留存於阿拉伯語中。[64]

翻譯是知識普遍性的最佳表現之一——將一種思想轉變為另一種形式，但意義上的微妙差異多少受到保護。在里發翻譯事務處運作的九年期間，新穎和陌生的思想湧入埃及，他和同事將驚人的兩千部歐洲及土耳其作品譯為阿拉伯文，從古代世界史、介紹希臘哲學家到伏爾泰撰寫俄國現代化君主彼得大帝（Peter the Great）影響深遠的一生等等，應有盡有。[65]孟德斯鳩的《羅馬盛衰原因論》（*Considerations on the Causes of the Greatness of the Romans and their Decline*）展現了里發對強權命運的興趣——以及崛起中的強權或許該記取的教訓[66]——而他本身翻譯了地理學和幾何學，以及芬乃倫（François Fénelon）的《忒勒馬科斯歷險記》（*Adventures of Telemachus*），這本書從貴族的角度描述了尤里西斯（Ulysses）的兒子（即書名的忒勒馬科斯）獲得家庭教師曼托爾（Mentor）什麼樣的教育。里發在被阿拔斯放逐到「埃及勞改營」喀土木時翻譯完《忒勒馬科斯歷險記》。

里發的翻譯運動，造就了可說自阿拔斯王朝以來阿拉伯世界規模最大也最有意義的外國思想輸入潮流。這些翻譯成果對正開始成為國家菁英的工程師、教師和軍官帶來巨大的衝擊；他們是未來兩世紀主宰埃及公共生活的世俗派中產階級先驅。對他們來說，古代史擴充了過往的意義，讓原本僅限於伊斯蘭時代的過往更具啟發性。閱讀異教徒的功業暗示了故事的寫法另包含才智與成就，傳統信仰不再是故事的基礎。就《拿破崙法典》和法國商業法規而言——兩者都被里發譯為阿拉伯文——里發也展現了他對西方法律的接受程度。

里發天生是人類知識的統一者——與他的前輩賈巴爾迪不同，賈巴爾迪將知識分成「像我們這樣的心智」可以理解的事物。里發為民族／國家（nation）創造「watan」一詞——另一個令人摸不著頭緒的新詞，並將之傳播到土耳其語和波斯語，用來召喚民族情感，反對歐洲情愫。他開創了一種新的文學形式「愛國詩」，並翻譯了法國國歌〈馬賽曲〉（Marseillaise）。他明白過往對這種新民族情懷的價值，敢於批評穆罕默德．阿里讓歐洲人強行帶走大量古代的戰利品，並說服總督下令禁止古文物出口。里發將許多挖掘出來的珍寶貯藏在他的語言學校，直到一間古文物博物館在一八三五年成立才搬過去。[67]今天解放廣場（Tahrir Square）上的埃及博物館，就是以這些收藏為核心。

不過他有些想法太過激進，或者要到很久以後才開花結果。他建議將猶太教的拉比和科普特的牧師併入烏里瑪體系——此後沒有人這般建議。他也比時代早了數十年提倡女性教育。他在一篇知名論文中呼籲兩性教育平等，而沒援用西方的論點來支持這個觀念，反而引用聖訓指出先知的妻子都識字。[68]但女性教育遭到多數埃及穆斯林反對，因為那被視為廢除性別隔離的第一步。過了數十年，某任埃及政府才將教育平等列為施政目標——但到今天仍未完全實現。

儘管有些建議驚世駭俗，但里發的主要思想仍流傳了下來。埃及的頂尖知識分子已非常自然、非受迫性地內化了法國學者的折衷原則，進而挑戰所有「穆斯林」先天不足的理論。「今天，」他寫道：「知識無論在科學的理論訓練和產業的分門別類上都大有進展……一股同樣連綿不絕的熱情也注入聖潔法律的科學、文學訓練、外國語言學習與所有國家、所有城市的文化研究中。以上種種除了滿足埃及的需求，也會增添埃及的美，使之光彩奪目。」[69]

這段話寫於一八六〇年代晚期，穆罕默德．阿里之孫伊斯梅爾帕夏現代化治理期間，也是里發生平文學產量最豐的時期。他就是在這些年寫出探討教育和埃及社會的作品，也打算寫成一部完整的埃及史（包括伊斯蘭到來之前與之後）的頭兩卷。加總起來，這些作品展現了這位早期穆斯林改革者充滿希望的世界觀，在這種觀念底下，文明不帶有民族、宗教或政治的色彩。有人納悶，那些無法獲得真主啟示真理的人民——當代的法國、古代的埃及——怎能如此成就斐然？里發也從這裡提出別出心裁的答案。里發主張，不知真主真言的人，並未完全被剝奪神性的光輝，凡是會對真主造物起作用的自然法則，都是造物者本身所寫；人類在獲得先知真理之前就擁有理性了，就是這種本能讓他們——甚至包括不識伊斯蘭之人——得以攀達知識的巔峰。70

里發在他晚年的作品中，處理自穆罕默德時代以來就一直縈繞在伊斯蘭思想家心中的問題，例如理性與啟示的對立、前定（predestination）與自由意志的對立等等。如我們已經見到的，在八世紀主張人有自主權和《古蘭經》是被創造的穆爾太齊賴已被滅絕，而「不問怎麼做」的艾什爾里原則則以嚴峻、不思考的宿命論扼殺了哲學。但艾什爾里的思想也帶入了「kasb」或稱「獲取」的教義，也就是那些看似自願的行為，例如源於道德兩難的行為，事實上是人類從真主那裡「獲取」、暫時屬於人類的，並視情況受以懲罰或獎勵。

里發相當樂觀地改寫了「kasb」。他主張，人類是透過努力才能更接近純淨與完美，而真主會讓人類在各種探究的田野裡流浪，以提升人類的知識和表現。當然，如果理性與啟示牴觸，那一定是理性出錯，因為理性不可能否決來自更高權威已知的事理。

里發生性好問、愛尋根究柢且心胸開闊，不過他也具備某些中世紀法學家面對真主晦澀的真理時那種無條件的信任。里發的最後一本書是穆罕默德的傳記，而傳記裡完全沒有從譬喻的角度詮釋先知心靈淨化的故事：「先知在升天前被天使劃開胸膛、取出撒旦放在裡面的黑塊，淨化後再放回去。」這不是譬喻，而是理性無法參悟的真理。唯一恰當的回應是屈從。[71]

檢視十九世紀的歐洲後，里發做出這個結論：它最吸引人的特色——「tamadun」，即文明的高峰——其實伊斯蘭早就有了。例如法國的「自由」（liberty）觀念和伊斯蘭的「正義」一模一樣，「平等」則和穆斯林的「仁愛」（charity）相近。[72]甚至「愛國精神」也和宗教熱忱是親戚。里發是最早表達這個概念的人士之一，如今穆斯林世界大眾都熟知：我們視為現代化的原則，例如多元、自由與權利，都以胚胎的形式存在於早期的伊斯蘭。你可以理解為什麼里發等人會循著這條路徑尋找令人安慰的證據，證明人類是為一體，以及伊斯蘭的才幹（以它未墮落的形式）是現代價值觀的先驅。儘管立意良善，這類異曲同工背後的邏輯，仍有斧鑿的痕跡，欠缺說服力。

以《古蘭經》的正義概念為例。這讓所有信徒，從君主到乞丐，所有服從聖典的人一體適用，這是值得所有文化讚賞的理想。但里發進一步主張那代表個體的解放——可不受約束地實現自我、精益求精——跟「自由」一樣。但這兩種概念的意義其實不相容：正義講的是限制的平等，自由則是機會的均等。另外，西方理解的平等是界定人類之間的社會關係，上帝被刻意排除在外。反觀里發的系統，是上帝讓人類與祂保持等距，人類彼此間承擔同等的義務、享受同等的權利。

之後，穆斯林的改革派聲稱《古蘭經》提到「國家的事務由信徒商議運作」是早於議會民主的敘述。但統治者進行商議，不代表他會遵照人民意志行事，歷史也一再證明他很少如此，何況人民的意志是要廢黜他、限制他或讓他變窮的話。更何況商議只是選舉式民主的一項要素，不是唯一要素。

里發不願考慮政治選擇的必要性，這在今天看來頗為天真。他一生見過數次歐洲王室承受不住民眾的不滿而失重垮台，而他的外國人脈也給過他認識社會主義的機會——許多歐洲勞動階級愈來愈相信社會主義能解決他們的問題。但他一點也不羨慕。無疑是專制主義受益者的他，自然明白專制政府的益處，但他對權力的態度並非完全出於自利。他堅決反對失序，支持一切各就其位。對於大眾能否做出正確的選擇，他也抱持相當程度的輕視和懷疑。畢竟他是艾資哈爾的謝赫啊！

里發在一八七三年，伊斯梅爾帕夏的災難性統治步入第十個年頭時過世。他與他經驗鏈中的前輩，阿泰爾及賈巴爾迪謝赫，都目睹且推動了埃及從中世紀社會趨近現代化的轉型。這前後不過五十年。

里發在世時，並未見到他的國家因統治者揮霍無度而大大倒向赤貧，亦未見到民族主義的狂熱和隨之而起的反基督情緒。里發也未預期埃及會在一八八二年英國侵略後採取多刺的防禦態度，進而在半個世紀後演變成賈邁勒・阿卜杜勒・納賽爾（Gamal Abdel Nasser）將軍的阿拉伯沙文主義，以及穆斯林兄弟會粗暴的信仰復興運動。里發的「watan」或「祖國」的構想，是基於跟外國人合作，而非對抗。但合作的構想將變成諷刺笑話，因為伊斯梅爾帕夏明擺著永不滿足的信貸需求，而歐洲貸方對他則表現出無止境的縱容，這都大大削弱了埃及的經濟及政治力量。結果，便是讓埃及容易陷入殖民危機。

一九五六年，納賽爾宣布蘇伊士運河收回國有，震驚世界，他欲藉此表明的是「埃及已成為蘇伊士運河的財產，而非運河是埃及的財產」。這就是仰賴西方資金和專業管理的「國家計畫」所面臨的乖戾命運：它最後絕對不會是國家的；它是受控於外人的抵押品，外人會保護它，彷彿它是自己的東西似的。

由法國人設計、埃及人建造（一八五九年到一八六九年間）、英國人當作其世界霸權的一片拼圖並強行接管的蘇伊士運河，當然也是如此。運河建造期間死了數萬名強徵的工人，而埃及至少花了比其他國家多一倍半的時間才竣工。但依照其管理協定，運河自通航起，宗主國只能掌控九十九年，之後除非能補償國外的投資人，否則就得交出營運權。因此一八七五年，當埃及瀕臨破產，讓英國政府可以用區區四百萬英鎊、搶走伊斯梅爾帕夏所持運河公司四四％的股份、成為運河營運最大的股東時，《伯明罕週報》（Birmingham Weekly Post）會宣稱「現在英國人可驕傲地『划自己的獨木舟』渡過自己的運河」，首相班傑明．迪斯雷利（Benjamin Disraeli）更向維多利亞女王保證，運河絕對「屬於英國」[73]。一切似乎再自然也不過了。

這不是伊斯梅爾帕夏的叔父、前任總督賽義德一八五四年下令鑿通蘇伊士地峽的初衷：那是一個長七十五哩，內含石膏和石灰岩的「塞子」，分隔地中海和紅海，阻止埃及接手當前要一路沿非洲海岸南下、繞過好望角的貿易。依照拿破崙占領時期擬定、法國活力充沛的前外交官斐迪南．德．雷賽布（Ferdinand de Lesseps）開展的計畫，蘇伊士運河造價約一千九百萬英鎊，其中約六百萬要付給拿破崙三世（他在妻子歐珍妮皇后〔Empress Eugénie〕的鼓勵下，持有這項工程相當大的股份）做為修正契約、使之對埃及人沒那麼不利的補償。新總督伊斯梅爾帕夏認為，要實現他所希望的讓埃及在最短時間內現代化，這條運河是相當適合的功業，於是決定不計代價將它完成。

睡眼惺忪、財大氣粗、時髦而肥胖的伊斯梅爾帕夏是埃及第二號沒耐心的改革者。在執政初期——適逢一八六〇年代美國南北戰爭使埃及棉花收益暴增——他擁有讓國家現代化的財力。在他當政下，鐵公路大舉鋪設，城鎮有煤氣燈照明。一八七三年，埃及學童獲得公共教育的人數大增（雖然基數很低）至九萬人。[74] 北埃及所有主要城鎮之間都拉了電線，亞歷山大港進一步成長為針對歐洲的交易市場。（它是埃及第一個擁有門牌號碼的城市，那是里發在巴黎讚不絕口的東西。）英國工程師在一八五八年遵賽義德指示建造的鐵路，將開羅到亞歷山大港的交通時間，從四天大幅縮短為八小時；現在伊斯梅爾帕夏則將軌道一路延伸到蘇丹。

一如他的祖父穆罕默德．阿里，伊斯梅爾帕夏的企圖心並未止於埃及邊界。脫離土耳其宮廷獨立的目標受挫，他勉強接受赫迪夫（Khedive，意為「掌管人」）的頭銜——這是他花了大把銀子賄賂蘇丹王換來的。他投身效用不明的軍事行動，深入撒哈拉以南的非洲；他還登上克里特島代蘇丹王討伐起事者；甚至遠赴墨西哥協助拿破崙三世追逐美洲白銀。[75]

伊斯梅爾帕夏沒有像穆罕默德．阿里那麼專制嗜血，但他在一八六六年召集的代表會議（Chamber of Delegates）絕對無意限制自己政府的權力。重要的稅務改革未經任何商議即實施，而會議的選舉須由統治者同意。誠如埃及外交首長告訴法國外長的，代表會議的目的是發揮像學校那樣的作用，讓「比老百姓更先進的政府能藉此教育、教化平民」。

蘇伊士運河就成為至高無上的教化媒介，以及宣傳埃及屬於現代化世界的工具。到一八六〇年代尾聲，這條航道即將完工。就算棉花市場已隨著美國南北戰爭在一八六五年結束而崩盤，對伊斯梅爾帕夏來說也無所謂，他已向奧本海默家族（Oppenheim family）和法國興業銀行（Société Générale）借了更多錢來完成工程。隨著啟用日逼近，他還打造了新的開羅市中心，刻意對一旁大道失色、大學崩壞的中世紀古城漠不關心。這座新首都，足以媲美拿破崙三世麾下的都市規畫大師喬治—歐仁・「男爵」奧斯曼（Georges-Eugène 'Baron' Haussmann）的大道、馬薩式的屋頂（mansard roof）和街道網（rond-points）；奧斯曼男爵翻新的巴黎，在一八六七年世界博覽會期間，令伊斯梅爾帕夏讚嘆不已。歌劇院在半年內竣工；建於伊斯梅利亞（Ismailia）——為服務運河運輸而建的新城市——赫迪夫宮殿則蓋得更快。[76]這些措施當然沒有跟人民商量；例如新的穆罕默德大道需要拆除七百棟民宅和許多店鋪，甚至清真寺。所需的補償金，伊斯梅爾帕夏全都自掏腰包（他的薪水是維多利亞女王的兩倍）。

就在運河盛大啟用前，威爾斯親王和美國總統尤里西斯・格蘭特（Ulysses S. Grant）都藉故缺席。雖然有這些掃興的狀況，仍有一票重量級人物跨地中海而來——歐珍妮皇后和奧匈帝國皇帝法蘭茲・約瑟夫一世（Franz Josef I）都在其中。彷彿要彰顯法國所扮演、助埃及人一睹自身過往的角色，有一名賓客的父親曾於一八二八年陪同商博良進行偉大的埃及文物考察——那一年，拜商博良才剛能解讀象形文字之賜，他也能夠理解數千年來無人能解的碑文了。

蘇伊士運河的啟用是埃及和其統治者為期一個月的慶典，這段期間，賓客乘船暢遊激流，並覲見伊斯梅爾帕夏；但在安全距離外，到處都看得到貝都因人的帳篷、費拉𪊲黑且好奇的臉龐，這都在暗示那個古老、原封不動、伊斯梅爾帕夏欲除之而後快的埃及。十一月十六日，儀式的焦點從開羅轉到塞得港（Port Said），也就是蘇伊士運河在地中海的新錨地，十多國的軍艦和遊船在禮砲與歡呼聲中在此會合。在遊艇上觀賞的歐珍妮皇后寫到，那是場「華麗的接待會，我這輩子從沒見過這樣的場面」。典禮開始，東道主和奧地利皇帝陪在皇后左右，從依照穆斯林和基督教慣例的祈禱文開始聆聽，最後則以壯觀的煙火表演畫下句點。法國人的演說帶有沾沾自喜的意味，暗示開鑿運河的功勞是法國和埃及共有，但隔天早上首航船隊啟程穿過運河時，第一艘進入的卻是英國船「紐波特」號（Newport）——這個大不敬之舉使她的船長接獲海軍部正式的訓斥以及非正式的鼓掌表揚。

不論這條運河是——套用啟用典禮上一位法國演說者的說法——多麼「偉大，多麼卓越的教化事實」，它也是一根刺，兩端分別卡住法國和英國的咽喉。

在通過瀰漫玫瑰花香的伊斯梅利亞、續航抵達蘇伊士後，這些政要權貴轉往開羅，可惜伊斯梅爾帕夏委託創作慶賀劇的威爾第（Giuseppe Verdi）未能及時寫好《阿依達》（Aida）。伊斯梅爾帕夏和他的人馬將就用了《弄臣》（Rigoletto）。接下來兩個星期，賓客享受奧芬巴赫（Jacques Offenbach）的輕歌劇、賽馬、舞會、燈彩和伊斯梅爾帕夏主辦的晚宴——有迪襟莊園（Château d'Yquem）的瓊漿玉液和伊斯梅爾帕夏一流品味的盤子、瓷器和水晶。皇宮已移交給伊斯梅爾帕夏的王室成員使用；非王室成員則投宿於薛佛大飯店（Shepheard's Hotel）——一群雜亂的建築，以它長長的酒吧聞名於世。最後，十二月十三日，在一顆熱氣球飛越金字塔後，這場孔雀開屏終於落幕。

但煩惱並未結束：伊斯梅爾帕夏沒有辦法讓債權人不找上門。討債的人在一八七〇年代急遽增加，導致他在一八七九年退位。在伊斯梅爾帕夏當政下，穆罕默德．阿里於六十年前開啟的現代化，已變成一種趨向貧窮的狂熱。這個國家正位在現今看來大事不妙的軌道上，擁有無限權力的東方領導人，招致一筆龐大到自己不可能償還的外國債務，導致外國債權人愈來愈關注他的一舉一動，最後乾脆直接出手干預。

「我的國家不再位於非洲。」伊斯梅爾帕夏在一八七八年宣稱：「我們現在是歐洲的一部分了。」但埃及的外債在十三年間從三百萬英鎊飆升至九千一百萬英鎊，而伊斯梅爾帕夏這段話是對一個國際破產委員會說的。[77]稅賦已加，引發埃及民眾極大的痛苦，埃及的運河股份只好轉給迪斯雷利；儘管埃及軍隊的薪資被拖欠，但外國銀行堅持他們的利息要按時付、全額付。

一八七九年二月，目空一切的伊斯梅爾帕夏遣走英國和法國安插在埃及政府的官員，但這是判斷失當的藐視之舉，四個月後，土耳其宮廷在歐洲壓力下擬了一篇直率的電報，發給「埃及『前』赫迪夫伊斯梅爾帕夏」，通知他的統治到此為止，由他二十七歲的兒子陶菲克（Mohamed Tewfik Pasha）繼任。

坐在航向那不勒斯的遊艇上，這位前赫迪夫或許在回想他讓埃及脫離鄂圖曼人掌控、努力與英法平起平坐的計畫，怎會一敗塗地。他放縱無責，而他的奇幻之旅打開了外國介入埃及政府的途徑，這在一八八二年英國占領後擴大為全面性的殖民控制。這種損害國家主權的效應，將對過去四分之三世紀以來看似大有可為的現代化運動，產生嚴重的後果。

就算伊斯梅爾帕夏的命運沒有讓懷疑西化、後半輩子抨擊穆罕默德．阿里貪腐的賈巴爾迪謝赫感到意外，也必定讓里發．塔哈塔維深感沮喪：他對西方的信仰，以及伊斯蘭國度有能力一面向西方學習、一面維持本真的信念，現在看來不合時宜。[78]里發和阿泰爾等敏銳之士所展望的伊斯蘭啟蒙運動，眼看就要從一個自願進口的過程，淪為昂貴又膚淺的模仿了。要再現繁華，埃及需要不受君主奇想和外國干預的保證，而這樣的保證，有人開始相信，唯有立憲政府能夠提供。

二、伊斯坦堡

如果刺激埃及人興革的是拿破崙的入侵，那驅使鄂圖曼帝國封建領主展開類似自我檢討的，就是兵敗俄羅斯了。一七六八年鄂圖曼蘇丹穆斯塔法三世（Mustafa III）與葉卡捷琳娜大帝（Catherine the Great，或照英文譯為凱薩琳大帝）交戰，結果鄂圖曼帝國慘遭羞辱。俄羅斯帝國艦隊在愛琴海上擊潰鄂圖曼軍，而當一七八三年俄羅斯人併吞克里米亞後，鄂圖曼在黑海的霸權亦戛然而止。緊跟著這些重挫而來的，是法國大革命和拿破崙占領埃及等全球事件——向來被視為最可靠的歐洲盟友，竟狠狠損害了鄂圖曼主權的耐久力。

試著在瘋狂旋轉的歐洲（要到一八一五年拿破崙戰爭結束才慢下來）和抗爭情況不一的阿拉伯領土（阿拉伯的瓦哈比人在一七九八年發動叛變）之間保持平衡，如果帝國不想被跋扈的北方鄰國和高傲的南方臣民聯手摧毀，就必須現代化。此外，就像開羅烏里瑪的例子，人們對現代化的質疑，因為在應用西方思想時一再遇上麻煩而變本加厲。一七九七年，企圖奪回克里米亞的鄂圖曼人用了一支西式大砲，結果事與願違，砲彈一射出就爆炸，大砲毀了，此戰也鎩羽而歸。這在國內，特別是崇高宮廷官員之間引發爭論。是因為技術來自外國而被詛咒嗎？或者鄂圖曼人其實需要更多這種技術做更妥善的運用？敗給「莫斯科人」讓保守派相信，如果鄂圖曼人放棄試煉考驗之道，真主就會遺棄鄂圖曼人，而次年的一份政府報告更將法國大革命——用了連賈巴爾迪都傾向避免的激烈措辭——比作棘手的梅毒。報告繼續說，暴動的源頭眾所皆知，因為「所有國家的秩序和凝聚力的終極根基，都緊抓著聖法的根源與分枝。」[1]

關於改變與保守的問題，伊斯坦堡比開羅更難應付。在開羅，拿破崙留下一塊白板給穆罕默德．阿里，一個中央集權國家逐漸成形，改革在這狀況下單純許多。事情在博斯普魯斯海峽兩岸比較複雜，蘇丹—哈里發對宗教和語言社群的統治更變化多端，埃及相比之下頗為單調。十八世紀後半，執政的鄂圖曼蘇丹必須謀求兩件事情的平衡，一是對溫瑪（伊斯蘭社群）的哈里發責任（也就是做為麥加和麥地那的監護人）；二是對歐洲的承諾，而歐洲正在拋棄自一六〇〇年代以來決定權力關係的「均勢」原則。尤其令鄂圖曼人煩惱的是，他們向來以深諳如何掌控塞法迪猶太人（Sephardic Jews）、雅茲迪庫德人（Yazidis）和黎巴嫩德魯茲派（Druze）等少數族群為傲，但自一七七〇年代起，帝國俄羅斯開始以帝國境內東正教徒的保護者自居，並打著這面高尚無私的大旗，女沙皇和她的神父們在（部分信奉東正教的）巴爾幹半島挑起無止境的紛爭，過了十八世紀，鄂圖曼已經從一個讓教宗忌憚、但跟所有國家都有生意往來的歐洲強權，退化成一道外交謎團了。「東方問題」大概像這樣：這個帝國垮台後會發生什麼事？加速其滅亡符合歐洲列強的利益嗎？尼古拉二世（Nicholas II）在一八四四年把鄂圖曼帝國比作一頭垂死的熊：「你可以給他麝香，但就連麝香也無法長久續命。」[2]他認為俄國和英國該一起瓜分鄂圖曼，逼走法國人，但英國知道這樣會擴充俄國的實力，而實力大增的俄國又將危及印度，結果便是克里米亞戰爭——英國成功聯合鄂圖曼和法國擊敗沙皇。

法國人在開羅強推現代化，驅散馬木路克、打擊艾資哈爾、並對賈巴爾迪和阿泰爾炫耀理性的價值。相形之下，伊斯坦堡就沒有經歷如此激情的碰撞；古老榮光的鬼魂仍像血肉之軀一般遊蕩著。儘管有吞噬木造街道的火災、不消不退的瘟疫正在肆虐，而蘇丹也屈從於暴虐的後宮和叛逆的地方權貴；儘管有種種這些運作失調的徵象，當晨曦照在帝國清真寺的尖頂、沿著花崗岩滑落、溫暖了金角灣的海水，誰會懷疑這個綿延五百年的帝權未享有真主的寵愛呢？

無論如何，這是鄂圖曼統治集團中許多人深信不疑的事，而宗教學校認為，帝國的問題唯有透過最乾淨俐落地詮釋教法才能矯正。最先反對這些觀念的是蘇丹穆斯塔法三世支持的少數軍人、外交官和學者，他們曾監督過幾次軍事改革、帝國出版業龜速的起步階段（平均一年出版不到一本書），以及一些現代醫藥的實驗。進步之路迂迴曲折。引領鄂圖曼經歷第一次大刀闊斧改革的人，是對君主不祥的那一年——一七八九年——即位的穆斯塔法之子塞利姆三世（Selim III，接替叔父阿卜杜勒哈米德一世〔Abdul Hamid I〕）。

塞利姆三世生於一七六二年，有學識教養，好追根究柢、對那個時代的問題有濃厚的興趣。曾和法王路易十六通信的他，自然對路易十六遭處決一事深感恐懼，但儘管有那些囚車和戰慄之心，他對法國的崇拜絲毫不減。一七九〇年代，在與一小群改革人士聯手及法國顧問的幫助下，塞利姆三世堅決實行旨在開放帝國的政策——發展軍事學校，並在外國首都設置常駐大使。他隱姓埋名在自己的工程學校教書，也希望妹妹哈蒂潔蘇丹（Hatice Sultan）帶領土耳其女性走出奴役。

除了哈桑·阿泰爾的親身經歷外（他發現伊斯坦堡的醫學教育比法國占領後、穆罕默德·阿里前的開羅來得發達），在塞利姆三世統治期間，我們有證據證明鄂圖曼帝國民智已開，當中包括一篇標題很長、而我們對作者幾乎一無所知的論文。〈對君士坦丁堡現有軍事技藝、人才與科學狀況的抨擊〉（Diatribe on the Current State of the Military Arts, the Genius and the Sciences at Constantinople）上面有某位穆斯塔法大人（Sayyid Mustafa）在一八〇三年簽名（也就是阿泰爾抵達後的那一年），展現了一如埃及人的求知欲。這位大人（這個頭銜暗示他是先知的後裔）年輕時，感受到「一股無法滿足的熱情，想要了解無限的未知，我雖愚昧，但深知其價值。」學過法文的他在塞利姆三世的新工程學校教書，與所有那樣的機構雷同，其目標都在精進戰爭的科學。

「我們從公眾著手。」他這麼寫道：「這是第一次君士坦丁堡未受教育的民眾聽到公共數學課程，或目睹幾何學家聚會；四面八方冒出無能和無知的聲音；我們被妨礙，差點被迫害，且遭大聲斥責：『他們為什麼要在紙上畫那些線？可以帶來什麼好處？戰爭又不是靠羅盤打的……』他們連連用一千句類似的話語數落我們。」

一如阿泰爾優遊於東方與西方的知識之間，穆斯塔法大人也覺得這些思想是可以轉換、流動的。阿拔斯王朝的哈倫．拉希德哈里發（Harun al-Rashid）不就送了一只水鐘（clepsydra）給查理曼（Charlemagne），打開中世紀歐洲的眼界嗎？「以擁有眾多藝術作品、文化和科學著稱且輝煌的歐洲諸國，」他繼續寫：「固然是受羅馬人啟迪，羅馬人又是受希臘人啟迪，但沒有人會爭論波斯人、埃及人和印度人的卓越，或否認這些國家曾是開明之士的家園。」但在他自己的時代，「經由持續改進和更新所有事物的狀態，這些師傅不僅將對其弟子出色的成就感到驚訝，而且，說來遺憾，當下也迫切需要他們。」

這位大人也在他的小冊子中提到，他很高興蘇丹的新軍隊順利平定一批以一座據說堅不可摧的稜堡為根據地的邪惡盜匪。「剎那間人們已不再懷疑，」他得意地說：「這就是事物的新秩序——可謂新的世界——在其中，我們必須徹底拋開所有古老的偏見。至於我自己，渴望欣然見到我的國家處於我熱切嚮往的狀態，日復一日被科學與藝術之燈照亮，我已無法保持沉默。」[3]

看到似乎能治癒國家掙扎處境的科學解方，這位大人喜不自勝，這呼應了歐洲知識拓荒者的必勝信念——認為正確的事物必有用處的興奮感。畢竟，若非更好的裝備和訓練、較優越的營養和軍事技藝的知識，還有什麼可以解釋以寡擊眾的勝利呢？這位大人的紀錄沒有提到真主之手的介入，倒是說到他摯愛的蘇丹「凌駕於庸人狹隘的思想之上，因此閉上了愚昧的嘴。」4

塞利姆三世在十八、十九世紀之交的大部分嘗試，穆罕默德・阿里都在二十年後做到了，因此這兩位統治者之間的比較勢所難免。塞利姆三世的肖像呈現出溫和、垂瞼的相貌，符合他縱情聲色的名聲；他當然欠缺穆罕默德・阿里那種一意孤行的冷酷。塞利姆三世是後宮出生，雖然有教育的優勢，但他卻比那位白手起家、越過地中海飛黃騰達的阿爾巴尼亞人來得溫和且好商量。另外，蘇丹面臨的反對絕對比埃及來得艱鉅。他沒有在古老的廢墟上打造新王國的餘裕，反而肩負著遠比那更艱難的任務，要一個年邁、脆弱但看似不朽的超結構適應新時代。

這個結構的核心是土耳其禁衛軍（Janissary Corps，或音譯為耶尼切里），相當於十八世紀初俄國彼得大帝得先壓制才有辦法推動改革的射擊軍（Streltsy），或讓古羅馬詩人尤維納利斯（Juvenal）不禁要問「誰來把守守衛者」的羅馬帝國御衛隊（Praetorian Guard）。土耳其禁衛軍是在帝國中世紀末擴張期間，擇用崇仰蘇丹的被俘奴隸所建立的。他們在鄂圖曼每一次勝仗後補充新血，並非由單一種族集團支配，一度是歐洲最令人畏懼的軍隊。特別待遇隨著榮耀而至——例如第十七分隊擁有在戰時紮營於王室帳篷對面的特權，其他某些分隊則獲准在宗教儀式期間動武。禁衛軍是獲認證的美食家，蘇丹會拿上等羊肉款待他們，他們的指揮官還會把湯勺掛在皮帶上。

但禁衛軍——就像帝國赤字暴增年代的鄂圖曼貨幣——已經貶值了。他們是衣衫襤褸的犯罪集團，身家典當給一個神祕的教團：拜克塔什（Bektashi）。此教團的謝赫賦予他們半宗教的正當性，讓他們任意發動陰謀或叛變。倘若有哪位蘇丹得罪他們，禁衛軍的反應就是弄翻他們的大鍋子（一種傳統的叛變宣示）和放火燒城裡的木造房子。

從來沒有哪位蘇丹曾成功壓制禁衛軍。他們被視為最難對付的改革障礙。但塞利姆三世受到一七九九年在阿卡順利擊退拿破崙的激勵（就算他是得到英國和瘟疫的幫助），著手將他獲勝的軍隊改造成一支大型現代步兵團，名為「新教團」（New Order）。

到了一八〇七年，新教團包含了兩萬七千支接受歐洲操練和戰術訓練的騎兵隊。理論上，新教團是要輔助禁衛軍的，但這兩個精神特質和思想態度南轅北轍的團體顯然不可能共存。前一年英國海軍進犯伊斯坦堡時遭到擊退，法國人——法國異教徒！——功不可沒，從此蘇丹對法國大使言聽計從。這種種討好外國人、採用外國習慣的舉動，令舊教團無法忍受。一八〇七年五月，它反擊了。

暴動的扳機是一位命令一些傭兵改穿歐式制服的王室顧問遭到殺害。在高級教士甚至政府高官的暗助下，滋事轉變成叛變。塞利姆三世明白形勢險惡，趕緊回歸舊制，但仍保不住王位而被廢黜，由反動派的堂弟穆斯塔法四世（Mustafa IV）即位。在這起事件後，以穆斯塔法四世為傀儡的禁衛軍獨裁政府僅持續一年。

然後，一八〇八年七月，在更多次軍事挫折和首都陷入食物短缺後，這位新蘇丹在一場反政變中遇害，但這場反政變卻未順利達成擁護塞利姆三世復位的目標。塞利姆三世在進行正午禱告時被打擾，睪丸因受重擊而昏迷，最後被絞死。於是，從這場屠殺中，（從他藏身的一疊地毯下）冒出塞利姆三世的另一個堂弟。彷彿一開始就設定好一般，這位二十七歲的現代派人士被擁立為馬哈茂德二世，因為他是鄂圖曼王室最後一位存活的後裔。

在馬哈茂德二世即位的同時，穆罕默德·阿里也在地中海對岸稱霸，這個巧合絕非無關緊要。這位鄂圖曼第一位偉大的現代化君主，整個在位期間，都在試圖箝制埃及第一位偉大的現代化領導人，後者在沒有出兵敉平希臘、阿拉伯等地叛亂、讓自己對宮廷不可或缺時，就竭盡所能擴張自己的領土。一八二四年，恍然明白本身軍事的積弱不振，馬哈茂德二世不得不鋌而走險，央求埃及派遣令人羨慕的新式陸海軍協助對抗希臘人，而穆罕默德·阿里毫不遮掩繼承鄂圖曼帝國財富的野心。儘管雙方關係緊繃，蘇丹仍從這位「尼羅河的馬其頓人」身上得到靈感和教訓。

馬哈茂德二世和塞利姆三世曾一起被監禁，而兩人的對話讓前者相信，帝國要存續，就非改變不可。一八二二年，希臘共和國受到法國大革命的激勵宣布成立，更證實兩人的先見之明。但塞利姆三世的遇害也讓馬哈茂德二世意識到，任何以龐大既得利益為對象的改革，本身就蘊含風險，這位堂弟唯有在確定萬無一失時，才會放膽行使至高的權力。一直要到一八二六年，穆罕默德·阿里再次展現軍事改革的成果、對希臘人連戰皆捷時，這位蘇丹才展開行動。

那年五月，馬哈茂德二世建立新的部隊，顯然意在復興塞利姆三世的新教團，於是禁衛軍群起反抗、不肯接受現代訓練。在一段聽來像是無意間承認自己過氣的聲明中，他們的領導人宣稱：「我們由來已久的戰爭操演是持步槍射陶罐，拿軍刀劈氈墊。我們想要逮住那些該為這次改革負責的人。」[5]改革者當然不是別人，正是蘇丹，但馬哈茂德二世已經先做好預防措施，贏得有影響力的宗教高層支持，而且現在民意已轉向反對禁衛軍的暴行了。

「刀終於觸及骨頭了。」馬哈茂德二世在六月十四日這麼宣布，隨即從他的宮殿出發指揮屠殺。確實是場屠殺，六千多名禁衛軍在蘇丹的大砲下喪命，甚至有一些宗教學生幫助蘇丹——而在那之後，屍體全留給狗，而一萬五千名生還者被放逐到帝國的各個角落。[6]「三十分鐘的葡萄彈摧毀了一個延續五世紀的制度。」[7]

於是，改革鄂圖曼心智的道路敞開了，這位接下來十二年為了改革殫心竭力的男人，決定了帝國的命運。也許因為他覺得自己正在為遇害的堂哥復仇，馬哈茂德二世的使命感，表現出堅定的意志，撰寫頌詞的人更將之提升為必要、駭人的憤怒——能夠當場阻止十萬名巨人的憤怒。他毫不內疚地行使暴力，殺害前蘇丹後宮裡的兩百多位女子，並將希臘東正教的領導人（涉嫌支持希臘復國運動）絞死於他自己的門前。代議政體和可問責性不適合穆罕默德．阿里，也不適合馬哈茂德二世——這可以理解，因為在帝國體弱多病的這個時期，唯有專制君主可讓一切直直向前邁進。

十一年後，一八三七年底，這個摧毀禁衛軍的男人策馬越過連接舊伊斯坦堡和佩拉（Pera，城市歐洲區）的橋樑。馬哈茂德二世穩穩、挺直地跨在鞍上，神情肅穆，一雙烏黑大眼表現出敏銳與細膩，也流露近乎殘暴的堅決；在這些帝王的特質上，他結合了現代的服裝配件。他沒有穿先祖的長袍和拖鞋，反而披著一件在脖子釦起來的長外套（Stambouline），穿著合身的長褲，褲腳下是一雙黑絲絨的靴子（帶點威靈頓公爵〔Duke of Wellington〕的風格）；捨棄鄂圖曼傳統寬大、形如貝殼的馬鞍和短馬鐙（這會鉗住膝蓋直到鼠蹊部），他偏愛長馬鐙和歐式馬鞍，這能充分展現他優雅的騎乘姿勢。對於那一天見到他的人來說——不論抱持好奇、敵意或漠不關心——他的外表簡直就是一場革命。

這座橫跨金角灣的新橋——寬敞、漂浮、木造——不過幾個月前才鋪設完成。舉行幾場儀式後（每一場都有蘇丹後宮多位成員出席，她們坐在由盛裝打扮的牛隻所拉動的豪華牛車上，從格子狀的孔洞往外看），蘇丹便動身前往馬摩拉海的極東點，視察他鍾愛軍隊的新營房，並為一座歐洲風格的清真寺舉行落成典禮。他向來寬厚地對待他接觸到的非穆斯林，除了在基督徒區建造房舍和學校，還將被奴役的希臘戰囚送回伯羅奔尼撒的家園。蘇丹搭一艘奧地利的輪船回到首都，引起一陣驚愕，因為「從來沒有人見過哪位國王向異教徒借船載運他的神聖之身」。[8]馬哈茂德二世的服裝、容易和異教徒打成一片、又不理會正統行事方法的作風，都是帝國現代化的任務令人深感不安的表徵，畢竟，這場現代化要採用的是看似毫無共通點的文化——歐洲人的文化。

而現在，蘇丹越過他的新橋，他覺得他的尊嚴受到不堪忍受的侮辱，而這讓整個城市人心惶惶。那位「多毛的謝赫」——大家這麼稱呼那個襲擊馬哈茂德二世的人——一定隸屬於伊斯坦堡某間信奉神祕主義會所的托缽僧。他的名字不禁讓人想起一頭纏結、雜亂的長髮和木製、弧狀行乞碗的畫面；事實上，據說這位多毛的謝赫猶如聖徒一般得到眾人的尊敬。當王室一行人通過時，他擋在路中間，高喊：「異教徒國王！你不令人深惡痛絕嗎？你要在真主面前為你的不敬應答。你毀了你兄長的制度，你毀了伊斯蘭，你讓先知的報復降臨你自己和我們身上！」蘇丹一名衛兵大聲說那男人瘋了，對此他回答：「不，不，我一點也沒瘋。是不忠的國王和他卑鄙的顧問失去理智！」多毛的謝赫立刻被處死，屍體被交給托缽僧同伴。次日，鎮上盛傳有道神聖的光芒籠罩在他的屍體上，就像聖徒的光環。[9]

自消滅禁衛隊後，馬哈茂德二世就致力於改革，使許多像那位多毛托缽僧的民眾擔心他打算背棄宗教。一如穆罕默德·阿里，整頓軍隊自然是馬哈茂德二世的首要之務——而在他的例子，這個任務是在一位普魯士人的協助下完成，而這位普魯士人的姓氏，將在未來近一個世紀成為軍事能力的同義詞：赫爾穆特・馮・毛奇（Helmuth von Moltke）中尉——後來晉升為陸軍元帥（到第一次世界大戰之前，德國軍隊都由毛奇家族領導）。

在這位改革派蘇丹當政下，許多日常生活的重要面向都變得比較可以忍受了。政府做了若干措施減少法院的貪腐，未經合法訴訟程序的處決，被宣布為非法。隨著愛放火的禁衛軍失勢，火災愈來愈少見了。伊斯坦堡居民獲得他們第一份土耳其語的報紙，以及一個小型工業基地（軍備工廠和織布機）、歌劇季（由倫巴底作曲家葛塔諾・董尼采第〔Gaetano Donizetti〕的長兄朱塞佩〔Giuseppe〕策畫）和革命性的新帽子——土耳其氈帽（一開始是受歐洲啟發的紅色或淡紫色貝雷帽，後來變成有流蘇的圓筒；從穆斯林的觀點來看無可質疑，因為它不會妨礙拜禱）碰上它的第一張祈禱墊。

儘管馬哈茂德的改革讓多毛謝赫之類的反動派激憤不已，事實上，至少得到一些穆斯林烏里瑪的認可，這向來是任何種類的改革所必須——從一七二七年設立第一座穆斯林營運的印刷廠，到引進刺刀都是如此。馬哈茂德二世抓住教士的不安全感（他們已證明自己貪贓枉法，因此不管怎麼做，評價在大眾心目中都大不如前）做把柄來換取支持。他也運用詭辯法來避開變革的障礙。據說他採用歐式的軍事演習，卻不教人非議，就是效法先知本身；先知當年建造壕溝的戰術，就是借自他信奉瑣羅亞斯德的敵人。[10]

有句阿拉伯諺語這樣說：「人的努力可把山連根拔起。」這句話似乎賦予自由意志的正當性，同時反駁了束縛穆斯林甚久的決定論。有人回應：「模仿別人的人會變成別人。」暗示行為的侵蝕會導致身分的侵蝕，因為身分不就是諸多行為的凝集嗎？如果行為被允許「降等」，那身分還剩下什麼呢？

其中一位在改革派國君保護下率先脫離虔信主義的謝赫，是沙尼札德赫・阿塔烏拉（Sanizadeh Ataullah）。生於一七七一年、在伊斯坦堡知名宗教學院受教育，他和一群去過帕多瓦（Padova）的醫生頗有交情，拓寬了他的視野。沙尼札德赫成為土耳其最早的博學之士之一；他會拉丁文、法文和義大利文，撰寫有關數學、歷史和自然科學的文章——當然還有讓他到今天仍被記得的學科：醫學。

一八一五年——在表明改革立場的十一年前——蘇丹閉關數日，只為了讀沙尼札德赫探討現代解剖學、生理學和病理學的手稿：《身體的鏡子》（*Mirror of the Body*）。《身體的鏡子》沒有什麼獨創的東西，內容大半抄襲一位維也納教授的見解，沒什麼東西好驚訝的；但對伊斯蘭的國度來說，這完全出乎意料（跟開羅穆斯林創作的東西完全不同），於是蘇丹下令在王室的印刷廠重印。這三冊印在紅色摩洛哥山羊皮革上、相當精美的《身體的鏡子》被一名土耳其科學史學家形容為「古代醫學與現代醫學的連結」。[11]它的作者很高興伴隨文本的圖解，便不需要外國的技術了；「在真主的幫助下，我們召集多位住在首都君士坦丁堡的工匠，把必要的圖解刻在五十六片銅板上，獲得成功。」[12]

歐洲的解剖學家會瞧不起這些粗魯抄襲歐洲原作的東西；但在伊斯坦堡，它們的價值在於絕對的新穎。書中，漠視伊斯蘭對人體描繪的偏見，有伊斯坦堡畫家繪製生動寫實的骨骼、動脈、肌腱圖，還有多達三百頁的解釋（肌肉組織；血管、神經、腺體；從胸膜炎到痔瘡等病痛）。沙尼札德赫並未遵從蓋倫（Galen）和阿維森納源自古代的「Yunani」（希臘）醫學，而雖然《身體的鏡子》對不識字的大眾沒什麼影響，但其他開創性的著作（例如探討疫苗接種，以及治療被稱為「法蘭克人病」的梅毒）也被納入有土耳其譯本的現代醫學叢書之中——像一支薄但擴展的楔子，刺向垂死的古希臘醫學。

一如賽義德・穆斯塔法（Sayyid Mustafa）的四分儀和穆罕默德・阿里「布拉克印刷廠」所印出的書籍，這些創新產生的效應，會隨著時間被逐漸感受到；而其影響的總和，遠比它們分散、不完整、近乎隨機的出現可能給人的感覺來得更大。每有一樣新事物出現，就有一些些恐懼被驅散，一點點欲望被增強，而如果沙尼札德赫的人體圖例沒有讓天塌下來——如果，恰恰相反，如果透過更深入地了解人體機能，得以避免痛苦和死亡——那麼有誰敢說，這種循序漸進改善人類境況的計畫，不是真主所願呢？

就這樣，透過無數微小的措施和進展，揑造和省略，著重經驗、觀察和分析的現代理論開始擴散。新思想本身先彰顯在軍事技術上，再躍入醫學和教育領域，現已像傳染病一般普遍蔓延開來了。統計學、現代社會學、農業創新和政治理論——這些全都由實用主義和進步思想帶頭。

在改革的十二年間，馬哈茂德二世設立並重振學校，傳播這種精神。但其中爭議最大的莫過於醫學院：沙尼札德赫抱持的探究精神將在此繁殖激增。馬哈茂德在一八三八年的落成演說中（他是第一位「剪綵」的蘇丹）做了這句爭議性的聲明：「所有教學都要以法語進行——土耳其語的醫學術語不夠豐富。」但蘇丹也提醒聽眾，歐洲人大部分的知識是從翻譯中世紀阿拉伯學者的成果得來的，他繼續說（措辭讓人想到數學家賽義德．穆斯塔法）：「歐洲人忙著精進知識一百多年了。」馬哈茂德二世很清楚，土耳其語在納入完整的歐洲詞彙和意義之前，不是適合的教學語言，而這項任務雖然已經開始（已經仿照開羅設立翻譯學校），但還有很長的路要走。

同樣在一八三八年，馬哈茂德二世發布帝國敕令，允許醫學院進行人體解剖——克勞特貝伊將這種做法引進埃及的十一年後——且將拿死刑犯的屍體操刀。[13]但由來已久的疑慮並未立刻消散；如果知道屍體是信奉同宗教的人，學生會拒絕解剖，但他們的憂慮被本身也是資深教士的首席醫療執行官消除了。「因此，雖然先知這樣訓諭——『你們不可剖開屍體，就算它可能吞了別人最貴重的珍珠』——學生仍握起他們的器具了。」[14]

社會的陳規和舊習開始鬆動，如同一八三一年美國醫師詹姆斯．德凱（James DeKay）沿著一條俯瞰博斯普魯斯的小徑漫步時所觀察：

> 我們遇到一個老土耳其人，以尋常的姿態坐在地上，靠近一座質樸的大理石噴泉，仔細讀著一本書，心無旁騖，直到我們來到身邊才察覺到我們的存在……他告訴我們那是一本霍亂專著，由君士坦丁堡的醫學委員會撰寫、蘇丹出版、在整個帝國免費分發。土耳其人至今大多背負著宿命論的教義，一般認為以人為的方式力圖避開任何迫近的危險是褻瀆之舉……對抗這種自暴自棄是這本專著的目的之一，它證明這種致命的信念絕對與他們的宗教無涉……想到不過幾年前，這樣的措施會讓王位及作者的生命不保，現任蘇丹的開明觀念和堅定決心或許該得到應有的肯定。[15]

或許要靠一個寬厚看待自我且不帶政治興趣的美國人（對年輕的美國來說，鄂圖曼還不具戰略價值）才能看出鄂圖曼的成就輪廓。在勘查過供給伊斯坦堡淡水的水庫、水路和拜占庭留下的水道橋後，德凱說他茫然不知自己最欣賞哪一個：「到底是當地人深知必須供應首都、郊區純淨的衛生用水這樣的好見地呢？是克服幾乎無法掃除的障礙所展現的足智多謀呢？還是即便睿智自由的經濟也認為相較於民眾的健康和舒適，再高的經費也不算高、再多的犧牲也不算多呢？」他嘆了口氣：要是他生長的紐約市也能如此為人稱道就好了。[16]

德凱的觀察顯示鄂圖曼愈來愈注重預防性的衛生措施，但公共衛生的終極恥辱——瘟疫——仍活蹦亂跳，在帝國各地司空見慣。最後一次在歐洲大爆發的兩百年後，營養不良的鄂圖曼人都非常熟悉精神錯亂、淋巴腺腫、腸痙攣和皮膚泛黑等症狀，外加四十度高燒，而這些才是折磨的開端；全身迅速潰爛的病患往往會被拋棄而孤零零死去，或者，知道自己病入膏肓而選擇結束生命。

有一波從一八一二年開始、為期六年的疫情在帝國的地中海沿岸肆虐。光是那一年，就有或許多達二十五萬人的伊斯坦堡市民喪命，伊茲密爾則死了四萬五千人。怪不得鄂圖曼人以輕蔑死亡聞名；他們從出生就很熟悉死亡了。

「Die Pest wird bestehen, so lange es Ulemas giebt.」（「只要有一個烏里瑪尚存，瘟疫就會持續。」）對守舊派教士感到挫折的毛奇中尉這麼寫；他們堅持，不可阻礙真主的意志，無論那看起來多麼陰森可怕。有數百萬人相信瘟疫是精靈散播（《古蘭經》有多處提及）；先知的聖訓表示傳染是謬見。[17]有些宗教醫生將疫情爆發歸咎於人的罪惡，而住著愛開派對的單身漢街坊尤其容易被毀滅，因為他們扮演了直接激怒真主的角色。[18]

一八一四年法國領事A．M．普克維萊（A. M. Pouqueville）呼籲比雷埃夫斯（Piraeus，位於希臘南部）穆斯林區的貴族設置檢疫站，這時一名托缽僧（「其中一個為了折磨民眾而依賴神權的瘋子」）打斷他，勸在場眾人「不要再聽這個基督徒說話……把法國人的習俗留給法國人，讓我們保存我們祖先的習俗，以及我們宗教的信條！」然後他繼續建議聽天由命地看待那畢竟是「天國三百六十扇門之一」的事。托缽僧贏得喝采，但一個月後，瘟疫到來。[19]

但這位領事的經驗並未預示未來。在接任伊斯坦堡和開羅改革部會的新首長之中，極端的宿命論已經衰微了。他們見到歐洲已透過檢疫、消毒、隔離和銷毀感染的房舍打敗瘟疫，因此決定在家鄉執行類似的措施。一如其他許多改革的創舉，開羅走在伊斯坦堡前面。穆罕默德·阿里早在一八一三年就設立檢疫站，並令民眾拿水噴灑街道和晾曬衣物來改善衛生，信件投遞前也要用煙燻過。可靠的老古板賈巴爾迪毫無熱情地寫到這些措施，指它們擾亂收成，也有很多人反對隔離檢疫和銷毀病故者遺體的措施，仍用傳統方式埋葬死者（通常祕密進行），並一致認為不敬的預防措施會把穆斯林的生意逼入絕境。[20]但總督心意已決，他的檢疫站就像堡壘，而一八三一年，他拋棄臨時措施，改而與歐洲領事合作進行協同方案。他們展開消滅細菌溫床的運動；除了填補不流動的池塘、焚燒腐爛的垃圾堆，也開始監控糧食的新鮮和品質。[21]

我們在伊斯蘭啟蒙運動的故事中會反覆遇到的緊張情勢之一，是革新的專制政府與蒙昧的民眾意志之間產生的緊張。就瘟疫的例子而言，前者的好處昭然若揭。沒有穆罕默德·阿里的專斷，埃及的瘟疫不可能滅絕，畢竟大眾強烈反對他的舉措，且極盡阻撓之能事。結果，數據顯示（可靠的死亡人數是判斷抗疫成效的要素）他的措施僅十二年就收到效果。一八四一年亞歷山大港死於瘟疫的人數已降至五千八百四十八人；四年後，數字歸零。[22]當然，隨著瘟疫被壓制，蒙昧者安靜下來。伊斯蘭接受了預防的觀念，曾被斥為異端的衛生設備，正式進入日常生活。

在地中海對岸的伊斯坦堡，馬哈茂德二世早就在構思一場對抗「死亡天使」的作戰，但要到一八三六年疫情大爆發、光在帝國的歐洲省分就奪走十二萬五千條人命時，才毅然決然展開行動。引人注目的是，他得到數位烏里瑪成員的支持，包括他之前的醫師和帝國印刷廠的主管，後者發表了在宗教及邏輯上支持隔離檢疫的論據。一八三八年教士的介入又更關鍵：帝國最高階的神職人員謝赫伊斯蘭（sheikh ul-Islam）宣布「城鎮發生瘟疫時，躲開真主的憤怒、到他慈悲的胸懷避難，是被容許的。」[23]有了這道馬哈茂德二世在位期間最重要的法特瓦（fatwa，伊斯蘭教令，這在他去世前一年頒布），宿命論的淋巴腺腫真的被刺穿了。出自歐洲的措施——檢疫站、瘟疫醫院和煙燻——立刻付諸實施，顯著降低了一八四四年後的死亡率。

瘟疫向來是鄂圖曼生活的特色，五百年如一日。到一八五〇年左右，忽然間，想必也令人大吃一驚的是，鄂圖曼帝國成了瘟疫絕跡的區域，對人生和壽命的態度驟然改變。瘟疫的終結和醫學的現代化密不可分，也得到世俗知識傳播日廣的幫助。引用一段馬哈茂德二世執政晚期一篇政府報告的話：

所有藝術與各行各業都是科學的產物。宗教知識是未來世界的救贖，科學則讓這個世界的人盡善盡美。例如天文學造就航海的進步與貿易的發展。數學科學則提升戰爭的秩序和軍事管理。無數新穎而實用的發明，例如蒸汽的應用，也以這種方式陸續問世……透過科學，現在一個人可以做一百個人的工作。在民眾不知道這些科學的國家，做生意和獲利都變得困難。沒有科學，人民不可能了解愛國愛鄉的意義。習得科學和技術顯然是國家最重要的目標和志向……學不會科學，什麼事情都做不成。24

這份引人注目、相信工業革命的目標、與盎格魯撒克遜人重商主義同一陣線的聲明，就算擺進倫敦皇家學會的演說裡也不會格格不入。但這些維多利亞時代的原則是花了兩百年才形成；反觀鄂圖曼人，原有的假設在數十年內就傾覆了。當初誰想得到，科學會在這麼短的時間剝去昔日輔助信仰的功能，證明自己的能耐呢？例如以往天文學滿足的是禱告和齋月齋戒的需求，不蹣跚步入占星術的危險領域。如今，對愈來愈多蘇丹的臣民來說，「七重天」不再是照字面解釋的事實；那已成為一種比喻。

除了對於知識和神意的新態度，馬哈茂德二世也採用一種激進的手段來解決這個以伊斯蘭為國教、卻擁有眾多非伊斯蘭人口的帝國內部無可避免的緊張。這雖是列強（特別是英國）大力鼓吹的辦法，但他明白，要讓帝國存續下去，就非這麼做不可。在馬哈茂德二世執政前，鄂圖曼人藉由賦予少數族群不同的法律地位來處理這種矛盾。這是一種統治的穆斯林菁英在上、非穆斯林緊跟其後的階級制度，避免少數族群滋生那種在歐洲籠罩所有非執政群體、具毀滅性的不確定感。因此，帝國大致上沒有集體屠殺、少數民族聚居區和宗教法庭等情事發生（事實上，一四九二年逃離西班牙宗教法庭的十五萬猶太人，得到鄂圖曼接納）。但現在這種寬厚的壓制卻牴觸了現代化固有的兩大準則。鄂圖曼依宗教派別劃分臣民的制度違背了平等及國家主權。而透過自利的稜鏡看待鄂圖曼帝國處事的歐洲列強，儼然成為這兩者的啦啦隊。

在伊斯蘭之下，猶太人和各種基督徒團體（例如希臘東正教和格里高里亞美尼亞人）是受保護的從屬少數族群，名為「齊米（dhimmi）」。從這個原則，鄂圖曼政府發展了本身的宗教團體，即「米利特（millet）」的概念：可經商、有就學、就醫等權利，但受到教法的差別待遇。非穆斯林繳的稅比穆斯林多。非穆斯林的證詞效力只及穆斯林一半。很少公共職務開放給非穆斯林，而他們不准擁有武器。另一方面，米利特享有法律自主權；他們各有各的法庭，由本身的神職人員審判，形同在帝國內部行使小小的神權政治。例如希臘的元老就有權流放其社群內的鄂圖曼公民。處理竊盜或通姦等罪行也沒有標準程序，每一個米利特都可依據自己的法令處理違法問題。穆斯林鄂圖曼人和妻子離婚相對簡單；鄂圖曼天主教徒想都別想。若是鄂圖曼穆斯林偷了一顆蛋，他的手可能會被砍斷。天主教徒則或許只要唸幾段

《聖母經》了事。

綜觀整個十九世紀，虎視眈眈的列強緊扣米利特制度，讓鄂圖曼帝國無法振衰起敝。基本上，列強和少數族群成雙成對、眉來眼去，鄂圖曼宮廷只能在一旁吹鬍子瞪眼。沙皇已看上希臘東正教，而法國勾搭上帝國的天主教徒，英國駐君士坦丁堡大使——虔誠、暴躁的史特拉福・坎寧爵士（Sir Stratford Canning，即後來的史特拉福・德雷德克利夫子爵〔Lord Stratford de Redcliffe〕）——則保護新教徒傳教士。鄂圖曼的新教徒並不多，但大使抱持極高的期望。在黎巴嫩山，德魯茲派和馬龍派（Maronite Church）分別有英、法兩國獻殷勤。不過，沒有人想要猶太人。

米利特制度被列強用來在鄂圖曼的領土上開拓名為「協定」（Capitulation）的微殖民地。身為基督徒，英國人、法國人、俄國人和其他歐洲公民在帝國裡都享有米利特的地位，而「協定」建構了某種「全面豁免」（blanket immunity），不受鄂圖曼人節制。「協定」被列強利用到極致。例如一八四〇年代，坎寧在一位英國子民被囚禁後，狠狠訓斥了某位鄂圖曼高官一頓——這是殖民地總督的作為，逾越了大使的分寸。如他和他的使節所知，其鄂圖曼東道主也不得不承認，諸如此類的案件要交由訪客母國的領事機構審理，它們甚至在鄂圖曼的領土上有自己的監獄。有些使館人員——尤其以義大利人最惡劣——過分到兜售法律豁免權的憑證。有了這些「保護」的幫助，口袋深的鄂圖曼人也可以不受自己國家法律的約束了。

對虔誠的鄂圖曼穆斯林來說，這種事態違反常情。教法是基於先知的言談和模範制定，它怎能不用來增進信徒的利益呢？要找出解決之道，只能超越傳統伊斯蘭對身分認同的理解方式。回到創教之初，伊斯蘭能存活下來，部分可歸功於先知區分了穆斯林和齊米。穆斯林菁英的統治和穆斯林較輕的稅賦，除了鼓勵皈依，也模糊了種族的界線；即便到現在，形形色色的鄂圖曼社群——包括說土耳其語的穆斯林——仍依「米利特」自我界定，而非新奇的民族認同觀念。維多利亞時代的鄂圖曼學家E・J・W・吉布（E. J. W. Gibb）寫道：「土耳其人沒想過為國家而死，一如沒想過為經緯線而亡。」[25]

要讓鄂圖曼帝國產生凝聚力，就必須接受全新以非宗教為基礎的現代公民形式。必須將帝國分崩離析的諸多少數族群帶回國家的懷抱。必須發明一種眾人共有的世俗身分認同——鄂圖曼「祖國」。

在馬哈茂德二世一八二六年廢除禁衛軍的敕令後，新的公民定義——鄂圖曼最早的合眾為一（e pluribus unum）——已開始演化。在那份文件中，馬哈茂德二世不是依循慣例向穆斯林臣民、而是向全體不分宗教派別的鄂圖曼人呼籲團結。一八三〇年他進一步發揚這種情操，宣布儘管他將繼續在清真寺、教堂和猶太教堂裡區分他的臣民，但在這些禮拜場所外，「他們之間沒有分別」。恰恰相反，他繼續說：「他們全都是我的孩子。」[26]

這表面上是鄂圖曼從強勢的地位展現寬大。但對虔誠的穆斯林顯而易見的是，改革已促使社群階級發生災難性的變動——不僅是就「米利特」而論，還有更廣大的宗教關係。教法不許穆斯林割讓領土給非穆斯林，但這正是塞利姆三世的作為：他在一七九二年落敗後把克里米亞拱手讓給俄羅斯。馬哈茂德二世承認獨立的希臘也違反教法；他將之前被俘且已皈依伊斯蘭的奧地利公民遣送回國的做法也是。《古蘭經》的「出獄卡」：「如有必要，禁止就可破例」就用於以上和其他事件。一如承認非穆斯林的完整權利，這些新的舉措也承認穆斯林不再主宰一切的事態。

儘管有強烈的個人特質、儘管有追求改革的活力，就領土而言，馬哈茂德二世的統治是失敗的。一八三〇年——也就是希臘贏得獨立那一年——阿爾及利亞被法國征服，成為日後偌大北非帝國的第一個要素（人在巴黎的塔哈塔維未察覺其重要性）。鄂圖曼對巴爾幹半島的控制也放鬆了，俄羅斯已在摩爾多瓦和瓦拉幾亞建立保護國、塞爾維亞也接近獨立，穆罕默德・阿里的現代化軍隊則拉出一條弧線，深入馬哈茂德二世的黎凡特領土。

穆罕默德・阿里最後一次「羞辱」馬哈茂德二世的領土在一八三九年到來：一支埃及軍隊長驅直入小亞細亞。那徹底擊垮了蘇丹，據傳已因憂慮而暴瘦的他猛灌純酒精而罹患震顫性譫妄（delirium tremens）。他在六月二十九日，當鄂圖曼軍隊再次慘敗給埃及軍隊的五天後過世。[27] 一位受寵的學者盛讚他是「帝國的柏拉圖和哈里發」、而「上天對他的領土展現科學與智慧」。

接下來三十年，俗稱「坦志麥特」（Tanzimat，即「整頓秩序」之意）的結構性改革在馬哈茂德的兒子阿卜杜勒馬基德一世（Abdulmejid I）及阿卜杜拉齊茲（Abdulaziz）執政下實施。坦志麥特的改革並不民主——蘇丹獨攬大權——但這些改革促成相當程度的委任和世俗化，並擴張了強大的凡俗官僚制度與審理不適用教法案件的世俗法庭。一八五〇年，鄂圖曼依照歐洲慣例制定商業法規，至一八六八年，教育已幾乎完全世俗化（必須釐清：受教育是少數人的事，絕大多數鄂圖曼公民仍是文盲）。從少數族群的觀點來看，最具意義的是他們得到法律平等的保證，在教育、政府雇用、賦稅和兵役等方面，與穆斯林待遇相同。最後一次的叛教處決（一個亞美尼亞人喝醉後皈依伊斯蘭，清醒後回歸基督）在一八四三年執行。在那之後，鄂圖曼宮廷宣布：「今後穆斯林可隨意成為基督徒，基督徒也可隨意成為穆斯林。」[28]

但對帝國裡的基督徒和猶太人來說，坦志麥特保證的少數族群地位只是修辭罷了。歧視和暴虐仍無所不在，鄂圖曼的包容常遭破壞。軍隊仍堅持宗教之見；穆斯林不願接受基督徒同袍，後者也不願從軍，最後只有少數希臘士兵進入海軍，更多基督徒寧可付傳統的豁免稅。在馬哈茂德二世設立於伊斯坦堡歐洲區加拉塔薩雷（Galatasaray）的醫學院（由年輕的維也納人卡爾．伯納〔Karl Ambroso Bernard〕管理）中，史學家和旅人查爾斯．麥克法蘭（Charles MacFarlane）發現鄂圖曼學生「會霸凌所有『非穆斯林』，和他們分開吃東西、分開住……希臘人恨亞美尼亞人，亞美尼亞人恨希臘人，而兩者同聲一氣對孱弱的猶太少數族群極盡羞辱之能事。」[29]但學校平等接納不同群體的事實仍是重要的革新，而在某些少數族群的例子中，特別是猶太人，他們本身多疑的高級教士，才是阻止他們入學的主因。[30、31]

尚未開花結果的改革永遠最脆弱，雖然史特拉福．坎寧爵士（他擔任二十多年的英國駐鄂圖曼大使）積極介入制定坦志麥特，仍有很多人高喊鄂圖曼是在拿它最堅強的傳統換取被曲解的外國觀念大雜燴；這不僅在反對的神職人員間十分普遍，一些歐洲人也這麼說。歐陸最著名的外交家克萊門斯．梅特涅（Prince Klemens von Metternich）就這麼呼籲大臣（也是坦志麥特的擘畫者之一）穆斯塔法．雷希德帕夏（Mustafa Resid Pasha）：「別為了建立不適合你們習俗和生活方式的體制，摧毀你們古老的制度。」[32]

在很多人眼中，坦志麥特似乎就是設計來做以上這件事，而王室敕令對創造新心態的貢獻確實不小。坦志麥特是一場旅程的開端，將帶領少數亞美尼亞人和希臘人當上穆斯林帝國的高官，帶領他們為數更多的孩子進入穆斯林主宰的高等教育機構。長期而言，更重要的是這些敕令在伊斯蘭自己身上留下的痕跡。權宜之計、依照新的情況重新詮釋伊斯蘭律法的必要，如泰山壓頂的強制力——在這些與其他壓力下——伊斯蘭教法開始走上滅絕之路。

盛行的思潮極有利於坦志麥特。一八四〇年代是歐洲懷疑論滋長的年代。在英國，達爾文透過《物種起源》（*The Origin of Species*）詳盡闡述深具顛覆性的演化觀點，等於毫不留情地攻擊《聖經》上帝創世的紀錄。德國受歡迎的唯物論者認定人類的「意識」只是神經物質的作用，而瀰漫法國大革命的虛無主義在一八四八年的「民族之春」中證明他們經久不衰。在那一年的匈牙利起義被鎮壓後，匈牙利（以及一些波蘭）革命分子來伊斯坦堡避難，平添此地「不敬」的氛圍。

一八四八年當麥克法蘭再次造訪伊斯坦堡之際，加拉塔薩雷醫學院已習慣從蠟像模型學習的學生，對以下新的安排相當自在，甚至過分自在了：

在解剖室裡我們發現十多位年輕土耳其人自己剖開一個女黑人的屍體。在旁邊的「餐具櫃」上，躺著一具一絲不掛、神情可怕的黑人屍體；在前廳，凌亂四散著另一個努比亞人的頭顱、四肢和所有斷片。我們進入時，這些穆斯林學生正有說有笑，毫無顧忌地拿著那個黑人的肉，彷彿那是羊肉一般，並用比我們的銀製水果刀還短的解剖刀切來切去。我問其他一人這是否多少牴觸了他的宗教。他噗哧一笑，說：「在加拉塔薩雷不用管宗教啦！」[33]

對於像麥克法蘭這種英國保守人士來說，鄂圖曼醫學院學生展現的懷疑論令人煩惱。他打趣說，醫學院教全體學生「不可輕信」，兵工廠的砲兵醫院則雇用一名醫學助手，將伏爾泰「最下流的一些段落」翻譯成土耳其文，還認為《憨第德》（*Candide*）「非常有趣，讀來愉快。」[34]對這些鄂圖曼人來說，用邦葛羅斯式（Pangloss，憨第德的老師）的樂觀（「在這最美好的世界，萬物都是為盡善盡美而存在」）面對一七五五年里斯本地震之類的天災，一定相當熟悉，那也顯現在他們對瘟疫所抱持的宿命論態度。

但對麥克法蘭來說，墮落的深淵降臨斯庫達里的軍醫院，他在那裡見到一間高雅的沙龍，只有醫生和那些年輕的鄂圖曼人及其助手可以使用。一本書攤開來擱在長沙發上。那是無神論者手冊《自然的體系》（*Système de la Nature*）巴黎最新的版本，封面上註明作者是霍爾巴赫男爵（Baron d'Holbach）。這本書顯然常被翻閱；很多驚人的段落都被標註，特別是用數學證明相信上帝的存在有多荒謬，以及相信靈魂不朽有多麼不可能。當把書放下來時，一位鄂圖曼人對麥克法蘭說：「那是很棒的作品！他是大哲學家！他永遠是對的！」

麥克法蘭造訪的這間兵工廠醫院院內都說法語的事實，除了說明土耳其語無法傳達現代思想，也說明這種啟蒙運動的主要語言活力充沛。

固然是行政管理的語言，但鮮少是高級藝術的語言，更從來不是正統宗教語言的土耳其語，並未臻至鄰居波斯語和阿拉伯語的卓越境界。通俗形式的土耳其語已蓬勃發展、做為口傳民謠詩歌的媒介，但宮廷官吏和（說阿拉伯語的）宗教學者都會避免使用「粗俗土耳其語」。而「高級」鄂圖曼詩作的節奏沉重緩慢，保守且造作，和口語大異其趣，以至於維多利亞學者吉布在其六卷著作《鄂圖曼詩史》（*History of Ottoman Poetry*）最後突然罵起這種他奉獻一生的文學形式（他來不及寫完這本書就過世了），主張那沒有「從培育它的狹窄學校外」攫取聲音……「在垂死文化的停滯沼澤中掙扎且無助。」[35]

鄂圖曼的文學語言概念是在處理主題時，愈多裝飾、愈冗長不輟愈好，要多用雙關語、徹底搜查波斯選集和併用阿拉伯複合語，就像骨灰甕上的裝飾一樣。幾乎沒有標點符號，而使用的書寫系統至少有九種之多。直截了當被視為膚淺，只重功能就是不學無術。後來一位史學家發現他可以把一篇十三頁的鄂圖曼文獻濃縮成兩個句子而不失要旨。

不良的語言對其文學有致命的影響。原創性簡直被扼殺殆盡，使通俗羅曼史被強迫塑造成同一個樣子。很少有不落俗套的散文創作，如果偶然冒出一篇（著名的例子是一位顯要政治家描述乘船的信），就會令人耳目一新且獲得稱讚。[36]語言最重要的目的或許是讚頌真主和傳播祂的話語，而對許多詩人來說，諸如夜鶯愛戀玫瑰之類的古典意象，消除了獨創思想的必要。

儘管呆板不靈活，詩仍是重要的傳播方式。詩是容易精進、修正再口耳相傳的媒介。如果我們記得，背誦大量話語是十九世紀社會的生活日常——不是在學校死記硬背的那種背誦，而是一種記憶方式——詩的流傳便合情合理了。對鄂圖曼土耳其人來說，不去利用我們所擁有「寬敞、精密且極富彈性的記憶體」是很奇怪的事，於是他們寫了大量的詩來記憶。

適時的詩可以對公共事務提出尖銳、諷刺且（如有必要）匿名的評論。詩可以撻伐或奉承政治人物，在人們聚集之處引出答覆、確認或微妙的扭曲。

除了語言的技術缺陷外，還有另一種社會障礙會阻止資訊和技能的傳播。知識是社會、經濟成功的工具，被擁有知識的人謹慎地守衛著。伊斯坦堡巴耶濟德清真寺（Beyazit Mosque）外的書籍市場是由數十個家族運作的，他們經營一個封閉的店鋪，保護所有與其行業有關的資訊。「跟我要目錄就是取笑我的鬍子！」一個來訪的愛書人被這麼告知。另一個有獨特技能的群體，為外國大使館翻譯土耳其文文件的譯員，「把所有跟語言有關的事務搞得神祕兮兮，並努力說服業主和大眾，要學會土耳其語，就必須……從小學習。」[37] 類似土地所有權之類的民政事務，也像灌木叢盤根錯節似的由一堆難以理解的行話保衛，就連最簡單的交易都得委託賢者幫忙才可能進行。

這種種壟斷的範本當然是宗教，因為神的知識向來是被守衛的——就連「無教堂的」伊斯蘭也不例外，而宗教學校也是依照延遲享樂（delayed gratification）的原則運作。學校的教學時間冗長且性質不明；年齡與經驗的權威不可質疑；早成的學者被「保護」而讀不到具挑戰性的文本（特別是哲學文本），因為他還沒「準備好」——這些都像紗布一般，要花好幾年、甚至數十年，才能濾出真正的學識。而當那些學者終於達到他們費盡千辛萬苦才達到的學術頂峰時，你認為他們不會對晚輩施加同樣的限制嗎？

不過，這種陰鬱的事態將在十九世紀最後幾十年間發生轉變。這種將改變土耳其語言的新媒介，我們可以確定是在一八六〇年十月二十二日。當天，在像藤壺一般依附在伊斯坦堡解體中的城牆、受博斯普魯斯風吹浪打的其中一間斜頂棚屋小石室裡，一部手動的印刷機印出第一號的報紙《形勢解釋者》（Tercuman-i Ahval）。

鄂圖曼帝國原本就有數十份由非穆斯林出版、各種語言的報紙——穆斯林也是讀者。回到一八二〇年代，伊斯坦堡居民羅伯特・沃爾什（Robert Walsh）已指出「新聞室」的普及，「一張凳子擺在房中央，給識字的人坐，其他人則在他身邊圍成一圈，聽他講……聚精會神，僅有時會被突然嚴肅喊出的『Inshallah』（真主旨意）或『Allah Keerim』（真主慈悲）打斷。報紙也已經打入咖啡館，而我在打瞌睡之前注意到的那個邊喝咖啡邊抽菸、昏昏沉沉的土耳其人，現在竟然清醒著，報紙在手，熱切地拼讀新聞。」[38]

沃爾什在四十多年前看到的是一份細述蘇丹想法的獨一政府報；《形勢解釋者》的特性截然不同。那是第一份由穆斯林土耳其人持有且經營的獨立報紙。這裡的重點是「獨立」——它的前輩都是政府傳聲筒。另外，《形勢解釋者》也是靈巧、創新的產物。土耳其讀者陌生的標題欄（「內部事件」、「外來事件」、「長篇連載」）由城市最好的書法家操刀，鉛字塊的排列也很熟練（或許是出自王室鑄幣廠的夜班員工之手）。

《形勢解釋者》是由在巴黎受教育的貴族後裔卡潘札德・阿賈赫（Capanzade Agah）創

辦，但將成為伊斯坦堡的「里發・塔哈塔維」、對土耳其的文字有持久影響力的，是阿賈赫的第一位社論撰稿人易卜拉欣・希納西，即我們在前言遇過的那位。這位生於一八二六年，砲兵上尉父親在對俄戰爭中身亡的孤兒，是個沉默寡言、不怎麼想跟人打交道的博學之士，他在進入伊斯坦堡兵工廠的管理部門後，學會阿拉伯語、波斯語和法語——法語是和法國流亡者、皈依穆斯林的康提・查爾斯・德・夏朵諾（Comte Charles de Châteauneuf）交朋友學的。[39]希納西的天分讓他贏得大臣穆斯塔法・雷希德帕夏（與塔志麥特改革密不可分的人物）的青睞，於是一八四九年初，希納西拿政府獎學金被派往巴黎。他在那裡遇到未來會共事的阿賈赫，精進法語，並觀察歐洲舞台上的思想、階級和文字之戰。

希納西在巴黎度過的五年，是反動的時代。一八四八年二月，十八年前在里發親眼見證的多元樂觀烈焰中光榮就任的「公民國王」路易腓力，在民眾普遍理想破滅後被罷黜。但事實證明取代路易腓力的第二共和，無法達成包括充分就業及普遍男子選舉權等追求平等的目標，於是人民日益支持另一位覬覦王位者，拿破崙的姪子拿破崙三世（Napoleon III）所承諾的資本主義專制。這個趨勢在拿破崙三世於一八五二年稱帝、開啟法蘭西第二帝國後達到頂點。希納西在這個時期同情溫和的共和派，例如詩人拉馬丁（Alphonse de Lamartine，曾在第二共和底下短暫擔任過法蘭西執政者）和知名東方學者西爾韋斯特・德・薩西之子、代表土耳其人獲選進入法國亞洲學會（Société Asiatique）的報社編輯山繆爾・西爾韋斯特・

德・薩西（Samuel Sylvestre de Sacy）。雖然後來仰慕者的杜撰紀錄說希納西曾在萬神殿懸掛上共和旗幟，但他是以鄂圖曼人，而非法國人的身分在巴黎觀察事件。一八五四年，他在克里米亞戰爭如火如荼時回到伊斯坦堡——他的家鄉到處都是傷殘者，有些正由佛蘿倫絲・南丁格爾（Florence Nightingale）照顧——帶來有關自由、民族和選舉民主的先進思想。

他也敏銳地認為該提升新聞報刊對語言的影響力。土耳其語的不充分之處仍不勝枚舉。它需要變得更簡練、更有規則、更具體且少點超驗性。此外，它也需要衝上現代抱負的浪尖：個人主義、文明的生活、人的權利等等。希納西在法國的經驗告訴他，人類的進步和語言發展的目標是環環相扣的。他要同時致力於這兩件事。

對於這些目標的進展，比希納西為數不多的創作更重要的是，他樹立的典範和展現的文學品味。受希納西的影響，土耳其的文學從戲謔，或機智的遊戲裡獲得提升，而他也把詩從那些絞盡腦汁的對仗和箝制意義的設計中救出來。對他來說，文字是用來書寫的，而不是用來朗誦的；是傳達意義，而非空洞的裝飾。我們可說，正是希納西發明了現代土耳其的散文和戲劇；至於詩，他則把詩從慣例的牢籠解救出來，將詩的想像從抽象轉移到具象，並實驗押韻和格律。

他的「驢子和狐狸」寓言版本簡單得像童謠：

噢，獅子啊，我不該走向您，
近距離欣賞、崇仰您的美嗎？
願主人高貴親切的影子永存，
您的聖爪踏過之處，將有玫瑰綻放。

套用後來的文學巨擘，二十世紀小說家艾哈邁德・哈姆迪・坦珀納爾（Ahmet Hamdi Tanpinar）的話：「這幾段文字值得注意的一點是，它們都是用接近在家中和在街上說的土耳其語言寫的。」[40]這不亞於一場革命。在希納西過世前，語言已從「供飽學之士消遣的玩物」變成「全體民眾道德知識教育的工具」了。[41]

儘管詩的重要性揮之不去，但希納西最重視的是獨立新聞報刊這種令人無法抗拒且時時在變的新媒介。希納西是土耳其第一位現代劇作家，跨好幾期《形勢解釋者》發表風俗喜劇《一位詩人的婚禮》（Wedding of a Poet），用喧鬧、口語體的土耳其文諷刺父母之命的婚姻。他在同一份報紙寫的社論，讀來像是為需要擺脫充滿官僚氣息之政府宣傳品、且或多或少仍受宗教學究影響的土耳其人，所撰寫的入門課程。這些偏執者對這家新聞媒體的指控包括：這是歐洲摧毀伊斯蘭、讓土耳其動盪不安的陰謀。

希納西在他的社論處女作中主張，當一個「社會團體」裡的民眾服從法律時，他們也自動取得「用言語和筆」針對國家情勢暢所欲言的權利。他指證據就是這份「文明國家當中心智已被知識力量開啟的政治性報紙」。[42]希納西是中東第一個界定權利並非由上位者授予，反而跟法治社會的成長密不可分的思想家之一。

希納西的下一篇社論比較專業，解釋報紙是如何運作的，又怎麼收錄之後可能刪改、集結成冊，讓長篇作品（例如他的《一位詩人的婚禮》）得以分散在好幾個星期分期刊載。他解釋說，有個實用的詞語可表示「想在特定期間內當顧客的人」，即「訂閱者」（這個詞的土耳其對應語是借用法文的「abonnement」）。在同一篇文章中，他也介紹了印刷的簡史，從源自中國的說法開始，也提供了最早新聞寫作的範例，例如羅馬的逐日紀錄《每日公報》（Acta Diurna）——先刻在石頭或金屬上，再由抄寫員謄寫。[43]藉此，希納西巧妙地將伊斯蘭與現代普世主義連結起來，因為很少穆斯林不知道先知這句訓諭：「汝當求學問，即使須入中國。」

希納西在《形勢解釋者》發行二十五期後便離開，創辦自己的報紙《意見闡述》（Tasvir-i Efkar）。每星期兩次，這個四頁篇幅的出版品是一群才華洋溢作家發表的平台，其中有些是同屬教育委員會的成員，有些是之前兵工廠的同事，而他們針對林林總總的國內外事件抒發己見，且極具權威，使該報不久便成為土耳其的信史報刊（journal of record）。希納西在他自己的社論處理了從市政、文學到禮節不等的主題，展現了現代專欄作家舌粲蓮花的本能。

他在一篇文章中讚揚義大利有人要求教宗放棄世俗權力的輿論（「羅馬問題」），在另一篇則呼籲記錄海關存貨來輔助判斷帝國的外貿收支。希納西也為土耳其讀者介紹「米利特」，或「民族」一詞現代的跨宗教意義。

具國際觀、前瞻性、受人類及經濟發展問題吸引的希納西，被後來的土耳其文學史學家形容為一種新思考模式的先驅。他讓「言論自由」、「自然權利」等外來政治概念普及化，表現出土耳其語言終究可實施變革的徵兆。但儘管懷抱普世主義的觀念（他後來公開呼應維克多．雨果〔Victor Hugo〕：「我的民族是人類，我的祖國是大地。」），他的世界觀卻充滿國家情操。舉凡從俄羅斯有系統地煽動鄂圖曼基督徒——他挑出聖彼得堡的報刊嚴詞批判——到鄰居希臘的不穩定（奧托一世〔King Otto〕甫被推翻），希納西都對國家利益展現了鋼鐵般的態度，以及派遣軍隊的熱忱，因為，如他所言：「如果你嚮往和平與進步，就要做好戰爭的準備。」44

希納西最引人入勝的一篇社論，展現了他從看似平凡的主題中汲取哲學意義的能力。政府已宣布伊斯坦堡中心部分地區採用街燈的計畫，這遭到保守派宛如膝反射般的反對（近兩百年前引進倫敦時也遭到反對）。希納西對此計畫當然十分熱中，不只是基於降低犯罪、增加貿易等務實的理由，也因為街道的照明（一開始是由住戶點固定的燈籠，後來改用煤氣燈）似乎預示人類心智會得到更深而更不會熄滅的啟迪。「除了那些可從夜的漆黑中得到好處的惡棍，」他質問：「有誰會反對街燈呢？」[45]然後，他語帶諷刺地提及那些壟斷知識、仰賴身邊眾人的蒙昧無知來凸顯自己發著微光的人：「螢火蟲只會在夜晚發亮。」[46]

希納西非常謹慎，因而不敢表明自己的激進，但整體而言他並不信任權威。在毒蛇窩一般的鄂圖曼公共生活中，他在報上刻薄、傲慢和隨時準備口誅筆伐的態度，讓他樹敵不少。他對理性價值的捍衛也招致保守派的批評，他們認為他激進得危險。這位前途似錦的公務員雖獲宮廷任命，卻針對與他無關的議題發表議論，而且竟敢在第一期《意見闡述》出版時，拒絕蘇丹阿卜杜拉齊茲給他、以表示和解的五百金幣賀禮。希納西也兩頰「清潔溜溜」地公開露臉——這是陰柔和被西方迷惑的象徵，令他蓄鬍的同胞心煩意亂。其實，如他所解釋——甚至還出示巴黎醫師的看診紀錄做佐證——他刮鬍子是出於醫療需要，因為他長癬。希納西投入宗教的程度令人懷疑（這點和里發不同）；他很少在著作中提到真主，反倒強調「理性人」要主動立法支持「權利與正義」。他為雷希德帕夏撰寫的頌辭潛藏共和情操，還讚美這位知名的改革者膽敢「告知蘇丹其極限何在」。[47]

仍有很多人不相信這樣的極端，尤其是蘇丹阿卜杜勒馬基德本身，他在一八五五年命令教育委員會將希納西除名，因為他「一直懷抱批判的心境寫政府事務」。[48]相對於希納西多半為文慎重的社論，蘇丹的讀法是一種偏執，但現在整體的氛圍已轉而反對新聞自由，希納西的舊報《形式解釋者》甚至被勒令停刊（固然僅停刊十二天，卻開了惡例，任一位較近期的土耳其新聞從業者皆可證明）。他的罪行是形容國家教育制度「支離破碎」，教師跟文盲差不多。49

就像日後世界各地的政府慢慢了解網際網路的法律和政治意涵，在鄂圖曼的伊斯坦堡，政府先是大吃一驚，才停下來衡量獨立媒體的力量，進而做出回應。諷刺的是，明明已經接受了一種西方舶來品，當權者又覺得不得不引進另一種東西來壓制它；這就是土耳其制定第一部新聞法背後的動機。那仔細模仿拿破崙三世的審查措施，設立政府委員會來評判新聞媒體、禁止匿名文章，並保證有任何「反政府」之舉的新聞工作者會下獄、報社會關閉。這項新法擅自賦予宮廷這種權力：「只要國家整體利益需要，都可針對不承認上述原則的報社開鍘。」

新聞法在一八六五年元月一日生效，而希納西已在月底前逃到法國，帶動一波新聞工作者湧入倫敦、巴黎、日內瓦較寬厚氛圍的浪潮。對希納西來說，他不凡的新聞工作生涯才剛開始就結束了，而他將以語言學家的身分另起爐灶：他第二次流亡巴黎的日子，將以努力編纂一部巨大的土耳其文—法文字典為重心。但他傍晚會抽空去伏爾泰堤岸（Quai Voltaire）喝咖啡，也很少錯過莫里哀（Molière）在法蘭西劇院（Théâtre Français）的演出（就連休閒時間也很啟蒙）。一八六七年——確定自己不會被法律追訴——他來去匆匆、氣急敗壞地回國和妻子離婚；他一直要到一八六九年才永遠回到鄂圖曼，那時偉大的字典僅完成一半。50

回國之後，希納西似乎憂鬱纏身，與社會隔絕。他在一八七一年於伊斯坦堡逝世，享年僅四十五，且死時幾乎沒有人注意。

雖然在世時並不出名，且現今公認的希納西作品也不多，他卻對土耳其文學有深遠的影響。「憑著簡單和新穎，」坦珀納爾後來寫道，「藉由拒用慣有的裝飾、偏愛實驗性的押韻和使用過去式，他僅用八到十首詩和一些零星的詩節和對句，就改變了文學的軸線。」衝撞「每一層面皆根深柢固五百多年」的傳統，希納西「從根」搖撼了「那棵老樹……拔除其蘊含的價值系統」。[51]坦珀納爾沒有詳述的是希納西偉大的形式創新也具有首開先例的意義：一份不受政府束縛的西式報紙。雖有一八六五年的審查法，新聞仍持續滔滔不絕湧現，發洩管道有增無減，而新聞界也從政府增設的與世隔絕小部門，變成有自個兒靈魂的獨立生物。

一八六五年，在希納西逃往巴黎之際，共有四份報紙是用土耳其文出版——包括他創辦的兩份。在他臨終前，已有另二十一份報紙問世（就算其中有些後來關門大吉了），到一八七六年，數量更暴增至一百三十。雖然沒有確切的發行量，但每天派發一萬份並不罕見，《意見闡述》的某幾期更似乎賣到兩萬四千份，不僅足以和當時日本及俄羅斯的報刊媲美，也不輸給較穩固的德國、英國市場。「現在伊斯坦堡的店主和公務員都看報了。」希納西的追隨者奈米克．凱末爾（Namik Kemal）在一八八三年評述道：「至少會聽人讀。」[52]

在易卜拉欣・希納西的催化下，鄂圖曼在一八五〇年代發生傳播爆炸，而這個效應即便再誇大也不為過。首都的上流生活變了，較地方性的城鎮也愈益如此。在伊斯坦堡，科學、文學和詩的俱樂部在公共建物和民眾住家開張，共濟會（Freemasonry）蔚為風行。（拿破崙與入侵者們把共濟會帶到埃及；在鄂圖曼則有較長的發展史，因為相當受到黎凡特商人的歡迎。）職位頗高的教育家穆罕默德・塔希爾・穆尼夫帕夏（Mehmed Tahir Munif Pasha）——本身是共濟會成員、娶了法國妻子、在未外派擔任外交官期間隨時歡迎賓客拜訪——大膽提出支持演化的論點（不過與達爾文同時代的華萊士〔Alfred Russel Wallace〕都一樣，他將人類排除於理論之外），也支持改革掉累贅、與口語天差地遠的鄂圖曼書寫傳統。這是一系列改革嘗試的第一步。最後，土耳其文改採拉丁字母。[53]輿論在傳統的宮殿及宮廷大門外逐漸成形、鞏固，辯論在私人藏書室進行，集會活躍起來，聽來無害的機構如「詩人學會」闡述深受歐洲社會主義影響的顛覆性觀點。到了一八六〇年代，這種暢所欲言的文化已經夠大、夠廣、夠不敬，進而對帝國政策造成影響，並使宮廷上上下下充滿著對「輿論」這頭陌生的多頭怪獸產生恐懼。

隨著傳播力成長茁壯，各社群和階級之間的藩籬也愈來愈容易滲透，檯面上最顯著的或許是自一八五四年起來回橫渡博斯普魯斯海峽的輪船：不分貧富，不分性別的乘客，在船上萍水相逢。

也難怪當權者會擔驚受怕地看待一八六〇和七〇年代公共論述的轉變，以及他們日漸衰退的管制能力。每一個人際往來的場合，都成了評論和抱怨的機會。多數情況會追隨新聞媒體的報導，而新聞媒體常無拘無束到頑固的地步。不出幾年，鄂圖曼新聞業的心態——以及隨之改變的整個「有教養社會」的心態——已經敞開，從「報導變成評論、評論變成批評、批評變成反對」，現在更逐漸「從反對變成反抗」了。[54]

改革的開端常伴隨著令人心寒的失敗預感。鄂圖曼在十九世紀的轉型也是如此，還多了這種煩人的感覺：現代化的目標已經在歐洲界定，無法在鄂圖曼重新定義了。鄂圖曼人或許希望將歐洲的個人崇拜、由地理環境支撐的民族國家熱情、教育、愛國的神話及人權宣言本土化；他們辦不到的是丟棄現代化的包袱，因為那會將鄂圖曼扔回一個世紀前，再也承受不住少數族群領土收復主義的壓力，進而被搗成碎片，又或投入鄰居俄羅斯的懷抱。鄂圖曼甚至比埃及更迫切：「不調適，就會亡。」

地緣政治是附加的併發症。領導鄂圖曼帝國的政治人物，無法擺脫英國我行我素的「巨人」；其駐宮廷使節的言行舉止，彷彿他們擁有這個地方似的。（坎寧在這方面最糟；據說他不願和蘇丹分享權力。）於是一種自此遍及伊斯蘭世界的模式開始出現：西方表現出強迫與投機；穆斯林進行一連串改革，但欠缺安全感而心懷矛盾地實行。兩次突然迸發的坦志麥特大改革都出現在鄂圖曼人亟需西方外交援助的時刻，這絕非巧合。一八三九年的首次大規模改革是在穆罕默德．阿里的叛軍入侵安那托利亞後實施；一八五六年的第二次則在克里米亞戰爭結束時進行，當時帝國被積欠西方盟友的債務壓得喘不過氣。坦志麥特的半強制性質，批評者當然看在眼裡，他們譴責改革派助長西方的經濟滲透。

這是穆斯林身分認同危機的開始，其徵兆在我們身邊比比皆是。鄂圖曼的改革派政治人物和他們代表的階級都歐化到通曉法文、坐椅子、視宗教為私人事務的程度，但這樣的融合卻成了牢騷滿腹和自我批判的源頭，例如某個帕夏便反對一小群親歐人士在帝國祕書處大搖大擺。「我寧可看到我的兒子是真正的好基督徒和誠實的人，」他說，「也不要他是個說法語的君士坦丁堡人。」[55]睿智的改革者急事緩辦，因為儘管變革可能可以拯救帝國，但也可能使之瓦解。「因為怕鍋爐爆炸，我們只好限制速度。」或許是這個年代最有效率的政治家穆罕默德．艾明．阿里帕夏（Mehmed Emin Ali Pasha）這麼說。「我們的轉型必須謹慎、漸進、從本質著手，且不能伴隨閃電雷擊。」[56]

即便慎重如斯，帝國的一統仍時時備受威脅。來自歐洲領土的各省要求愈來愈高的自主權；君主與不合作的地方權貴之間有著內部失衡與權力鬥爭；生產力還受到英國進口物資的壓力而節節下降。拜坎寧等人要求宗教自由所賜，基督傳教士也散布各處；到敘利亞的主要是美國和英國的新教徒，他們引進馬鈴薯、煤油燈、鐵釘和縫紉機。[57]伊斯坦堡對鯨骨、鋼琴和相機都不陌生。[58]相機是破除伊斯蘭反對偶像主義的一記重拳，因為較大膽（及較關注自己）的穆斯林爭先恐後地拍照。

就連克里米亞的勝利也為帝國帶來緊張，列強利用他們提供土耳其宮廷的戰爭借款來為其鐵路公司、銀行和船公司鞏固立足點。坦志麥特改革規避了帝國預算，因而誘使阿卜杜勒馬基德及其弟兼繼任者阿卜杜拉齊茲（一位反覆無常又揮霍無度的蘇丹，就是他立伊斯梅爾帕夏為埃及的赫迪夫，然後又把他開除）大肆超支，後者更把錢浪費在迷你馬、音樂盒和裝甲衣上，還去了一趟奢侈的歐洲之旅。這些經費全都是以債養債而來，荒唐揮霍的程度不亞於埃及的赫迪夫。宮廷終於在一八七五年還不出錢，對鄂圖曼的信用評級產生了災難性的影響。

兩位蘇丹的大舉超支助長了足以和伊斯梅爾帕夏媲美的文化混淆。鄂圖曼人放棄中世紀的托普卡匹宮（Topkapi Palace）——迷宮般的宮殿群，有伊斯蘭（非象徵性）的裝飾設計和對迴廊的嫌惡——就是摒棄舊物的象徵。新皇宮是新古典主義的調和品，裡頭的現代化生活設施一應俱全。多爾瑪巴赫切宮（Dolmabahce Palace）在一八五〇年代肇建，擁有世界上最大的覲見室、燃燒著四百個瓦斯噴嘴的巨大吊燈、庭園裡的法式花壇，以及充滿予人印象不深的田園風光通道。在這裡，以及一大堆次要的宮殿，阿卜杜勒馬基德和阿卜杜拉齊茲蘇丹不時陶醉在跟外國貸款買來的水晶和斑岩中，前者還冒險前往英國大使館舉行克里米亞慶功舞會，在那裡見到方舞（quadrille），也嘗了冰淇淋，阿卜杜拉齊茲則沉迷於鬥公羊和駱駝摔角等嗜好。

在大肆鋪張之中，包含在現代化進程裡的教育承諾被淡忘了。確實，十九世紀前半，抄寫員和神職人員已克服對印刷文字的厭惡，但一如埃及，知識與消費的良性循環仍不完整。[59]儘管鄂圖曼大臣展開英勇的計畫，但中小學在城市裡仍增加得非常緩慢，鄉村地區更是幾乎毫無動靜。遲至一八六〇年代，鄂圖曼成年人的識字率可能仍不超過一五％，對一個正實施現代化的東方帝國來說都嫌低了。（反觀一八七〇年代日本的識字率男性是四〇％、女性是一五％。）[60]套用一位著名鄂圖曼改革者的話，不識字的多數人「沒有筆也沒有舌頭」，而這句生動的描述訴說了他們在一個已不再像中世紀那般容忍文盲的社會（例如在軍事領導人方面），無法表達需求的困境。在方程式驅動、理論豐富的機器時代，受過教育與未受教育者之間的分歧十分殘酷。[61]

那麼，這樣的現代化言過其實了嗎？革新派和保守派都在問這個問題，累積的不滿和未達成的期望也催生出改革史上的新階段，在新的基礎上執行。辯論不再圍繞著接受或排斥西化的措施打轉——這個問題已經有答案了——而是聚焦在一件更激進的事情：限制政府的獨裁權力。

這些我們現在稱為民主化階段相關的人士，主要不是大臣或官員，而是被政府懷疑的那些人。他們是詩人、新聞記者和劇作家，是新崛起的歐式中產階級，而他們——不是拿破崙的學者——將為中東帶來真正的政治變革。

一八七三年四月的一個晚上，七百個伊斯坦堡人興高采烈地離開蓋迪克帕夏劇院（Gedik Paşa Theatre）。他們剛欣賞了一齣新戲《祖國，或錫利斯特拉》（Homeland or Silistra）的開場表演。這部戲記錄了克里米亞戰爭期間鄂圖曼人成功守住錫利斯特拉的要塞、擊退俄羅斯人的經過。自一八五六年衝突結束以來，鄂圖曼大眾一直欠缺好消息，只見巴爾幹半島分離主義不衰、伊斯坦堡人事異動如走馬燈（三年就換了六個大臣）、國內饑荒肆虐、經濟走向一八七五年付不出貸款的窘境。俄羅斯的影響力再次變大。愈來愈反覆無常的蘇丹阿卜杜拉齊茲荒謬地洋洋自得；據說他頒了一面獎牌給一隻戰無不勝的鬥雞，也無法說服自己饒恕一位膽敢在他面前戴眼鏡的帕夏。但起碼現在，在首都最受歡迎的新劇院之一——它的紅色節目單在街角及清真寺隨處可見——屈辱和失敗可以拋到九霄雲外，就算只有幾小時。

《祖國，或錫利斯特拉》訴說孤女澤琪耶（由知名亞美尼亞女演員琵拉奴〔Piranuh〕飾演）及她英俊男友伊斯拉姆的故事。伊斯拉姆離鄉去錫利斯特拉守衛被俄羅斯人圍攻的城堡。結合冒名、孝順、暴力和浪漫，這部屬靈的音樂劇在澤琪耶死去時落幕，她的父親席特奇和伊斯拉姆悲喜交織地團圓，觀眾被啜泣、歌曲和響亮的喇叭聲響淹沒。

《祖國，或錫利斯特拉》的作者，是三十三歲的報社編輯、希納西的追隨者奈米克．凱末爾。首演那一晚，他上台回應群眾的興奮，然後謹慎地溜下台。但他的崇拜者不以此為滿足，還找到他的報社《勸誡》（Ibret）高喊「凱末爾萬歲！」他們喧鬧聲據說大到干擾到阿卜杜拉齊茲的睡眠，他驚愕地聽到群眾叫喚別人的名字。群眾也大叫：「請真主同意我們的願望！」這話一語雙關，他們的願望也包括蘇丹的侄子及王儲穆拉德（Murad），很多人相信他會做得比他的叔叔更好，凱末爾跟他的關係也不錯。也有人大讚琵拉奴把愛國的澤琪耶演得活靈活現，而該劇下一場演出（演出後街上再次陷入騷亂）的收入將全部獻給她。[62]

《祖國，或錫利斯特拉》挑動了鄂圖曼政府高層的敏感神經。但該劇能歷久不衰主要不是因為個人的對抗，而是因為主題新穎且激發大眾強烈的情緒。凱末爾開發且利用的情感——他將繼續在五百多場演出中利用，其中有些遠赴伊茲密爾和塞薩洛尼基（Thessaloniki）——暗示中東人的忠誠將從真主和蘇丹等傳統對象，轉移到較抽象的價值上。過去一百年，這些價值被灑上歐美歷史的鮮血做裝飾，而現在，雖然遲了一些，它們已降臨蓋迪克帕夏劇院的舞台。貫穿《祖國，或錫利斯特拉》全劇的是愛國情操——或者，較不委婉地說，是愛國沙文主義（jingoism），倫敦人將在一八七八年一陣恐俄期間創造出此詞——而演員在落幕前吟唱的，也是愛國情操：

大敵當前，拿起武器，
前進，英雄們，幫助祖國！
前進，向前，前進，我們會得救；
前進，英雄們，幫助祖國！

正如希納西提醒閱讀的大眾應注意「米利特」的現代意義，奈米克．凱末爾賦予另一個阿拉伯語詞激進的風味。那是埃及的里發多年前廣為宣傳的詞，而凱末爾現在使之浸淫在半宗教的光輝中。凱末爾浪漫版的「vatan」，或「祖國」（fatherland）不只是土地、河流和海岸；他在《勸誡》中寫道，那不是某位辦事員用筆畫出的「想像的線」，而是「生於一系列高貴情感，例如國家地位、同胞情誼、敬愛先人、珍愛家庭和青春回憶的神聖概念」。[63]凱末爾的愛國作品使他躋身現代藝術家竭力打造國族的歐洲傳統之中。威爾第是這個傳統的模範，他一八四八年的歌劇《雷尼亞諾戰役》（La battaglia di Legnano）援用一場古老的軍事勝利來鼓舞近代義大利統一運動的步兵。[64]義大利統一運動在一八七一年隨著宣布羅馬為新國家首都而結束，同一年，俾斯麥也建立了現代德意志。凱末爾在這些劃時代事件後不久寫下《祖國，或錫利斯特拉》，而儘管鄂圖曼人統治的不是新的國家，而是舊的帝國，他的祖國概念卻來自他對歐洲成就的認識，包括讓不同信仰、種族和語言的民族組成國家，灌輸每一個公民一種觀念：祖國是生命的一部分，或者──更根本的──公民是祖國的一部分。凱末爾就以這種方式開始界定鄂圖曼的愛國精神，就此開啟今日「土耳其」的國家之路。

凱末爾被公認為土耳其最有天分的作家之一，也會直截了當地批評政府的專制暴政和所缺乏的愛國精神，但從他平凡的出身，幾乎看不出他未來會有如此爭議。他生於一八四〇年，是某鄂圖曼高官的後裔，年輕時他看似注定會當上宮廷詩人，並於鄂圖曼翻譯局任職（他翻譯孟德斯鳩），誰知一次出乎意料、為後人津津樂道的文學邂逅，帶他走上較激進的方向。

凱末爾的頓悟發生在一八六二年的齋戒月期間，有天他在禁食的時間，來到巴耶濟德清真寺外面的書攤閒晃，其中一個攤販把一小張紙塞到他手裡，是一首平版印刷的新詩，作者署名為「神聖」。凱末爾給了二十塊硬幣，不抱什麼期望，但原來這位「神聖」不是別人，正是報社編輯易卜拉欣・希納西（比凱末爾年長十四歲）。希納西的詩引人入勝，跟凱末爾讀過的詩截然不同。凱末爾立刻明白這位前輩措辭簡單誠懇的革命性本質，遂轉過身，不再理會他在公務上接觸到的舊文學，改看希納西幾個月前開辦的《意見闡述》。65

結果，熱情洋溢的凱末爾將展現希納西欠缺的戰鬥精神。當一八六五年希納西流亡、由凱末爾接手《意見闡述》後，他賦予報紙新的特色：尖銳、反映時事、深具愛國精神。雖然凱末爾贊同鄂圖曼慣有的多教派身分認同，但他呼籲不可饒恕克里特島上宣布與希臘統一的反叛者，還指出在伊斯坦堡棚屋裡的希臘酒館，可能聽得到割斷土耳其人喉嚨的呼聲，令宮廷大失顏面。同意保衛克里特穆斯林的民意高漲，而凱末爾表示政府對此毫無控管之力。藉此，他不僅迂迴地暗示官員貪腐，也懷疑政府和人民之間，利益並不一致。這是「土耳其文明社會」的胚胎。

當權者懷疑凱末爾跟他都同屬詩人學會（Society of Poets）的成員正在組織一個受到義大利和波蘭革命社團鼓舞的祕密團體，目的在推翻蘇丹。結果，做得最絕、最快清楚體現這些年輕危險分子的政治目標，是埃及赫迪夫家族的一名成員。穆斯塔法·法齊爾親王（Prince Mustafa Fazil）是開羅的現代化獨裁領導人伊斯梅爾帕夏的弟弟。身材圓胖、一頭紅髮而反對赫迪夫的他一輩子大多不在他埃及的莊園裡度過，而是在伊斯坦堡擔任內閣官員，並努力在歐洲君王間自我宣傳。一八六六年，伊斯梅爾帕夏說服宮廷剝奪他弟弟繼承赫迪夫的權利，穆斯塔法·法齊爾在他巴黎的住所做出回應，寄了一封慷慨激昂的公開信給蘇丹，強調帝國面臨的危險。

「陛下，」信的開頭寫著：「最難進入王宮的東西是真相。」而這位親王繼續列舉帝國在行政和工業方面的失敗，以及男子氣概和道德觀念的衰退。「您各黨各派的臣民，」他告訴蘇丹：「分為兩個階級——無拘無束壓迫人民的階級，以及被前者毫無憐憫地壓迫的階級。」

他提出的解方是改革政治制度，恢復自由與個體的主動權、拒絕列強進一步干預鄂圖曼事務，並（吊人胃口地朝政教分離默許）將宗教留在「永恆真理」的崇高領域……「要是它降下來干涉塵世的事務，就會摧毀一切，也摧毀它自己。」[66]總而言之，蘇丹必須「透過改變帝國來拯救帝國！給帝國一部憲法來拯救它。」[67]

穆斯塔法．法齊爾的信是現代土耳其歷史上最常被引用的文件之一，足以和一八三一年被流放的義大利愛國者朱塞佩．馬志尼（Giuseppe Mazzini）寫給皮埃蒙特國王卡洛．阿爾貝托（King Charles Albert of Piedmont）的規勸信相提並論——此信現在被公認為義大利統一運動史上的里程碑。就像馬志尼在創立「青年義大利」運動前所寫的那封信，法齊爾出言批評的重要性，在於那直言不諱到讓當權者非常難堪。他的信就像一盞明燈指引著年輕、熱血、部分受過西方教育的菁英，它表達了他們的抱負，特別是那些此後被稱為「青年鄂圖曼」、體現這個國家邁向自由與復興的人。

這位現已和王室斷絕關係的親王能如此暢所欲言，是因為他人在巴黎，但他的宣言立刻在伊斯坦堡獲得青年鄂圖曼採納，那封信被印刷了大約五萬份，在首都及更遠的地方傳播。既然揮霍無度、不可一世的阿卜杜拉齊茲所面臨的挑戰人盡皆知，煽動也加快步伐，凱末爾和其他兩位具影響力的新聞工作者阿卜杜哈米德．齊雅（Abdulhamid Ziya）和阿里．蘇阿維（Ali Suavi）加強對政府的批判，清真寺的伊瑪目開始學習現代政治理論，也有人密謀刺殺重要官員。但已經有人向當權者通風報信，逮捕行動開始。但在那之前，數位煽動者——包括凱末爾、齊雅、蘇阿維和希納西的前同事阿賈赫——已投奔他們在巴黎的王室恩人。下一場爭取土耳其立憲的戰役，就將在歐洲穆斯塔法．法齊爾的監督下進行。

穆斯林國家的憲法不可能是《古蘭經》。《古蘭經》，如經中所言，是信徒的「指南」，儘管它對孝道和禮節有一般性的訓諭，對個人的道德和懲罰也有一些明確的指令，但對於構成政府業務的絕大多數活動，它隻字未提。

這就是西元七世紀初，當伊斯蘭成長、擴張、必須面對比創教者所面對複雜得多的情況時，先知穆罕默德最早一批繼承人就發現的事情。早期穆斯林用來控制其所轄形形色色社區的方法，是讓他們一統於一位世俗統治者，也就是哈里發之下，而哈里發被授予先知的一些功能和權力。雖然哈里發已由烏里瑪神聖化，職務也隨時間愈擦愈亮（鄂圖曼蘇丹也得意地自稱哈里發），但這種制度並沒有明確的伊斯蘭成分。《古蘭經》或「聖行」（先知的典範）都沒有提及哈里發國之類的東西。顯然，穆斯林世界的政府，甚至可直接稱之為「伊斯蘭政府」，從一開始就需要大量人類的發明。

哈里發國和臣服於哈里發統治的較小宮廷，專制、濫權的程度並不亞於其他君主政體，但儘管缺點不少，哈里發國卻是源自伊斯蘭社會的產物，並無法視為異教的創新而詆毀之。

反觀由美國和歐洲國家編纂實施的憲法，則是源於數百年來的西方思想——如果你把亞里斯多德算進去，就超過兩千年。要將這種法典帶進伊斯蘭世界，當然會引發嚴重心悸、被指控為異教，或許還會造成社會不安。但既然現代價值觀正一波波接管鄂圖曼，某種版本的立憲政府已不可避免。現在的問題是如何欣然擁抱立憲政體，著重代議制、宗教平等和權力分散，而不致摧毀伊斯蘭。

這正是難倒鄂圖曼憲政擘畫師的謎題；也是通過二十世紀的沉潛後，至今仍令穆斯林政治思想家苦惱的難題。68

甚至在法齊爾親王那封著名的公開信之前，伊斯蘭世界就有人試探過民主了。一八六一年突尼斯的統治者——本身是鄂圖曼諸侯——在英、法領事的勸誘下接受君主立憲制，即內閣要接受君主任命的議會質詢。五年後，埃及的伊斯梅爾帕夏總督設立了他的選舉國會。但上述二例的代議原則都很薄弱，統治者仍保有大部分的權力；兩者都稱不上真正的憲政；新的突尼西亞體制更在一八六四年一場平民反叛中廢除。

對於奈米克．凱末爾等立憲派來說，突尼西亞和埃及的例子都不具意義，因為兩者——就像坦志麥特的改革——是外國壓力下的產物。凱末爾這麼描寫伊斯梅爾帕夏的國會：它是為了贏得歐洲的讚許而創立，議員是選來「挨憲兵鞭笞」的，而當有人宣布反對者請坐在會場左邊時，「他們爭先恐後地往右邊衝去。」

凱末爾為伊斯坦堡設想了一種截然不同的東西，一個自治的選舉實體——真正的國會。他的願景對未來土耳其的政治演化有決定性的影響。除了是土耳其傑出的文化創新者，凱末爾也深入思考立憲政體在伊斯蘭背景下的奧義。

凱末爾是虔誠的穆斯林，致力將《古蘭經》譯為土耳其文，卻欣賞西方的成就——一八六七年和一八七一年間，他有幸親自見證這些成就。革命家的生活並不愜意；巴黎既孤單又昂貴，而在資源豐富的穆斯塔法．法齊爾回頭支持阿卜杜拉齊茲後，青年鄂圖曼因個性不合而分裂。但凱末爾正是在歐洲首次、也唯一一次體驗到自由，特別是在兩度拜訪倫敦期間。那時他創辦一份在伊斯坦堡祕密發行的新報紙《自由》（Hurriyet），在大英博物館閱覽室貪婪地閱讀政治和文學，並在阿卜杜拉齊茲赴英國訪問時，淘氣地進入蘇丹的視線中。「那些人是誰？」阿卜杜拉齊茲在進入海德公園的水晶宮、看到三個戴土耳其氈帽的男人時問他的隨扈。其中一位隨扈回答，他們是鄂圖曼的革命家齊雅與阿賈赫，以及多毛的凱末爾——留著典型暴民般的濃密鬍子和一頭亂髮——前來向他們的元首「致敬」。[69]

凱末爾以帶點遲鈍的眼光觀賞英國驚人的成就，英國雖已殖民世界許多地方，卻也是馬克思階級衝突理論的首要源頭——這點凱末爾似乎渾然不覺。「如果倫敦被稱為世界的模範，」他熱情洋溢地說：「這一點也不誇張。」[70]他看到的事物，幾乎什麼都愛，從活力充沛、讓「輿論」找到崇高具體表現形式的政黨和兩議院，到設備豪華的天文台、圖書館和劇院。英國人似乎永遠在讀書，在街上讀、店裡讀、甚至連搭船都在讀。他也喜歡彬彬有禮的學童、正直愛國的官僚和公正無私的法官。他相信這樣的成就可以在鄂圖曼複製，帝國可以得救，因為「歐洲花了兩百年才達到這種狀態，而雖然他們是進步之路的發明者，我們卻已有唾手可得的方法……我們也可以躋身最文明國家之列，這點應該毋庸置疑。」[71]

而伊斯蘭所造成的阻礙是什麼呢？蘇丹的絕對專制、貪腐、分離主義、或俄國的干預？凱末爾在一八七一年九月宮廷宣布大赦、他和多數前青年鄂圖曼的同志獲准回國後，親手處理這些問題。該拋棄宿命論、不能再聽天由命了，凱末爾在《勸誡》報上這麼主張，該讓自由取而代之。「你可以拿石頭砸碎一個男人的腦，」一篇文章這樣說：「但有可能改變他相信的意見嗎？你可以拿匕首挖出人的心臟，但你有辦法讓他的心與那些已獲得他良知認可的信念分離嗎？言語、詩、政治、品味、意見——這些都是自由與自然的，不能透過強制力，只能自然而然地改變。」[72]

凱末爾「人生而自由」的觀念與許多歐洲人雷同，但對他來說，人的自由是真主的禮物，沒有理由輸入歐洲政治和社會組織的世俗基礎。現代的法律不但必須以民眾的共識為基礎，也要以抽象、不變的良善為根本，「而在伊斯蘭，善惡是由教法決定，教法既表現了抽象的善，也是真理的終極標準。」沒有理由說教法會阻礙物質和社會的進步，因為「在我們奉命接受來自世界任何地方的進步產物時，沒有必要回到過去，也沒有必要現在停下來。」[73]

凱末爾認為坦志麥特推開伊斯蘭法律體系、屬意西方法律規則，就是典型的蒙上眼睛、摒棄土耳其生活榮光之舉。他的雄心壯志是：「發掘西方現代概念的伊斯蘭版本，並展現作為兩種系統相容的證據，令人想起里發．塔哈塔維的努力——他在同一時期試著說服埃及人，西方的『權利』與伊斯蘭的『正義』相仿。」如同里發，凱末爾的努力或許有助於消除民眾的疑慮；他提的建議雖然聽起來很新，但未牴觸伊斯蘭。然而他的任務甚至比埃及謝赫更艱難，因為不同於接受埃及總督獨裁的里發，凱末爾是民主派。

在《古蘭經》第三章一五三節，真主要求先知穆罕默德找追隨者商量。凱末爾、齊雅和其他一些改革者引用這一節，來證明伊斯蘭與代議或商議的原則相容。他們把早期穆斯林給予先知的「baya」——或效忠——和人民主權論的作為搭在一起。有些穆斯林批評國會制度是先知警告的那種違法「創新」，但凱末爾不以為然；那不是違法的創新，一如輪船不是，「難道鄂圖曼帝國不該買輪船，結果讓希臘人開他們的小爛船占領克里特嗎？」[74]凱末爾在教法中找不到反對共和政府的字句；不過，考慮到鄂圖曼帝國的傳統，君主立憲會是最適合的。至於確切的模式，伊斯蘭歷史無前例可循，凱末爾只好往國外看。他和歐洲的接觸主要是透過法國，但看似最穩定、也對個人成就最有益的，非英國的君主立憲莫屬。

我們可以在凱末爾身上看出現代泛伊斯蘭主義混合鄂圖曼情感的第一次攪動。這方面，他的模式仍是歐式的。泛斯拉夫主義是俄羅斯和巴爾幹結合的基礎；泛日耳曼主義的歌謠喚起了情感上的條頓人。「我們該了解，」凱末爾寫道：「身在這個國家的我們，有政治和軍事團結的義務。」[75]這樣的團結，就如同一八七三年民眾對《祖國，或錫利斯特拉》的熱烈反應所闡明，更可能建立在對國家的新詮釋上，更勝過蘇丹的權威。因此，接下來需要君主和民眾建立新關係：立法和行政權分立，民眾甚至能享有選擇蘇丹和哈里發的權利。「伊瑪目國是人民的權利。」凱末爾簡略地寫道。而在那齣戲的首演後，民眾上街呼喊他的名字。這讓當權者心生恐懼，幾天後便逮捕這位劇作家，將之流放。他不孤單，還有三名新聞從業者也展開流亡生活（齊雅不在其中，他重新贏得官員喜愛），而蓋迪克帕夏劇院列入審查，所有戲劇演出前都要經過警方核准。

凱末爾三十八個月的流亡將他提升為國家的良知，「土耳其的維克多．雨果」。凱末爾並非渾然不知他受害時的英雄面向，而他在載他離開伊斯坦堡的輪船上高唱已被他譯為土耳其語的《馬賽曲》——一如里發將之譯為阿拉伯語那樣。如同雨果，凱末爾一些最知名的作品是在流亡期間完成，但兩人的相似之處僅止於此，因為不同於雨果的《悲慘世界》（*Les Misérables*）是出自根西島的舒適住家，凱末爾的島嶼流放卻是在窮得要命、炎熱如煉獄的賽普勒斯島進行，那裡的名勝名產，除了單獨監禁和瘧疾（這讓他臥病數個月）外，就是狂犬病、霍亂和蠍子了。[76]

他咳血、借酒澆愁（如果他是在巴黎學會喝酒，那他不是最後一個這樣子的穆斯林），夜夜夢見他摯愛的女兒翡麗黛（Ferideh）：「我收到妳的信和妳做的拖鞋了。」他在一封給她的信中這麼寫。「我好高興，彷彿妳已經來到我身邊。妳知道故事裡的孔雀是如何誇耀自己繽紛的色彩，然後見到自己黝黑的腿，驚慌地大叫嗎？我恰恰相反；我看到自己的老朽，悲從中來，然後低頭看到我的鞋子，又像個孩子般開懷大笑。」[77]

非比尋常的是，撇開監禁的心理效應不談（他稱之為「關進城堡」的狀態），凱末爾仍順利與外界保持聯繫，和當地官員交朋友（其中有些人是他的崇拜者），甚至收取他在伊斯坦堡及開羅檯面下交易的作品版稅。受到一位和他一同監禁的宗教學者影響，他的性格愈來愈虔誠。但他期盼的特赦——因為有朋友在內閣任職——讓他相信馬上就會到來，卻一直要到首都的政治大局被一連串戲劇性的突發事件驅策，自由派的立憲目標意外映入眼簾後才會實現。

對許多在一八七六年春天，帝國面臨崩壞之際住在伊斯坦堡的民眾來說，「憲法」一詞有著令人安心的言外之意，也就是限制蘇丹的反覆無常。在法國於一八七〇到七一年的普法戰爭落敗後，俄羅斯、奧匈帝國和甫統一的德意志獨裁政權，現在被認為聲勢看漲，而前兩者還特別積極干涉鄂圖曼的巴爾幹領地（俄羅斯人想要一統斯拉夫人，奧地利則試圖阻止斯拉夫情感在它的疆界內部蔓延）。一八七五年，在增稅引發鄂圖曼帝國波士尼亞與赫塞哥維納省反叛後，沙皇亞歷山大二世（Alexander II）和奧地利皇帝法蘭茲・約瑟夫一世（Franz Joseph I）的政府雙雙進行外交干預，強迫無禮的宮廷進行行政改革。同時，鄂圖曼在同一年還不出錢，導致歐洲債權人的反鄂圖曼情緒漲至空前新高。在伊斯坦堡，阿卜杜拉齊茲和總理大臣穆罕默德・內迪姆帕夏（Mahmud Nedim Pasha，因親俄立場而有「內迪莫夫」〔Nedimoff〕的封號）努力消弭民眾濃烈的革命意態，但心有餘而力不足——國庫空虛了——薪水付不出來、農民因饑荒而倒下、揮霍無度的阿卜杜拉齊茲（他已讓鄂圖曼海軍成為世界第三大）被懷疑過分配合列強無法無天的要求。這樣的情勢同時在伊斯梅爾帕夏統治下的埃及出現，最終導致一八八二年英法聯手入侵埃及。鄂圖曼的狀況也相差無幾，輿論現在嚴厲反對蘇丹了。

從抱怨政府對基督徒各省做出讓步的宗教學生（現在正在武裝起來），到要民眾正視奈米克・凱末爾等英雄遭監禁的知識分子，這場動盪一如以往，兼有自由派和保守派的因素。但自由派在宮廷裡不占優勢。立憲政府最早的擁護者，穆斯塔法・法齊爾親王，已於一八七五年過世，齊雅已投向政府那一邊，而且沒有人知道凱末爾什麼時候才會走出賽普勒斯的地牢。立憲的大旗現已傳給一個新面孔、一位行動派而非思想派、堪稱所有鄂圖曼改革人士中最激進的艾哈邁德・米德海特帕夏（Ahmet Midhat Pasha）。

短小精悍、戴眼鏡（就是他在覲見阿卜杜拉齊茲時未摘掉眼鏡而冒犯了他）、過度蓄鬍的米德海特帕夏，是剛毅果決面對紛爭與變化的同義詞。生於一八二二年，父親是曾服務於巴爾幹半島的法官，他十歲時就能背誦《古蘭經》，不到二十歲就入政府任職。他迅速在西方派中贏得活力充沛、愛國又創新的名聲，並於一八六四年獲派管理帝國最棘手的省分：帝國位於保加利亞勢力範圍內的一個多瑙河盆地。由於基督徒、土耳其人和猶太人混居，加上俄羅斯曾經干預（錫利斯特拉就在這裡），多瑙河地區一直讓管理者傷透腦筋。但接下來三年，米德海特帕夏不僅讓不同族群和睦相處，也改變了該省的基礎建設。路鋪好了、數百座橋樑建了、街燈也引進城鎮。信用合作網讓不分基督徒和穆斯林的農民都擺脫了放債者的利爪。[78]

腦袋頑固且善於自我激勵的米德海特帕夏在遠離首都的虛偽訛詐時過得比較輕鬆，而他下一次重要的派任於一八六九年——遠赴巴格達擔任總督——或許是他最傑出的成就。他為帝國這個特別落後的地區引進各種新事物，包括軌道電車（由巴格達第一家合股公司經營）、供水系統、阿拉伯文的報紙、檢疫所、儲蓄銀行、羊毛及棉織廠。多虧他開設的（多宗教）學校，識字率從一八五〇年的僅僅〇．五％開始爬升；波斯灣畔的新港口設備和定期航行幼發拉底河的輪船，暗示著沿海貿易的潛力。固然有人反對，特別是被他強迫定居的遊牧民族，但透過登記所有權、分配可安居的土地，米德海特帕夏鼓勵農業投資，對當地的繁榮安定有實際的影響。

就下面這點而言，米德海特帕夏堪稱典型的鄂圖曼人：他認為不同民族的團結是其生存所不可或缺；他的身分認同是廣泛、奧匈式的概念，讓不同群體劃歸同一政權管轄，而非德國或希臘盛行的那種狹隘的種族或語言的身分認同。他用人唯才、不論出身，在他主政下，有才幹的亞美尼亞人、猶太人、阿拉伯人、克羅埃西亞人和阿爾巴尼亞人全都能大顯身手。他很少被宗教教義桎梏，而他預言「四、五十年後，人們不會再蓋教堂或清真寺，只會蓋學校和人道機構」。一八七二年從巴格達回首都後，他發現首都的生活令人煩惱——包括短暫、不快地擔任總理大臣期間——不滿和暴力即將沸騰。他將國家比做一艘沒有船長或沒有舵的船。但米德海特帕夏有自己的辦法。

一八七六年春天，總理大臣內迪姆帕夏考慮將主要的經濟大權交給歐洲債權國，以便整合債務。他的政府似乎無力拒絕一場俄國堅持要開的國際會議，那將強迫鄂圖曼讓歐洲列強監督其國內改革，並確定俄國在巴爾幹省分的占領區。但輿論有不同的意見，五月初，伊斯坦堡的神學學生發動示威，迫使蘇丹開除總理大臣。首都的氣氛熾烈；武器交易活絡；主張專制違反教法的神學文本流傳開來。學生們希望米德海特帕夏執政，但他們的偶像已先一步加入一個鬆散的謀反集團，成員包括其他改革派政治人物和軍事將領，他們計畫廢黜蘇丹。

一八七六年五月三十日凌晨，這些謀反者指揮的戰艦來到多爾瑪巴赫切宮的鄂圖曼—洛可可風格的正門。士兵圍住後門；阿卜杜拉齊茲被困住了。天一亮，一聲砲擊向高興的百姓宣布蘇丹換人了。阿卜杜拉齊茲的侄子，也就是《祖國，或錫利斯特拉》首演後戲迷齊呼其名的那個人，現在宣誓就任為穆拉德五世（Murad V）。成千上萬的民眾聚集起來看他的隊伍通過舊城，「西歐人的歡呼」夾雜「希臘人的叫好和在地穆斯林的喝采」。[79]時值伊斯坦堡的春天，新蘇丹大器地將其登基歸功於「我的臣民的意志」，而包括奈米克・凱末爾的一群流亡者都被帶回國內分享榮耀。米德海特帕夏、凱末爾和其他新蘇丹的支持者立刻開始討論憲法——穆斯林世界第一部這類的文本。

但隨穆拉德五世登基而燃起的希望，幾乎馬上被這位新蘇丹的心理疾病擊碎。穆拉德五世向來以聰明伶俐、閱讀廣泛，以及與凱末爾等自由派人士暗通款曲著稱，但這些特質讓叔父阿卜杜拉齊茲把矛頭指向他已久，迫使這位親王過著與世隔絕的悲慘生活，只能靠酒精麻醉。在他登基幾天後，兩件事情進一步刺傷他的心靈：阿卜杜拉齊茲在被俘期間割腕自殺，以及數名內閣成員遭到一位精神失常的步兵上尉擊斃。這下子新蘇丹的立場變得令人難堪，他寧可破窗而出、翻越欄杆，也不願肩負起領袖之責。他看了醫生，而醫生表示蘇丹的狀況無法治癒；於是這個龐大帝國的命運懸於一線。最後，萬般無奈下，米德海特帕夏和其他立憲派一致決定，再撤換一次君主。

八月二十七日，米德海特帕夏拜訪穆拉德五世的弟弟阿卜杜勒哈米德二世，給他看了憲法草案，後者贊同。凱末爾懇請米德海特帕夏暫緩廢黜穆拉德五世一事，但這位帕夏心意已決。八月三十一日，砲聲再起，阿卜杜勒哈米德二世當上蘇丹。

阿卜杜勒哈米德二世向米德海特帕夏保證他會立刻頒布憲法，只會聽從大臣的建議關心政治。這句誓言的重要性，以及它邏輯上的結果，在這裡再強調也不為過。奉行代議原則的鄂圖曼憲法，不僅將歐洲的惡狼阻於門外，也是邁向全面文明化國家的大躍進，在世界各地受過教育的穆斯林間，傳播著自信與感同身受的成就感。還有誰能主張，伊斯蘭和立憲政體不能並存呢？

在一百多年間，穆斯林世界意義最重大的政策，已容入許多現代化的元素。然而，儘管無可否認這些新的思考和行為模式蔚為風行，但幾乎毫不意外地，穆斯林世界首度落實自由憲法的嘗試，可恥地失敗了。民眾參與和可問責的原則，是在西方確立的，而西方自己的政治發展卻緩慢得令人苦惱。例如英國就花了四百年才從拿著君權神授訓斥國會的詹姆士一世（James I），進展到奈米克．凱末爾明白其優點的憲政原則，英國在這四百年間有著更嚴重的失序和一再猛然出現的王室、貴族專制。歐洲一些可追溯至塞內卡（Seneca the Younger）和西塞羅（Cicero）最好的政治理念，在一七八七年制定美國憲法時達到頂峰。

西方近代行憲的經驗，強烈暗示鄂圖曼的第一部憲章不會是最後一部；這個國家其實是站在一段漫長演化的開端。法國歷經至少十二部、部部不同的憲章才終於在一八七五年的限制性法律中找到若干穩定性，而它的各種文本一直在君主專制和後來的民主選舉（表現在普遍男子的投票權上）之間游移不定。比利時一八三一年的憲法被譽為「現代自由最傑出的憲章」——主權歸於人民，國王被剝奪神權和特權。[80]但這一類無拘無束的自由主義並未被鄂圖曼採納。鄂圖曼向比利時借用的元素並非民主；較貼切的比較是一八五〇年的普魯士憲法——賦予君主相當大的權力，並設置委任的上議院。起碼鄂圖曼走得比俄羅斯快；俄羅斯雖然在其他方面比鄂圖曼先進，但要到三十年後才有憲法和國會。

儘管西方民主的演化速度緩慢，鄂圖曼帝國必須在短短幾年內迎頭趕上、甚至超越那個紀錄的想法，卻深植在外國及宮廷本身對其進展牛步的批評中。史特拉福・坎寧爵士就毫不掩飾看到一八五〇及六〇年代坦志麥特人士拖拖拉拉的挫折感，這些變革如此緩慢著實不足為奇。一八七六年，保加利亞發生社群間的殘殺，鄂圖曼以暴制暴，英國首相威廉・格萊斯頓（William Ewart Gladstone）就不認為土耳其人有辦法自我精進，他說：「打從進入歐洲的第一天，他們就『一直是』強烈違反人性的人種。」[81]最要命的是，彷彿在證明西方並非真心誠意來尋求改革似的，列強選擇肢解帝國，而非支持一部能維繫它的生命，甚至振衰起敝、恢復健康的鄂圖曼憲法。

將鄂圖曼政府裝進自由框架內的任務，若由穆拉德五世執行（他是唯一可能欣然放棄部分權力的伊斯蘭君主）就已經夠難了，遑論阿卜杜勒哈米德二世對立憲的態度。他從一開始就不友善，也掩飾自己真正的情感，曖昧地訴諸各種意見，卻沒有召開制憲會議，協商更是關起門來在君主的視線內進行。米德海特帕夏在協商關鍵時刻被重新任命為總理大臣一事，被錯誤詮釋為自由派的勝利。從頭到尾，重要文件都是在宮殿裡成形的。

創造鄂圖曼憲法的過程本身就夠艱難，又因歐洲列強對巴爾幹半島權力下放（devolutionary）改革──憲法或許可以搶先規定或阻止的改革──需求不一而更趨複雜。阿卜杜勒哈米德二世確實願意遵從憲法，但那必須是他自己的憲法，而非自由派的。在用計擊退所有反對者及傳統派，否決一項膽敢劃定蘇丹權力的草案（蘇丹的權力必須是無限的，因此不可能劃定）後，他才終於攤牌。

一八七六年十二月二十三日，在滂沱大雨中宣布的基本法，其實並不支持人民的權利，而是主張君主不會犯錯；它內含的不是可問責的原則，而是屈從。內容的亮點──權利法案、選舉的上議院、獨立司法與地方分權──都籠罩在蘇丹哈里發隱約浮現的肖像之下。這部憲法聲稱蘇丹是神聖的，拒絕為他的權力設下天花板。任何法案都需要他的批准才能成法，所有法律都必須在政府、特別是他任命的政府裡制定。最惡劣的或許是憲法第一一三條，實際允許蘇丹想驅逐誰就驅逐誰。

結果，土耳其的第一部憲法因君主不守信用（他相信自由主義和憲法會使帝國分裂）、大臣無能與歐洲列強掩不住的敵視（他們知道成功的改革會讓他們再也無法插手鄂圖曼事務），功敗垂成。

誠如一直以來阿卜杜勒哈米德二世的崇拜者所指出，他在任內（於一九〇九年結束）並未違憲，但要在如此寬廣的範圍裡為所欲為並不困難。他當然趕緊探索了第一一三條的可能性，而他的第一個目標就是與這部有瑕疵的基本法關係最密切的男人：米德海特帕夏。曾為傑出的地方首長、進中央任官後卻束手無策的他先被解除武裝，最後被他的馬基維利君王解除職務——事實證明阿卜杜勒哈米德二世非常善於讓官員彼此較勁，藉此削弱激進的建議。而在帕夏們為憲法草案爭執不下之際，列強正在決定波士尼亞—赫塞哥維納和保加利亞的未來，米德海特帕夏願意放棄自由主義的原則，只求趕快公布憲法——任何憲法都好——來阻止歐洲的需索。

一旦背叛自己的原則，米德海特帕夏也失去凱末爾等自由派人士的支持，其中凱末爾對第一一三條更是厭惡至極。一八七七年二月五日晚上，這位孤立而不被賞識的總理大臣被引誘進入多爾瑪巴赫切宮。一抵達，他就被告知交出官印，帶上帝國的快艇，流亡去也。

對於這些和中東第一波現代政治運動關係最密切的男人來說，一八七六年的憲法是一場幾乎無法復原的災難。米德海特帕夏最終獲准回家，甚至再獲派任總督，然後又被帶回伊斯坦堡（再次搭乘帝國快艇），面對莫須有的指控——六年前謀殺阿卜杜勒哈米德二世的叔叔阿卜杜拉齊茲。正是阿卜杜勒哈米德二世在背後指揮法庭偵訊，而米德海特帕夏尖酸刻薄的機智逗樂了法庭，他質疑首席醫療官不可能在博斯普魯斯的亞洲這一岸知道歐洲那一岸發生的事，也沒辦法看到阿卜杜拉齊茲心臟周圍的切口。有趣歸有趣，有罪的裁決卻毋庸置疑。[82]這位帕夏在外國壓力下逃過死劫，但被放逐到阿拉伯漢志南部的塔伊夫（Ta'if），而後在一八八三年四月，想必是在阿卜杜勒哈米德二世授意下被絞死。

至於替鄂圖曼人創造且爭取自由，採用希納西的新傳播媒介——獨立新聞報刊——並將之轉化為改革和自我改進的強大工具，命運對這位願景家沒有比較仁慈。厭惡這部憲法的奈米克．凱末爾先是被當成一般刑事犯囚禁，然後被放逐到愛琴海，餘生都在那裡擔任卑微的基層官僚。他在一八八八年十二月二日過世，前一天，他接獲帝國命令，不得再續寫他撰稿至今的鄂圖曼歷史。

那時，阿卜杜勒哈米德二世的政權，已發展成皇室獨裁；蘇丹在上、觸手狀的官僚在他底下散開。進步被重新定義為現代技術和現代思想的輸入。這個規則極少數的例外之一是電報，那已成為蘇丹「鎮壓兵工廠」裡不可或缺的工具。保證遵守憲法的國會照常開會，共有一百一十五名選舉代表，給少數族群的名額也頗大方，但一旦國會議員膽敢要求三位政府大臣接受質詢，蘇丹就會失去耐心，下令解散。

對俄羅斯的戰爭在一八七七年四月爆發，當時鄂圖曼國會議員才就職剛滿一個月。戰事以鄂圖曼落敗、在柏林簽訂屈辱和約收場。根據和約，保加利亞脫離鄂圖曼控制，塞爾維亞、蒙特內哥羅和羅馬尼亞取得獨立。蘇丹為這些挫敗自責不已。「我想要仿效父親阿卜杜勒馬基德一世，透過許可和開明的制度尋求改革，」他哀嘆道：「我錯了。」他立誓今後要遵循祖父馬哈茂德二世之路，因為「像他一樣，現在我了解唯有靠武力才能打動真主託付我保護的人民。」[83]

阿卜杜勒哈米德二世並未承認，正是他祖父強制推動的現代化，透過循序漸進的方式培養出一群有文化修養又愛國的鄂圖曼菁英，才促成凱末爾或米德海特帕夏盡情闡述現代世界觀——這不會因為缺少憲法而死，不會因為往後數年的專制統治而亡；相反地，這將繼續悶燒，直到再次爆炸。

「我們的國家不再，」凱末爾在過世前不久寫的一首詩中提道：「但它還在，只要你我都在。在這種情況，我們最大的敵人是自己啊！我們正受敵人擺布；看在真主的份上，同胞啊，夠了！」[84]

三、德黑蘭

伊朗比它的主要競爭對手和鄰居，既晚且慢才進入現代化社會，畢竟，其他國家沒有波斯高原這般的地理隔絕和文化落後。數百年來，鄂圖曼一直是歐洲權力平衡的一部分，埃及的宗教少數（科普特教會）和地中海的地理位置確保就算在蒙昧的十八世紀，埃及仍和歐洲及新世界有商業往來。在伊朗東側，印度的穆斯林被拉進新的英國統治型態裡，印度尼西亞的群島——廣大穆斯林的家園——則逐漸被荷蘭殖民。反觀伊朗，則相對未受西方世界的影響。

考慮到不過才兩百年前，波斯高原仍享有相當程度的安全、貿易和繁榮而獲得國際尊敬，伊朗卻相比於賈巴爾迪或投擲標槍的馬木路克麾下的埃及，面臨還要更嚴峻的情勢，進而才開始現代化，或許令人意外。

一五〇一年，薩法維王朝結束了數百年的分裂，一統波斯，從十六世紀初一路強盛到十八世紀初。在其主政下，波斯的沙阿是輝煌的代稱，波斯的人民則忙著和區域的對手鄂圖曼人做生意或起摩擦。有創業精神的歐洲人入主沙阿政府做他的使節。商隊驛站，或築有防禦工事的客棧，沿著主要貿易路線建立，而絲——伊朗出類拔萃的奢侈品——則從北部各省的桑樹園運到位於國家中心的伊斯法罕（Isfahan），再從伊斯法罕運到波斯灣出口到歐洲。

但一七二二年，伊朗的平靜被阿富汗的入侵者破壞了，他們摧毀了舊秩序，卻沒有建立新秩序。自此伊朗進入崩解、暴力和戰慄時期，數個外高加索省分被俄羅斯和鄂圖曼奪走，俄羅斯的軍閥試圖染指波斯高原不成，鄂圖曼帝國緊接而來。其中效率最高的暴徒是部落劫掠者納迪爾沙（Nader Shah），他在伊朗境內發動戰事、掠奪人民，使廣大地區人口銳減。伊朗惡化得如此嚴重，使一七四〇年代中期一位英國商人不禁哀嘆道：「這些地方最近遇上的種種麻煩已致貿易完全停擺；波斯看似要陷入徹底的混亂了。」[1]

很難說這個殘破、多病的波斯包含什麼。十八世紀，五百萬到一千萬的人口中，或許有半數住在自治權力不等的社區內，這些社區四散在谷地和山脈間，以地形做為屏障。他們過著遊牧生活，遵從部落的規矩和習俗，並發展信仰（有些是千禧年主義，有些則涉及轉世、素食與太陽崇拜），其中許多信仰和伊斯蘭只有薄弱的關係。這裡的生活連定居的標準都不怎麼符合，更別說城市生活了，而中央當權機構是人民害怕、憎惡的東西。

至於伊斯法罕、大不里士（Tabriz）、馬什哈德（Mashhad）等主要城市，以及阿爾達比勒（Ardabil）、克爾曼（Kerman）等較小的省會，生命和財產也受到饑荒、劫掠和部落族長濫權的威脅。沒有人質疑暴君恣意奪取土地和殺人的特權，行宗教正義的組織則滿不在乎地宣判窮凶惡極者（殺人兇手、攔路強盜、叛教者）釘十字架、砲決（受刑者綁在砲口處，開砲，全身碎裂飛散）、活埋、刺穿、釘蹄鐵、分屍、活活燒死並剝皮等等。與主流的神職人員截然不同，鼓吹深奧尋神之路的密教神學家大受歡迎，嫉妒作祟的烏里瑪向其宣戰，例如裁定托缽僧的鼻子和耳朵該被割掉。[2]

在埃及和鄂圖曼進行現代化改革之際，伊朗仍深受毫無節制的專制所苦，並經歷火山爆發般猛烈、暴力的彌賽亞運動後，人類發展的基本指標——健康、識字和女權——仍停留在前現代的水準。為什麼伊朗會這麼落後呢？

這兒有兩個主要因素。首先，與埃及、鄂圖曼和其他環地中海國家相較，伊朗距離那些一馬當先提供新理論、新技術的國家加倍偏遠。這從政治的觀點來看是天賜之福，能保護國家免受侵略，但缺乏接觸也代表缺乏新思想，使得對改革感興趣的官僚菁英難以成長。

宗教是第二個原地踏步的因素。伊朗信奉什葉派，伊斯蘭最大的少數派強權。什葉派從來不像遜尼派那樣排斥思辨，也不曾像艾資哈爾那般把「伊智提哈德」——為詮釋教法進行的獨立推理——拒於門外。但這種宗教體制卻有一個面向確實與現代化背道而馳，那就是大「穆智台希德」（mujtahid），即法學權威，頑固地獨立於世俗政權之外。

什葉派的最高神職人員集中在聖城：伊拉克的納傑夫（Najaf）和卡爾巴拉（Karbala）、伊朗的伊斯法罕和馬什哈德。他們和沙阿及主要的親王間維持有禮但不信任的關係。什葉派世界的宗教機構幾乎建立了一個平行的國家，他們天生對沙阿自稱的絕對權威主張，抱持懷疑的態度。在什葉派，絕對權威保留給伊瑪目，即先知神聖化的後代，如果沒有伊瑪目，就歸予學識最豐富的神職人員。這種神職體制太分散也太自治，使君主無法讓它屈服於現代化的政治意志，就像穆罕默德．阿里強迫艾資哈爾那樣。

伊朗的文盲或許和埃及一樣普遍，教學仍為地方的穆拉所壟斷。到十八世紀末，伊朗人對於文藝復興和地理大發現時代在歐洲造成的變化幾乎渾然不覺；他們對其他國度的好奇心——套用一位現代伊朗史學家的話——「微乎其微。」[3]

然而，雖然與世隔絕、許多居民不知世事，十八世紀末的伊朗卻擁有一種鄂圖曼帝國欠缺的魔幻特質，而這種特質最終讓它得以往新方向邁進又不危及其生存；這種精神就算存在、也甚少在穆斯林世界見到：國家認同。

考慮到歐洲定義的國家尚未輸入東方，這種概念乍看之下或許古怪，但波斯高原居民共同擁有的歷史非常重要，並將他們結合在一起，凸顯出他們跟土耳其和阿拉伯鄰居的不同之處。

這種國家意識的基礎是波斯語。不同於古埃及語在西元六四〇年穆斯林征服後逐漸凋零，只剩下科普特教會的禮拜把相關用語流傳下來，波斯語熬過約莫同時發生的阿拉伯東進，在伊朗併入哈里發國後依然存活。就像英語在諾曼人征服後因增添法語語詞和慣用語後變得豐富，波斯語在跟阿拉伯語碰撞後也變得更靈活、語彙更多，非常適合日後伊朗詩人構築唯美的作品。類似的狀況，伊斯蘭的信仰和伊朗的建築形式也孕育出新的美學，除了顯現在諸如薩法維王朝首都伊斯法罕等美麗城市（沙阿阿拔斯一世〔Abbas the Great〕在十六世紀初大舉興建），更遠播到中亞和印度——就風格而言，泰姬瑪哈陵（Taj Mahal）正是世上最著名的伊朗式建築。

另一個強化伊朗身分認同的是宗教。在中世紀得到許多民眾支持、或許占得優勢的什葉派教義，在一五〇〇年代初薩法維王朝創立者沙阿伊斯瑪儀一世（Ismail I）當政時被宣布為國教。這使伊朗成為世界唯一的什葉派國家，在西方心目中永遠有別於遜尼派的鄂圖曼帝國，也成為美索不達米亞、黎巴嫩、印度和波斯灣各公國什葉派少數的慰藉。

最後，在伊朗獨特的語言和宗教認同之上，覆蓋著專屬於伊朗的文化觀念和過往。儘管歷史興衰無常，包括十三世紀遭蒙古人摧殘殆盡，伊朗人仍保有其特殊性和優越感。文學在這方面至關重要，特別是包含國家史詩、神話和君主之德的《諸王之書》（*Shahnameh*），將伊朗的偉大深植於前伊斯蘭時代的過往。地形，是這種伊朗特殊論的好夥伴，高原的南北得到海洋的自然屏障，東西則有山脈、沼澤或沙漠防護。

這三個因素——語言、宗派和文化——使伊朗從中世紀帝國轉型為現代化國家的過程，比鄂圖曼土耳其或埃及來得容易。我們也許可以說，十八世紀的伊朗是「等待中的國家」。

但拿破崙戰爭時代少數特地來此拜訪的西方外交官、士兵、商人和教士，並沒有看到太多往這個方向去的進展。相反地，他們看到被徵召進拉夫隊的農民，用稻草和泥土建堡壘，而那些農民的生活狀況——套用這麼一位訪客，外交官兼作家詹姆斯．莫里耶（James Morier）的話——「像極了以色列人的生活，他們受雇的方式就像以色列人受雇為法老建造，也使用同樣的原料。」他們也巧遇如希羅多德（Herodotus）時代緊纏亞麻布的「信差」（chappar），以及關心地毯生意的地方首長，然而地毯都攤開來擺在街上賣。[4]

雖然表面上如此不堪，改革的基礎其實從一七九〇年代一個新統治集團崛起後就已確立。卡扎爾（Qajar）是有土耳其血統的部落，原為薩法維王朝服役，但一七七九年，把握某位敵手過世所營造的機會，他們令人生畏的首領阿迦．穆罕默德．汗（Agha Mohammad Khan）開始透過一連串的戰事與合併一統高原，一七九六年他大功告成，並被擁立為沙阿，定都德黑蘭。兩年後，阿迦被他的僕人刺殺身亡。他年輕時曾於被俘期間遭敵方首領閹割（無疑加深他有仇必報的性格），既無子嗣，王位便傳給一個侄兒，留大鬍子、珠光寶氣、子女成群的法特赫—阿里沙阿（Fath-Ali Shah）。法特赫—阿里將繼續生下兩百六十多個孩子，使他成為歷史上最多產的男人，充裕地彌補叔父被去勢之憾。而對伊朗現代化故事更重要的是，西方開始對法特赫—阿里感興趣，他也開始對西方感興趣。

一開始的刺激，一方面是防衛，另一方面是大戰略。法國大革命對伊朗沒有影響。很少伊朗人聽過美國。但俄羅斯呢？那就不一樣了。歷經彼得大帝和德國出生、熱愛冒險的葉卡捷琳娜大帝長達一個世紀的改革和現代化，俄國已在帝制國家中嶄露頭角，且經由連續侵犯伊朗的高加索各省，來到了波斯的門口。就是這個重現活力，其軍隊又在一七九九年躍過阿爾卑斯山、於義大利打敗法國（迫使拿破崙放棄埃及戰事）而震驚歐洲的巨人，為伊朗展現無可辯駁的變革案例。

一八〇四年，伊朗和俄羅斯為現今的喬治亞、亞美尼亞和亞塞拜然的土地開戰，戰事一直拖到一八一三年才結束，伊朗落敗。一八〇七年五月伊朗和法國——後者致力於本身和俄羅斯在歐洲的大規模戰爭——簽訂同盟協定，共抗聖彼得堡。但沒過多久，同年七月，拿破崙就跟沙皇亞歷山大一世簽訂提爾西特條約（Treaty of Tilsit），破壞法伊協定，這時英國帶著自己的提議介入了。英國企圖阻止拿破崙取得印度西方邊境的影響力，而要達此目標，監督伊朗的軍事改革是顯而易見的途徑。在卡扎爾王朝重新統一十年後，伊朗發現自己跟鄂圖曼或埃及一樣，被納入歐洲的條約和交戰體系裡。

一如鄂圖曼和埃及，伊朗最初的衝勁取決於一個男人的決心。法特赫—阿里沙阿將外交及軍事事務的重任交給兒子兼王儲阿巴斯・米爾札（Abbas Mirza），他掌理西北大城、與俄國邊界近得不自在的大不里士。因敏銳了解到俄羅斯的威脅，阿巴斯・米爾札比他的父親清楚改革的必要，而各種跡象也顯示他將成為伊朗的穆罕默德・阿里或馬哈茂德二世。他下定決心，伊朗必須採納西方的知識和專業技能向前邁進。「假使天意沒有與他高尚品格的熱忱抗衡，」一位曾為王儲效力過的法國傭兵寫道，「他將是他國家的改革者。」[5]

他的父親有多虛榮、多華麗，又多麼有魅力與智慧，擁有深邃動人的雙眸與鷹勾鼻，鬍子還黑得發亮，那麼阿巴斯・米爾札則有過之而無不及。他偏愛樸素的衣服（刀柄鑲鑽的匕首是他唯一的奢侈品）和英國靴子，[6]在繁殖能力上僅次於法特赫─阿里沙阿，不過還是相差甚遠，他「只」生了四十七個孩子。雖然表面看來他一絲不苟地遵奉伊斯蘭，與鄂圖曼和埃及的現代派一致，但他絕非狂熱分子。他關心猶太人和亞美尼亞人等少數族群，而當他訴諸伊斯蘭做為公共事務的指引時，通常伴隨著淡化狂熱和促進變革的目標。

身在一個位於卡扎爾、俄羅斯和鄂圖曼帝國夾縫中求生的半毀堡壘城市，這位王儲非常熟悉現代政治，且「喜愛閱讀」（這是一個驚訝的英國訪客說的），有「一大堆英文書」和一系列出自伊斯坦堡印刷廠的地圖。[7]若說他對毗鄰俄羅斯的情感夾雜著可以理解的憂慮，那他對拿破崙就是發自內心的崇拜，不因提爾西特條約和拿破崙兵敗滑鐵盧的事件而磨滅。一八一七年──當拿破崙在聖赫勒拿島消磨退休時光──另一位歐洲訪客表達了他進入阿巴斯．米爾札官邸時的驚訝，他迎面遇到的是「一幅俄國亞歷山大一世和一幅拿破崙的肖像，後者跟王儲像得不得了。」[8]

阿巴斯．米爾札是英勇的將領，八歲就參與第一場戰役（和伯公阿迦．穆罕默德．汗一起），但在一八〇四至一三年漫長、拖拖拉拉、災情慘重的俄波戰爭期間，他掩蓋不了事實，他無法以具人數優勢的軍隊，給敵人致命一擊。伊朗甚至無法拿對手戰技高超做為託辭；俄國軍隊是由欠缺訓練的男人們所組成的，對於被派往離家數千哩外瘟疫肆虐的窮鄉僻壤打仗，他們非常不爽。

阿巴斯・米爾札失敗的原因，是他所指揮的部隊是中世紀的。伊朗部隊主要由徵兵組成，他們效忠於部落，將軍事部署視為含糊的遷徙令而非經過協調的調動：隨機組成的團體帶著弓箭，耗費數星期前往選定的目標。沒有步兵隊可言，戰鬥計畫主要仰賴騎兵——這些人固然身手矯健（就像馬木路克的騎士，他們可以在高速行進中急停而不翻覆，並在疾馳中準確地射箭），卻是出了名的會在最後關頭讓煮熟的鴨子飛了——他們會突然拋下武器來奪取戰利品、擄走白皮膚的喬治亞奴隸。[9]

接著是伊朗軍備欠佳的問題。伊朗的火砲都是短程的「小黃蜂」（zamburak），往往一射出就爆炸，把拖砲的駱駝嚇得拔腿狂奔。伊朗人也不認識奇襲的價值。阿巴斯・米爾札的軍隊不習慣夜間站崗，不習慣軍事機密，作戰計畫在營裡到處散播，不在意間諜的存在。要怎麼改革這樣的軍隊，讓它能夠執行保衛國家的首要功能呢？當休戰協定和外交工作不時被戰鬥打斷，再加上俄羅斯在一八一二年七月拿破崙入侵時未能把重心徹底放在波斯端，以上都是王儲要面對的問題。但在這場冗長、不俐落的戰爭中，阿巴斯・米爾札並未白白耗掉無戰事的時期；無法打敗人數居於劣勢的俄羅斯人，這事給他的影響，與一八三二年穆罕默德・阿里的新步兵方陣擊敗馬哈茂德蘇丹大軍所造成的效應類似。這是與現代戰鬥機器的邂逅，痛苦但具啟發意義，也是刺激改革的動力。

一開始，幫助阿巴斯・米爾札進行現代化工作的軍事顧問大多是法國人，但在提爾西特條約後，法國人不再那麼感興趣，這時英國人瀟灑地介入，提供專家、武器和補助金，目的是把伊朗人留在他們的陣營裡。後來英國的慷慨相助讓阿巴斯・米爾札購得一萬六千枝火繩槍、一千把軍刀和十門大砲（在印度澆鑄、刻了法特赫—阿里沙阿的名字和紋章）。[10]這是循環援助（recycled aid）的早期例子，補助金形同向英國購買武器的證券——連伊朗人的嗶嘰布制服都是蘭開夏供應的。

一八一三年，支援阿巴斯・米爾札的英國士兵大約有五十人，設於大不里士堡壘的鑄造廠每年則出產三十門大砲，還有彈丸、彈藥和砲車。[11]但若非阿巴斯・米爾札以身作則，英國駐伊朗教官的努力或許不會有什麼成果。不是別人，就是這位推定的繼承人、未來的「宇宙樞軸」（波斯沙阿的別號），率先捨棄數百年的軍事傳統、穿上歐式制服、拿起那把可疑的外國武器「火繩槍」，在封閉的空間操練幾小群男人，讓他們不致被親朋好友嘲笑。

在王儲滔滔不絕地講訓下，一批批牧羊人學會了齊步前進和聽令轉向——幾年前不僅看似不莊重，甚至褻瀆，也與他們所知的調動兵法毫不相干。誠如阿巴斯・米爾札在一八一一年對英國首位正式駐卡扎爾宮廷大使戈爾・奧斯利（Gore Ouseley）所言：「我引用《古蘭經》裡的一段贊同精進攻擊及防禦方式的經文……得到波斯法律首長的認可，再傳播到全國各地。」[12]鄂圖曼和埃及的革新派也用了同樣的策略來證明他們的現代化工作與伊斯蘭完全契合——目標都是表示宗教不會成為改革的絆腳石。

我們不必花太多心思，就能想像伊朗第一波現代化措施引發的憂慮和糾結。伊朗人已經建立一種唯有部落習俗和宗教法律能夠節制權力、君主之言可以決定生死的秩序。「沙阿的命令一般不出三種懲罰，」英國外交官及作家莫里耶指出（令人想起愛德華．雷恩對穆罕默德．阿里絕對權力的類似評價），「拿棍子毒打腳底、割鼻或割耳，以及處死。他身邊圍繞著『古拉姆』（ghulam，奴隸兵）和『法拉什』（farrash，專司體罰執行的僕人），只要一個最細微、別人都察覺不到的暗示，罪者就會被抓住，懲罰立刻實施。」[13]在軍事層面，伊朗沒有現代軍隊仰賴的互惠約束（reciprocal constraint）傳統——也就是透過一個嚴格管制、環環相扣、任何官員或民眾都不能任意拒絕的階級網絡。對伊朗的騎兵來說，兼具藝術和英勇的行動才能贏得戰鬥（以及詩人的讚歌），而非將個人融入到一個難以對付的大型機器裡；但現在這是大不里士英國教官的要求。在手腳敏捷、多少有點反偶像崇拜的伊朗人看來，這會阻礙戰爭的進行，而非變得容易。

就連阿巴斯．米爾札也焦躁不安，他聽完英國軍事規範一些特別晦澀的規定後，深深嘆了口氣，承認「以上紀律是最難執行的事」。我們這位認為「貴族的義務」（noblesse oblige）是對臣民得以平易近人的王子，也無法參透為何低階士兵沒有資格直接跟他說話的道理。

臉部毛髮是另一個米爾札立刻覺得不可能跟他敬重的英國軍官有一致看法的主題。英國軍官堅持伊朗的步兵要把鬍子刮乾淨，但他本身就以擁有一大把濃密的鬍鬚為傲（雖然沒有他父親的那麼長），所以拒絕支持這種侵害個人及宗教領域的規定。但一場於靶場發生的不幸使他改變主意。一支火藥角在一名砲手的手裡爆炸，把他的長鬍子燒得精光。士兵嚴重燒傷、面目全非，使王子深感震撼，遂立刻決定廢止蓄鬍。當一八一二年奧斯利爵士和隨從取道德黑蘭即將抵達大不里士時，才會遇到一支明顯現代化的「波斯馬砲部隊，穿得像歐洲人、臉頰刮得清潔溜溜、帶著英國的武器和裝備、穿靴子、有靴刺、馬鐙長，在一名英國軍官的率領下，前來向大使致意。」再往前行，就在城鎮入口，「訓練有素的軍隊排在道路兩側，保持相當距離，在我們通過時展示武器，一支人數眾多的鼓隊和橫笛手領著我們前進，演奏鄉村舞曲、以著實驚人的方式旋轉……當大使即將抵達寓所時，二十門砲鳴砲致敬，精湛的表現足以為任何砲兵隊帶來榮譽。」[14]

直到一八一二年，阿巴斯．米爾札歐式訓練的軍隊擁有一萬三千多名步兵、騎兵和槍手，同一年，軍隊已有進步的徵兆，在卡拉巴格（Qarabagh）密林區擊敗俄軍，讓俄國折損三百人，並炸毀俄國的彈藥庫。[15]

但就在這時，阿巴斯．米爾札卻因英俄建立了新同盟共抗拿破崙，失去了多位英國教官，導致軍隊現代化只完成一半。同年十月，兩頭落空的危險在阿拉斯河（River Aras）畔的阿斯蘭杜茲（Aslanduz）顯現：阿巴斯．米爾札漫不經心地忘了在營地周圍布崗，導致他的部隊傷亡慘重。這次戰鬥與隔年第二次遭俄羅斯擊潰的敗戰，共造成約五千人死亡，同時法特赫—阿里沙阿的實力也大幅削弱，因為英國透過中止補貼金來逼迫他停止這場不再對英國有利的戰爭。結果，伊朗在一八一三年十月和俄羅斯簽訂戈勒斯坦條約（Treaty of Golestan）。從伊朗的角度來看這簡直是場災難，條約規定伊朗割讓高加索區的領土，不准俄羅斯以外的強國在裏海部署軍艦，而最糟糕的是，它允許俄羅斯對伊朗王位的繼承權提出意見。

怪不得愛國的伊朗人會把戈勒斯坦條約視為基督教勾結陷害伊朗民族的成果，並發誓推翻條款。有人悲嘆，戰場上的失敗是源自採用異教徒的創新，這剛好也是保守派鄂圖曼人在一七九七年對俄羅斯人發射現代大砲卻爆炸自毀後的說法。保守派指出，伊朗的歐洲朋友兩度拋棄他們——都是在跟俄羅斯和解之後。阿巴斯．米爾札確實對英國撤回軍事支援之舉火冒三丈，但儘管結局悲慘，他仍覺得除了快速現代化之外，別無選擇。所幸，他察覺倫敦可以在另一個領域與他同謀：教育。

一八一一年，阿巴斯．米爾札派了兩個年輕人去英國留學，但這次的經驗並不愉快。他們搭的船沉了，雖勉強逃過一死，之後卻在倫敦積欠大量飲酒和裁縫的債務，然後其中一人，穆罕默德．卡茲姆（Muhammad Kazim，阿巴斯．米爾札肖像繪者）甚至染上結核病而死，最後被埋在（「完全尊重穆斯林宗教、遵照其儀式辦理」）聖潘克拉斯（St. Pancras）的教堂墓地。[16]雖然首次任務失敗，王子仍深信藉由多位學習能力較強的年輕人赴英深造，就能造就許多領域的進步。但下一批學生必須有人照管，而王子寄望於皇家砲兵團的約瑟夫·達西上校（Colonel Joseph D'Arcy）——他曾於一八一二年率領伊朗軍隊在卡拉巴格打了勝仗，正準備打道回府。獲得達西首肯後，便是選擇哪些年輕人的問題。我們很幸運，五位留學生的其中一位，米爾札·沙勒赫·西拉齊（Mirza Saleh Shirazi）為此行留下可貴的紀錄——和十年後里發·塔哈塔維對法國的描述一樣珍貴。西拉齊的遊記既是現代伊朗第一次對思想流動的肯定，也是他開闊心胸的翻譯，對伊朗的啟蒙運動展現藍圖。

生於一七九〇年前後，米爾札·沙勒赫·西拉齊（「米爾札」的頭銜代表朝廷官員）是博學之士，他熱愛讀書也喜歡外國人。他的父親來自南部的設拉子（Shiraz），夠富裕也夠虔誠，曾赴麥加朝聖過。一八一一年西拉齊在獲伊朗政府指派陪同戈爾·奧斯利爵士夫婦從波斯灣的布什爾（Bushehr），曲曲折折地前往德黑蘭法特赫—阿里沙阿的朝廷時（行程因奧斯利夫人分娩而耽擱，夫人生下第一個在伊朗土地出生的英國孩子），展現與英國人和睦相處的能力。西拉齊為這段旅程所寫的日誌，後來證實對奧斯利爵士的兄長——威廉爵士（Sir William）——所撰寫的旅行紀錄大有用處。威廉·奧斯利形容西拉齊是位「年輕、聰穎的文人」，絕對信任他對人口統計、歷史和建築的觀點。[17]未婚，又擁有一顆好奇、不輕信的心靈，這位年輕的伊朗人對阿巴斯·米爾札的任務來說是不二人選。

達西寫給外交部告知此次委任的信，詳述了他要照顧的五個人的名字和目標。米爾札·

雷札（Mirza Reza）想獲得「砲兵的知識」；米爾札．賈法爾（Mirza Jafar）想學化學；米爾札．賈法爾．胡賽尼（Mirza Jafar Husseini）要研究工程學；一位名叫穆罕默德．阿里（Muhammad Ali）、造詣不凡的工匠希望學會造鎖。至於西拉齊，他要「學習英語的知識，以便擔任波斯政府的翻譯員」。[18]這段摘要雖然簡潔，卻展露了阿巴斯．米爾札的企圖心：透過他派遣的使者來上現代化的速成課。

到異教徒國家旅行的想法——如我們在里發．塔哈塔維的例子所見——對穆斯林來說不是一件簡單的事。貿易可以接受，征服值得讚賞，但前往基督教國家求取知識就是承認伊斯蘭落後，是一種文化和道德上的污染。穆罕默德．卡茲姆被埋在基督教墓地的不幸命運，就是在警告任何考慮如此魯莽行為的人。

西拉齊的朋友伊斯梅爾試著極力說服他別為了這種沒把握的目標離開大不里士。伊斯梅爾問，和「無知」（他的意思是不認識伊斯蘭）的人接觸，西拉齊能得到什麼呢？西拉齊的回答生氣勃勃地捍衛了不帶成見的求知欲：「我為什麼不該每天學習新的東西？」他反問：「如果我做得到，為什麼不該照亮我的心靈之眼呢？」[19]西拉齊預料他可以對他遇到的人發揮可觀的影響力，讓他們接觸「宗教中的寶石」和「既是真理的本質，也是真理靈魂的神聖法」。不尋常的是，就我們所知，之後基督教傳教活動在穆斯林世界相當普遍（早期的倡導者亨利．馬丁〔Henry Martyn〕最近剛從印度抵達伊朗），西拉齊卻似乎覺得，使英國人皈依什葉派伊斯蘭的行動不會遇到什麼阻礙。

西拉齊和友人的交流，顯示新事物的召喚如何影響不一樣的人，它可能讓一個人樂觀進取、滿懷期待，卻引發另一個人的恐懼和怨懟。從西拉齊的評論來看，他的展望顯然受到神祕主義的渲染，不時思忖信仰彌散、高度個人化的本質，伊斯梅爾則是從危險和文化侵染的角度來思考。

首支從中東赴歐洲的大規模留學團是在一八一五年四月從大不里士北行。透過拿筆記下發生的事情，西拉齊做了一件驚人的創舉，因為在此之前，伊朗人幾乎沒有關於非穆斯林國家的旅遊文學。[20]西拉齊的日誌混合了有關高加索山脈的統計數字和對風景的印象——這是歐洲讀者已相當熟悉的寫法。他也表現出自己完全沒有仇外或嘲弄文化的心態，這和許多早期穆斯林在造訪西方後所寫的那種話中帶刺、自我袒護的遊記呈現鮮明的對比，也與多數西方人書寫伊朗的旅行文學所流露的狡黠優越感截然不同。例如奧斯利爵士就喋喋不休地說他心目中的伊朗人在性格上有缺陷（沒有能力的流氓）——此特質將在外交官兼冒險家詹姆斯・莫里耶廣受歡迎的浪人小說《伊斯法罕的哈吉巴巴歷險記》（*The Adventures of Hajji Baba of Isfahan*）中永垂不朽。

西拉齊的紀錄大不相同。無論是騎馬穿過蓊鬱橡樹和胡桃木森林的喬治亞高山、或跟葉里溫（Yerevan）的亞美尼亞牧師一起用餐，他的日誌在在呈現出一顆機敏、善於接納的心靈。這種態度反映出伊朗文學欠缺伊斯蘭世界以外的主題，讓西拉齊不得不在任何找得到知識的地方尋找知識。例如他從達西那裡獲得（讓他誤以為愛國）的新教改革紀錄：那省略了馬丁路德和亨利八世的輕罪，反倒強調威廉·丁道爾（William Tyndale）將聖經譯成英文的貢獻。[21]一八一五年八月，西拉齊一抵達莫斯科（於一八一二年拿破崙占領期間被大火燒毀，當時正在重建中），他便說服一個說土耳其語的年輕人翻譯一本俄文書中敘述法軍敗退的段落，隨後加進他的日誌中。因此，第一本以波斯文寫成的現代傳記片段能夠問世，要歸功於一本描述拿破崙的俄文書的土耳其譯文。這行人就是在莫斯科聽聞拿破崙兵敗滑鐵盧的消息，也同時暗示——如我們現在知道的——未來半個多世紀，英俄將聯手主宰世界事務。

他寫了莫斯科的教堂、女修道院和精神病院，以及它產的毛皮，但最重要的是傾訴對聖彼得堡——他認識西方的起點——的欽佩。這個由彼得大帝在最艱難的環境、犧牲數千條人命打造的新城市，多層樓的建築、橫跨水域的巨大塔橋、商業的規模和多樣化都令他驚訝。他在這裡見到他的第一部歌劇和第一座動物園（噱頭包括一隻六條腿和一隻兩條腿的綿羊）；他也提到波坦金（Potemkin）的水晶工廠和俄羅斯遠近馳名、用阿拉伯馬培育的雜交品種。

然後來自伊朗的這一行人在芬蘭海的喀琅施塔得（Kronstadt）登船，啟航前往英國。九月底，他們進入諾福克（Norfolk）沿岸的大雅茅斯（Great Yarmouth），數天後，在達西上校的陪同下，一行人初次感受喬治王朝時代的倫敦，而那將是他們未來四年的家。

一八二六年里發・塔哈塔維及同伴抵達巴黎之際，法國與埃及的關係已為拿破崙入侵和隨後掠奪法老文物到羅浮宮的行為給定調了。法國認為伊斯蘭世界天生該師法他們的心態，在一八三〇年占領阿爾及利亞後更顯突出。一八一五年的倫敦，情況不大一樣。英國在中東還沒有殖民地，而它在印度的利益並非由君主，而是一家商業合股公司「東印度公司」管理。福音教派（Evangelical Protestantism）和種族優越感尚未完全烙印在次大陸的印度人和英國人之間——從社會接受混居並對威廉・瓊斯爵士（Sir William Jones）印歐語系的主張（他在一七八六年主張梵語、拉丁語和希臘語有共同的根源）備感興奮可見一斑。呼應海德拉巴（Hyderabad）和加爾各答（Calcutta）相對自由的氛圍，攝政時代的英國在表面的新古典主義背後，對穆斯林和波斯文化也相當感興趣，這部分是因為波斯語乃印度的法庭用語，部分是因為法特赫—阿里沙阿最近派任的無任所大使（後來擔任外交部長）——英俊、威猛的米爾札・阿卜杜・哈珊・西拉齊（Mirza Abul Hassan Shirazi）——享有相當高的社會成就，他在一八〇九年及一八一九年兩度前往英國，在那裡學英語（不大在意語法）、堅毅頑強地協商政經關係，還在海德公園擲標槍。東印度公司的合夥人湯瑪斯・麥特卡爾菲爵士（Sir Thomas Metcalfe）的女兒艾蜜莉（Emily）用波斯文寫抒情詩給他，他也應邀視察美侖美奐的東方學圖書館。[22]以上彷彿帶他短暫回到好奇心旺盛的伊莉莎白一世時代，當時莎士比亞藉由稱呼沙阿「大索菲」（Great Sophy，依其薩法維王朝之名）來喚起東方富饒的意象，而肯特郡的冒險家羅伯特・雪莉爵士更是不覺得進伊朗政府服務有失身分。

但就教育程度不錯的英國居民所展現的求知欲而言，伊朗這一行人無疑是先驅，他們也隱約透露了未來的多元文化主義（《詹森字典》作者詹森博士和畫家約書亞・雷諾茲爵士〔Sir Joshua Reynolds〕都雇用黑人自由民當僕人）。他們是第一批以私人身分長時間待在英國的伊朗人，因此無法請常駐的外交使館（他們曾想到哈珊・西拉齊）或親切的伊朗家庭給他們建議。初期一趟公共浴室之行足以說明他們有多茫然；那以一團混亂收場，這群伊朗人什麼東西都抹上散沫花，連鬍子都染色了，浴室管理員氣得要命，西拉齊只好付五先令給他收拾殘局。這件事後不久，達西上校帶他們去外交部報到，外交部告知他們，照《外國人法》（Aliens Act，一部反移民法，目的在管制法國革命難民的活動，部分是透過中止人身保護令來實施）規定，如果他們被人發現接近軍事設施或海邊，會被判處六個月的牢獄——這不是什麼歡迎的話。[23]然後是打從一開始就困擾此行的資金短缺，無論英國政府或阿巴斯・米爾札王子似乎都不打算履行諾言，也讓這行人和掌管財務的達西鬧得不愉快。造詣不凡的工匠阿里就激烈地埋怨道：「在大不里士拿到軍械學徒的額外補貼後，他被騙來英國，現在得茫然流浪街頭度日了。」

對這些惱人的事情，達西完全不給予同情，也不圓融處理。這位上校行事嚴謹，且急於迎娶貴族出身的未婚妻；他最不想要的就是負責照顧一群狂妄的外來者。在留學生因經濟理由搬到倫敦外的村落（西拉齊在那裡聘一位教士教他拉丁文），以及針對英文老師和伊朗人在齋月結束時要錢買新衣服等事情發生爭執後，雙方更加劍拔弩張。伊朗人甚至揚言控告達西侵吞原本該給他們的錢。

這種充滿抱怨、使達西和訪客關係不睦的情事，日後將在穆斯林世界各地大規模複製，一個接一個穆斯林國家認定西方的進步是該追求的理想，卻厭惡必須跟西方人磕頭來實現。達西粗野、吝嗇的態度顯示他對此一無所知；他也不理解，假如這五個年輕人在回家前得到英國人傾囊相授，他們可能一輩子都是大不列顛的朋友。這群伊朗人年輕、沒經驗、恃寵而驕，其實他們的境況沒有他們所理解的那麼絕望；他們在時尚咖啡館恣意消費、去看歌劇、享受社交生活，包括不收分文地教波斯語。

然後，迅雷不及掩耳，情況迅速改善。那天是一八一七年五月二十一日，不知怎麼未受《外國人法》約束的西拉齊，接受與他在倫敦有共同朋友的德文郡建築師羅伯特・亞伯拉罕（Robert Abraham）遊說了很久的邀請。就此，西拉齊展開了對喬治時代英國最出色的描述。[24]

西拉齊寫他英國的留學日誌——這趟德文郡之旅在其中舉足輕重——顯然不單是一本私人的日記。作者的目標是盡量塞進有用的資訊讓伊朗讀者運用。最重要的讀者顯然是他摯愛的王子阿巴斯·米爾札，而他打算描述英國的「能人和生產力」，希望能在家鄉刺激類似的努力。但同時，那也純真不造作地記錄了跨文化接觸的可能性，將對敏感、樂觀的靈魂產生活化——拋棄封閉社會的褊狹，支持人類經驗的普遍性。

在馬車離開倫敦、駛往英格蘭西南部的公路後，西拉齊的日誌便瀰漫著新聞寫作用心細膩的感受，而相對於伊朗坑坑洞洞、只能騎馬或步行通過的道路，他詳盡描述馬車這種快速又便捷的運輸方式，想必會讓讀者大感新奇。首先他坐進車廂，有一個西班牙人和好幾個農民作伴（都聽不懂他們在說什麼）；喝完茶，他坐到他最上面的位子，一直坐到隔天早上，索爾茲伯里大教堂（Salisbury Cathedral）飄然映入眼簾。快速、平穩地駛向艾克斯特（Exeter），他和一對母女聊了很久，聊得很愉快，小女孩的「純真和洞見」讓西拉齊聽得很高興。[25]對家鄉的人來說，由於習慣兩性嚴格隔離，這種自然結識陌生女子的奇特過程無需詳加說明。

從他對艾克斯特大教堂的詳盡描述——有十二個鐘、巨大的風琴和兩大面有他見過最精美「繪畫」的彩色玻璃（像搪瓷一樣），這位什葉派穆斯林顯然暢行無阻地在教堂四周流連過。在和另一個熟人用過晚餐，由那人帶看了造紙廠和一具製造瓦斯的發動機後，他和羅伯特·亞伯拉罕一同啟程前往產錫的艾什伯頓鎮（Ashburton）。在那裡的錫礦區，西拉齊把他歐式的旅行服裝換成伊朗的長袍，讓東道主的女兒覺得好笑又錯愕。事實上，西拉齊待在西南部的時間，大多是由這些和其他德文郡的女孩陪同，他形容她們「面如皎月」且「善解人意」，但他似乎行使了若干自我審查，因為當他描述在俯瞰著達特河（River Dart）的山丘上進行的田園音樂短劇和舞會時，非常可疑地完全沒有提到蘋果酒——大家只喝茶。[26]除了欣賞當地少女及她們對窮人、老者的慈善工作，他更難以遏抑地描述年輕的莎拉．亞伯拉罕（Sarah Abraham），說她在和他談論往普利茅斯的路時，展現「極致的卓越、穎慧、睿智和優雅」，更別說迷人地結合了「崇高、驕傲與冷靜」。[27]

在普利茅斯碼頭，世界海上強權的首要海軍基地，西拉齊崇拜地凝望著《外國人法》不准他看的船艦，且對「英國最安全的港口」盡情發揮他與日俱進的描述力。錨地極為寬廣，可停泊一千艘軍艦，有多座布滿大砲的堡壘保護。他為只在詩的隱喻中「見」過海的讀者解釋何謂乾船塢、何謂防波堤。

年邁的英王喬治三世在據稱發瘋後遭幽禁，權力由兒子攝政王代行，但人民仍慶祝君主的生日；在行禮與歡呼聲中，握著莎拉小姐的手（同樣地，他在家鄉可沒有跟女孩牽手的自由），西拉齊大膽穿著伊朗長袍出門，結果因外表怪異被五百人群起圍攻，只好逃跑。

在大不里士時，西拉齊曾答應虔誠的友人伊斯梅爾，他將不遺餘力地向他遇到的「無知」民眾展現「宗教的寶石」，但他的日誌完全沒有提到他在造訪教堂以及和親切的副牧師交談時，有讓誰改信伊斯蘭。他顯然仔細研究過基督教，覺得新教比天主教更合他的意。當離開德文郡的時刻終於來到，或許是難以忘懷莎拉小姐手心的溫度，他動人地撇開所有宗教差異的念頭，寫道：「天哪！宗教的差異哪裡重要了——教派的差別，民族的差別，哪裡重要了？我為這一家人哭泣，老的，小的，這輩子從沒那麼激動過。」[28]

一八一八年六月回到倫敦後，西拉齊著手處理書中篇幅較長的歷史章節。這時他的英文已有長足的進步，能博覽群書了——但我們並不知道他究竟讀了哪些書，因為他沒有列書目。[29]

在倫敦，他的社交生活已拓展到包含幾位新教一位論支持者（Unitarian，他受他們吸引是因為他們否定耶穌的神性，這對穆斯林來說也是問題重重的概念），以及其他著名的知識分子，如發現天王星的天文學家兼作曲家威廉．赫雪爾爵士（Sir William Herschel，他的望遠鏡至少有四十呎長）。多虧達西的介紹——雖然兩人關係依然緊張——西拉齊是倫敦共濟會小屋的常客，而那裡正是啟蒙思想的殿堂。他無疑從這一類的交流中獲得許多想法，也使用大英博物館的圖書館，形容那裡「滿滿收藏了每一種語言的人文和科學書籍」——半個世紀後，奈米克．凱末爾也在那裡汲取靈感。

西拉齊所寫數百頁的歷史與現實中，沒有什麼革命性的東西；他追溯英國的歷史，從凱撒（Julius Caesar）到《大憲章》（Magna Carta），從都鐸（Tudors）、斯圖亞特（Stuarts）王朝到喬治時代的君主政體。由一個離家數千哩的穆斯林所撰寫，這本書意義最重大的一點是：世界有其他人存在。就好像西拉齊告訴他的伊朗讀者：「我們所聽說任何關於我們祖國和宗教是世界中心的一切種種，都是假的。」

他給這部歷史的開場白，對伊朗及其進步的前景饒富意義，他寫道：「雖然英國人以往『嗜血、墮落、作惡多端』，但過去四百年來，他們已建造『最好的國家』。」他指出伊莉莎白一世的統治時期，是知識、藝術驚人進展的發令槍，而英國就是在這時「從無知的國度轉變成完美的國度」。[30]

他從法國入侵埃及起筆（拿破崙假裝敬重伊斯蘭，完全是「詭計」，他寫道，並附和英國對這位最近被廢黜的帝王之看法），接著直接針對倫敦進行百科全書般地記錄，包括房屋設計、國內習俗（他很驚訝，人們進屋子時不會脫掉他們髒兮兮的鞋子，反倒摘掉帽子）、地方行政、消防車、碼頭、公園和學校。西拉齊顯然非常嚴肅地看待這項有用資訊的蒐集任務。

按照盛行的「輝格黨（Whig）歷史」呈現攝政時期英國不可阻擋的進步是一回事，西拉齊也決心傳達英國政治平衡的觀念，雖然跟充分民主的現在相距甚遠，但已與伊朗的專制形成引人入勝的對照。西拉齊頗細膩地描述國王、上議院和下議院的權力。[31]但他最大的驚奇保留給一位工匠，「一個可憐人，有一家店」，卻有辦法延誤富麗堂皇、從卡爾頓之家一路延伸到攝政公園的攝政街建造計畫；工匠拒絕出售他的終身地產給政府開闢新大道。[32]

「就算派出整支軍隊過來，」西拉齊以可原諒的誇飾法寫道：「也無法強迫他放棄……王子不能取他分文，不能動他一根寒毛。」[33]民主自由完全不在法特赫—阿里沙阿或王儲的議程裡，因此西拉齊在著作中小心不要表露出對民主自由的喜愛，但發表這種內容本身就是一種刺激，像在拋出這個問題：「我們為什麼不行？」

一八一九年五月，西拉齊和他的旅伴被阿巴斯．米爾札王子召回。那時，在英國有點漫無目標地待了幾個月後，他們全都找到正事做了。五人中有兩人在伍利奇（Woolwich）的皇家軍事學院上課，第三個人則學習現代醫學。除了努力當個史學家，西拉齊也能上拉丁文、法文和「自然科學」課，並學習平版印刷的技藝。他也發現了他心目中英國繁榮的祕密：它是個「自由的國家」。[34]至於之前非常想家的阿里，他成了史上第一位了解蒸汽機運作的穆斯林，也覺得英國的生活非常愜意，甚至娶了女房東的女兒為妻，她也陪他回到大不里士。這五位歸國人士的責任有二：應用他們學到的技術，並把技術傳授給他人。

他們的回程取道地中海和鄂圖曼。一抵達伊斯坦堡，進入闊別五年的伊斯蘭土地，西拉齊必須記得「讓自己的言行舉止符合我的宗教」。鄂圖曼首都正處於蘇丹馬哈茂德二世和禁衛軍對峙的局面，西拉齊哀嘆鄂圖曼人無法建立現代化的政權，應該歸咎於謝赫（或穆拉——他們在伊朗的稱謂）。「只要穆拉干涉鄂圖曼政府的事務，」他寫道：「就不可能進步。蘇丹塞利姆三世曾試圖在伊斯坦堡引進歐洲秩序，但穆拉愚蠢地說這種秩序不是伊斯蘭。蘇丹也想引進歐洲科學，但穆拉再次出於嫉妒阻止他，因此民眾仍無法離開無知與黑暗的道路。事實相當明顯：每當穆拉出手干預任何政府的事務，那個國家、那個政府就絕對不會進步。」[35]

他一定敏銳地感受到仍未改革的伊斯坦堡和他剛離開的英國之間所擁有的落差。例如，雖然相對狹窄，金角灣依然只能靠船橫渡；這也和他在行經聖彼得堡時看到的高聳大橋形成對比。當蘇丹馬哈茂德二世從一座清真寺出來時，並沒有現代士兵組成的護衛隊保護他，反倒是一群身穿過時華服的禁衛軍，看似威脅地將他團團圍住。這位伊朗訪客不可能預見七年後馬哈茂德二世將覺得自己強大到足以壓過他的禁衛軍，開啟鄂圖曼的現代化革命。

西拉齊回到伊朗五年後，阿巴斯．米爾札王子的宮廷記錄員寫道：「花費極高的代價從波斯送去英國的不凡工匠們現在回來了……正在製造比英國製造還要好的槍砲和軍事設備……除了拉丁文，他們也認識法國、英國、印度、波蘭和俄國的語言。他們之中有工程師和一名醫師，能力獲得英國大師的肯定。現在，奉王子之令，一些貴族的孩子正跟著他們學習技術和語言。」[36]

從各方面來說，這些歸國學人對其同胞的影響確實深遠——就算阿里的製槍本領比不上伯明罕的鑄造廠。西拉齊的貢獻或許是其中最大的；王子雇用他擔任祕書、翻譯兼外交官。

他遊記的讀者或許僅限於阿巴斯・米爾札及其隨從等一小群人；它的流通性受限並不令人意外，畢竟它的內容具有爆炸性，必須小心處理。它的影響之一是顯示伊朗可以如何加強機能、著重觀察，而他運用翻譯及摘錄的方式，也點燃一場與開羅和伊斯坦堡類似、唯獨規模較小的翻譯運動。（他創了好幾個詞，其中之一是代表望遠鏡的「durbin」，字面意義即為「看遠」。）

西拉齊也運用他在倫敦擔任印刷學徒時學到的技能，也帶回一部小印刷機。這不是伊朗第一次嘗試用國家語言印書；十七世紀時，英國胡格諾派（Anglo-Huguenot）商人約翰・夏爾汀爵士（Sir John Chardin）曾受薩法維沙阿委託進口一部印刷機。但印製成本太高，如同在埃及和鄂圖曼，由於宗教疑慮、抄寫員反彈，加上對技術不熟悉，意味這個國家——為基督教少數印的禮拜式文本例外——仍是沒有印刷的地帶。

現在，在西拉齊引進的印刷機幫助下，印刷在伊朗成了可被接受的政府工具。（好一段時間，穆拉仍堅持用手稿。）一八二九年，在一次赴聖彼得堡的外交之旅上，他為伊朗取得了第一部平版印刷機，這是技術上的一大躍進，因為現在可以印地圖和科學圖表了。[37]到一八四七年，伊朗的印刷技術已有長足進步，使一位英國商人寫道：「現在大不里士至少有十六組印刷設備，德黑蘭則更多；事實上書本在波斯已變得非常便宜，因而對抄寫員這行造成不小的傷害。」[38]

最終，西拉齊也能填補伊朗傳播界的另一個缺口：一八三七年五月他出版伊朗第一份報紙——《新聞報》（Kaghaz-e Akhbar），由英文「newspaper」直譯而來。在首都各種活動與事件、那不勒斯皇宮失火、一艘新輪船能在兩星期內橫渡大西洋等報導中，有一條不尋常的新聞。那是關於一位托缽僧「冒冒失失、光著身子、頭髮糾結、口出惡言、厚顏無恥」，在鄂圖曼蘇丹馬哈茂德二世跨越金角灣的新橋時，上前向他乞討。這就是那位傳說在處死後屍體有光芒籠罩的「多毛的謝赫」。儘管這件事本身令人好奇，但它對西拉齊的用處，似乎就像報導伊朗國內事務一樣，和烏里瑪與蘇非神祕主義者之間化膿的仇恨雷同。

跟西拉齊一起留學倫敦的同學中，幾乎每一個都功成名就。一個成了軍隊的首席工程師，還翻譯了彼得大帝的傳記；一個被任命為駐伊斯坦堡大使，並在一八六〇年回到英國進行外交任務。造詣不凡的工匠阿里在大不里士安身立命後，又搬到德黑蘭，成為皇家鑄造廠的廠長；他的妻子也為他們的居家生活引進一些西方人的方式，例如使用刀叉。[39]哈吉．巴巴（Hajji Baba）——在一八一一年早於西拉齊那次教育任務中活著回來的那位——在接受醫師訓練後，先後擔任王儲及沙阿的御醫。後來他規畫了伊朗第一間歐式理工學校。

整體來看，這可視為阿巴斯．米爾札良好的投資報酬，也是未來教育任務的好兆頭，更是改革計畫全面成功的吉兆。那麼，為什麼伊朗第一次全面採用西方思想的成就，並未讓這位王子繼續鞏固和拓展呢？畢竟，最早抱持西化想法的就是他啊？苦澀的事實是，從埃及、鄂圖曼到伊朗這三波同時往現代化前進的動力中，獨獨伊朗被蒙昧、狂熱和恐懼阻擋得最成功。在十九世紀前半的伊朗，沒有能與埃及穆罕默德・阿里的醫院、運河、港口和學校媲美的東西，也沒有像馬哈茂德二世的官僚所發出的那種華麗而充滿科學的世俗狂熱。西拉齊表達的價值觀要再等一個世代，才能獲得多到足以改變伊朗的接納。

王儲本身就是延誤的主因。阿巴斯・米爾札一直處於和眾多兄弟競爭對抗的狀態，這使他更想贏回伊朗因一八一三年《戈勒斯坦條約》失去的高加索土地。雖然渴望改革，也為改革付出相當大的心力，但在阿巴斯・米爾札等待繼位時，收復失土才是他心裡的當務之急。

為此目的，他不明智地接受什葉派教士的支持。他跟他們沒什麼交集，但需要他們的幫助來發動戰事。穆拉們對俄國在高加索地區粗暴地對待穆斯林非常不滿。俄羅斯在高加索地區的總督阿列克謝・彼得羅維奇・葉爾莫洛夫（Aleksey Petrovich Yermolov）將軍毫不掩飾對當地人民的厭惡，也以販賣車臣女性（一人一盧布）和屠殺所有切爾克斯人（Circassian）的村落聞名。一八二六年，拿到穆拉高層的聖戰聲明，王儲帶領他的國家再次與北方鄰國開戰。但伊朗發展中的軍隊仍比不上俄羅斯，結局依舊悲慘。兩年後伊朗又失去更多高加索地區的土地，連大不里士都被占領。

這一次戰敗的結果甚至比戈勒斯坦更糟。一八二八年二月，兩國在另一個飽受戰爭戕害的伊朗村落土庫曼恰伊（Turkmenchay）簽訂條約，伊朗正式割讓已失去的土地、承認俄羅斯獨享貿易及航行裏海的權利，並允許俄羅斯在伊朗北部各地設置領事館——此足跡將逐步擴大，直到俄羅斯「非正式」的併吞為止。沙阿同意賠償黃金，光是第一批金子就得動用一千六百頭騾子列隊運送。最後，伊朗人答應交回他們俘虜的俄羅斯臣民，包括已皈依伊斯蘭（其中有些是被脅迫）的喬治亞人和亞美尼亞人。

《土庫曼恰伊條約》所有條款中，尤以最後一條對伊朗人民最惡劣。來到德黑蘭執行新條約的俄國外交官兼名詩人及戲劇家亞歷山大・格里博也多夫（Alexander Griboyedov）派遣人手進入私人住家搜查被俘的基督徒，而坊間盛傳俄國公使館內的穆斯林女性，都被迫放棄信仰。緊張情勢在一名俄羅斯哥薩克騎兵（Cossack）射殺一位穆斯林年輕人、當局讓暴民恣意報復時升至最高。穆拉再次呼籲聖戰，使館守衛不敵，館內人員全數遭到殘殺，包括格里博也多夫在內。大屠殺後，一具被認為是那位詩人的屍體被遊街示眾，人們大喊：「讓路……俄羅斯大使要去拜訪沙阿！站起來，表示尊敬。用外國的方式向他行禮，摘掉你們的帽子！」[40]

人在大不里士的王儲接獲消息後哭了。擔心再於戰場上受到屈辱，他不顧一切，趕緊派遣由他兒子率領的代表團（西拉齊也在其中）向聖彼得堡的沙皇卑躬屈膝地賠罪。就這件事而言，戰鬥不符合俄羅斯人的利益；代表團獲得熱情的接待，西拉齊也把握機會買了他的平版印刷機。但這個插曲凸顯了改革制度的挑戰，因為當代表團欣賞俄國現代化的堡壘時——

透過望遠鏡觀察、造訪工廠、大學和學校——這群伊朗人感覺到的卻不是希望，而是挫折。「要在伊朗設立這種學校很簡單。」代表團一名成員渴望地寫道，「可以帶一些頂尖的外國學者去伊朗，並撥出一所學校教導貴族的孩子。」[41]然而，當國人的性命可能隨時受到激情民眾的威脅，有哪個歐洲強權會伸出這樣的援手呢？沒什麼比這更能證明現代化的改革和聖戰無法並存了。

結果，阿巴斯·米爾札始終沒有當上沙阿；他在一八三三年過世，比父親法特赫·阿里還早一年。但那時他已決定性地使伊朗陷入發展迅速的英俄對抗之中，無論伊朗由誰當家，自主權都會受到限制。英國已開始加強對波斯灣的掌控，敵對的俄國則爭奪經由阿富汗、俾路支（Balochistan）和興都庫什山等通往印度的路線。毗鄰這些貧瘠但重要的地區，伊朗本身的命運已引起當時主要帝國主義者的興趣。伊朗被推進後來所謂的「大博弈」（Great Game）裡了。

不過，若將伊朗遲緩的發展速度統統歸咎於外人的陰謀，那就錯了。畢竟，鄂圖曼和埃及都曾不屈不撓試圖轉移歐洲列強的野心，同時利用歐洲人的活力和資金。伊朗難道沒辦法這麼做嗎？

這個問題的答案取決於統治者本身的性格。在這方面，伊朗比埃及和鄂圖曼更不利。法特赫·阿里的王位由長孫，即阿巴斯·米爾札二十五個兒子中最年長的穆罕默德（Mohammad

Shah Qajar）繼任。體格健壯、彬彬有禮、節制慾望（只娶三個妻子就滿足了）、虔誠而有神祕主義傾向的穆罕默德，對進步的興趣沒有禱告來得大，相較於鄰居鄂圖曼正進行的改革，他十四年的統治讓伊朗停滯不前。

他在覬覦王位者發動的叛變和英俄兩國干預的背景下登基。這時，英俄兩國已強大得足以直接干涉伊朗的王位繼承。他在位期間，不時穿插更多的國內叛亂、官僚鬥爭和財政不穩，也花了許多無益的力氣試圖奪回曾於薩法維王朝屬於伊朗的領土。一八三七年，在俄國支持下，伊朗試圖併吞阿富汗西部的赫拉特（Herat）。但赫拉特的統治者已獲得英國堅定的庇護，英國遂以在波斯灣進行砲艦外交做回應，使沙阿不得不解除對該城的包圍。

改革在穆罕默德沙阿當政時，命運一片昏暗，而西拉齊——現代化最早、最有希望的提倡者——也在這段時間過世。換成任何實行現代化的國家，有他這等成就的男人一定會爬上高位，他卻只能在一間不重要的政府辦公室裡日漸凋零，一手創立的報社也關門大吉。他也不再引人注目，連確切的死亡日期和葬身之地都不為人知。

儘管如此，西拉齊的日誌仍是一部珍貴而深刻的紀錄。在能發揮最大效用的時代，他的話語卻只能以手稿的形式傳閱，無法透過他自己努力普及化的印刷術廣為傳播，著實不幸。他的日誌要到一九六〇年代才付梓，而那時它所傳達的思想，早已大多被吸收了。

當然，西拉齊的死，並非證明伊朗革新的嘗試徒勞無功，而是證明，對於任何甫萌生的運動而言，國家是否由一個兼具豪情、決心和毅力的現代派人士掌權非常重要。法特赫—阿里沙阿、阿巴斯．米爾札和穆罕默德沙阿皆未符合這些標準，這使得伊朗在十九世紀中葉——當歐洲民族之春革命流產、鄂圖曼的坦志麥特改革有所進展、埃及期待興建一條偉大的現代運河之際——仍與卡扎爾王朝在一七九四年建立時的中世紀衰老模樣相差無幾。

穆罕默德沙阿在一八四八年九月過世，由十七歲的兒子納賽爾丁（Nasser al-Din）繼位。儘管歐洲教育對鄂圖曼和埃及的王室成員來說已是必要，但在伊朗，年輕的納賽爾丁所受的教育，仍以傳統上對倫理道德和王子品行進行勸告的「王者之鏡」為主，再逐漸增添翻譯過來的地理學論文，以及剛傳入的西方報紙和雜誌為輔。他繼承的伊朗仍孤立於世；在博斯普魯斯海峽上，一艘艘客輪噴煙的景象已成為伊斯坦堡人日常，但蒸汽機仍不見容於德黑蘭，使納賽爾丁的廷臣得用盡創意巧思才能讓一艘玩具輪船從觀賞池的一邊軋軋地開往另一邊。[42]

納賽爾丁腦袋靈光，妝更畫得令人印象深刻（一篇早期紀錄說到他會用菘藍〔woad〕把眉毛畫濃、用炭把睫毛塗黑），至少在生理上符合成功改革者的條件。他最後執政四十八年，比穆罕默德．阿里和馬哈茂德二世都久。但在這位新沙阿不可測度的外表下，卻有著脆弱而不諳世故的顯著特質。在英俄對抗的湍流中，納賽爾丁沒有選民撐腰、沒有王者的精明和明顯的自救之力。為了彌補自己的缺點，他仰賴一個比他年長三十歲的男人，一個有經驗、有膽識，能夠引領他通過見習期的男人。他是皮膚黝黑、鬍子濃密的米爾札·塔基·汗·法拉哈尼（Mirza Taghi Khan Farahani），更為人熟知的是他獲得的最高頭銜：埃米爾·卡比爾（Amir Kabir）。他承擔納賽爾丁祖父的角色，並因此成為伊朗歷久不衰的改革象徵。

一八〇七年生於波斯高原中部乾燥地區的埃米爾·卡比爾，出身自宮廷顯要不會讓他忘記的背景。他的父親是阿巴斯·米爾札總理大臣家中的廚師，從小就展現不凡的機敏，而被挑選出來跟大臣的孩子一起上課。官員的喜愛使他一路平步青雲，一八三〇年代他升任阿巴斯·米爾札已現代化軍隊的管理人。除了兼具能力與決心、厭惡阿諛奉承，他還具備外交官的韌性和手腕。他在格里博也多夫遇害後派往聖彼得堡賠罪的使節團裡（與西拉齊同行），還有在埃爾祖魯姆（Erzurum）與鄂圖曼人就敏感的邊界問題進行為時近四年的談判期間，因表現傑出而聲名大噪。

一八四八年，他又被賦予擔任王儲納賽爾丁首席教師的重任。那時納賽爾丁已接管傳統上由推定繼承人管轄的大不里士。幾個月後，穆罕默德沙阿過世，而埃米爾·卡比爾非常成功地讓他的學生順利取得絕對的權力，使新的沙阿馬上任命他為總理大臣（當時他已是軍方領導人）。不久，他也成為沙阿的妹夫，娶了納賽爾丁的妹妹瑪莉克札德（Malekzadeh）為妻。

不過納賽爾丁在統治初期想要的不是絕對的權力。他還年輕、熱愛狩獵和性生活，僅斷斷續續對伊朗的統治感興趣。他會到首都北部的山坡一連消失好幾個星期，然後帶了數千具動物屍體和一個新妾回來。總理大臣對君主說話的語氣可能一如慣例的恭敬——「願這名奴隸的靈魂獻給陛下腳下的塵土」是兩人通信的典型句子——但大家都知道管事的人是他，而非君主。[43]

不同於前面幾任總理大臣，埃米爾．卡比爾將改革置於優先。他一上任就致力穩定國內情勢，不管要進行哪一種改革計畫，這都是先決條件。他作風嚴厲、力行懲戒，鎮壓地方數起叛變、處決叛軍首領、屠殺一群追隨彌賽亞型人物「巴布」（Bab）的暴民。拜已故的穆罕默德沙阿對教士極其慷慨、地方權貴又不願繳稅所賜，國庫空虛；埃米爾．卡比爾以削減捐贈和薪水做為因應，並向跋扈的地方首長和酋長催收欠稅。

隨著秩序重建、財政改善，埃米爾開始落實十九世紀改革者的核對清單。他建立伊朗第一家現代醫院和第一間高等學術機構（哈吉．巴巴設計的德黑蘭理工學校，主要聘請奧地利教授）。他實行自薩法維王朝以來最全面的都市計畫和土木工程，包括邊境的堡壘、德黑蘭的市場和一條運河。從建立郵政服務、天花預防接種到製造馬車、大砲和茶炊（samovar，一種俄國文化舶來品，流傳到今天）的工廠，埃米爾．卡比爾表現出他對當時最實用構想的偏愛——無論構想來自何方。一如他景仰的穆罕默德．阿里，他愛好經濟作物，監督甘蔗和使埃及迅速富裕的美國棉種植計畫。

列強自然密切關注這位有好幾把火的新官。埃米爾．卡比爾還必須處理一八三八年穆罕默德沙阿企圖占領赫拉特未果的後遺症。他沒有聘請英國人或俄國人，反倒聘請來自義大利和奧地利的軍事教官，並同時強調自給自足，在全國各地建立數間軍備工廠。他設法避免裏海的漁場——重要的收入來源——被俄羅斯獨占，讓伊朗人也可以利用。但由於俄國人掌控裏海、英國船艦又縱橫波斯灣，在埃米爾．卡比爾眼中，伊朗的脆弱一覽無遺。

列強對伊朗宗教少數投機取巧的資助，他靜觀其變。「我看不出這些『閣下』會在哪裡罷休。」他這麼嘲弄一次俄國代亞美尼亞人出面的調停。「反之，只要有機會，鬥爭就會繼續下去。」[44]從他的方法——結合了鞏固國家與校準好的全球化，公私部門皆然——我們看到了一個現代化的混合型經濟體和民族國家正在萌芽。

他成立的報社《喚醒》（Vaqayi-i Ittifaqiya）接續了西拉齊已停刊的報紙，但有之前欠缺的官方許可。報上會宣布進步的措施，例如禁止軍隊從地方百姓攫奪補給品，也公布飲用鹹水不安全的資訊，好奇的讀者則可接觸到形形色色的主題，例如義大利民族主義者馬志尼如何頑抗哈布斯堡帝國、埃及開鑿蘇伊士運河的計畫，一八五一年英國的人口普查，以及婆羅洲食人族的行為等等。[45]

在埃爾祖魯姆與鄂圖曼人談判時，埃米爾．卡比爾注意到鄂圖曼宮廷唯有把烏里瑪拉下社會頂端後才有辦法實行改革。他力圖在伊朗複製這種極為敏感的新秩序。埃米爾．卡比爾本人奉行伊斯蘭的習俗，照伊斯蘭律法所要求進行齋戒和禱告，但對於囂張跋扈的穆拉，他只有懷疑和輕蔑。但穆拉的勢力如此龐大，使他無法落實能與坦志麥特世俗化運動媲美的重大改革，他只能一點一滴地咬掉教士的司法權力。於是，他頂多視情況對個別的穆拉和慣例發動意志力之戰。

他試圖限制什葉派喪禮流程中的鞭笞和自我毀傷，此舉顯示他對那些宗教狂熱的表現感到難堪。但大眾並不以他的恥為恥，所以他不得不打退堂鼓，不過在禁止教士以清真寺和聖殿庇護嫌疑犯這方面，就比較幸運了。

對於聖地到底有多神聖崇高的爭論，一八四九年於大不里士達到高峰。在那裡，一頭已被做了宰殺記號的母牛因闖入神殿而逃過一死，它的主人激動到暴斃，母牛則被譽為受祝福的預言家。受到烏里瑪的鼓勵（英國領事似乎也推波助瀾，他贈予該聖殿水晶燭台），民眾給這隻受寵的四腳獸穿上華麗的衣裳並親吻之，並在城市張燈結綵，彷彿準備迎接一位千年一現的先知。[46]天天傳出的新奇蹟和宗教入迷態勢，逐漸演變成公然造反；城裡的店主逃避繳稅和其他世俗刺激，星期五集體祈禱儀式的主持人則下令處死任何被抓到在聖殿附近喝酒的人。[47]結果，埃米爾．卡比爾引誘那些領導人到德黑蘭加以拘留來結束亂象，狂熱逐漸平息。他能如此準確地評估民眾的情緒，無疑該歸功於他建立的有效密探網，他們從全國各地帶情報給他。

到一八五一年，埃米爾・卡比爾穩定伊朗的努力有了成果，但綏靖的財務負擔重重壓在貴族肩上，而沙阿的母親瑪萊克・賈罕（Malek Jahan）——地位大不如前、已無法掌控兒子——找到現成的盟友來發動詆毀埃米爾・卡比爾之戰。他們放出耳語，說埃米爾・卡比爾想要廢黜納賽爾丁，以沙阿同父異母的兄弟取代，並散播他勾結英國人的揣測。當然，埃米爾・卡比爾自己也幫不了自己，他雖能幹、自負，但無法磨滅自己的卑微出身。

勾結外國人的謠言毫無說服力；引用英國駐德黑蘭大臣夫人瑪莉・薛爾（Mary Sheil）的話，埃米爾・卡比爾「或許不智地面對抵抗兩頭獅子，使波斯像隻溫馴的綿羊夾在牠們之中。」另外，儘管大權在握，埃米爾・卡比爾似乎對王位亦無圖謀。但他無疑盛氣凌人，且如瑪莉・薛爾所寫：「他犯了常見的錯誤，把沙阿降級成傀儡。他甚至語帶輕蔑地提到沙阿，常稱他為……年輕小夥子。」48

這些傲慢的指控遭埃米爾・卡比爾的敵人放大，於是一八五一年十一月，年輕、易受影響的沙阿解除這位傑出總理的職務；在較愉快的早年，沙阿對他幾乎像孝順父母，還把妹妹許配給他；不久之後卻將他放逐到伊朗沙漠邊緣的卡尚（Kashan）。在德黑蘭郊外兜風時，瑪莉・薛爾巧遇離城的埃米爾・卡比爾和沙阿的妹妹。「他們都坐在『馬背上的轎子裡』，被衛兵包圍。在我看來那就像出殯的行列，我很少見到這麼憂鬱的景象。我好想……把那前途黯淡的埃米爾·卡比爾和他年輕的妻子及兩名幼子接到馬車來，載他們去使館……我好像預見他的命運了。」[49]

瑪莉·薛爾的悲觀沒有放錯地方。埃米爾·卡比爾一直是她先生和俄國同等職務的大使競相爭奪的目標，雙方都希望保護這位可能重返執政的政治人物、進而贏得他的感激。但他們的舉動徒然加深沙阿的猜忌，以及對外國干涉內政的怨恨。埃米爾·卡比爾和瑪莉克札德被軟禁在卡尚市郊費恩（Fin）的宮殿，不過允許在那清爽的花園內於柏樹和水道之間流連。忠貞的瑪莉克札德並未拋棄丈夫回到兄長身邊，且照瑪莉·薛爾的說法：「為防下毒，所有提供給埃米爾·卡比爾的食物，那位模範女性都會先嘗。」[50]沙阿的耳邊時時縈繞著「讓像他這樣的人活著很危險」的聲音，最後他命令一位名叫哈吉·阿里·汗（Haji Ali khan）的資深家臣——埃米爾·卡比爾「從塵土提拔上來」的男人——趕往費恩「除去米爾札·塔基·汗」。[51]

沙阿等人為他的死大費周章，包括由沙阿母親的密探讓埃米爾·卡比爾以為他獲釋在即，所以當哈吉·阿里·汗及同夥在一八五二年一月十日抵達費恩時，他們獲知他們的準受害者人在浴室洗澡，準備穿他的「榮譽之袍」。他們抵達的消息沒有讓人在鄰近宮殿（可見她多有錢）的瑪莉克札德知道，而當哈吉·阿里·汗一行人進入浴室時，他們看到埃米爾·卡比爾的太監在整理他的衣物。他冷靜地面對他的命運，只要求見他妻子——遭到拒絕——

然後叫他自己的理髮師割開他手腕的靜脈，且不讓別人包紮。臨死前，埃米爾・卡比爾猛力把銅碗扔向牆壁、詛咒沙阿來宣洩他的痛苦。然後他倒下了，而當他在自己的血泊中無力地扭動時，哈吉・阿里・汗雇用的一名暴徒用鞋後跟踩住他的兩肩之間，拿一塊布繞過他的頸子，用力拉，拉到他一動也不動為止。[52、53]

在伊朗，埃米爾・卡比爾的死並不怎麼令人意外，但令很多人震驚的是手法之殘忍。他在政府任官時，就是納賽爾丁沙阿漫長的在位期間嘗試現代化改革的始與末，也是這位妒忌、多疑、愈來愈奢侈荒淫的君主，唯一勉強與他人分享權力的時候。

埃米爾・卡比爾在那之前的事蹟，令人不由得想像他原本可能獲得的成就。他一共只掌權三年半，而雖然他的成績難免比穆罕默德・阿里和馬哈茂德二世（遠比他大權在握且長壽）遜色，但仍十分可觀。要是他沒那麼濫權，要是他更細膩地處理沙阿的敏感、沙阿母親的惱怒，以及俄英兩國的利益——假如他全都做到，「中東第一現代化推手」的頭銜說不定就是他的了。結果，他倡導改革的生涯才剛起步，他的靜脈就在伊朗沙漠中劃開了。

這位廚師之子或許拯救了卡扎爾王朝，但他的努力增進的是納賽爾丁沙阿的利益，而非沙阿的臣民，結果開啟了一段持續近半世紀的專制，雖比不上鄂圖曼阿卜杜勒哈米德二世的專制嚴厲有效率，但也有類似的民怨累積，終至爆炸的效應。

埃米爾・卡比爾之死在沙阿的統治期間來得很早，卻堪稱決定性事件，構成沙阿對現代化狹隘而壟斷的態度。儘管納賽爾丁會受新構想和新玩意吸引——他對攝影和內燃機很感興趣——他的計畫較少是運用技術與創新來帶領他繼承的國家加速趕上現代世界，較多是維護其基本特色，最重要的是他本身的卓越。

結果，到頭來他所殺害的埃米爾．卡比爾，其紀念詩和警語，可能比其他任何十九世紀的伊朗人都多，埃米爾．卡比爾過世的大理石浴室，到今天都還有憂悶的觀光客造訪。提到埃米爾．卡比爾，沒有不惋惜嘆氣的，而他的死如今被呈現為影響深遠、意義重大、支撐伊朗發展半個多世紀的殉道。但我們也可以主張他的失敗是無可避免的，因為他身在一個獨斷專制的政治環境。在伊朗，一如在埃及和鄂圖曼，改革運動要能成功，就必須由一個有遠見、身體健康的君主驅動，他必須全心投入長久而有成效的改革運動。穆罕默德．阿里和馬哈茂德二世都是如此，對埃米爾．卡比爾忘恩負義的主子納賽爾丁沙阿來說，也同樣真確。

在埃米爾．卡比爾革新受挫、並從此開啟了四十多年唐吉訶德式君主專制的故事中，很容易遺漏一個宗教少數派運動的重要性。他們約莫在這段時間突然崛起，而且對現代化的主張，幾乎完全被中世紀的起源及超脫塵俗的面貌給掩蔽了。濫觴於一八四〇年代的巴比運動（Babi movement），將轉而成為十九世紀中葉伊朗社會革新的重要催化劑，他們促進宗教和平、兩性社會平等及革命性質的反君主制。巴比運動反映了一種較古老的伊朗：

自七世紀起，伊朗就不斷有彌賽亞運動反對主流的伊斯蘭，例如怪誕至極的「拉望迪亞派」（Rawandiyya），他們的禮拜行為包括赤身裸體從城鎮堡壘和其他高處跳出來（他們以為自己會飛）。但這股新潮流也是伊朗面對新穎及變革搏鬥出來的產物，並轉而呈現出一種基於政教分離、國際主義和反戰的現代化觀念。就是這種觀念，讓它至今仍存續著——巴哈伊教（Bahá'í Faith）就源自十九世紀末的巴比教（Babism）——在世界各地約有五百萬信徒，且有資格被納入任何關乎中東現代化的敘事中。[54]

巴比教起源於伊朗南部的設拉子（西拉齊的家鄉）。十九世紀後半，臉色蒼白、心事重重的男孩賽義德・阿里・穆罕默德（Sayyid Ali Muhammad）在一個虔誠、富裕的商人家庭長大。男孩沒有受什麼教育，這反倒使他後來奇蹟似地獲得「神賜」，或者說習得「形而上的知識」變得可信——信徒也是這麼說先知穆罕默德的。另外，如同伊斯蘭的創教者，年輕的阿里・穆罕默德也有商業背景。他少年時代在波斯灣岸的布什爾協助叔伯們經營和印度、馬斯喀特（Muscat）及巴林（Bahrain）欣欣向榮的進出口生意，擦亮樸實、忠誠、有遠見的名聲。

若預言缺乏可信度，我們只能說他是個怪人，但阿里・穆罕默德在職業上值得信賴，又能隨時憶起《古蘭經》的評註和看穿事物表面，讓他的名聲愈來愈響亮。在一場宛如聖餐式的夢境中，他「歡欣雀躍地」飲了被迫害的胡笙伊瑪目（Imam Husayn）的血，從此他將作詩和作祈禱文的能力，歸功於胡笙伊瑪目的洞察力。他也以自我禁慾著稱，這為他招來正統派的批評；一名批評者指出：「我聽說有一次，在風如火爐熱氣般熾烈的布什爾，他在日正當中爬上屋頂，光著頭站在烈陽下，反覆吟誦他的咒語。」[55]回到設拉子的家鄉，每去完一趟伊拉克的聖城，阿里．穆罕默德就更成為民眾崇拜與百思不解的對象。「他跟我們這些罪人不一樣了。」設拉子人交頭接耳：「他出名了……而且可以展現奇蹟。」[56]

到一八四〇年代初期，阿巴斯．米爾札燃起的改革希望，已隨著他過世而破滅，於是大眾對宗教愈來愈投入，不管是捐贈蘇非派聖殿，或者紀念殉道的什葉派伊瑪目儀式，皆與日俱增。阿里．穆罕默德崇高的靈性地位使他相信自己已被選中執行神的使命，一八四七年——穆罕默德沙阿結束平庸統治的前一年——他宣布「五萬年來的渴望如今實現了……我就是真主點燃的神之火。」以一種革新社會與法律的精神——千禧年主義的生命動力——他也宣布廢除聖法、終止既有的一切秩序，包括卡扎爾王朝的封建制度、伊斯蘭禁放高利貸的規定，以及傳統神職人員傳教、研究神學細節的事工。他就像馬丁．路德和神祕主義信徒的合體，短短幾年，透過半祕密地運作，他被愈益廣大的追隨者擁立為第十二任伊瑪目之「巴孛」（Bab，或「大門」）。他的魅力為他贏得包含低階官僚到最遠村落的皈依者，以他之名成立的祕密社群平常掩飾信仰以免遭到迫害，接著突然蹦出來作亂，引發正統教派的憂慮和疑心病。

神職和政府的當權者發現自己陷入兩難，因為雖然這些攪局者構成的威脅十分明確，迫害或殺害巴孛搞不好反而會提高他的聲望。一八四八年，在年輕的納賽爾丁（當時還是王儲）面前，巴孛遭到大不里士的烏里瑪審判——目的在敗壞他的主張與可信度。「我正是你們引領期盼千餘年的那個人。」他堅持，但他並未同意穆拉的要求，出示諸如大衛的鎧甲、摩西的權杖或所羅門王的指環之類的證據。「我不被允許帶這種東西來。」他解釋道，接著便用不合語法的阿拉伯語喃喃自語。納賽爾丁原本還對巴孛的神性半信半疑，這下子崇拜一掃而空。

幾個月後，這片土地有了新的沙阿，身邊站著埃米爾．卡比爾，而一如在位初期的其他事務，納賽爾丁也依從總理大臣對巴孛的態度。埃米爾．卡比爾的想法和巴孛不同之處在於他強調「改革」，而非「革命」，且認為只要加以限制，什葉派教士是社會順利運作不可或缺的角色。但迅速發展的巴比運動還有其他思潮，讓波斯高原有很多地方的情緒都充滿威脅與狂熱，信徒藏著武器，期待對非巴比教徒發動一場全面的聖戰。

一連串暴動在一八四八到一八五二年間出現，政府軍圍攻巴比教的根據地，或把激進分子趕進山區；這個國家陷入千禧年主義的狂熱中，埃米爾．卡比爾覺得他有責任鎮壓。有一個聲稱新先知已降臨取代穆罕默德、且迅速傳播的異教邪說存在，不僅對伊斯蘭，也對任何以伊斯蘭之名進行統治的君主構成致命威脅；主流的穆拉和沙阿通同一氣，欲除之而後快。

據傳有數千名巴比教徒在戰鬥和報復行動中喪命。這或許是十九世紀伊朗最血腥的一次軍事行動。

一八五〇年七月，由於局勢持續動盪、巴孛仍不肯放棄主張，大不里士的教士遂以判教罪名判他死刑。巴孛被帶到營區練兵場交付行刑隊槍決，但當煙霧散盡，他卻不見蹤影，在場眾人無不認為奇蹟發生。事實上，第一波子彈截斷了綁住他的繩索，而巴孛趁煙霧瀰漫之際到營區藏身。他被找到、第二次被帶出來。而這一次，子彈沒有偏差了。

但就算創立者死了，巴比教仍不肯亡。一八五二年，在一些追隨者企圖行刺君主來回應巴孛被處決一事後，就算納賽爾丁原本對此運動有一絲矛盾的情愫，此下也灰飛煙滅了。這次拙劣的暗殺嘗試促使納賽爾丁進行瘋狂的屠殺和迫害，教派陷入分裂，有些教徒遵守不碰政治的教義，其他人則繼續圖謀推翻君主。敵視巴比教及其支派成了伊朗政府的新信條（在今天的伊斯蘭共和國之下再次如此），而一場宣傳戰不僅指稱其追隨者背叛真理之路，還污衊他們是貪婪、自私、道德敗壞之輩。後來沙阿向其子——時任亞塞拜然總督——穆扎法爾丁（Mozaffar ad-Din）強調：「嚴懲、隔離、恫嚇這個卑劣的教派，是身為君主必須做的。」[57]

但迫害反倒激勵了巴比教徒，他們繼續在全國各地的廣大地區生存下來。他們能抵抗駭人的酷刑，包括把點燃的蠟燭插入他們身上鑿開的洞（接下來他們可能被斧頭劈成兩半，或被砲轟），使他們的形象更令人恐懼。一名替沙阿效勞的奧地利官員記錄了可能出自薩德侯爵（Marquis de Sade）幻想的場景：「他們剝去巴比教徒腳底的皮，把傷口浸在滾燙的油裡，給腳釘上像馬蹄一樣的鐵，然後強迫受害者跑步。」儘管如此，「受害者連一聲也沒叫」，最後「他們把燒焦、穿孔的屍體倒吊在一棵樹上，而現在每一個波斯人都可以拿他的心臟試槍法……我看到屍體被將近一百五十顆子彈劃破。」在許多例子裡，除了他們是巴比教徒外，我們不知道受害者的其他資訊。58

失去創教者，又被政府打擊的巴比教四分五裂，最後，絕大部分的信眾圍繞在巴孛先前的門徒米爾札・海珊・阿里・努里（Mirza Husayn Ali Nuri）身邊。他被稱為巴哈歐拉（Bahaullah，「上帝的榮光」），而他的教誨就是巴哈伊教的基礎。從現在起，在巴哈歐拉的領導下，具感染力的信仰瘋狂逐漸轉變成令人驚訝的現代性寓言。之所以如此，是因為巴哈歐拉所處的伊朗，沒有任何世俗的舞台可以明確表達變革的渴望。於是，這股渴望只能在唯一確實存在的舞台找到表現的機會：在宗教的舞台上。巴哈伊教具革命性，因為它宣稱沒有必要讓改革配合伊斯蘭的律法；伊斯蘭律法本身不再有效。一項社會和政治轉型運動由此而生——中東史上最具革新力的運動之一。

巴哈歐拉是政界關係不錯的政治溫和派（埃米爾・卡比爾曾試著吸收他進政府任官），這讓他得以在行刺沙阿失敗後逃過一死。他被囚禁在頹圮、骯髒的監獄時，看到好幾個巴比教的夥伴被處死。這是相當重要的經歷，到了一八五三年，當他出獄、在鄂圖曼帝國流亡時，首先在蘇丹宜人的歐洲領土度過一段時間，後來在伊朗的壓力下又轉往黎巴嫩，在當地決心重建巴比教的社群。

一八六三年，巴哈歐拉自稱是巴孛曾預言的「上帝的顯現」，而往後二十年，他的運動不僅在伊朗和鄂圖曼帝國發展，也透過福音傳道在美國、歐洲、印度和中亞種下了根。毫無意外的是，巴哈歐拉無意配合當時的俗世領導人，反倒寫信，或寫「書簡」給他們，要他們將王國交由他主導。維多利亞女王回了封含糊其辭的信；沙皇答應進一步研究。拿破崙三世把信撕碎，說如果巴哈歐拉是上帝，他也是。[59]納賽爾丁沙阿將巴哈歐拉的信差處死。[60]

但就算巴哈伊教的神學有點古怪，其社會願景絕不如此。巴哈歐拉在漫長的流亡期間制定宣言，部分反映了坦志麥特革新的一面，但在很多地方遠遠超過鄂圖曼本身的改革，包括它對協商式民主的憧憬、對宗教和政治的分野，以及提倡一個由共同語言所一統、避開民族主義和戰爭的世界文明。

巴哈歐拉屬意君主立憲、所有臣民不分宗教一律平等，這讓他名列奈米克・凱末爾等鄂圖曼立憲派之中。但凱末爾是虔誠的穆斯林，巴哈歐拉卻是新宗教的創立者；當巴哈歐拉拒絕伊朗政府立基的君主專政原則時，更遠遠超越埃及里發・塔哈塔維等改革派。「我們堅信所有人類都崇尚理性。」他這麼對一個追隨者寫道：「因此你會看到專制被棄如糞土。」[61]在一段暗示人類潛能一部分被劃為世俗、而教士並不在其中扮演任何特殊角色的文字中，他寫道：「上帝授予國王『塵世的統治權』，但指定『人心』做為祂自己的領地。」[62]

在凱末爾和里發・塔哈塔維等改革者試著調和伊斯蘭與現代價值觀的同時，對巴哈歐拉及他的追隨者來說，那些古老的公理已與現實脫節，也被他本身具有神性的假設給取代了。除了這個驚人（對多數人來說也難以理解）的教義——所謂的「正因」——其他支配各種人類活動的原則，則開放做各種詮釋。透過宣稱穆斯林神職人員是多餘的，巴哈歐拉跟他的兒子兼繼承人阿博都—巴哈（Abdul-Baha）提出了一種當時最開明的社會制度。

巴哈歐拉相信，議會規則的傳入，與他被賦予的神性息息相關；他在著作中結合了彌賽亞和民主的主題。在一八七三年完成的法律著作裡，他規定每個有巴哈伊教社群的城鎮都應設置地方議會、享有立法權並負責為窮人謀福利，稱作「正義院」。德黑蘭第一間正義院在一八七八年祕密設立——比伊朗第一間議會還早三十年左右——但後來成員都鋃鐺入獄。他寫道：「世界成熟的徵兆之一是沒有人會同意背負獨裁統治的重擔。」[63]寫給維多利亞女王的一封信中，他稱讚她廢除奴隸交易（巴哈伊教亦禁止）和將「商議的轀韁委託給人民」，此指一八六七年的改革法案，賦予了英國多數勞動階級選舉權。在一小撮提倡女性教育（里發是另一位）的公眾人物中，他獨樹一幟地規定父母應教育兒子和女兒。雖然他附和巴孛容忍重婚之事（兩個妻子而非《古蘭經》的四個），但也聲明自己更喜歡一夫一妻。

就一個被迫害和引燃反叛的教義而言，或許令人意外的是，巴哈歐拉禁止宗教戰爭，也不准巴哈伊教徒詆毀其他宗教。他允許追隨者穿外國服裝（除了許多穆斯林當權者，印度教和佛教徒也視此為玷污之舉）、跟其他宗教的教徒做朋友，讀對方的聖書。儘管歐洲帝國主義蹂躪非洲等地，對列強現代化的軍備、開支和破壞力也深表遺憾，他贊同英國的君主立憲制；很可能是維多利亞女王在一八五七年宣布宗教寬容、下令「不得以宗教信仰或儀式為由偏愛……騷擾或威脅」她所有印度臣民，影響了他的兒子阿博都—巴哈，使他堅持所有群體都應享有完整的宗教自由，超越在鄂圖曼帝國底下運作的「米利特」制度。[64]

那些君主本身或許沒太注意巴哈歐拉寄給他們的書簡，但這些文件（暗中）在伊朗的巴哈伊教徒間廣為流傳，並在其他地方較公開地傳播。當我們細看這種新信仰的特色——粉碎伊斯蘭律法、反教權主義、民主傾向，以及最重要的，取消先知穆罕默德做為神啟媒介的地位——這種包含那麼多對伊斯蘭信仰不利的教義，會遭到攻擊、隔絕、（至少在伊朗）趕出大眾視線，並不令人意外。這種宗教持續到今天，努力與伊斯蘭和平共存但屢屢遭拒，而在其發源地伊朗，信徒仍被視為叛教者。

巴孛、巴哈歐拉和他們的追隨者是先驅，而他們信奉的理念和產生的爭議，將占據伊斯蘭——雖然從他們脫離——數十年。或許最令人稱奇的是，巴帛最知名的追隨者成了——雖然她自己可能不明白這個事實——伊朗第一位女權人士。

才華洋溢、信仰虔誠、又擁有令人無法抗拒的美貌和魅力，法蒂瑪．巴拉加尼（Fatimah Baraghani），巴孛易名為「庫拉安」（Qurrat al-Ayn，「眼睛的慰藉」之意）或「塔荷蕾」（Tahirih，即「純粹」），是十九世紀伊朗史上最不凡的人物之一。她既是女權運動的偶像，也像中世紀的聖徒，簡直是西蒙波娃（Simone de Beauvoir）與聖女貞德（Joan of Arc）的合體。而今既然她已辭世、她的歷史定位已經確立，我們可以在她人生的一連串事件中看到一系列宛如透視的畫面，鉅細靡遺地呈現了一個雖然充斥迷信，但也在現代化邊緣搖搖晃晃的社會。

一八一四年，塔荷蕾生於加茲溫（Qazvin），是當地首要神學家穆罕默德．沙勒赫（Muhammad Saleh）之女。儘管嚴格奉行伊斯蘭律法，但在女性教育一事上，穆罕默德．沙勒赫屬革新派，給予塔荷蕾當時禁止一般女孩接受的教育。她很快超越父親許多學生，在默記聖訓和《古蘭經》經文的深奧詮釋上，更是成績斐然，使父親不禁感嘆：「倘若她是男孩，必能光耀門楣，繼承我的衣缽。」[65]十四歲時，塔荷蕾嫁給亦是教士的堂哥穆拉．穆罕默德（Mullah Muhammad），之後兩人搬到位於鄂圖曼治下伊拉克聖城卡爾巴拉（Karbala）居住，在那裡生了兩個孩子，但她並未放棄對智識的追求。情況隨即明朗，穆拉．穆罕默德對這位任性固執的妻子感到茫然無措，不只一點不安；她的興趣危險地超過一般可接受女性探究的範圍了。

塔荷蕾無法與修道院嚴格、拘泥的氣氛和睦相處；但她的先生完全認同。這裡要強調的是，教士——幾乎一定是男性——扮演世俗事務仲裁者的角色，但這並未讓人們為社會裡的革命做好準備，因為根據伊斯蘭的千禧年觀念，社會革命預示著世界末日。塔荷蕾的伊斯蘭則帶有狂喜的性質，她讓她的禱告和幻想嚮往這個解放的末日：教法將被拋棄，被人間的完美自由取代。

當時還沒沒無聞的巴孛，其著作成了她靈性追求的福音。「我一聽到這個理想，」她寫道：「就認定它了。」於是她拋夫棄子（原本已和他們回到加茲溫），獻身於理想的實現。[66]回到卡爾巴拉，她積聚了一批追隨者，運用演說的天分打動男男女女的聽眾；她在簾子後面，或只許女性進入的小班級裡說話，這樣她就不必蒙著面紗了。一個目擊者寫道：「很多人參加她的授課，跟著她禱告。她一說話，他們倏然一驚，全都仔細聆聽，被她的演說打動。」在那個年代，以女性的身分擔任禱告領導者還成為獲得肯定的神學家，是非比尋常的事。引用一個巴比教聖徒傳作者所言：「沒有人可以抗拒她的魅力，可以逃離她信仰的感染力。眾人見證了她不凡的品格、訝異她奇妙的個性，並對她信念的真摯深信不疑。」[67]

她寫了一首詩來表達末日概念其實包含令人欣喜若狂的無政府狀態及其意義：

卸下過時律法、

陳腐傳統的衣裝！
讓自己浸淫在我
遼闊豐饒的汪洋！

另一首詩則表達（結果證明帶有預言般的尖銳）她對上帝事事隱瞞的不耐，以及對赤裸真相的渴望：

你的愛人必須忍受多久
來自簾後的創痛？
起碼該讓他們
一瞥你揭開面紗的美……

眼見塔荷蕾名聲愈來愈響亮、追隨者愈來愈多，神職人員遂向鄂圖曼的總督告狀，較慎重的巴比教徒則指控她「未經『巴孛』授權，擅自廢除我們從父親和祖父那兒繼承的教法。」真相被巴孛刻意模稜兩可的聲明掩蓋了，那運用什葉派既有的「權宜的善意謊言」（taqiyya）之慣例，來規避叛教的指控。塔荷蕾在入獄後獲釋，於一八四七年三月被逐出鄂圖曼的領土。她回到伊朗，而她從這鎮走到那鎮，到處都遇上同樣的奉承與猜忌——這就是這種新信仰的極化力量。聚會被強制解散，於是她開始主張直接對運動的敵人採取行動。就算巴孛也稱她「塔荷蕾」，她仍被譴責為不貞，卡扎爾王朝的史官則指控她的布道像舉行狂歡派對。

同一年，她回到加茲溫，而那裡正為巴比教徒和其對手——以她的伯伯兼公公穆罕默德．塔基（Muhammad Taki）為楷模——陷入激烈的兩極對立。一八四七年夏天，穆罕默德．塔基在他自己的清真寺晨禱時遇刺。塔荷蕾被懷疑涉案，於是她逃往德黑蘭，於巴哈歐拉家中避難（這發生在他被放逐和宣布自己的先知使命之前）。穆罕默德．塔基遇刺和政府鎮壓任何嫌疑人之舉，讓巴比教徒和傳統什葉派教徒之間的鬥爭化暗為明。

日益高漲的迫害浪潮和巴比教蓬勃的反抗精神，引發一八四八年夏天一場轟動的會議。在空前緊張、憂慮和保密的情況下，八十一名最重要的巴比教徒在伊朗東北部馬贊德蘭到呼羅珊（Mazandaran-Khurasan）路途上巴達什（Badasht）的果園開會。巴孛本人沒到場，因為他已被囚禁在庫德族邊界的一座偏僻城堡裡；他缺席，其他運動領導人必須徹底做出決定：巴比教是該創立全新的宗教呢？或只是新瓶裝舊酒？他們之中激進派的目標還有豎起那面黑旗——什葉派傳統中象徵末日使者馬赫迪（Mahdi）到來的旗子。

對巴比教徒來說，這場在杏樹和石榴樹之間的辯論，主要在討論教義，但巴達什會議也被公認為伊朗女性政治史上的里程碑。塔荷蕾也是與會代表。她、巴哈歐拉及其追隨者，和另一名綽號「庫杜斯」（Quddus，「神聖」之意）、被反巴比教信徒逐出聖城馬什哈德的領導人，一起共商大計。事實證明塔荷蕾的神聖使命極具社會意義，因為它解除了伊斯蘭正統套在女性身上最具象徵性的一道枷鎖。

巴達什的集會以權力鬥爭開場，激進派的塔荷蕾、保守派的庫杜斯和調解派的巴哈歐拉三足鼎立。庫杜斯指責塔荷蕾「創造異端邪說」，巴哈歐拉則試著讓兩人妥協。所有派系都被分別劃入三大陣營，每個派系都在村裡不同的果園建立據點，領袖和其支持者搭起帳篷。在會議的一個關鍵階段，庫杜斯在巴哈歐拉的果園裡接獲塔荷蕾的緊急邀請。他斷然拒絕，說：「我跟她完全斷絕往來了。」所以塔荷蕾自己來找他，而她沒有遮蔽自己，象徵對宗教律法的公然反叛。

一名目擊者這麼說：

> 塔荷蕾的身影赫然出現在與會同伴眼前，有戴飾品，但沒戴面紗。眾人頓時一陣錯愕。所有人都在這個最意想不到的幽靈面前站起來。看到她沒戴面紗的臉，是他們無法想像的事。就連凝視她的影子也……不成體統……那突如其來的暴露，震懾他們的身體機能了。其中一名與會者驚駭到親手割了自己的喉嚨。他全身是血、激動地尖叫，逃離

塔荷蕾面前。一些人跟著拋下自己的同伴，拋棄自己的信仰。

同一位目擊者毫不懷疑塔荷蕾引起的轟動對宗教改革有多重要的意義。

無視她已在同伴心中引發的騷動，她開始向剩下的與會者說話。幾乎沒有預先設想，以《古蘭經》驚人雷同的語言，她以流利的口才和熱情展現魅力。她引用一句出自《古蘭經》的經文做結論：「誠然，花園與河流間，虔信存在於真理的所在，在強大的王者面前。」她說完立刻宣布：「我是……將使塵世權貴潰逃的真言。」[68]

塔荷蕾卸去面紗之舉是公然拒絕先知穆罕默德對其追隨者的要求，那記在一句知名的聖訓中：「若有事詢問她們（先知的妻子），要在簾子後面問。這會讓你的心和她們的心較為純淨。」[69]「簾子」和「面紗」在阿拉伯語是同一個字，而這句聖訓就是女性戴面紗的習俗被神聖化的根據，而這點的奉行與否常被當成信仰的試紙。十九世紀的伊朗，在任何直系親屬以外的男人面前卸下面紗，罪惡與賣淫相當。藉由脫去面紗，塔荷蕾向她的同伴表明那些古老的規則已不再適用，而經由此舉，她也讓他們銘記：巴孛傳奇地位的天啟即將來臨，一個預言週期的新黎明就在眼前。[70]

在巴達什會議散場後，隨著主要代表達成和解、往北建立巴比教的地盤，未戴面紗的塔荷蕾在庫杜斯身邊吟詠禱文的畫面，促使一群村民對他們發動攻擊。數名巴比教徒被殺；其餘逃竄。由埃米爾・卡比爾精心策畫的迫害巴比教徒行動愈來愈血腥，而在一八五〇年七月巴孛被處決時達到最高潮。

在革命性地解下面紗後，塔荷蕾成了通緝犯，從這村逃到那村，最後還是被捕。她被帶到德黑蘭納賽爾丁沙阿的面前，他喜歡她的容貌，判她免死，但她仍拒絕放棄主張，而監禁她的警長宅邸被崇拜者包圍。最後，一八五二年九月，在企圖暗殺沙阿失敗後，她被判處死刑。

根據一段巴比教的紀錄：

一天晚上，明白死時將至，她穿上新娘服，抹上香水，請來警長夫人……向她吐露最後的心願。然後，關在她的房間裡，她在祈禱和冥想中等待見證與她的「摯愛」重聚的那一刻。她在房裡來回踱步，吟誦一段表達悲傷和勝利的連禱文，夜闌人靜時，衛兵……來了，帶她到城門後方的伊爾哈尼（Ilkhani）花園，那裡將是她的殉道之地。她抵達時，負責監督處決的軍官正和部下喝得爛醉，大聲狂笑；他立刻命令將她勒死，扔到坑裡。用同一條她直覺留作那項用途的絲巾……這位不朽的女英雄求仁得仁。她的屍體被放到井裡，塞滿土石——依她原本渴望的方式。[71]

當時她的聲名遠播到連倫敦《泰晤士報》（The Times）都在報導「加茲溫的美麗女先知」被處死的消息。數十年後，儘管卡扎爾政權堅定無情地鎮壓巴比教和巴哈伊教，她的知名度仍持續增長。[72]「噢，塔荷蕾！」土耳其詩人蘇萊曼．納奇夫（Suleyman Nazif）在一九一九年哀嘆道：「一千個納賽爾丁沙阿也不如妳啊！」[73]

塔荷蕾被處決，一如折磨巴比教徒的埃米爾．卡比爾被處決，都說明了十九世紀中葉伊朗和改革運動的關係有多曲折。這兩位重要人物相互敵對的事實也顯示現代性可能具有多種面向，從埃米爾．卡比爾受西方啟發、注重實利的國家建構（對他來說正統什葉派伊斯蘭可抑制失序），到塔荷蕾直覺性的個人主義和精神虛無狀態，不一而足。當然，塔荷蕾的價值觀屬於入迷的時代，屬於魔幻和神性的恩典，但她選擇的表達方式——先拋棄丈夫、再拋棄宗教、最後拋棄面紗——都向我們證明，這些年來我們引以自豪與西方連在一起的抱負，不見得都源於西方。

儘管有塔荷蕾、埃米爾．卡比爾和阿巴斯．米爾札分頭努力，儘管西拉齊樂觀進取、勤勉不懈，事實依舊如此：直到十九世紀後半，在穆斯林文明心臟地區的現代化競賽中，伊朗是遠遠落後的第三名。隨著這個世紀繼續前進，納賽爾丁沙阿干預得愈來愈深，也愈來愈厭惡分享權力，但伊朗早期現代派人士未竟的努力仍累積成相當可觀的遺產，讓後來的革新者採用、結合、發展。而當他們的努力與更廣泛的自由需求連成一氣時，就連這位「最中世紀」的現代專制君主也無法抵擋。

四、漩渦

無論是藉由學校、軍隊或運河，十九世紀最後的二十五年，中東最富生產力的知識和政治經濟體，其統治者不是正努力操縱、就是努力拖延現代化。但他們已不可能掌控思想的流動，而源自人民身上的自生力量——巴哈伊教就是其中一例——影響了轉變的方向和速度。儘管保守派自暴自棄地抱著傳統的浮冰，但事與願違：冰塊就快要融化，要不受影響是不可能的事。誰能抗拒印刷報紙鼓勵的自主性判斷？又有誰能不在現代鐘錶的滴答聲中聽見時間重新排序呢？

雖然很多人厭惡伊斯蘭國家除了適應新方法、新思想外，別無選擇，但中東的各大中心確實已被捲入變革的漩渦了。除了社會動盪的頻率加快，另一個新奇是它共享而擴散的本質。經由旅行、日誌的傳播，加上受過教育的穆斯林愈來愈可能在赴麥加朝聖時相遇，德黑蘭、開羅和伊斯坦堡——當然還有它們與外面的世界之間——知識和社會將會愈來愈相似；每當它們獲得構想、反覆思忖後，多半會有類似的反應。

將中東包羅萬象的現代化之路反映在這本書的結構上，似乎有其道理。當各自的經驗逐漸整合為一個包含解放與需求的主要進程後（雖然所需的時間長短略有不同），就不再需要硬把德黑蘭、開羅和伊斯坦堡分開來講述了；從現在起，它們的故事合而為一。這種合體將持續到二十世紀末，直到宗派的仇恨再度撕裂伊斯蘭的土地為止。

無論西方提出哪些主宰一切的意識形態，政教分離也好、國族認同也好、新型態的階級和親屬關係也好，總而言之，各種相互競爭的世界觀紛雜湧入這個地區。拜反奴隸運動、民主開放、婦女解放和一夫多妻制式微所賜，中東被重新建構。沒有哪種新構想——無論有多激進——可以被完全排斥，因為有人提出來，就表示有實行的可能。每出現一種創新，既有的文明就會承受一股新的壓力，即便那是說「不」的壓力。

社會和知識變革的種子，相當程度上是經由經濟傳播，因為到了十九世紀末，埃及、鄂圖曼帝國、法國和義屬北非，甚至相對孤立的伊朗，都已併入全球貿易、金融和消費的體系中。在各自廣袤的領域內，自給自足的農業已被經濟作物的出口所取代，所有權已從古老的包稅商制度（包稅商代表國家持有土地），轉移到許多佃農、小自耕農及無產階級農夫的私人土地制度上。棉花是卓越的區域性經濟作物（還有菸草、小麥、大麥、無花果、生絲、生羊毛和鴉片），而埃及就是過度專一化的危險個案：一八六五年，單單一種商品就占了全國總出口的九成以上。甚至在後來棉花價格下跌後，埃及仍是以經濟作物為主的經濟體——不過有比較多樣化了——因此還是受控於西方消費者。

多虧運輸方面的革新，區域的樞紐現在彼此距離更近，也離世界其他地方更方便了。地中海的南岸和東岸都有數個吞吐物資及旅客的世界級港口（P&O郵輪在一八五三年開始往返這些水域，包括服務前往聖地的歐洲朝聖者），蘇伊士運河每年替它的股東帶來八到九%的獲利，底格里斯及幼發拉底等河流也開放給輪船做商業航行。千年來，這地區國際貿易的主要運輸工具是駱駝，牠們得每小時沉重地走上四、五公里。如今，隨著新鐵路鋪設（伊朗除外，英國和俄羅斯都對這種具戰略價值的基礎建設行使非正式的否決權），不僅商業互動變得更快速，其他每一件事也變快了：投資、遷徙、動亂、傳染病。

到一九一三年，埃及已擁有約四千三百公里的鐵軌，鄂圖曼約有三千五百公里，諸如從伊茲密爾沿愛琴海岸到艾登（Aydin）的區域路線，協助形成了新的貿易聚落。帝國的不同地區都轉身不理會伊斯坦堡，而心向曼徹斯特、漢堡和馬賽。事實上，帝國貿易延伸得如此錯綜複雜，使得一九一〇年代，據一位土耳其史學家的說法，已經「很難把鄂圖曼經濟……視為一個有意義的分析單位來討論了。」[1]

無法在全球商品的市場上競爭，這個區域的統治者自然不大高興，但生產力、規模和無疑取決於西方臉色的資本，形成了更大優勢，加上歐洲當局為其商人堅持的極低進口稅推波助瀾，使中東蛻變成全球最不受保護的市場。多數在地手工藝品無論在價格和品質上，都拚不過歐洲工廠製造的商品，對整個產業造成災難性的衝擊。例如一八六二年，敘利亞阿勒坡（Aleppo）的英國領事報告，該城市織布機的數量已從一萬部降至兩千八百部；一八七〇年代的摩洛哥，氈帽、鍋子、五金和玻璃的製作者都蒙受外國競爭的影響。在此同時，英國棉布的價格一路下跌——從一八〇〇年每碼七法郎跌到一八三〇年每碼三法郎，一八六〇年再跌到每碼六十生丁（centime，〇．〇一法郎）。[2]中東的工業生產境遇更糟。埃及早年由穆罕默德・阿里強而有力帶頭推廣，如今都以失敗收場。到十九世紀第三個二十五年，即中東地區跨出現代化第一步的五十多年後，幾乎沒有任何值得一提的工業了。

經濟失衡的衝擊因歐洲融資而加劇，雖然曾因一八七三到七九年的「長期蕭條」（Long Depression）讓中東暫時止血。私人投資加快了鐵路、有軌電車、水利、瓦斯和電力的發展，而源源不絕的貸款——有利於蘇丹阿卜杜勒哈米德二世、納賽爾丁沙阿和赫迪夫們支付武器、宮殿和外國旅行——使這個區域負債累累。在土耳其和埃及的例子中，長期蕭條期間的信貸危機導致違約，也讓經濟終被外國官員把持，通常以收回款項為名，強制實施惱人的撙節措施並侵吞稅收。在伊朗，向外國融資的狂熱在一八七二年惡名昭彰的「路透特許狀」（Reuter concession）達到高潮；依此合約，納賽爾丁沙阿形同把國家資源和基礎建設賣給英國商人朱利斯・路透（Julius de Reuter）——一個自私、甚至下流的決定，最後沙阿不得不在國內外的壓力下收回。

中東社會自然有所轉變來因應這些經濟和政治發展。這個區域生產得多、進口也多，儘管面臨高通貨膨脹、有些地區還窮得不得了——也變得愈來愈富裕。更好的安全措施與公共衛生政策見到成效，數百年來第一次，埃及、鄂圖曼和伊朗的人口開始逐年成長。一八三〇年後，鄂圖曼和伊朗每年增加大約〇・八%，埃及則在十九世紀後半每年成長一・五%。[3]都市圈也在成長，例如伊斯坦堡一八〇〇年人口有四十萬，到第一次世界大戰前夕已超過百萬——因為有更多人熬過童年、較少人死於疾病、城市的現代化也猶如磁石，吸引鄉村貧民前來。政治動盪造成大規模的遷徙；一八七八年《柏林條約》剝除了帝國許多在巴爾幹的土地，促使穆斯林出走，安那托利亞因此吸收了大約兩百萬穆斯林居民。埃及人口在一八五〇年到一八八〇年間成長三成；同時期一些棉花鎮的成長率更高達一七〇%。隨著棉花炙手可熱，亞歷山大港已追上伊斯坦堡、馬賽和熱那亞，並列為地中海最大的港口城鎮；一八八二年，它的人口已從法國入侵時的八千人左右增至二十二萬，到訪的旅客數則從一八三七年的一萬名增至一八七一年的五萬多人。[4]抵達蘇伊士運河河口新城市塞得港的人數成長更快，在一八七一年達到五萬九千人。

做為穆斯林世界最國際化也最西化的城市，伊斯坦堡也儼然成為家庭結構演化的實驗地區；女性平均結婚年齡從一八八五年的十九歲增至一九〇七年的二十一歲（只比美國年輕一歲），拜有效運用且可敬的節育形式——體外射精——子女數也少了。至一九〇七年，伊斯坦堡近半數穆斯林家庭的成員不到四人，同年統計的數字也顯示城裡只有二%的已婚男性娶超過一個妻子。[5、6]

遷徙與技術，加上（對中東經濟活絡的地區而言）難以管理的混雜居民區，這些都是中東在十九世紀緩慢前進時的特色，於是毫無意外地，社會結構面臨愈來愈大的壓力。

在埃及繁榮城市高度緊張的氣氛下，不時有紛爭傳出，包括一八六五年一起幾名義大利陸戰隊隊員和阿拉伯男孩涉入、再給警方（不是土耳其人就是阿爾巴尼亞人）火上加油的事件，結果導致暴民圍攻義大利領事館。六年後，尼羅河三角洲的鐵路城鎮坦塔（Tanta）成了希臘人和阿拉伯人之間宗教暴力的背景。阿拉伯人要捍衛一位逝世已久、但關於他的記憶卻被污損的神祕主義者的榮譽；希臘人以及信奉希臘東正教的敘利亞人——做為放債者和軋棉廠老闆——享有特權地位，使緊張情勢加劇，希臘人嗜杯中物和污辱伊斯蘭的習性，更是火上加油。[7]

過去不是沒有這一類的爭端，但此次涉入人數眾多、外國強權以領事之姿參與（很多人有商業利益），加上惡事傳千里，都讓這件原本純屬地方性的芝麻小事，變得舉足輕重起來。被帶入中東的「新世界」，比「舊世界」傳遞更快、訊息更整合、更多事情串連發生。

這個新世界——西方世界——也正在展現它真正的意圖，里發．塔哈塔維等早期現代派人士認為那基本上出於良善，但近來逐漸以掠奪為目的。以不同的速度、不同的重點，中東的不同部分在政治和經濟上正逐漸為西方所奴役，而我們可以在十九世紀最後二十五年的羞辱中，讀到日後民族主義迸發的預兆。

最嚴重的羞辱降臨在埃及身上——中東三大地區中唯一被正式殖民過的。一八七九年，英國和法國運用債權人的地位，推翻了不夠順從的赫迪夫伊斯梅爾帕夏，由兒子陶菲克接任。三年後，英國正式侵略該國、鎮壓蓬勃發展的愛國運動——開啟了持續四分之三世紀的占領。

毫無意外地，忿忿不平的感覺在民眾之間蔓延——不只在埃及，也在歐洲的干預沒那麼明顯的鄂圖曼和伊朗——既針對外國人，也針對那些因貪婪而引狼入室的統治者。埃及浮現愛國情操；伊朗上演對路透特許發動的抗議；土耳其人譴責鄂圖曼國債機構（Ottoman Debt Administration）及其撙節措施。這些反應顯示，就算中東人對西方的政治意圖還有一丁點殘餘的信念，卻也在快速抹消中。不過，對西方人的不信任，並未演變成對其思想一貫積極的反對運動。瓦哈比派——於十八世紀萌芽、第一波抗議鄂圖曼西化的嚴厲信仰復興——仍有待傳播到阿拉伯家鄉以外的地方；薩拉菲運動（Salafism）——據我們現今所理解，是在追求先知時代的原始伊斯蘭社會——尚未形成一種社會計畫。儘管西方的行政官員、金融業者和傳教士懷有惡意，但歐洲（美國也逐漸如此）仍帶來錯綜複雜、饒富魅力的禮物，而有愈來愈多穆斯林視之為未來的樣貌——不僅是西方、而是全人類未來的樣貌。

無論是在沙龍、大學或共濟會小屋裡——共濟會於一八七〇年代在中東起飛，從王室統治者到受敬重的教士，人人都誇耀自己是這個典型啟蒙機構的成員——到十九世紀末，西方思想如日方升。人數穩定成長的專業人士和行政菁英意識到人類存在的詞彙正在改寫，而一個引人注目的事實是——特別在開羅——當時擁抱西化比現在還激進、還更無視宗教的觀點。拜印刷術爆炸性發展和識字率穩定成長所賜（儘管緩慢），書籍、文章及演講，幾乎一在西方發表就被譯成阿拉伯文、土耳其文和波斯文。

這些新的中東知識分子不重溫如孟德斯鳩《羅馬盛衰原因論》和芬乃倫《忒勒馬科斯歷險記》等經典，反倒喜歡埋首於叔本華（Arthur Schopenhauer）的無神論哲學、生物學家恩斯特・海克爾（Ernst Haeckel）的人類多元起源說（polygenism），以及數學家昂利・龐加萊（Henri Poincaré）提出的混沌理論前身。

進一步的變革動力來自正在黎巴嫩等地設立的新教教會學校。這些學校在普遍接受宗教少數派子女的同時，也對穆斯林社會有更廣泛的影響。這些學校冒出了許多辯論，都以達爾文（其《物種起源》在一八五九年發表）及其他如華萊士和路德維希・畢希納（Ludwig Büchner）等堪負重任的演化論者為基石，受到這些辯論的啟發，如埃及的《文摘》（al-Muqtataf）和伊朗的《星》（Akhtar）等刊物，都散播了與《古蘭經》造物敘述不一致的思想；這些出版品也從哲學家赫伯特・史賓賽（Herbert Spencer）身上汲取有關於社會新穎且根本性的思想，並從義大利和法國的社會學家那兒獲得「群眾」（crowd）的概念。

儘管蘇丹阿卜杜勒哈米德二世展現對審查的酷愛，鄂圖曼的新聞業仍欣欣向榮，而當時流行的標題是〈脊椎動物的起源〉之類的科學文章，以及描述拉普蘭人（Lapps）和愛斯基摩人的報導。一名店員從安那托利亞西部的地方性城市布爾薩（Bursa）寫了封信給一本頗受歡迎的期刊，在信中提出這個問題：「科學有什麼好處？」然後自己用唯物論者的語氣回答：「這世界除了科學還有什麼？」[8]

在埃及，羅馬天主教的知識分子希卜里．舒瑪耶勒（Shibli Shumayyil）形容靈魂是物質運作的結果，雖遭到撻伐，卻引以為樂；他寫道：「真是大驚小怪，讓我好想一巴掌把他們從沉眠……一灘死水或生命的邊緣打醒。」[9]舒瑪耶勒仍逍遙自在，沒有因出言不遜而遇害；很難想像今天類似的情況能安然無恙。

為試圖降低被誹謗的可能，《文摘》的編輯，黎巴嫩基督徒薩魯夫（Yaqub Sarruf）和尼姆爾（Faris Nimr）（兩個都上過敘利亞的新教徒大學，即後來的貝魯特美國學校〔American University of Beirut〕）將達爾文進化論呈現為沒那麼具顛覆性的學說。綜合兩人觀點寫成的《物種起源》中（原著要到一九一八年才被完整翻譯），他們將達爾文的信念結合同時期華萊士的看法——特別是「所有動物都是從其他動物演化而來，人類除外。」薩魯夫和尼姆爾同意華萊士的論點：人類的意識和特質如機智和藝術才能，不能歸因於物競天擇，而當歸屬於一個「看不見的精神宇宙」，這種配方讓他們得以接受達爾文提出的大部分理論，又不必把人類從上帝身邊的高位拉下來。「Tatawwur」，意為「演化」的新詞，和「Darwiniya」，即「達爾文主義」（Darwinism）一樣，逐漸在說阿拉伯語的穆斯林之間流傳，而《文摘》也為讀者刊登主題五花八門的文章，如玻璃製造、顯微鏡和如何維持一頭濃密的頭髮，許多文章抄襲《科技新時代》（Popular Science Monthly）等西方期刊而沒有標明出處。

但就連這種明顯中立的資訊也絕非沒有問題。從《文摘》這類期刊的出版，情況一目瞭然；這個世界的多元性遠超過多數受傳統教育的穆斯林所能接受，而要講述自然史，新思想有可能不必提到神的《創世紀》。如今阿拉伯文、土耳其文和波斯文都有大量著作是合理、完備而具有娛樂性的，它們既未提及真主，甚至沒感謝真主賜予我們前進的動力；人類的才智正把神聖的造物主推到一邊。世俗的知識領域正以不可思議的速度擴張。在一八八〇到一九〇八年間，埃及共有六百多份報紙和期刊，中東其他地方也有類似的情景。[10]

一如達爾文進化論曾捲入英國的政治爭議——馬爾薩斯主義者（Malthusian）、白人至上論者和廢奴人士都據以為用——達爾文主義也對埃及備受折磨的處境構成影響。一八八二年英國殖民埃及後引發了「瓜分非洲」（scramble for Africa）行動，造成八〇%的非洲大陸被歐洲統治。一八九八年駭人聽聞的恩圖曼戰役（Battle of Omdurman）——英國人僅四十七人陣亡，卻殲滅了一萬名蘇丹士兵——令人沉痛地展現了適者生存的演化標準。「物競天擇的法則，」洩氣的埃及知識分子卡西姆・艾敏（Qasim Amin）說道：「已為歐洲人提供蒸氣和電力，驅使他們奪取任何比他們弱的國家的財富。」[11]就連阿卜杜勒哈米德二世當政的鄂圖曼帝國，儘管戮力發揚伊斯蘭和對蘇丹的忠誠、嚴厲阻止所有「非必要」（意即文化）的西方元素傳入，但在經濟上，仍是其歐洲債權人的玩物。

但《文摘》不過是一道水閘，在伊斯坦堡、德黑蘭和開羅之間相互流轉的思想河流上，讓學生、異議人士和貿易商從容地在這個逐漸被視為一體的地理區來來去去。拜更好的技術與運輸之賜，被禁的報紙繼續出版，並在距離審查員數千哩外的地方印刷，使它們仍能觸及他們的受眾。這時期最具影響力的兩家波斯報：《法律》（Qanun）和《號角響起》（Sour-i Esrafil），其編輯中心分別設在倫敦和加爾各答，《法律》則在伊斯坦堡印刷。這些刊物的影響深遠，與它們微小的尺寸完全不成比例；不管被偷偷帶到哪裡，它們都會引發辯論和爭執，讀者數遠遠超越發行量。《文摘》僅售三千份，但每一份可能都有數十人閱讀——例如巴格達的一群愛好者就合資訂一份來看。12

反教權主義——歐洲啟蒙運動的正字標記——在官僚、記者和革新派聖職人員所組成的新知識分子間野火燎原。這種不虔敬的「授粉」過程，最特別的一個例子出現在伊朗的西北部。

一九一〇年夏天，大不里士一位名叫艾哈邁德．卡斯拉維（Ahmad Kasravi）的受訓穆拉，習慣晚上爬上住家屋頂凝視一顆疾速劃過天際的神祕火球。卡斯拉維不知道自己看到的是什麼，因為他在神學院所學的托勒密天文學對這種「長尾巴的星星」隻字未提。直到讀了《文摘》——那從北非一路送抵北伊朗——他才明白自己觀看的是一顆彗星，而那早在兩個世紀前就以英國皇家天文學家艾德蒙．哈雷（Edmund Halley）的姓命名好了。

卡斯拉維在神學院中本就以態度輕蔑、愛懷疑出名；他的新發現在他心中肯定了老師們的無知，以及他們方法的落後。「正是那顆星星，」他回想：「讓我走上學習歐洲之路。」

他原本就愈來愈厭惡教士階級，從歐洲學到的知識更讓他變本加厲，高高興興地從中抽身。這位阿拉伯語流利，也懂英語、法語和土耳其語的年輕教師兼官僚，已準備好戳破教士的牛皮，而他寫的小冊子（其中許多匿名發表）更廣為宣傳穆拉貪婪、無知的形象。他譴責穆拉報酬豐厚的兼差──以極端的戲劇性敘述什葉派伊瑪目的苦難，讓教區居民泣不成聲──也因為帶一本法文書到清真寺而遭到懷疑。「我們該拿他怎麼辦？」一個神學院學生問。「他需要被毒打一頓！」穆拉這麼回答。

卡斯拉維曾目睹一名惺惺作態的教士向一群富有的朝聖者道別，而他的描述可能引用自《憨第德》。這些朝聖者是商人，他們在一場饑荒中囤積糧食，導致數十名窮人死亡，但教士仍「表現穆拉典型的虛假」，期望從他們身上撈到好處。卡斯拉維忍無可忍，勸道：「這些人害他們的鄰居和家人餓死，會在真主面前被嚴懲……昨天才有一些寡婦把她們垂死的嬰兒摟在胸前，而後母子雙雙餓死！」

在伊朗的卡斯拉維與在埃及的舒瑪耶勒並不孤單。可以想見，那時較虔誠的人──穆斯林或其他人──對他們採納歐洲最粗野、最具破壞性的思想震驚不已。在這些觀念引發的知識與身體的放縱之中，最戲劇性也最激烈的或許莫過於身材圓滾滾、擁有雙下巴的土耳其實證哲學家貝希爾・傅瓦特（Besir Fuat）的告別演出。

生於一八五二年、父親是鄂圖曼公務員的傅瓦特是忠實的伏爾泰信徒，也是帝國最大膽直言的批評者之一（他不喜歡多數正在撰寫的東西，理由是那不夠科學）；他有許多翻譯作品，其中包括一篇標題為〈心〉（Heart）的文章，批評詩人把一些形而上的功能歸給了畢竟只是一團肌肉的東西。

一八八〇年代，他的個人生活蒙受打擊。他向奈米克．凱末爾致敬而取同名的兒子不幸夭折，母親則因罹患被害妄想症，在義大利醫生蒙格里（Mongeri）的建議下住進精神病院。傅瓦特現在發現，他靠翻譯和寫作賺到的錢既付不起母親的醫療費用，也養不起第二個家庭——成員是他一次尋花問柳邂逅的娼妓（蒙格里建議他嫖妓來對抗憂鬱，配合水蛭最有效）和兩人的女兒。一八八五年，他開始考慮自殺。[13]

傅瓦特並未貿然行動。他花兩年時間把事情整頓好，包括劃分他微薄的資產、積極寫作，還幾乎每天晚上去看戲。這些並非典型亡命之徒的舉動，顯然接下來發生的事經過算計，以便產生最大的效果。

自殺之所以意義重大，原因之一是那必須反叛任何掌管塵世存在的神權統治；在計畫他的死時，傅瓦特打算完全排除真主的角色。他留下遺言，要把屍體送給醫學院學生解剖（雖然人體解剖已被容許，但屍體始終短缺），並決定即時記錄自己的死直到身體允許的地步，在生命流逝的同時留下唯物的敘述，卸去任何宗教或形而上感覺的負擔。

一八八七年二月的一天晚上，傅瓦特走進他家樓下的圖書館，把門關上，割開腕動脈和頸動脈。事前他已經給自己注射古柯鹼做止痛劑，現在拿起筆：

我執行了手術。我不覺得痛。血流得比較多以後，有點痛了。血流的時候，我嫂子下來了。我說我在寫文章，所以需要關門，擺脫了她。幸好她沒有進來。我沒想過會死得如此甜蜜。我猛然舉起手臂，讓血流出來。我開始失去知覺了。

在此之後，傅瓦特還清醒多久，我們不得而知。快午夜時，他還強健得可以叫喚僕人。僕人來見他的主人，主人滿身是血，叫僕人甩他的手臂，讓血流得更快。僕人大叫，使屋裡的女人紛紛跑過來。她們找來醫生，他試著救傅瓦特的命，引來這個相信自己已騙過命運的男子一陣奚落。「我說醫生啊！」隨著生命慢慢消逝，傅瓦特幸災樂禍道：「你幹嘛試？我根本活不過五分鐘。」[14]

傅瓦特之死在伊斯坦堡造成轟動，不是因為自殺前所未聞——相反地，那似乎相當普遍——而是因為他以服務科學為目的。一位報紙評論員寫道，不管是誰提供傅瓦特止痛藥，都必須予以懲罰，因為倘若沒有注射古柯鹼，他就無法承受痛苦，而會大叫了。還有人指出歐洲無神論已對「一些年輕人」產生影響，表明自殺牴觸伊斯蘭，並推斷傅瓦特會在來世被懲罰。但更多權威人士鑑定出社會有一股反宗教的潮流，而解方就是在學校裡多做些伊斯蘭研究。

最後，傅瓦特的家人並未遵照他的指示，把他的遺體交給皇家醫學院，而是遵照伊斯蘭儀式將他埋葬。但相關新聞報導廣為宣傳了他精心策畫、拒絕讓真主操控生死的作為。政府開始審查，勒令新聞媒體不再提到自殺之事。遵守禁令六個月後，一份報紙幽幽地宣布：「自殺的流行還在持續！」[15]

以開羅為中心興起，阿拉伯文印刷和閱讀文化是現在俗稱阿拉伯文化復興（「nahda」，意為「再覺醒」）的一部分，援用了西方的模範和既有的傳統。里發．塔哈塔維被許多人公認為阿拉伯文化復興之父，但還有很多人貢獻卓著，包括精通多國語言的阿勒坡散文家瑪麗亞娜．馬拉什（Maryana Marrash）和馬龍派基督徒艾哈邁德．法里斯．希迪阿格（Ahmad Faris al-Shidyaq）；前者的文學沙龍吸引音樂家、作家和品酒家，後者則是他那時代最渾然天成的現代思想家之一。[16]

一八〇五年出生在黎巴嫩，希迪阿格生涯前景的一大轉捩點，應該是兄長阿薩德（Asad）在皈依新教後死於馬龍派之手。希迪阿格本身在信仰方面採用各派合一的途徑，先改信新教，後皈依伊斯蘭。他對土生土長的黎巴嫩沒有太多忠誠心，因此在開羅、馬爾他、土耳其和西歐度過漫長時光。他將《聖經》譯成阿拉伯文；在牛津申請教授阿拉伯語未果，還曾寫信給維多利亞女王和拿破崙三世——跟巴哈伊教的創教者巴哈歐拉如出一轍。他對伊斯蘭啟蒙運動的重要性在於他是文學的先驅，成為十九世紀中葉第一位倡導一種文體的阿拉伯人——這種文體無限的視野、不拘的形式和評論社會的傾向，使之成為現代生活的寫照——小說。

希迪阿格熟稔勞倫斯・史特恩（Laurence Sterne）生動而鬆散的小說《項狄傳》（*Tristram Shandy*），也熟悉伏爾泰的《憨第德》，但創作自己人物龐雜、時而猥褻的小說《腿上的腿》（*Leg over Leg*）時，他也援用阿拉伯傳統。（阿拉伯文化復興常被描述為回應西方的創新；事實上，一如絕大部分的穆斯林啟蒙運動，那比較不是整批進口，而是陌異與熟悉的融合。）希迪阿格形容《腿上的腿》「貯藏了每一個吸引我的想法，不管重不重要」，而連同書中許多主題，舉凡從無情的反教權主義到語帶贊同地描述一位女性所受的教育——「沒有女性參與阿拉伯文化復興，」據說他曾這麼說：「就不可能有屬於東方的文化復興。」為喜劇效果，他也援用了一些被棄用的阿拉伯語詞，包括「buldan」（兩眉之間不留毛髮的自由），和「bahsala」（「脫掉衣服拿來對賭」）。[17]

希迪阿格的小說並未傳達給廣大的民眾。《腿上的腿》（一八五五年於巴黎出版）在希迪阿格在世時沒什麼讀者。但今天，它看來極具預言性。二十世紀初，包含音樂劇、諷刺文學和羅曼史等各種文類的阿拉伯小說開始取代詩，成為最重要的文學形式；這項傳統繼續孵育出備受推崇的現代小說家，如納吉布．馬哈福茲（Naguib Mahfouz）和亞伯．柯塞利（Albert Cossery）。

小說的稜鏡可生動觀察人生所有的善惡美醜，這已經在歐洲孕育數百年了。華特．司各特爵士（Sir Walter Scott）是十九世紀前數十年極成功的小說倡導者，他就將這種媒介視為文學的容器，小說裡的事件會跟著「人類和現代社會狀態的普通列車前進。」司各特的感想，一如這種形式本身是普世的；十九世紀後半土耳其最受歡迎的作家艾哈邁特．米德海特（Ahmet Midhat）就曾遙相呼應過，他這麼描寫貝伊奧盧（Beyoglu）——伊斯坦堡聲名狼藉、炫目浮誇的歐洲區：「不管你往哪邊看，都會看到一部小說。」

希迪阿格《腿上的腿》有諸多創新，也見證了中東小說發展最迅速的仍是以伊斯坦堡為中心的土耳其文化——這並不意外，因為伊斯坦堡正是中東最國際性也最西化的城市：真蒂萊．貝利尼（Gentile Bellini）曾於十五世紀在此畫肖像，《包法利夫人》在此販售，從威爾第到司各特（在他的拜占庭音樂劇《巴黎的羅伯特伯爵》〔Count Robert of Paris〕中）等創作者也將這裡設為他們異國風情故事的場景。

在超過四十年的生涯中，米德海特留下近兩百部小說、翻譯和科普作品，留著大把鬍子的他（肖像畫中常戴著他的鄂圖曼氈帽）發展出一種結合活力、非正式和諄諄教誨的風格。

書寫讓他得以謹慎提出革新的構想，在描述時髦公子哥和皮膚白皙（當時流行）的女子之際，他小心翼翼地對媒妁之言、婚外情、娼妓和奴隸等主題採取自由、開明的立場。「我的目標，」他寫道：「是和大眾說話、試著啟發他們、做他們問題的詮釋者。」雖然就數字而言，「大眾」是虛幻的（儘管有新學校和較普及的教育，識字人口的百分比尚未達到兩位數），支持教育的文化動力已取得不可抗拒的道德權威。[18]就算今天有人讀不懂米德海特，他們的孩子明天一定會讀他接班人的作品。

米德海特作品中的社會成分新得令人吃驚。另外，他也協助讀者區分散文與詩，並讓前者更接近新聞寫作。事實上，米德海特等人在第一波土耳其文小說中描述的主人翁，許多都投身年輕的新聞界。

但米德海特的重要性不僅在於他是土耳其小說史上的里程碑，也具備紀實功能。既然歐洲的文化規範已經進入，和固有的文化規範推擠拉扯，他和其他同期小說家也反映了中東的分裂人格。這個社會具有典型的現代特異性（idiosyncrasy），瀕臨精神分裂——你只要來伊斯坦堡，花點時間看看它如何應付新的壓力和矛盾，就能感同身受。

伊斯蘭說女性拋頭露面是一種罪孽，但善良的穆斯林女性蜂擁前往攝影棚，為人像攝影師掀去面紗。對鄂圖曼的花花公子來說，在街上偶然碰到一名少女，需要瞬間做出判斷；如果她外貌傳統——一身黑、戴著面紗看不到臉——他必須嚴肅地撇開頭去，但如果她穿著淡綠色蕾絲裙和短袖上衣，戴著帆船帽搖曳而來，他就必須做出相反的舉動：輕觸自己的帽緣，用法語打招呼：「早安，小姐！」

很多人看到解放女性、採取西化卻不思進取而深感不安，土耳其詩人阿卜杜哈克・哈米特（Abdulhak Hamit）就曾這麼描述：

她的表情鎮定，言語造作，
她的任務是讓靈魂著火，或讓心破碎；
她的友情可花一千法郎買到；
誰知道她花了情人多少！
她挑逗地打量著你：
注意力永遠擺在衣服上；
有人說，如果你不合時尚，還不如被牛角撞，
沒有交朋友的機會，她掉頭就走。[19]

走在妻子前面，少在大庭廣眾面前跟妻子交談，向來是中東男人的習慣，但在美好年代（belle Époque，指十九世紀末到第一次世界大戰爆發前）的伊斯坦堡，人們得知法國人會用

優雅的姿態偕同女性出門，也會在街上跟她們談話。現在這樣的行為開始爬上伊斯坦堡的人行道（另一項創新）。安放在許多人家的餐桌也引發不少困惑。以往，用餐是相當嚴肅的事，以果腹為目的；兩性皆盤腿而坐，不時有打嗝和咀嚼聲，有話要在餐前或餐後講。現在，邊吃邊聊成為必要的社交禮儀。刀叉開始流行，還有一種看似帶點威脅性的東西叫餐桌禮儀。

這股對於新奇的狂熱也延燒到文字。就連完美的文字也逐漸被拋棄。土耳其文不用「*aile*」（源自阿拉伯文，意指「家庭」），而改用「familiya」。提到外國名字也成為身分地位的表徵：「華德菲德（Waldteufel）最新的華爾滋，你聽過沒有？」

在所有因現代化所引發的混亂中，最具象徵意義的是「時間」；同一城市的居民住在不同的時間裡，或者說不同的時代當中。現代伊斯坦堡人戴手錶、天天過固定的二十四小時、前往事先講好的地點赴約，像歐洲人一樣準時。例如去貝伊奧盧的盧森堡咖啡館，女孩會在那裡戴單片眼鏡——一種一九二〇年代流行於德國的款式。但對於沒那麼歐化的居民來說，變動的二十四小時從每天傍晚的日落開始，因此需要調整手錶。這被外國遊客稱為「土耳其時間」或「阿拉伯時間」，簡直把他們搞瘋了。[20]第三種伊斯坦堡居民——最傳統的乃依太陽橫越天空的時間判斷一天走到哪裡，並藉由五次禱告來安排約會，而宣禮員（muezzin）一定會提醒他禱告的時間。

不論人們怎麼選擇計時，時間開始愈走愈快，一種現代化初期必有的跡象。米德海特在他最著名的一本小說《所見所聞》（*Observations*）中寫到，如果要搭沿著博斯普魯斯海峽軋軋前進的渡輪時，搭半直達的那種可以「爭取到時間」；「正如那個英國人所說，我們的時間就是金錢！」確實如此，因為米德海特是新聞工作者，而他致力於提供最新的消息。「最後一通電報會在晚上來，」他解釋道：「你愈晚寫的政治要聞，就代表愈新、愈重要。」

以上與其他種種分歧，籠罩著十九世紀末的前景，而許多土耳其人在其中見到「alafranga」和「alaturka」之間的衝突──「法蘭克風或歐式對上土耳其風格」。依照這種世界觀，每個人都懸在屈從歐洲習俗或堅持固有傳統的兩個極端，結果非喜即悲。

米德海特筆下的另一號人物穆斯塔法是如此沉迷於新奇，竟放棄他位於博斯普魯斯亞洲那一岸的傳統木屋，跑去貝伊奧盧市郊建造一棟歐式磚房。「現在，在那種社區的那種房子裡，」作者告訴我們：「一位法蘭克風格的紳士是不可以把家裡塞滿阿拉伯人的。當朋友來訪，顯然需要希臘和亞美尼亞的僕人打理一切。」為與法蘭克的作風相稱，穆斯塔法寵壞的女兒讓「一位私人女美髮師梳理頭髮。她的父親還幫她請了鋼琴老師，但因為欠缺能力，她什麼也學不會。」

米德海特處理現代化的方式，是將之視為一連串的挑戰和兩難，通常要靠好的眼光及對伊斯蘭文化（即便不算習俗）的忠貞來解決。但其他作者將這種現象視為男性和女性都會經歷也該擺脫的內心混亂。作家開始對現代化的反效果感興趣，而這反映在作家看到歐洲小說複雜、矛盾的角色上所顯露的興味，例如司湯達（Stendhal）《紅與黑》（*Le Rouge et le Noir*）的主角于連・索雷爾（Julien Sorel）。書名裡的「黑」代表教士，「紅」則代表青春旺盛的活力。現代化也播下痛苦和失去自我的種子——「真相，苦澀的真相」，司湯達的題辭這麼寫——阿卜杜勒哈米德二世執政時的鄂圖曼就經歷過。

一如這些苦惱是新的，因應這些苦惱而生的藝術情感也是。新的文學既屬於現代，也批評現代。這使痛苦倍增，是宗教、被放逐的宗教，所無法驅散的痛苦。身為帝國官員，也是重要貿易家庭後裔的哈利特・齊亞・烏沙克里吉（Halid Ziya Uşaklıgil），成為這種教人心煩意亂的文類最成功的倡導者。他早期的作品也在一個男人心中引發另一場顏色的碰撞：樂觀的藍與絕望的黑。

烏沙克里吉一八九七年出版的《藍與黑》——書名其實不是受司湯達啟發，而是詩人蘇利・普魯東（Sully Prudhomme）——描述脆弱、孤獨、二十二歲的艾哈邁德・傑米爾（Ahmed Cemil）的混亂生活。傑米爾的抱負是成為知名的前衛詩人（理當如此），他渴望得到一種聰明到可以獨立思考的新語言；但父親過世後使他不得不多做幾份工作來扶養母親和妹妹。

艾哈邁德・傑米爾為伊斯坦堡一家報社寫文章、做翻譯，也當一個小男孩的家教，一星期去三天晚上。冬天，他要渾身發抖地沒入黑暗、躲開惡犬、踏過泥濘，而當他經過伊斯坦堡某座搖搖欲墜的廢墟時，他的心戰慄不已，「彷彿突然有隻手伸過來攫住他的衣領」。他的母親擔心他工作量這麼大又睡這麼少，身體會垮，對此，他看著妹妹伊柯芭（Ikbal）回答：「媽，我們需要多一點錢，不是嗎？我們還有新娘要嫁。」

婚姻，確實可能是最後同時接納伊柯芭和她哥哥的避風港，但一種貪婪的享樂主義正在新伊斯坦堡悄悄蔓延，那已經吞噬了傑米爾工作上的同事兼文學上的對手拉齊（Raci），他常被發現在貝伊奧盧的妓院裡喝得爛醉。

一個大雨滂沱的夜，艾哈邁德．傑米爾的編輯塞夫齊（Sevki）調好領帶、整好氈帽、把八字鬍打濕，便和傑米爾一起離開辦公室尋找行為不端的拉齊。他們穿越一群群撐著甲殼般的傘、通過加拉塔大橋（Galata Bridge）的人潮，看著發自餐廳內的光線，映射在有軌電車和行人的鞋子上。纜索鐵路帶他們來到貝伊奧盧生氣盎然、閃閃發光、一哩長的主街。拉齊被暫時遺忘了；艾哈邁德答應要帶上司去看「王冠」、「坎不里紐斯」和「中央」等名聞遐邇的咖啡館。那裡的電燈固定在牆上、桌子有大理石檯面，每當大門旋開，片段的音樂便跟著香菸裊裊的煙霧流瀉而出。最後他們爬上一段狹窄、骯髒、磨損的階梯來到一座機構，一名指甲泛黑、在伊斯坦堡過夜的鍋爐工正在爐火前烘乾自己，兩個女帽商的學徒則和一個過重的女僕打情罵俏。

這裡是水晶宮（Palais de Crystal），拉齊最後被人看到的地方。這兩個男人找了靠近舞台的位子，此時這間俱樂部坐滿職員、學徒、理髮師和水手。最後，一批歐洲女孩——她們的膚色因無止境的夜晚和煙霧泛著慘黃；她們的父親都是多瑙河沿岸某處的貧民，找不到辦法脫離窮困，只好販賣血親為奴，拖著她們不情願的身體上台唱歌、跳舞、玩各種樂器。拉齊在俱樂部顧客大吼大叫熱鬧非凡時抵達，而艾哈邁德．傑米爾和上司追捕「獵物」，進到一旁附屬的妓院，那兒有一位龐巴度夫人（Madame de Pompadour）——一個歌舞劇侍女女高音，以及一名穿著阿爾巴尼亞背心、汗流浹背的巴爾幹農家女孩。

《藍與黑》充滿這種潮濕而微光閃爍的影像，烏沙克里吉詳盡關注每一個畫面，其技巧足以和（仍相對年輕的）攝影工具媲美。不同於一般的現代化反對者，烏沙克里吉並未從虔誠的有利位置撰寫批評。他的主角艾哈邁德．傑米爾對宗教抱持著矛盾，一如身處迅速世俗化社會的民眾常有的心態，而他感覺到的戰慄和畏懼，似乎有一部分是害怕失去信仰這種安定的精神支柱。另外，作者描述水晶宮跳舞女郎被剝削之事，令人震驚之餘也教人想繼續探究；這顯示他對不平等和奴役的道德面向相當敏感，這些概念與伊斯蘭無涉，而是來自對人權的世俗理解。這些具開創性的段落沒有斧鑿痕跡；正如現代化已闖入新的領域，對現代化捎來的不安信息，也蔓延到新的境地。

毫無疑問，在烏沙克里吉寫作的同時，其中一項訊息有關工業化。綜觀中東各地，這個過程已被經濟無法抵禦西方大量製造的事實給耽誤了。但在一八七〇年代政府推出多項誘因後，鄂圖曼帝國開始打造私人產業的工業能力，而且不限於伊斯坦堡。伊茲密爾和塞薩洛尼基都有鑄鐵廠等工廠，製造基本的機械工具、香菸和磚塊；濱地中海的阿達納（Adana）擁有蒸汽動力的製絲和製棉廠。最大的工廠雇用兩百名員工，而有些男女都聘。隨著勞工權益等社會主義思想從歐洲徐徐淌入，技術進步凸顯了機器與人之間複雜又競爭的交互作用，勞資關係成了辯論主題。

技術不僅能改善生活，也可能使生活更加混亂和貧困，這種現象在《藍與黑》中歷歷如繪。故事走到一半時，烏沙克里吉的另一位年輕男主角維赫比（Vehbi）繼承了這家報社，並利用他的新身分娶伊柯芭為妻，還說服傑米爾抵押房子買一部新的印刷機。維赫比很快就露出他惡棍、無賴的真面目，不僅毆打伊柯芭（她最後在分娩時過世），還把傑米爾逼到破產。

快到這本抒情、迷惑的著作尾聲時，烏沙克里吉在優美的一個段落，表達他對新工業世界的矛盾情感：他讓艾哈邁德．傑米爾站在那部平版印刷機旁邊，此為他碩果僅存的財產。傑米爾看待、描述機器及其操作的方式，不是實業家思索規模經濟的那種，而更像個心理學家提醒戰爭的消耗效應。

拼字領工……彎著身子，那從他十歲時就因為他不斷用指尖在冰冷的金屬板上組合和拆解構想而毀損、筋疲力竭了；在這令人難以忍受的環境裡，在污濁的空氣和腐臭油燈的昏暗光線下，手拿著鑷子，開始作戰——這裡夾走一個句號，那裡插入一個逗點，他的肺因不耐、後悔、倦怠而收縮……把欄位弄寬點、挑出錯誤的語詞或字母、換成對的，讓鑷子的尖端在成千上萬個小東西之間輾轉流連……

傑米爾對眼前身心俱疲的情景感慨萬千，讀者也是。至於對美好年代伊斯坦堡的識字階級而言，在一本書中讀到現代性不僅威脅伊斯蘭，還會阻撓人類對快樂的追求，想必覺得新鮮又困惑。

但這樣的追求太過迫切且無法拒絕，魅力更是與日俱增，勢不可擋。當第一批中東小說正在撰寫、達爾文主義被提出、像傅瓦特那樣的反傳統者瞧不起神與死的時候，一個能從新的個人自主精神獲益良多的社會層面正在騷動。這就是簡愛和法瑪．阿里耶的龐大軍團。

起初，社會實施隔離。對中東都會女性而言，這是難以忍受的生活現實，特別是中上階級的女性。至於農村社區則較不介意性別之分——這有其經濟因素：女性對家庭收入貢獻卓著——因此前往鄂圖曼、伊朗和埃及偏遠地區的旅客，都會看到稍微蓋著面紗的女性在路上走、耕作土地、出席婚禮及宗教儀式。一個上層階級的埃及女性在一九〇九年驚訝地描述，有些努比亞社區讓男性負責縫紉，而由女性耕地；在伊朗的部落地區，困難重重的季節性遷徙能否成功，女性的角色至關重大。戴面紗的習慣亦非伊斯蘭專屬。英國旅人露西・達夫—戈登（Lucie Duff-Gordon）在一八六〇年代造訪上埃及時發現，某些基督徒女性覆蓋的面紗，比穆斯林女性還要厚重。

在城市較貧窮的地區，可以看到女性在少數私人工廠作業和經營店鋪。美國勝家公司（Singer）在蘇格蘭克萊德河（River Clyde）畔的工廠大量製造縫紉機（一九一三年以前年產一百萬部），因而在提升女性就業率上扮演要角，而在伊斯坦堡和開羅，挨家挨戶兜售服務的女裁縫師，逐漸讓女性不必自己在家動手縫紉。[21]就連烏沙克里吉在某種程度上恐懼新技術的小說《藍與黑》，也表彰了縫紉機促進自主權的價值；書中寫到被一事無成的拉齊忽視的妻子向他討錢買一台縫紉機，因為，如她所說：「一部小縫紉機不夠養活一個女人和她的稚子嗎？」確實足夠，而這就是為什麼到一八九七年，光是埃及就有六萬四千名女性——總人口的二％——在一些行業裡工作的原因。[22]

但再往社會上層爬，社會就被父權主義和懶惰隔開了。「你只會在街上看到勞動階級的女性。」在二十世紀初造訪開羅的美國旅人伊麗莎白・庫柏（Elizabeth Cooper）這麼宣稱：「沒戴面紗到處流連的女性並不被隔離的女性羨慕，她們自己也不以本身的自由為滿足，並相信窮困才迫使她們離開家中的僻靜之地。」[23]就像在倫敦、巴黎和紐約一樣，維持奢華卻牢不可破的封閉性，是富裕人家的特權。

隔離的單位是閨房（harem）——源於阿拉伯語「剝奪」的動詞——中東的族長就是在這個分離的場所行使他們對妻妾和奴隸的支配，西方的畫家和作家也樂於將此處描繪成密不通風的監牢，未獲青睞的美人（例如不在家中的地方首長的年輕妻子）在這裡變胖、彼此勾心鬥角，一邊凝望籠裡那隻象徵性的戴勝鳥，宛如所有成功的諷刺圖文那樣，但這其中不乏事實。

在一次世界大戰前短暫停留開羅期間，伊麗莎白．庫柏應邀來到一個乾淨舒適、有坐墊和長沙發的地方。伊麗莎白加入一群女子。那個空間是在一道木造的格子窗框後，突出於一棟傳統房屋之外，從那裡，她們可以看到一批嫁妝送到對面那對新婚夫妻的房子裡，卻不被其他人察覺。伊麗莎白還寫了這麼一句話來表達當時的上流文化有多令人費解：「那個女孩一想到自己要去看歌劇，聽古諾（Charles Gounod）的歌劇《浮士德》用阿拉伯語唱，就開心得不得了。雖然這一樣要隔著格子窗。」

在一些中東女性的記憶中，閨房是個能提供保護和慰藉的地方，女性齊聚一堂，情同姊妹，而同一個男人的妻子若能互相幫助，會改善所有人的處境。對一個大家庭的大老婆來說，閨房是她的轄地，她可以在此建立華麗的專制。但一般來說，閨房裡的生活充滿光怪陸離——有化妝舞會般的穿著，古怪的娛樂包括畸形秀和動物展覽——而其最主要的特色其實是徒勞和無聊。這些沒有發揮所長、缺乏刺激的女性因膚淺而被批評，但批評這種現象的史學家也指出，若一個成年人一直被當成孩子對待，且社交圈裡只有其他閨房的女性和僕人，會有這樣的缺點不足為奇。這些不幸的女人不是屢遭丈夫忽視或暴力相向，就是一直生孩子，而這種鋪天蓋地的無力感會導致「緊張、不合邏輯的行為，伴隨憂鬱，進而演變成密謀、共謀和自殺。」[24]

大膽無畏的英國女性艾拉．塞克斯（Ella Sykes）在一八九〇年代陪同兄長進行外交任務（當時納賽爾丁的統治進入暮年），在帝國的後宮裡只看到尖酸、賣弄和欠缺智慧。後宮不只是一堆房間，也是一種心境，害怕被不該看見的人看見，也是對正常生活全然陌生的狀態。這是沙阿暴虐專制的終極表現，因為他可以盡情對裡面的玩物發揮他的奇思妙想。

在一個惡名昭彰的例子裡，他命令後宮的女人拋棄傳統寬鬆、刺繡的長褲，改穿巴黎芭蕾舞衣（他在一次歐洲旅行後深深著迷）的某種怪異的仿製品。那包括一件袖子寬鬆、用最華麗的錦緞織成的夾克和某種燈籠褲，膝蓋露出、白襪子穿到小腿一半。這種令人瞠目結舌的混搭，到他統治結束都是後宮的「制服」。

最能將這位沙阿暴政的粗俗效應展現得淋漓盡致的，莫過於他喜愛的室內遊戲：「關燈」；他的女兒泰姬．薩達內赫（Taj al-Saltaneh）這樣描述道：

「父王會坐在電燈開關旁邊的椅子上。當後宮的女人忙著聊天時，他就把燈關掉。突然，全面失控。驚聲尖叫的、喊著要人幫忙的、破口大罵的、嚎啕大哭的，到處都聽得到……哭天喊地的混亂因四周一片漆黑而變本加厲……這時光突然回來，逮住每一個人的舉動。通常衣服會被撕成碎片，臉上鮮血淋漓，身體猥褻地暴露……那些女人表情怪異、頭髮凌亂、眼睛布滿血絲和憤怒……遊戲結束，可憐的女人解散回房，得在房裡整理儀容到天亮。令我驚訝的是，當遊戲重新開始，她們已熱切地做好準備，興高采烈地進行一場拳打腳踢的歡宴。」[25]

考慮到閨房生活的怪異，也難怪艾拉．塞克斯會對伊朗女性抱持憂鬱的觀點，說她們「一接觸到歐洲女性，便了解自己的命運有多艱辛。」雖然伊朗女性有財產權，但因為不識字又被隔離，往往無法加以利用，而本身未婚的艾拉回憶道：「說來可悲，我被奉勸絕對不要嫁給波斯人。『噢，小姐啊，』波斯女人會說：『我的丈夫讓我吃了好多苦。如果他的米或雪酪（sherbet）不合他意，他可能會打我，我也知道如果我生了讓我變醜的病，他會馬上跟我離婚。而當我年華老去，他待我會比待僕人還糟。』」

中東婦女生活的憂鬱情況是源自一個簡單的信條。對多數家庭來說，一個女人構成一種道德資產，而其價值取決於她能否純潔未玷污地從父親交到丈夫手上。女人還年輕時，沒有人會懷疑她的女性魅力，但她必須受到保護，以免被她自己無法馴服的性徵所害。

挫敗、無聊、可能受男性威脅，這些富人閨房的特徵，壓在侯達．沙拉維（Huda Sha'arawi）的人生之上。身為漂亮、活潑的埃及貴族，她的自傳描述了埃及在一八八〇及九〇年代變革浪頭上的兩性隔離情況：就像在不可輕信的乘客陪同下遠渡重洋，像被非己力所能控制的外力連番打擊。

侯達經歷了生為上層階級女性所擁有的特權和煩惱——住在大房子裡、坐擁漂亮的花園——卻只想要有自己決定事情的自由。年紀很小的時候，她就預見弟弟將來的地位會比她優越。「妳是女孩，他是男孩。」當她埋怨弟弟獲得的關照時，她的繼母這麼說：「等妳嫁人，妳就會離開家，榮耀妳丈夫的名字。但弟弟會延續父親的名字，繼承他的家業。」

當侯達十二歲左右時，她偷聽到女性親戚討論她和她的監護人（也是遠親）成親的可能性。對談裡提到的男人年過四十、有些孩子都比她大了。因為年紀還小，她沒有把那件事放在心上，甚至當她收到珠寶、家中房屋意外重新裝潢時，也沒有警覺。

其他遠親登門要求履行婚約；女孩仍不了解正在發生的事情有多嚴重，而在為期三天的婚宴中，她大方穿著華貴的禮服、戴著波斯頭飾，坐在花團錦簇、篷裡有地毯和垂簾的雅致新娘座上，讓人扛著走。「我笑著，跟朋友一起興高采烈。」她回憶道：「開心到家人把我先前的舉止解釋成準新娘常表現出的憂慮，沒什麼大不了。突然，」侯達繼續說：「大廳外面一陣騷動。」在「zaghrudas」（阿拉伯女性歡鬧時發出的嗥叫）聲中，舞者衝了出去。「鑼鼓喧天中，女人不是趕快跑出房間，就是溜到簾子後面，這時宦官宣布，新郎駕到。」

侯達這才猛然驚覺，事情就要發生。

> 那一瞬間，美夢消失，嚴酷的現實赫然浮現。渾身無力，我哭著抓緊一個親戚的禮服……她正試圖像其他人一樣逃跑，我懇求：「別丟下我！帶我一起走！」一個女人過來，把銀絲織成的面紗從我頭上放下來，就像張面具覆蓋即將處決的死刑犯的臉。就在那一刻，新郎進房了。在有銀色浮凸花紋的紅絲絨墊子上禱告後……他走向我，掀起我臉上的面紗，吻我的前額。他牽著我到新娘座，然後坐在我旁邊。這段期間，我一直像狂風中的樹枝一樣顫抖。新郎跟我說了一些話，但我什麼都聽不懂。依照習俗端來紅雪酪的高腳杯時，我沒辦法品嘗那種儀式的飲品。最後，我的新丈夫牽著我離開。我不知道自己要被帶往哪裡。[26]

那年她十三歲。

第一個提供女性機會改善社會和經濟狀況的現代中東政府，是埃及的穆罕默德．阿里。

而一如這位總督其他大部分的作為，這原是被軍事利害關係驅動。

梅毒在十七世紀已從歐洲傳入中東，此後就不曾離開。有些歐洲人認為那比瘟疫還糟，而梅毒在埃及找到一種完美的傳播媒介：穆罕默德．阿里四處移動、作戰的軍隊（在他終止這種巡迴調動之前）。軍隊會嫖當地的娼妓。一八三〇年代，穆罕默德．阿里找來建立現代醫療體系的法國醫生克勞特貝伊（也就是設立埃及第一間解剖手術室的那位）提出更全面的解決之道：用現代女性醫療體系取代傳統的埃及接生婆——即「daya」。訓練有素的醫療助理會為軍人配偶做檢查，並教育他們有關梅毒的事；他們也會注射天花疫苗——在一八二〇年代初期每年造成五萬名嬰兒死亡的疾病。如此一來，在埃及母親和準媽媽的心目中，畫符唸咒的接生婆將逐漸被取代。[27]至少計畫是這樣。

法國人克勞特貝伊建議的助產士學校，來自法國現行機構的啟發。雖人員需求急迫，但埃及習俗出面阻撓。體面的穆斯林爸媽不會答應讓女兒出去工作，也不會答應讓她們去上任何會賦予她們工作能力的學校。克勞特的解決辦法是派官員到開羅的奴隸市場及貧民收容所，從裡面招募到總共三十個女孩。接受助產士和更全面女性健康倡導者的訓練期間，這些女孩拿政府的津貼，食宿全免；在設於全國各地的醫療診所工作後，她們會領月薪，比照男性授予軍階，也會配交通工具（驢子）。

整體來看，對追求獨立的埃及年輕女性來說，這種交換條件還不賴——只是埃及的年輕女性尚不符合這種描述。克勞特貝伊的助產士學校從一開始就被學生和老師的短缺所困擾，孕婦繼續找傳統接生婆，最後，這種新的醫療助理成了某種管理機構，負責監督接生婆和確認她們照規定提供出生和死亡的資料。總督已敏銳地了解資料蒐集對他需要高度掌控的現代國家有多重要。

倘若想到一個世紀後，教書或行醫的公職將被視為中東各地中產階級女性的頂尖成就，那麼這個事實可能令你意外：這個區域第一批女性公務員不是官員或什麼專業人士的女兒，而是阿比西尼亞和蘇丹的奴隸。

接下來半個世紀，女性教育領域的情況沒有好轉多少——儘管里發・塔哈塔維及其追隨者大力提倡。伊斯蘭教義並未阻止女性學習，但社會觀念如此。埃及女性受教育的故事仍是強制的善意與頑抗的社會之爭。埃及女性了解《古蘭經》是一回事，能否無拘無束地遨遊書本的世界，又是另一回事。二十世紀作家蘇哈伊爾・卡拉瑪威（Suhayr al-Qalamawi）記得她祖母曾說：「閱讀的習慣是一種病，我那個年代的女性沒有身受其苦。蒙主保佑我們美好的古老歲月！我每天絕對不會給我女兒夠多時間讀書。」[28]

進入一八七〇年代後，女性教育仍有無法克服的反對聲浪，穆斯林大眾對其效益仍備感懷疑。第一批在接下來十年內自由接受教育的穆斯林女性，後來顯然對嫁給未受教育丈夫的婚姻相當不滿，她們的家人則覺得她們驕傲自大。有鑑於此，一八八〇年代悄悄蔓延埃及社會的轉變態度，確實非同小可。

一八九二年埃及教育部所做的一項調查發現，來自這個國家新中產階級——公務員及專業人士——的雙親，不僅願意送女兒去受教育，也要求女兒的課程要和兒子類似。一個轉折點即將出現：社會將從普遍不接受讓女兒受教育，轉變成不接受女兒不受教育。

也許有人認為埃及女孩受教育是英國殖民統治的紅利、是英國官員的強制推行；事實上，埃及精神抖擻、肌肉發達的新教徒總督埃弗林．巴林爵士（Sir Evelyn Baring，後來受封為克羅默伯爵〔Lord Cromer〕）和他的同事都認為不管是否包含兩性，大眾教育都存在風險，所以只教育足夠多的埃及人好擔任政府公職。相反地，是私人（但經國家註冊）的「庫塔」（kuttabs，學校之意）用最快的速度讓埃及人對女孩受教的觀念軟化，轉變成一群真正具備讀寫能力的女子；一九〇八年，這類機構（課程也包括衛生、烹飪和洗熨）中的女學生人數已從一九〇〇年的一千六百四十人增至一萬七千人。[29]反觀公立學校男女學生加起來的總人數，僅從一八九〇年的六千人增至二十年後的一萬一千人，其中只有八百人是女性，但私立和教會學校還有數千名女學生。[30]

一九〇一年，里發．塔哈塔維加入第一批埃及男孩留學團前往西方七十年後，開羅政府出錢讓一些年輕埃及女性到英國就讀倫敦南區的史托克威爾訓練學院（Stockwell Training College）和劍橋的漢默頓訓練學院（Homerton Training College）。雖然這些年輕女性都有年長女伴護送，爭議仍一直糾纏她們，批評者指控她們道德敗壞，辯護者則反駁說她們沒有跟男人混在一起，不是「人們想像的那樣」。

當然，篤信宗教的人士會懷疑旅行的目的在追求世俗化不是沒有根據，美國旅人艾蒂絲・布契爾（Edith Butcher）在一次世界大戰前不久就有發現到了。她在開羅火車站看到「一群女子……全身包緊緊，只露出眼睛，」目光虔誠地迴避任何男人的眼神；平安登上地中海的渡輪後，同一群女子戲劇性地走進公共沙龍，「沒戴面紗、沒戴頭巾，穿著波斯最新最流行的旅行服飾。」[31]

對於讓女兒上學受教之事，中產階級表現出最大的興趣（上流階級則繼續找家庭女教師），而十九世紀最後幾十年開始出現的女性期刊，中產階級也是最大的讀者群，這絕非巧合。這些刊物始於鄂圖曼，傳播到埃及，再被伊朗仿造，它們是讓女性暢所欲言、討論權利義務的論壇，其中最熱烈的倡議者並不懼於辯論女性和陰柔氣質在現代世界的本質。

這就是土耳其一名女權人士在一八六九年投書《穆斯林女性的進步》週刊呼籲兩性生來平等（也就是我們在本書前言遇見的那段話）的背景。諸如此類的表述顯示較西化的土耳其女子愈來愈有自信，機會正為了像法瑪・阿里耶那樣的女子開啟。寫給《穆斯林女性的進步》和其他刊物的信，可能採取謾罵的形式來支持女性教育或反對一夫多妻制，也有人抱怨博斯普魯斯輪船給女性的臥鋪比較差。[32]

這些信件和文章的作者，採用「學校的女孩」或「兩個受過教育的淑女」之類的筆名，在在流露女性第一次勇於發言所感到的不安。而這些雜誌的目的，誠如一位撰稿人所說，就是要推翻坊間認為女性先天不如男性的觀念。「我們是被男性嘲笑頭髮長、眼界短的部族。」一篇社論如此聲稱：「我們要試著證明事實恰恰相反。」[33]

到二十世紀初，如同女權人士在新的雜誌所撰，中東許多都市女性的生活方式確實改變了。旅人伊麗莎白．庫柏比較了一八七〇年代「很少看到女性顧客」的開羅市集，和在她的時代，即一次世界大戰前夕，「三五成群、戴著面紗」出門逛街的女性。現代埃及女性可以選擇自己的服裝和飾品，「討價還價、喋喋不休、欣賞和購買珠寶華服，這些以前都是丈夫買給她們的。」[34]

隨著女人行事大膽起來，人們開始爭論女人在什麼狀況下可以大膽，什麼狀況下不行。對於她們是否需要護送，以及宛如「行動閨房」的面紗和罩袍，意見都不一致。有人主張過度遮蔽不僅限制行動，也限制女人的自由，其他人則拿維護美德的傳統論點相抗衡，或認為唯有把自己遮起來，女孩和女人才可避免被好色之徒盯上。

在新學校附近的電車站，女孩確實容易引來不受歡迎的關注，而根據一本埃及期刊的說法：「女人一上街，淫猥男子就從四面八方接近她，害她被裙子絆到。或許有些齷齪下流的人會跟著她、侮辱她的名聲……恬不知恥。」[35]中東從這時開始辯論面紗免受覬覦的優點，而非辯論它象徵的性別歧視。

上層階級埃及女性戴的面紗是用半透明的白色雪紡紗織成，就像伊斯坦堡的「yashmak」面紗，有人認為反而會凸顯披紗女性的誘惑力。「那一年比一年薄。」伊麗莎白這麼寫，形容面紗非但不會勸阻，反倒會「增添吸引力，讓難看的臉孔變漂亮，為漂亮的臉蛋平添神祕和嫵媚。」[36]

一九〇九年一場公開的演講中，開羅詩人瑪拉·妮芙尼·納西弗（Malak Nifni Nasif）——更為人熟知的是她的筆名芭希莎·巴迪亞（Bahitha al-Badiya），意為「沙漠裡的追尋者」——就自暴自棄地懷疑，賣弄風情的狂熱永無止境。

> 我們之前的罩服是一件式。裹著那件，女人的身體就完全隱藏起來了。外衣慢慢愈縮愈小，但仍寬大得足以遮掩全身。然後我們開始巧妙地縮小腰圍、降低領口，最後加了兩個袖子，而衣服緊貼著背，還要穿束腹。我們把頭巾往後綁，於是半顆以上的頭，包括耳朵，都露出來了……最後，面紗比嬰兒的心臟還要透明。我們「衣紮爾」（*izar*，一種黑色長袍）的用途是覆蓋我們的身體和裡面的洋裝和珠寶——真主不准我們展示的東西。我們現在的衣紮爾展露胸、腰、臀，簡直變成「洋裝」，這樣有遵守這

條戒律嗎？[37]

不僅是服裝合宜的問題，職業的合宜性也讓這些新崛起的善辯女性精力充沛。一八九一年一家黎巴嫩報紙刊文批評那些埋怨自己被家務束縛的女性，也批評她們「唯有透過參與和男人同樣的工作，才能實現性別平等」的假想。這篇文章的作者，名叫漢娜．卡烏拉尼（Hana Kawrani）的女作家也批評最近英國失敗的婦女參政運動，並堅稱「女人沒辦法同時兼顧家庭以外的工作……還有丈夫及孩子。」

女權人士對卡烏拉尼的反應，出現在埃及《尼羅河報》（al-Nil）由一名叫扎伊娜布．法瓦茲（Zainab Fawwaz）所寫的文章中。她對卡烏拉尼為現狀辯護的抨擊，被選為阿拉伯女權運動的早期里程碑，也是人道主義對進步的禮讚。

法瓦茲的文章從歸納現代人的成就開始，其最高貴的特色是堅定不移，及無法緩和的意志。缺乏那種意志，「你就看不到今天那些令人難以置信的奇蹟了；正是透過人類大無畏的美德，艱難才能克服，國家才會繁榮。」

接著是呼籲行動：災難會降在那些「懶散的惡疾已經蔓延，怠惰、冷漠的病已然滲透」的國家。法瓦茲有點樂觀地主張，西方成功的祕密在於這個盛行的信念：男性和女性能力相等。伊斯蘭律法沒有禁止女性從事「男人的職業」，自然法則也構不成阻礙，她在這裡列舉幾位史上最位高權重的女性——克麗奧佩脫拉（Cleopatra）、伊莉莎白女王、帕米拉的芝諾比亞（Zenobia of Palmyra）——再帶讀者走進現代歐洲城市的街頭，那裡的貨棧滿是「從事商（一定會記帳）和製作手工藝（盡善盡美）」的女性。

然而，儘管女權觀念逐漸傳播，在父權至上、英國占領的埃及，女權仍要男性授予。同時精通女權、伊斯蘭律法、能夠提出現代穆斯林女性該如何思考、有什麼樣言行舉止的女性，人數仍然稀少，而進步最大的阻礙之一是伊斯蘭的保守詮釋——那些聖職人員清一色是男性。在中東女性主義發展之初，男人怎麼說至關重要，尤以卡西姆・艾敏為甚——就是那位認為英國能對埃及摧枯拉朽，其實是彰顯物競天擇的達爾文信徒。

艾敏是受過法國教育的官員，任職於英國管理的埃及政府轄下的「混合法庭」（mixed court）——有這種稱號是因為法庭包含外國和埃及的法官，並綜合拿破崙法典和伊斯蘭律法來判決商業案件。在他看來，為因應現代國家之間的競爭，埃及女性必須解放，好讓她們參與國家發展的計畫。除了對埃及女性福祉的關注，讓他開始注意女性權利的，是女性能為男性——進而為整個國家——提供的優質協助。女性的問題是國家生存的根本；如今，國家有半數的人口無法貢獻生產力與成就，只為平息另一半人口的偏見和恐懼。他在著名的辯論之作《女性的自由》（*The Liberation of Women*）中寫道：「沒有撫養他們長大的母親，就不可能培育出成功的男人。」[38]

《女性的自由》其實在反擊一位外國人對埃及情況的攻訐。《埃及與埃及人》（*L'Egypte et les Egyptiens*）是法國人達哈庫特公爵（Duc d'Harcourt）之作，包含一位歐洲醫生進入埃及總督後宮的悲慘見聞。總督的妻子生病，但拒絕掀開面紗接受檢查。最後他的丈夫失去耐心，「一把抓住她丟到沙發上，對她拳打腳踢，教她乖乖聽話。」這才總算成功。值得注意的是，達哈庫特的描述絲毫不見對那位女士的同情，甚至也不見對全體埃及女性的同情，他形容她們「無知，只是一團團的肉，臉上連一絲智慧的跡象都沒有。」[39]

儘管語氣平淡，但即便是像艾敏這種自視甚高的革新派，也無法斷然無視《埃及與埃及人》透露的訊息。他們對埃及女性成就低落的憂慮，又因英國政府散發的文化優越感而加劇——也就是包含艾敏在內的一些革新派所任職的政府。

在《女性的自由》和後續的《新女性》（*The New Woman*）中，艾敏以西方在婚姻與工作方面的各種重要論據，探討女性解放的問題。他譴責隔離之惡、沒有感情的婚姻之惡，以及把離婚當成男性離棄妻子的惡劣手段（開羅每年的離婚數是結婚數的一半）。雖然一夫多妻的習俗在埃及並不普遍，但他建議拋棄這個被教法許可的傳統。「我不認為後世子孫會為此遺憾。」[40]他也提倡解除隔離的措施，該把臉罩面紗拋一邊去。

毫無意外地，在一個連西方國家也只有極少數女性享有投票權的時代，艾敏認為埃及女性還沒做好參政的準備，但這是男人的過失，是男人禁止女性跟著世界前進。他俐落地釐清了整個體制的邏輯：「這是男人心中根深柢固的想法：受過教育的女性就不再是貞潔的女人了。」[41]他在《新女性》中寫到，只要去一趟歐洲或美國，就足以明白這種假想是錯的，而他對於擔任律師、神職人員和大學講師的美國女性語多肯定。呼應侯達・沙拉維經歷過的那種隔離，他寫道：「我不了解，當我們相信我們的女人必須透過衛兵、大鎖和高牆才能保護，我們怎麼好意思自誇她們的貞潔？」[42]

艾敏再度提醒我們改革具備防衛性質。從拿破崙殲滅馬木路克、迫使埃及軍事計畫人員徹底整頓軍隊，如今快一百年過去了。一八九九年的邏輯依然如故——不改革，就會亡——但這種語氣親西方得刺耳。艾敏幾乎毫無保留地同意西方自認高人一等的主張，而這和里發和希迪阿格等「再覺醒」領導人物，為追求文明與進步所採取的微妙途徑並不一致；事實上，這比較接近穆罕默德・阿里不加批判的崇拜。艾敏所表現出對西方一切事物的景仰，後來都招致愛國主義和伊斯蘭主義的反撲，損害了他死後的名聲；甚至在他有生之年，《女性的自由》也引來三十多部著作和文章的回應，其中大多是批評。但我們不應該因為艾敏跟英國人合作，就無視他在女權方面大膽先驅的事實；另一方面，讓他的著作不僅在開羅、也在伊斯坦堡和德黑蘭蔚為流行的是女權面向，而非他和殖民政權的關係。

如果改善中東女性命運的動力之一，是面對西方優越時的羞恥，那麼這也適用於一個範圍更廣且迫切需要徹底翻修的生活領域。伊斯蘭的國度應該不想永遠與普世自由的觀念為敵，背負著對女性身體採取專制的污名。我在這裡說的是一個古老的伊斯蘭制度，相當於一種在西方愈來愈多人痛斥的時代錯誤。

比起威廉．威伯福斯（William Wilberforce）等英國廢奴主義者在一七八〇年代開始撻伐、繼而導致美國南北戰爭的商業與奴役網絡，穆斯林的奴隸制度在某些方面人道許多。確實，穆斯林傳統上教我們（多數現代史學家也同意）先知穆罕默德大幅改善了六世紀阿拉伯奴隸的生活，一如他提高女性地位一般。穆斯林對奴隸制度的普遍態度是，伊斯蘭已經緩和了一種既存的邪惡，將之轉變成多數人可以容忍的生活方式。

一八四〇年代，每年約有一萬名奴隸公開、合法地輸入鄂圖曼帝國，各大城市都有奴隸市場；[43]經由海上和陸上進入伊朗的人數較少，但仍相當可觀。（這仍遠少於一個世紀前每年光英國船隻運到美洲的兩萬名黑奴。）除了宗教許可，鄂圖曼人相信奴隸制度是基於人道和夥伴的原則，不該與西方那種窮凶惡極的制度相提並論。的確，伊斯蘭規定了奴隸主人要盡的義務和奴隸可享的權利——古羅馬和南北戰爭前南方腹地的奴隸未獲得的權利。《古蘭經》宣告，放奴隸自由是最值得稱許的行為；奴隸和自由民在真主面前是平等的；奴隸的子女生來自由。奴隸在為期七年的奴役後獲得自由是常見的事，那個時候主人早已賺回他在那段期間為家僕支付的開銷了。[44]

到伊斯蘭世界的西方訪客承認，曾經為人奴隸所背負的污名出奇地淡。在一七九八年法國入侵前，長期統治埃及的馬木路克酋長，祖先就曾是奴隸。禁衛軍，鄂圖曼帝國數百年來的精銳戰鬥部隊（直到馬哈茂德二世在一八二六年解散），是由原本信基督教、後來皈依伊斯蘭的奴隸所組成。帝國的史書上多的是獲拔擢任官或當上高階將領的奴隸；帝國後宮的嬪妃幾乎全是買來或擄來的切爾克斯美女。不像較早的英屬加勒比海地區和後來的美國南方，中東沒有大規模的農場農業需要在鞭笞下進行。埃及是鄂圖曼帝國中唯一在經濟作物的農地裡使用奴隸的地區，但數量也有限；這裡的勞力絕大部分是自由的費拉所貢獻。反觀埃及的軍隊就有人數眾多的蘇丹奴隸。

某些例子裡，在富裕人家為奴，被認為比自由但貧窮的生活還更好，例如某位伊斯坦堡奴隸的記憶中：「我的母親面帶喜悅地來找我們，跟我說：『我的孩子，先知聽到妳們父親的懇求了。奇蹟似的幫助降臨在我們身上了。一位富有的「hanoum」（女士）想要買六、七個小女孩為奴。我要把妳們三個小丫頭賣給她，拿錢回山裡撫養妳們的兄弟……』我們聽了好高興……」[45]

一八五〇年代，英國駐德黑蘭公使夫人瑪莉．薛爾指出，伊朗家庭裡的奴隸「常恢復自由，而他們一恢復自由便能在社會立足，不論膚色或血統。」不當的對待，她承認：「當然有時會發生，只要一方有無限的權力、另一方完全屈從，難免就會如此……但我們相信，整體而言，殘酷，甚至嚴厲，很少被施加於波斯的奴隸身上。他們平常的待遇跟家裡其他僕人類似，有時甚至還比較好……他們不像在美國那樣備受輕蔑；沒有特別的法律將他們列在受屈辱的地位。」[46]

然而，雖然伊朗的傭人比密西西比的棉花工相對占優勢，但奴隸，畢竟是奴隸——在這種制度下，原本自由的男人和女人被抓住、運送、擺到市場交易。這是伊斯蘭真主之前人人平等教義的瑕疵，也冒犯了新文明立基的「hurriya」，也就是自由。

在英國與外國反奴隸協會（British and Foreign Anti-Slavery Society）裡，伊斯蘭國家首次面臨來自一個批判性「人權」（human rights）團體的一致行動。（「人權」一詞從一八三〇年代開始流行。）這個信奉和平主義、大膽直言而以貴格會教徒（Quaker）為主幹的協會，不斷接獲來自其安插世界各地的眼線（很多是傳教士）所提供奴隸交易的報告，進而號召激進的書信大軍及政府裡的同情人士。

受到該協會的壓力，一八四〇年——在《廢奴法案》（Slavery Abolition Act）涵蓋大英帝國大部分地區七年後——英國外長巴麥尊子爵指示其駐鄂圖曼大使龐森比子爵（Lord Ponsonby）告知鄂圖曼人，今後英國的支持將視他們根絕奴隸交易的進展而定。龐森比的回應，充分描述了穆斯林對一個存在已久制度所擁有的態度；換句話說，他舉不出任何有說服力的理由要求廢止。「我提過這個話題，」大使告訴巴麥尊：「他們先是極度驚愕，再以微笑表示這種與社會結構緊密交織的制度，不可能摧毀……我想所有為閣下的目標所做的努力都會失敗，也擔心如果過於強硬，可能會得罪他們。鄂圖曼或許相信我們在科學、藝術和軍事等方面優於他們，但絕對不認為我們的智慧或道德比他們好。」[47]

不過，儘管鄂圖曼人自滿地認定奴隸制度會長長久久，但這種交易本身絕非如它被描述的那樣，是良善的穆斯林傳統，對坦志麥特政治家力圖凸顯的革新派君主政體來說，也不是好的宣傳。許多被入侵者生擒或在戰爭中被俘的非洲人，奴役的第一個經歷就是從查德湖被驅趕越過撒哈拉沙漠，然後抵達地中海的奴隸市場，這對很多人來說是趟死亡行軍，可能在路上渴死、餓死或累死，或因腳腫到無法行走而被拋棄，自生自滅。和撒哈拉商隊有關最慘痛的悲劇，或許是一八四九年，約有一千六百名奴隸和奴隸商在到達一座綠洲後暴卒，因為綠洲的井水都乾涸了。[48]另外構成俗稱「白人奴隸」的喬治亞和切爾克斯奴隸，常搭船渡黑海而來。船上的環境惡劣到鄂圖曼關稅有這麼一條規定：若有奴隸在上岸十五天內死亡，那名奴隸的稅會退還給交易商。[49]

對熬過這些苦難的人來說，最終的目的地常是伊斯坦堡本身的奴隸市場——位於歐洲區——就當著歐洲大使、傳教士和訪客的面被買賣，讓他們皺起鼻子。薛爾女士聲稱「波斯不看奴隸膚色」的說法，顯然不適用於鄂圖曼土耳其：伊斯坦堡市場的奴隸階級分明。個子高、白皮膚的切爾克斯人是頂級，非洲黑人次之；埃及人——被嘲笑是「法老一族」——賣價最低。

一八四三年英國旅人查爾斯・懷特（Charles White）把伊斯坦堡市場形容成一座半毀的四合院，有一家咖啡館和一座清真寺的遺跡，還寫到這個地方的陰暗面與它「臨時收容者的卑微」相對應。有些房間位在進行交易柱廊底下的凹室，是保留給「二手女黑人（arab）或女白人（beiaz）的——也就是之前被人買過、訓練過、送去轉賣的奴隸，也許轉賣第二次或第三次了。」另外還有「一排排的小牢房，或者該說地窖，污穢又陰暗。右邊的是留給二手男性；最遠、最糟的洞窟則預備給那些因行為不端而被迫綁上鎖鏈的人。」[50]懷特親眼見到一名女奴遭掮客毒打，但不敢介入，怕自己會被辱罵和趕出去。

西方希望中東最終能廢除奴隸制。為此付出最多的莫過於鄂圖曼突尼斯總督艾哈邁德一世（Ahmad I ibn Mustafa）。艾哈邁德一世是埃及穆罕默德・阿里那種模式的現代派人士。他明白可以藉由反對奴隸制度，來爭取西方支持突尼西亞獨立、脫離鄂圖曼統治。一八四一年，他禁止奴隸從他的轄區出口，並關閉突尼斯的市場，這突發之舉為他贏得英國的感激，也為他開啟一八四六年全面廢除奴隸制之路；他足足比林肯一八六三年的《解放奴隸宣言》（Emancipation Proclamation）早了十七年。事實上，在美國南北戰爭期間，這位突尼斯總督曾告知美國總領事廢奴的經濟效益，主張自由人的生產力比奴隸來得高。[51]

艾哈邁德一世在議會面前論述，廢奴法令之所以重要，在於那充滿伊斯蘭的法律論據，而非西方的人道主義。首先，奴隸受到的殘酷對待本為伊斯蘭所不允。其次，禁止蓄奴就是支持虔誠的正義理想。最後，依照伊斯蘭的律法，穆斯林被其他穆斯林奴役是違法的，而絕大多數來自「bilad al-Sudan」——直譯為「黑人的土地」——的奴隸，至少名義上是穆斯林。

雖然在廢奴後，奴隸制度仍持續存在於突尼斯。艾哈邁德一世的堂弟暨繼任者穆罕默德二世（Mohammed Bey）尤其支持，據說他的後宮有超過一千名女性奴僕。但這種習俗已逐漸式微，而受欺凌的奴隸也愈來愈懂得求助於歐洲領事。艾哈邁德一世的命令已為廢奴提出革新的伊斯蘭論述，創下讓其他穆斯林統治者仿效，而不會使其虔誠受質疑的先例。也多虧艾哈邁德一世，奴隸制度已成為伊斯蘭和西方在外交議程上難以去除的一項；那不只是道德和法律的問題，也是權勢與自尊的問題。

十九世紀中葉，埃及、鄂圖曼和伊朗都沒有像艾哈邁德一世那樣倡導廢奴的君主；恰恰相反，三地的統治者都毫不遮掩自己有多不願為一項被外人強迫的目標採取行動，而這給了外人更多藉口加強干預。最後，這三大穆斯林強權都被迫限制奴隸制度。以現在看來奇快無比的速度，又有一個源遠流長、看似無法動搖的伊斯蘭制度被擊潰了。首先行動的是伊朗穆罕默德沙阿，他在一八四八年禁止奴隸從波斯灣進口（後來也禁止從陸路進口），鄂圖曼於一八五〇年代跟進，先是限制從喬治亞輸入，最終全面禁止非洲奴隸交易。最後，一八六九年，埃及的伊斯梅爾帕夏藉由假裝痛恨奴隸而獲益，併吞了尼羅河上游地區，向世界宣布他這麼做是想斷絕奴隸貿易的來源。「有三千奴隸在後宮，」不敢相信的露西．達夫—戈登寫道：「數支奴隸軍團，還有好幾群在他的甘蔗園耕作，他的臉皮可真厚啊。他自己就是最大的活奴交易商和奴主了吧！」[52]

因為奴隸的孩子生來自由，奴隸制度的存續顯然得仰賴不間斷的供給；而到了十九世紀的最後二十年，奴隸變得愈來愈稀有，也愈來愈貴。解放奴隸還在持續，一八七七年和一八八九年間，光是在埃及就有約一萬八千名奴隸重獲自由，且這股趨勢延續下去，至一九〇五年幾乎所有埃及的奴隸都獲釋了。[53]（解放不見得受女性奴隸歡迎，有些女性最後淪為娼妓來維持「自由」的生計。）

除了外國的壓力，還有第二個因素（部分與外國壓力有關）對奴隸制度不利：受過較好教育和西化的穆斯林，道德宇宙發生了變化。這些男性和女性逐漸認為自由——而非信仰——是人類尊嚴所不可或缺的，而奴役——無論多舒適——都會讓國家臉上無光。在這裡，就像同時代人們對隔離與女權態度的轉變，一旦明白西方的反奴隸趨勢，既會產生羞恥，也會激發決心，矢志取走那個外國人拿來砸伊斯蘭文化的道德磚塊。

但若僅僅將奴隸制度的沒落，描繪成穆斯林追求私利的產物，那就錯了。有些人毫無異議地接受了西方人道主義的觀點。一八六〇年，早期的伊朗民族主義者米爾扎．法塔利．阿洪薩德（Mirza Fatali Akhundzade）——在他被俄羅斯占領的家鄉提比里西（Tiblisi）被稱為阿洪多夫（Akhundov）——寫了一本虛構的信件集，講述一個波斯人和一名印度王子在通信時，異常強烈地抨擊年輕男性奴隸為進入後宮當宦官而去勢。（這惡劣的情事當然不存在於美國農場。）

在非洲有很多人會抓小男孩，殘酷地割掉睪丸，再當成動物一樣販賣……在麥加附近的一個村落，奴隸主人為處理這些無辜的孩童開設了診所，有外科醫生和理髮師。首先由理髮師切掉男孩百分之百的器官，再由外科醫生努力救活男孩。有三分之一的男孩活不了。其他人會以三、四倍的價格賣掉來彌補醫療損失。是誰造成這些男孩命運悲慘的元兇呢？是趁朝覲和其他活動期間買下他們的穆斯林朝聖者。54

儘管限制與禁令的纏結愈來愈多，還有像阿洪薩德等知識分子的反奴隸觀念逐漸成長，奴隸販子仍未放棄——不論是把奴隸塞在甲板底下，或為前往安那托利亞的非洲奴隸發放假解放證明（文件一抵達就收回）的商人。除此之外，許多穆斯林百姓依然堅信蓄奴一定是合法的，因為先知自己也有。

最晚在一八九三年，鄂圖曼帝國的後宮仍違反它自己所訂、不准交易自由切爾克斯人的禁令，暗中試探那些被俄羅斯人驅逐、於安那托利亞內陸流浪、不再為奴的女孩，當然她們得溫柔可人、金髮碧眼尤佳。但對蘇丹不幸的是，多數年紀適合的女孩已因顛沛流離而多少有些強韌；她們的父母大多不願把她們賣掉。「小心不要牽連主人。」蘇丹的代表暗示女孩的去處將是首都富麗堂皇的機構之一，以大筆的金錢引誘父母，並答應他們可以探視女孩。但從這樣的行動買到的女孩，人數很可能不超過二十位，對一個全盛時期不下數千人的機構來說，著實微不足道。至此，奴役及其後宮的歲月，都接近尾聲了。[55]

到此時，只要是受過教育的階級，愈來愈少人對穆斯林家奴的景況抱持不切實際的幻想，甚至還認為那是令人稱羨的。穆斯林知識分子不再沾沾自喜地著眼於某些奴隸所享有的相對舒適與安全，也已能體會廢除奴役的優點了。當一個社會正在學習欣賞個人價值有別於社會價值，又在弱勢族群中找到先前未獲認可的基本價值時，這似乎是必經的過程。

今天，有一個盛行的西方思想，似乎給那些不開明的基本教義派政權證實了：伊斯蘭社會普遍以清教徒式的恐懼和非難看待「性」這件事。其實，在過去數個世紀，伊斯蘭文化底下的廣大地區並非如此。性進入詩、幽默、宮廷和城市生活中，在古典派道德的隱密角落，製造歡樂的騷亂。中世紀的巴格達以這個故事為樂：一個男人被母親騙上床，數年後，又跟他和母親生的女孩發生關係；希迪阿格也在他開創性的小說《腿上之腿》花好幾頁自娛，洋洋灑灑地列出他在一部中世紀阿拉伯字典裡找到身體私密部位的各種委婉說法。陰道是「噴霧器」、「夾子」和「又大又鬆又軟的東西」；陰莖是「獵鷹座」、「大蜘蛛」和「小男人」；肛門是「沒牙齒的」、「石弩」和「吹口哨的」。[56]至於《一千零一夜》這本早期從東方輸入西方的巨著（在美國僅次於聖經、是第二受歡迎的書籍），若沒有性的內容——「親吻、鉗夾、交合、歡鬧到長日將盡；當馬木路克從閨女的乳房起身……奴隸從皇后的酥胸下來」——將索然無味。

不論後宮箝制的氣氛讓居住者有多緊張，它都孕育了大膽無畏的性談話——不僅談話，還有非法偷渡的情人「逃出後宮的屋頂，嬪妃在地下室被青春期的侍童，或半去勢但仍能採取性主動的宦官嚇一大跳。」[57]

這樣的放蕩或許會讓福樓拜和一些不羈的法國詩人樂不可支，卻冒犯了跟著其他事物一同進入這個地區的盎格魯撒克遜道德觀。後來當上印度總督和英國外長的喬治·寇松（George Curzon）就對伊朗東部聖城馬什哈德實行的什葉派「暫婚」制度——准許男性和女性的結婚僅維持某段時間——火冒三丈；他形容那是「宗教權威准許的龐大賣淫體系」。[58]當時是一八九〇年，而五年後，維多利亞時代的道德不寬容達到高潮——奧斯卡·王爾德（Oscar Wilde）被打入瑞丁監獄。寇松驚駭的語氣，王爾德入獄——這些都是明確的指標——說明了現代化的美德在這個節制的世界中，有什麼可以被接受、有什麼不是。

伊斯蘭世界裡沒有「同性戀」一詞（依一八八〇年代心理學家理查·馮·克拉夫特—埃

賓〔Richard von Krafft-Ebing〕在歐洲廣為宣傳的意義〉；那是不合常規的行為模式，圍繞在一般人可接受的性行為及性禮節邊緣，沒有哪個混合詞寬大到可以形容。阿拉伯文、波斯文和土耳其文都有一系列男性求愛詩，而對許多神祕派詩人來說，他們嚮往與之合一的天神真主，就化身為脣紅齒白、臉如明月閃耀的侍童，而非任何教人渴望的女性。但這些愛的表示並不是圓房、或前戲、或任何遊戲的證據——如中世紀哲學家安薩里（al-Ghazali）所寫：「美麗的形式本身令人歡愉，就算不帶肉慾。」[59]對一些伊斯蘭教師來說，呼應柏拉圖的話：「年輕男子的吸引力是上天賜予、能幫助知識傳播的誘因，而對女性的淫蕩渴望（顯然不足以做為知識的導管）只在繁衍物種、使之永久存在時有用。」有些阿拉伯人稱此為「愛好男孩的傾向」，有些人則稱之「對美的鑑賞力」；主動的伴侶所帶著「陽剛」與被動伴侶的「陰柔」相對。法律反映了這些微妙差異；他們設計了一系列愈來愈嚴重的罪，從相對輕微的「愛上男孩」開始，再來是親吻、愛撫，最後是雞姦——眾人一致同意這是重罪，就跟男女通姦一樣嚴重——有時會被處死。

儘管有守身如玉的案例，但穆斯林男人之間顯然有性關係在發生。而且，從歐洲訪客語帶不滿的評論判斷，還頗為常見。

英國水手約瑟夫．彼茨（Joseph Pitts）曾於一六七八年在阿爾及爾被俘為奴，他在逃離後指出「可怕的雞姦罪根本沒有在北非人身上執行，使吹噓自己有過那種可憎行為成了日常談話的一部分。」那裡的男人常愛上男孩，就跟「英國這裡的男人愛上女人一樣稀鬆平常。」[60]兩個世紀後，引用納賽爾丁沙阿的奧地利醫生的話，養男妾的習慣「公然到沒有人試著隱瞞。幾乎每個有身分地位的家庭都有這麼一個男孩，甚至多個，在那裡為主人所用。沒有人會把他們藏起來不公開介紹。事實上，擁有一個優秀的男孩是令人驕傲的事。」[61]拿破崙「東方軍隊」的士兵，若從亞歷山大港行軍到開羅期間落入敵方部落之手，很少能保持名節全身而退的，反觀女性隨行者則會在未遭性侵害之下被殺。這令法國人意外又震驚。

土耳其的閨房和浴池不出所料地助長女性的親密，十六世紀地理學家尼古拉斯·尼古拉（Nicolas de Nicolay）這麼指出：「光是常去浴池，就能促進友好親暱；確實如此，而且有時還會強烈地愛上女伴，彷彿和男人熱戀一般。」[62]在伊朗，女性會熱切地發「情同姊妹」之誓，但我們無從查明這些關係是否有性的成分在；她們似乎不像男人之間那樣，有寫浪漫情詩的傳統。

我們不得不採信這些外國人對伊斯蘭習俗的可怕紀錄，但從穆斯林對西方生活的紀錄，我們得知雙方有相當大的誤解空間（到今天仍是如此）。例如在一八三〇年代拜訪英國的伊朗遊客米爾札·法塔赫·汗·賈姆盧迪（Mirza Fattah Khan Garmrudi）在歐洲舞會看到女人裸露肩膀，就推斷她們是妓女。他也認為上流仕女帶著四處蹓躂的狗，是她們的性玩具——是必要的輔助品——因為就連最陽剛的西方男性也不足以滿足他的母種馬。[63]不同的裝扮習慣也引人困惑，有些中東人認為鬍子刮得乾乾淨淨的西方訪客就是同性慾詩中的無鬚少年，而為了修正這種誤解，西方人只好留起有男子氣概的連鬢鬍子。

但顯然，儘管有誤解的空間，以同性戀行為來說，過去穆斯林世界確實存在著與近代西方道德不一致的意見與包容。這種包容與中東社會結構固有的隔離和奴隸制度有關：那不是一個只造就兩性的社會，而是促成兩個社會；一方面滿足繁衍目的，另一方面也不會對男孩與性大驚小怪。當時對強暴的態度也比現在包容得多。套用一位研究這個主題的史學家的話：「諸如薩迪（Saadi）和魯米（Rumi）等偉大詩人都描寫了性侵男孩以及將先前寵愛的男孩去勢的事……現代讀者逃不開這個事實：古典波斯詩充滿和青少男伴侶非合意性交的描述。」64

但中東的容忍——遑論納賽爾丁的醫師所說的「驕傲」——並未在和歐洲夠密切（且失衡）地接觸、讓外國人的意見變得重要後留存下來。對某些歐洲觀察者來說，中東的同性戀文化不僅是「違反自然的罪」，也密謀將女性推向社會邊緣，只做繁衍之用。就如同政治壓力促使奴隸制度在中東瓦解，西方人帶來的文化誹謗也讓伊斯蘭世界的輿論及現代派人士對自己的性文化感到羞恥，所以企圖改變它。

這種羞愧、困窘的例子同樣可以在伊朗旅人賈姆盧迪的著作中見到。他一八三八年的歐洲之行，顯然花了不少時間抗衡雞姦的指控，他也抨擊歐洲人認為伊朗人就是貪戀美少年的

「不公平」刻板印象。事實恰恰相反，他多少帶點抗辯地寫道：「歐洲人才出名……特別是這種邪惡的行為。」而他描述到歐洲到處都是男童妓。

數年前，里發．塔哈塔維才語帶贊同地寫到法國「沒有愛慕年輕男子的行為及在詩裡頌揚他們的傾向」。法國人愛女人，而這有個耐人尋味的結果是：在翻譯同性慾的阿拉伯詩作時，他們會自我審查。「在法文這種語言，」里發繼續說：「一個男人不能說：『我愛過一個青年。』因為這是不被接受而尷尬的措辭。因此如果要翻譯我們的書，法國人會避免這麼說，而將譯文改成：『我愛過一個年輕女性。』」[65]

在中東，對同性戀愈來愈強烈的批判係從十九世紀末開始。那不僅可歸因於西方偏見的傳入，也和隔離結束，女性逐漸取得自然伴侶、配偶以及與男人平等的地位有關。宗教傳統派對性別間愈來愈社會化表示反對；對他們來說，中止性別隔離的社會安排就跟廢除面紗一樣，因此強烈反彈。

對社會改革者而言，男人必須愛女人，而且最好只跟一個女人。這樣的道德及宗教義務，現在得到新的支持：世人逐漸了解雜交和梅毒的關聯性。有愈來愈多文學作品提供女性如何讓男人開心的建議，現代進步派的雜誌也毫不留情地諷刺童婚、同性許諾儀式和一夫多妻等古老習俗。一八八〇年代，在影響深遠的《女性的修養》（*Disciplining of Women*）一書中，伊朗統治家族的一個男性成員描述理想的妻子要溫順，要聽話，就算丈夫逼她走入火場，也要想像那是「百花盛開的花園」。她必須「香氣撩人、乾乾淨淨」地上床，絕不可拒絕丈夫對性的要求，否則丈夫就會去找「等級較低、會在廁所裡、樓梯下」給他慰藉的臨時妻子。[66]女權人士在幾年後以一篇受歡迎的長篇大論還擊，囑咐男人善待、體恤妻子，並奉勸女性，如果丈夫做不到，就離開他。[67]

西方與伊斯蘭的道德觀在十九世紀晚期發生碰撞，結果便是穆斯林對性的態度開始與西方當時盛行何者恰當、何者有罪的觀念趨於一致。一夫多妻不合時宜，那（對女性來說）既不公平（對男性來說）又貪婪。一夫多妻制迅速在中東的新官僚與知識菁英間廢止。少男和青年由父執輩當「精神導師」的同性情誼，已被視為粗俗而過時。在此同時，隨著後宮和納妾沒落，男人和女人開始默默像歐美中產階級那般安定下來——至少表面上——建立一夫一妻的異性戀關係。

也有許多年輕人懇求終止傳統上奉父母之命而結的婚。一八八九年，伊斯坦堡作家薩米帕撒札德．塞扎伊（Samipasazade Sezai）所著、備受歡迎的土耳其小說《理想王國》（*Serguzesht*）中的一個年輕男性角色主張：「世上年輕人最重要的權利是和他們想結婚的人結婚。」最後，那樣的呼聲被聽見了，有更多人和自己選擇的伴侶結婚。不過因資產和血緣管理之故，父母之命的婚姻在上層階級仍是常態。

在十九世紀的最後幾年，男性為男性所寫的浪漫情詩數量持續減少，到新的世紀，情詩幾乎成了異性戀專用。一九二五年，態度已徹底改變，徹底到埃及作家艾哈邁德・艾敏（Ahmad Amin）所著的一部影響深遠的阿拉伯文明史，譴責男孩之愛是「降臨社會的最大災難」。約莫同時，伊朗社會政治改革者哈桑・塔吉扎德（Hassan Taqizadeh）迫切要求根絕「非自然的愛這類可恥習俗，那可是我們民族史上最糟的習俗之一，也是文明的一大阻礙。」[68] 古板和禁慾的風氣開始席捲中東；而在維多利亞全盛時期的英國和美國，《一千零一夜》被查禁，以斬除任何類型的性慾。沒有人再援用那句古老的委婉語，說同性戀是「對美的鑑賞力」了；一個暗示「性倒錯」、「性變態」的阿拉伯新詞，已取而代之。

一直要等到一九九〇年代，同志解放運動蹣跚進入伊斯蘭世界，性別平權的概念才在中東浮現，而有些自由派人士不禁要問，伊斯蘭昔日對性的包容，是否更勝一籌。

五、國家

當我們從二十一世紀回頭看，可能會很驚訝地看到，在現今這個牽扯到西方與伊斯蘭心臟地帶、顯然衝突不斷的年代之前，還有一個時代。確實有。如我們所見，那不是風和日麗的時代；恰恰相反，從西方列強第一次大舉入侵穆斯林土地，雙方相逢的性質就是不斷地摩擦且不對稱。然而，從穆罕默德．阿里和哈桑．阿泰爾及里發．塔哈塔維等埃及聖職人員，到伊朗的王儲阿巴斯．米爾札，甚至鄂圖曼的坦志麥特改革者，一個獲益和實效模仿的故事，慢慢嵌入中東人對西方的態度中。有些西化派的穆斯林，更持續以過於樂觀的態度看待列強的目標。

大約從十九世紀中葉，即歐洲殖民利益從北非到印度，一路遭遇穆斯林頑抗開始，我們可以說，逐漸擴張的西方帝國主義霸權和擋住去路的穆斯林之間，衝突勢必愈演愈烈。印度屈從於英國，已釀成長期宗教反叛的局面，其中一八五七年的叛變，或印度民族起義（Indian Mutiny）尤其劇烈。在十九世紀中間數十年，阿爾及利亞也發生反抗法國人的叛變（隨後，一八八一年成為法國殖民地的突尼西亞也發生了）。俄羅斯占領的高加索北部也因試圖驅逐外來者而陷入紛亂；英國用阿富汗當路障阻止俄國進入印度的策略，遭到阿富汗人本身浴血反抗。一八八〇年代英國介入埃及及蘇丹之舉，將他們捲入一場全面性的宗教災變——以一位自稱先知的繼承人「馬赫迪」（Mahdi，「獲正確引領者」）為首，在一八八五年查理．喬治．戈登將軍（Charles George Gordon）部隊於喀土木慘遭屠殺的著名事件中達到高潮。

這些西方殖民者建立制度時遇到的紛擾，被許多歐洲人解釋為本已注定滅絕的落後文明正在做困獸之鬥。但也有人以較縝密的態度來思考這些躁動和起義。是什麼聯合了這些在面對殖民入侵時所發生、性質各異的事件呢？運輸已大幅提高穆斯林世界政治運動的機動性，愈來愈多人前往麥加朝聖，印刷和電報的技術則將思想傳到四面八方。穆斯林與非穆斯林世界的邊界不再無法穿透，一九〇五年俄國海軍在對馬海峽遭一小支日本艦隊殲滅後，伊斯坦堡、開羅和德黑蘭人無不額手稱慶就是明證。寇松總督在他加爾各答的總督府（那仿照他在德比郡〔Derbyshire〕的住家所興建）發現，這種東方以寡擊敗帝國大軍的勝利會迅速引發迴響，「像一陣雷鳴穿過東方竊竊私語的樓座。」[1]

在十九、二十世紀之交，「泛伊斯蘭主義」（pan-Islamism）一詞應運而生，用來解釋似乎遍及穆斯林各地、反帝國主義的政治團結。在英國劍橋，後維多利亞時代的親伊斯蘭學者愛德華．格蘭威爾．布朗（Edward Granville Browne）不認同這個詞彙，認為那不公平地暗示著狂熱。在他看來，那「當然不比泛日耳曼主義、泛斯拉夫主義或不列顛帝國主義來得狂熱，甚至遠遠不及；首先，它是為了防禦；其次，它是基於共同信仰的理性基礎，而非較不理性的同一種族。」儘管如此，布朗仍坦承：「最近的事件已大力在穆斯林各民族間營造出一種兄弟情誼和利益共同體的意識了。」[2]

在變革者眼中，泛伊斯蘭主義不是堅定自信的穆斯林唯一實踐的意識形態。就在一股要將世界分成更小、更世俗的單位，以語言、歷史和文化結合成國家，而此動力從歐美擴散到穆斯林土地的同一時刻，「利益共同體」也崛起了。這兩者之間顯然必須有某種休戰協定或和解，否則一定會針鋒相對。任何思想體系要呼籲進步的伊斯蘭共同體，就必須容納穆斯林教義中那股遠離「塔格里德」（taqlid，盲從地模仿通常是久遠以前的宗教權威所寫的文本），轉向「伊智提哈德」（ijtihad，運用理性能力追求與時俱進的法規）的爭議性趨勢——換句話說，從依賴一個人的「長者」轉為倚靠自己。

我們需要一顆極富彈性、或許刻意不精確的腦袋，才能提出一種既支持上述所有觀念，又能將所有必要元素集合起來，並依據穆斯林的條件來復興伊斯蘭的意識形態。

這顆頭腦屬於當代伊斯蘭史上最引人爭論的人物之一——賈邁勒丁．阿富汗尼（Jamal al-Din Afghani）。他的目標充滿權宜之計和模稜兩可，不僅得以引領他所組成的聯盟，也包括沙阿、鄂圖曼蘇丹到蘇丹馬赫迪，還有他擁護的信仰。在十九世紀後半的漫長生涯中，這位賽義德——所謂先知的後裔——在西方過了幾年、加入共濟會、收了基督和猶太教弟子、悲嘆伊斯蘭試圖扼殺科學。他讓自己在世俗知識方面的廣泛閱讀，蛻變成一篇論哲學家功勞大於先知的論述，因而被控信仰異端。但也是這位仁兄痛責異教徒、公開批判道德放縱（moral license）及所有削弱民眾信仰的人，最後還給不敬神的元首定了死罪。

如果這麼一號人物沒有引來更嚴厲的判決，那就令人意外了；他是那種你會聯想到的神祕主義者所臣服的愛慕對象，人們認為這類賢者身上散發著深奧真理的光芒。對這位明顯想面面俱到的男人，詐騙是最輕微的指控了。他似乎將「掩飾信仰」的原則——什葉派避免迫害的手法——提升為一種信條。他誇大自己的影響力和影響範圍，代表了根本沒有請他代言的君主說話，免除了不存在的任務。但十九世紀晚期的世界，確實有空間給予這種獨立的心智活動，並賦予它們一種自我播種的權威；或許比本書其他任何人物更甚的是，我們有必要在賈邁勒丁·阿富汗尼的時代背景下看待他。那時，伊斯蘭的土地似乎同時握有自毀和復興的可能，而原本附著於西方知識的希望，被歐洲列強的步步進逼給抵銷了。

賈邁勒丁的現代傳記作者寫道，若指控他不誠實，就是用「迎合十九世紀西方自由主義所發展的政治道德觀」來評斷他，而像他這種道德相對主義是有道理的。[3]賈邁勒丁沒有餘裕從一堆思想的荊棘中理出一種合意的教義。他在開闢一條緊急的通道，讓一個可能隨時灰飛煙滅的文明逃生。因此，你可以在這位身材結實、黑眼睛、菸不離手的苦行者身上找到充分混合的穆斯林式樂觀、命定和盛怒。

賈邁勒丁出生於伊朗西部，在當代伊拉克納傑夫的神學院受訓。但這位年輕的賽義德採用「阿富汗尼」的別號，似乎是為了不讓遜尼派穆斯林聯想到他出生的什葉派國家，不過偶爾他也自稱「魯米」（Rumi，「拜占庭人」）。

一八五七年印度民族起義時，他人在印度，或許在加爾各答。他在那裡第一次接觸到西方知識、目睹叛軍遭到鎮壓，因而同時產生對西方知識的「敬」，和對英國人的「恨」。十年後，又經歷幾趟旅行——包括短暫造訪他的家鄉，他的家人求他安頓下來未果——他人在阿富汗，留了山羊鬍、剃了光頭、建議喀布爾的阿布杜爾．拉赫曼汗（Abdur Rahman Khan）該進行哪些反抗英國的計策。「我就像隻王室的獵鷹，」他曾這麼告訴父親：「對牠來說，這世界固然遼闊，卻也狹窄得不能飛翔。」[4]

賈邁勒丁就是在一八六〇年代晚期的喀布爾，第一次吸引到英國人注意，此後就不再脫離他們的視線。英國為印度政府所做的報告形容他是一個「神祕人物」，有為「某國政府擔任特務」的嫌疑，並提到他的生活方式「比較像歐洲人而不像穆斯林」。[5]

他這般思忖自己的不可測度：

英國人相信我是俄國人，
穆斯林以為我是祆教徒，
遜尼派認為我是什葉派，
什葉派認為我是阿里（什葉派的第二位伊瑪目）的敵人，
一神論者想像我是唯物論者，
虔誠信徒認為我是不敬神的罪人，

被清真寺驅逐，被神廟排拒……
我茫然不知該仰賴誰，該反對誰。[6]

一八六九年第一次赴伊斯坦堡時，他見到伊斯蘭世界的首善之都正在接待來自中亞的使者，他們請求鄂圖曼援助，好抵抗俄國的擴張政策。資歷學識俱佳、又有傳統哲學的訓練（什葉派神學院仍保存哲學傳統，遜尼派學校則忽略之），他很快被鄂圖曼的教育改革人士接受，其中包括幾位數年後即將站上立憲運動最前線的男人。事實上，他在一八七〇年伊斯坦堡大學啟用典禮發表的辛辣演說，冒犯了正統派的主張。他說哲學家的言談禁得起空間和時間的考驗，不像先知的說法會受到生存時代環境的影響。這段話無疑帶有異教的意涵——先知並非絕對正確，預言只是技藝。以上引發聽眾不小的騷動。他的另一項主張——人類唯有靠文明的技術、藝術和科學才可能生存。這似乎也大幅貶低預言的需求。[7]

賈邁勒丁的言論與他似乎終身一貫的觀念一致——先知的用處在於他們能向大眾傳達一種宗教的特殊性。以上特質，是那些只能吸引一小群知識分子的哲學家所做不到的。他內心深處是個菁英主義者，他會嘲笑一般敬畏真主的信徒因襲的虔誠。他會說這個眾所皆知的故事：信者勸不信者「試著按時祈禱四十天，看看之後你能否放棄禱告」；但又補充一句不敬的反話「放棄祈禱四十天，看看之後你能否恢復這個習慣！」[8]

相信「大眾宗教」與「菁英宗教」有別是一回事；但一旦公開表示這種差別存在，就會引起鄂圖曼保守派的公憤了，他們無論如何反對教育改革，因而痛批這位改革派的阿富汗寵兒不信神。一八七一年春天，這位「成分不明的男人」——鄂圖曼教育部長這麼稱呼他——被逐出伊斯坦堡。他決定在埃及落腳，在那裡，他流浪生涯的下一個階段，將在更大的爭議中結束。

賈邁勒丁發現埃及正處於親歐派伊斯梅爾帕夏統治的最後階段，而他超負荷發展的火車頭，很快就要脫離軌道，迫使他被流放到地中海北岸，把國家的債務交給代表債權人的西方官僚。這個現今由國際貨幣基金（IMF）或世界銀行（World Bank）執行的紓困措施早期版本，以及它所引發的宗教和愛國反應，距離賈邁勒丁於一八七一年春天住進開羅時，尚有幾年之遙。就在這個國家仍於伊斯梅爾帕夏統治下悶悶不樂之際，套用未來的大穆夫提穆罕默德．阿布都的話：「誰敢發表自己的意見？人們就算只說幾個字，便可能被逐出自己的國家、掠奪所有財物，甚至處死……就在一片黑暗中，賈邁勒丁來了。」

一開始，無疑受到他被鄂圖曼驅逐的事實所抑制，初來乍到的賈邁勒丁專注於教師的老本行。他博學多聞、條理分明，又對伊斯蘭自我振興的能力抱持樂觀，因而吸引大批崇拜者到家中，包括年輕的阿布都和將在二十世紀初成為埃及卓越民族主義領導人的薩德．扎格盧勒（Saad Zaghlul）。賈邁勒丁向他們吐露他渴望有朝一日伊斯蘭、猶太教和基督教能合而為一。他與那些目光較狹隘的聖職人員不同，他認為人類的成就可追溯到先知時代的麥加之前。他恭敬地細數法老王的殊勳，一如在印度和伊朗，他會分別歌頌阿育王、佛陀和阿契美尼德王朝（Achaemenid Empire）歷代君主的品德。他不在艾資哈爾做這些——那裡並不適合他這種觀念不正統的人——而是在他自己的家裡，或在開羅某家咖啡館的煙霧繚繞中滔滔不絕。

這位在什葉派神學院受訓過的遜尼派傳教士，進一步違背艾資哈爾的氣質，為他的門徒介紹中世紀的伊朗哲學家，以及他們「新柏拉圖主義」的祖宗。由於鄙視死記硬背的學習方式，他僅留下一部單薄的作品，多用口述表達信念。他指出以往理性、科學和新鮮的詮釋都曾在伊斯蘭底下欣欣向榮，而儘管現今西方學術享有優勢，這種優勢卻只是暫時的，而純正的宗教自有許多重生需要的原料。他相信伊斯蘭幾乎是世界獨一。「（伊斯蘭）會責備毫無證據的信仰……它的訓誡明確表示快樂是來自理性與洞見。」他讀過法國人法蘭索瓦．基佐（François de Guizot）的作品，從這位相信人類會自我改善的使徒身上，看到新教教義是改革的催化劑。賈邁勒丁常說伊斯蘭需要它自己的路德，而他的門徒毫不猶豫地宣稱他有資格擔任這個角色。

「世上有兩種哲學，」據說他曾這麼說：「一種大意是世上沒有任何東西屬於我們，所以我們必須以粗衣糲食為滿足。另一種則說世間萬物皆美麗，值得我們嚮往，且確實、應當屬於我們。我們的理想該是第二種……至於第一種，它毫無價值，我們毋須理會。」[9]

儘管賈邁勒丁不與艾資哈爾的教士為伍，且儘管他態度莊重、生活簡樸（幾乎沒有跡象顯示他有任何形式的性生活，而當鄂圖曼蘇丹逼他娶妻時，他發誓要將自己去勢），但他非正統的觀點仍使他成為被議論的對象，且通常與不虔誠有關。扎格盧勒隱瞞他和這位爭議性傳教士的關係，年輕教士阿布都的名聲則受到損害，因為艾資哈爾的批評者認為他「對哲學有興趣、提倡某些穆爾太齊賴的原則、禁止傳統的詮釋、呼籲學習現代科學、偏好法蘭克人的科學。」[10]這位教師的窗戶被打破，名聲遭誹謗，但阿布都和其他人已經從他身上學到這些非正統的思考模式。

賈邁勒丁反唇相稽：「倘若哲學家身穿陋衣、數著念珠、在清真寺度日，他就是神祕主義者；但如果他坐在馬塔提亞的咖啡館，抽著水菸，那他依舊只是個哲學家。」[11]

一八七六年，鄂圖曼的革命派人士從心不甘情不願的阿卜杜勒哈米德二世那裡得到他們的新憲法，但隨之而來的便是其起草者米德海特帕夏受辱，民主勢力潰散。次年土俄戰爭爆發，而引用阿布都的話，埃及人「對其宗主強國的命運有強烈的興趣，密切追蹤事件發展。」這場戰爭對鄂圖曼來說是場災難，他們必須割地賠款，但這卻成了刺激埃及報刊發展的動力，迅速擴張來因應新聞和支持鄂圖曼言論的需求。「漸漸，」阿布都寫道：「報紙觸及與外國有關的政治及社會問題，然後又大膽討論埃及財務問題，令政府難堪。」[12]

教育及新聞報刊的擴張，已經創造埃及現代政治文化崛起的必要條件。現在民意以反對揮霍無度的親歐統治者伊斯梅爾帕夏為目標，而賈邁勒丁則致力於鼓勵一般民眾做政治思考。他不再遮掩反對伊斯梅爾帕夏的態度，在亞歷山大港一場對費拉的演說中大聲疾呼：「噢！貧窮的費拉！你們打破土地的心臟，就為了從中獲取食物，扶養你們的家人。你們為什麼不打破壓迫你們的人的心臟呢？那些把你們辛苦的成果吃掉的人，你們為什麼不打破他們的心臟呢？」[13]

除了煽動群眾的才能，賈邁勒丁也有結盟的敏銳嗅覺。他在埃及準立憲派政治人物和外交使節中尋找夥伴，據說也安排王儲陶菲克——改革派認為他遠比他的父親有希望——加入他所屬的東方之星共濟會分會（Eastern Star Masonic Lodge）；一如在歐洲，中東統治者視共濟會為煽動叛亂和反教士的溫床。《泰晤士報》一名通訊記者（也是共濟會成員）形容賈邁勒丁是那些反對赫迪夫與英法債務管理人的愛國人士背後的灰衣主教。「他是，」《泰晤士報》接著說（借用拜倫的話）：「會把船鑿沉或把喉嚨割開的人當中最和善的。」[14]

這位神祕的賽義德在印度、阿富汗及此刻埃及的經驗，都已向他證明英國有多背信忘義，因此他認為埃及必須不能再依賴歐洲的財務和技術，那會害他們積弱不振。一八七八年八月，埃及無力償還債務的高峰，一個英國人被交付財政事務，一個法國人被任命為公共工程大臣；這個「歐洲」政府引來愛國人士強烈反彈，特別是議會；赫迪夫隔年將之解散。賈邁勒丁似乎一直寄望於伊斯梅爾帕夏被推翻或被暗殺，而他本身能在陶菲克繼位後的獨立埃及擔任要角，但當伊斯梅爾帕夏終於在一八七九年六月遭廢黜時，他失望了：新的赫迪夫一如他的父親，對歐洲百依百順。

一天晚上在開羅的哈桑清真寺（Hassan Mosque），於四千名觀眾面前，賈邁勒丁發表強有力的演說，以深刻的預言譴責英國在尼羅河兩岸施政的最終目的。他也表明陶菲克赫迪夫已被迫滿足英國人的野心，並以反對外國人的口號，革命拯救埃及獨立，懇求「確立自由」，才結束了這場演說。這對埃及的新統治者和他的英國靠山而言太過火了。一八七九年八月，賈邁勒丁被逐出埃及，他的追隨者，包括阿布都在內，則在國內流放。

賈邁勒丁遭驅逐一事，並未澆熄他已極力煽起的反對精神，也未阻止他的支持者慢慢從流放地回到開羅，更未阻止他們繼續鼓吹革新。首先，其中一些人，包括阿布都在內，脫離了師父的激進主義；他們認為強健、穩定、對赫迪夫和列強有信心的政府，最可能為債務危機帶來令人滿意的結局。

一八七九年秋天，這樣的政府建立了。為首者是切爾克斯強人穆斯塔法·利雅德帕夏（Mustafa Riyad Pasha）。新政府受到一時的歡迎，因為它設法減輕了費拉的稅賦（部分透過削減軍隊預算）。但打擊軍隊卻造成新的反對勢力，而這個遭到恫嚇、糧餉不足、士氣低落的機關，最終找到勇氣，先是明確有力地表達自己的渴望，接著又訴說整個國家的渴望。這個新政治勢力的領導人，其出身暗示了這個國家的菁英階層將徹底轉變。他不是土耳其人，不是切爾克斯人，而是費拉，說阿拉伯語的農人，他放棄在艾資哈爾的研究，年方二十就在赫迪夫的軍隊晉升到上校，但卑微的出身使他無法再往上爬。他名叫艾哈邁德·阿拉比（Ahmad Urabi）。

現在，我們有必要從賈邁勒丁·阿富汗尼的生涯拐個彎，來到一八八一到八二年的阿拉比叛變了。賈邁勒丁本人並未在埃及附近操控事件發展，但阿拉比已親自見過他，並在稍早的慎重行事後，繼續與他的幾名門徒建立密切的關係。雖然阿拉比叛變的族群特性不大符合賈邁勒丁的泛伊斯蘭主義，但驅動叛變的目標——民族復興、脫離赫迪夫的反覆無常——都是賈邁勒丁的目標。

艾哈邁德·阿拉比一八四一年生於尼羅河三角洲，父親是地方的神職人員。他在當地清真寺學校受過基本教育，又跟哥哥學算術來補其不足。[15]他身材魁梧，略顯笨重，唯有在情緒激動或思想強烈時才會顯露表情，而他的不裝模作樣也表現在他的習慣動作上：每當心領神會，他都會伸手觸摸額頭，就連讀信時也一樣。他是政府刻意拔擢費拉晉升軍階的受益者，這個做法可回溯至一八二〇年代穆罕默德·阿里將費拉帶進現代軍隊的決定。

年輕的阿拉比獲得穆罕默德·阿里之子賽義德的青睞；賽義德在一八五四年到一八六三

年擔任總督，有他提拔，阿拉比在軍中步步高升。一八六一年擔任賽義德參謀時，他向總督借了一本阿拉伯文的拿破崙傳記，賽義德不屑地把書扔在地上，還丟出一句：「看看你的同胞是怎麼讓自己被打敗的！」讀完書，阿拉比告訴總督，法國人會贏是因為「他們的訓練和組織都比較好，而如果我們努力去試，埃及也做得到。」[16]

阿拉比初期晉升的速度和後期形成鮮明的對比，他可說劈哩啪啦地撞進一個保護上流階級的隱形隔間。原因是族群偏見。如阿拉比所回憶，在賽義德的繼位者伊斯梅爾帕夏的統治下，「一切都回到土耳其人和切爾克斯人的手中，軍隊中的埃及人得不到保障。」[17]十九世紀中葉，土耳其人和切爾克斯人繼續支配埃及人的生活，著實違背常理。全國人口有七百萬人，他們只有十萬人；而埃及統治階級選擇屈從於宗教少數和外國人，在費拉心目中更是自毀名聲。

整個一八六〇及七〇年代，阿拉比看著他說土耳其語的同袍升了又升——「不是因為他們懂得比我多，」他說，而是因為他們不是阿拉伯人；而光憑這個理由，赫迪夫就「贈與他們軍階、勳章、漂亮的奴隸、廣大肥沃的土地、寬敞的房子，送給他們從埃及貧民的血汗榨來的金銀財寶做禮物。」[18]埃及軍官所受的貶抑在陶菲克統治初期變本加厲，當時以節約之名，勒令超過一千名埃及軍官暫時退休，其餘則暫緩晉升；退休軍官中沒有一個是非埃及人。

這就是費拉軍官群起抗爭、也就是阿拉比策畫抗爭的背景。那始於一八八一年一份寫給大臣委員會的請願書。當政府試圖逮捕阿拉比和其他上校，那遂轉變成全面反叛，直到戰爭大臣被免職、官方保證不會再給土耳其與切爾克斯人優惠待遇，局面才緩和下來。

但緊張並未消退，赫迪夫即將報復的謠言四起，而土生土長的埃及上校們進一步要求改善條件。說阿拉伯語的地主也被他們軍中同胞的奮鬥給鼓舞了，現在要求分享土耳其與切爾克斯權貴的權力。這促使民眾要求恢復已被伊斯梅爾帕夏解散的議會——本地的地主能在議會捍衛自己的利益——並透過立憲讓議會朝氣蓬勃，引用阿拉比的話，憲法能「保障生命、財產和民族的榮譽」。阿布都和其他前賈邁勒丁圈子裡的成員，也提出立憲和設立國會做為立法機關（而非議會在伊斯梅爾帕夏任內所扮演的諮詢角色）的要求。一個愛國改革聯盟正在成形中。

另一個讓各種不滿現狀者聯合起來的主題，是國家脫離歐洲控制的必要。在亞歷山大港和開羅，報社編輯指出突尼西亞最近被併入法蘭西帝國為例，警告可能降臨在自己國家的命運。「埃及是埃及人的！」民族主義者的口號這麼吶喊，而受歡迎的傳教士賽義德·哈姆札·法圖拉赫（Sayyid Hamza Fathullah）登上講道壇抵制歐洲自稱可為東方帶來文明的醜惡傲慢。歐洲人該先整頓好自己家裡的秩序，他繼續說：「面臨無政府主義、社會主義、內戰、犯罪和貪腐，他們有夠多的事情要處理了。」[19]

就這樣，加上各種新利益團體推波助瀾，由一些軍官發起的族群抗爭在一八八一年夏天發展成更廣泛的運動，同時結合了立憲、泛伊斯蘭主義、族群和軍國主義。陶菲克試著藉由調動關鍵部隊，好分散阿拉比派的力量，但叛變再起，且在九月九日來到緊要關頭。這一次不僅有一票軍官參與，還有兩千五百人將十八門大砲威脅性地轉向陶菲克的新古典主義宮殿阿布迪恩宮（Abdeen Palace）。這座宮殿由伊斯梅爾帕夏建造，儼然成為王室揮霍無度的象徵。阿拉比的要求是解散政府、恢復國會、將軍隊擴張至一萬八千人——被認為是維護國家安全的最起碼人數。跟這些訴求一樣重要的是提出訴求的態度，雖引人注目，卻對君主毫無敬意可言。阿拉比在回憶錄中這麼敘述這些事件：

> 當赫迪夫抵達阿布迪恩宮，他發現我們已占領廣場，砲兵及騎兵隊鎮守西入口，我則和我的部隊守住主入口……赫迪夫請我下馬，我便下馬，他請我把劍舉起來，我便把劍舉起來；但那些軍官，我的朋友，約有五十人，到我身邊以免他耍詐，還有些人擋在他和宮殿之間。然後，當我傳遞我的訊息，向赫迪夫提出三項訴求，他說：「我是這個國家的赫迪夫，我想做什麼就做什麼」……我回答：「我們現在不是奴隸，今後也不會是。」[20]

面對這種壓倒性的軍力展現，陶菲克沒什麼反擊的本錢。他已失去軍隊的支持，只能仰賴歐洲財政掌控者、一些在南北戰爭結束後找工作的美國傭兵（埃及參謀長查爾斯．普默洛伊．史東將軍〔Charles Pomeroy Stone〕之前為南方聯盟出戰而敗北），還有土耳其與切爾克斯權貴守舊派的建議。

進一步協商後，陶菲克讓步了。在成功的光輝中，背叛的上校和他的同志們請求允許親吻剛被他們欺侮、羞辱的君主的手。如英國詩人威弗瑞德．布朗特（Wilfred Blunt）——或許是最直言不諱、倡導埃及政治革新的西方人——所述：「尼羅河上已數百年沒聽過的歡呼聲響起，而開羅街上的民眾，儘管素不相識，是真的攔住彼此，互相擁抱，一起慶祝赫然降臨、令他們大吃一驚的自由。」[21]的確，這個國家看似正在由英勇的平民兼軍人阿拉比的領導下，步上一條新的道路，而這位「埃及的俾斯麥」正在全國巡迴接受盛讚。一八八一年十月，埃及舉行新議會選舉，依據憲法，即刻開始運作。的確，根據憲法條文，議會的權力純屬諮詢性質，立法權屬於元首任命的大臣委員會，但這會兒阿拉比建議支持者先妥協，寄望未來的獲益。「為我們的自由，我們已經等了好幾百年，」阿布都同意：「可以再等幾個月。」[22]

在會議室裡，第一次由選舉選出的議長（前幾個會期，伊斯梅爾帕夏都將議長的任命權留給自己）主持會議，洋溢著樂觀氣氛，每一個人——赫迪夫、大臣委員會甚至列強——看似為一個偉大的共同理念團結一致：埃及的福祉。

現在看來，這個共識未能延續是可預見的。在任何一個逐漸轉型為代議政府的政治制度中，約束不大可能清楚顯現於贏家身上，恐慌和反抗則是輸家慣有的態度。一八八二年初的埃及，情況也是如此。以阿拉比為中心的新軍事機關報復土耳其與切爾克斯人，不再受限的新聞報刊猛烈抨擊歐洲官員，軟弱無力的陶菲克則對外國的干預展現出可悲的容忍——只要外國能削弱他在國內的死敵就好。

浸淫在現代憲政秩序的驕傲和喜悅中，我們很容易忘記國會的工作是不斷煩擾行政者和履行立法權。但埃及議會要求調查歐洲負責部會的無能和侵吞，又要求對預算有決定權，卻引發外國債權人間的恐慌，而這股恐慌迅速演變成對穆斯林的普遍恐懼與敵意。法國占領突尼西亞已引發一場令人生畏的叛變，殖民者慘遭殺戮。在埃及的歐洲人也愈來愈擔心遭到類似的對待，而心慌意亂、滿懷怨恨的陶菲克，則因議會試圖限制他的權力而惱羞成怒。

這波對西方與日俱增的敵意，無可避免地帶有強烈的反基督特色，而西方對此的回應，便是以文明之名發動反伊斯蘭之戰。這就是法國的新總理，口若懸河的法庭律師及帝國主義者萊昂．甘必大（Léon Gambetta）的觀點；而像他一樣訴諸簡單的反向邏輯、相信歐洲既然引發劇烈反對，那就靠殖民征服它的人，大有人在。他打算採取若干措施來鞏固英法在開羅的掌控權，而這些措施便成了西方征戰的序曲。

一八八二年元月八日，法英聯合發布「甘必大記事」（Gambetta note）好讓陶菲克安心、讓阿拉比派難以施展。在這份文件中，列強向陶菲克保證他們會「聯手」對抗他和他的政府可能面對的危險。[23]危險指的是阿拉比，他被外國描繪成狂熱及暴虐的分子。但這份記事不但無法支持陶菲克，反而道出他有多依賴外國援助，使他更顯軟弱。在埃及——就像倫敦《雙週評論》（Fortnightly Review）極具洞察力的描述——甘必大記事被理解為「背景裡的蘇丹被推得更遠；總督更明確地成為英法的傀儡；埃及遲早會以某種方式步入突尼斯的後塵。」[24]

甘必大記事是埃及各黨各派都不歡迎的最後通牒。它強迫把分裂公開化；阿拉比派和陶菲克再也無法假裝站在同一陣線。不久，歐洲人便要求已被任命為戰爭大臣的阿拉比離開國家。他拒絕，政府便崩解，同時一支英法艦隊進駐亞歷山大港外，陶菲克則逃往無花果海角靜觀其變。

埃及的未來懸而未決，而阿拉比在一份公開聲明中指控陶菲克背棄人民，勾結敵人。但阿拉比派不夠強大，保不住他們甫建立的脆弱結構。一八八二年七月十一日，在亞歷山大港鬧事造成數百人死亡後，英國發動猛烈砲轟，隨後占領軍登陸，在人間煉獄（似乎部分可歸咎於當地的縱火犯）中摧毀大半城市。（這時英國人是單獨行動；甘必大已在一月下台，新法國政府拒絕繼續參戰，專心處理突尼西亞和阿爾及利亞事務。）[25]在亞歷山大港的穆罕默德・阿里廣場（Place Muhammad Ali）上，這位現代國家的創建者騎著馬的雕像仍屹立著，但四周「盡成火海」。[26]

在英國入侵後，這場衝突的結果已毋庸置疑，不過英國人花了整整兩個月的時間，才制伏阿拉比所動員保衛埃及的軍隊。九月十三日，愛國人士終於在東部沙漠遭到擊潰。隔天，開羅在一槍未開之下淪陷，阿拉比則降於一名英國軍官，後者——或許帶點驚訝地——說他的俘虜既不「怯懦也不自大，舉止像個有教養的紳士。」[27]但不管紳不紳士，英國不可能讓這位埃及反抗軍領導人留下來，於是，同年十二月，阿拉比被放逐到錫蘭。對英國人來說，這是殖民埃及的開始，而埃及要到七十年後，經由另一名愛國上校賈邁勒・阿卜杜勒・納賽爾的行動，才真正脫離殖民統治。

事實證明，英國政府其實不期待占領埃及。英國人不想再為他們已經效率不彰的殖民地，再添一個累贅。但帝國主義會帶來利益，利益則需要保護以抗威脅，而保護利益的方法，通常是累積更多利益，於是殖民者就這樣被「獲得的邏輯」（logic of acquisition）推著走了。在埃及的例子裡，英國人認為有責任保護他們的盟友陶菲克、蘇伊士運河的控制權，當然還有他們的貸款——這可是首相威廉・格萊斯頓的私人利益，因為他砸下重金投資埃及國庫債券。同時間，格萊斯頓也預見這場小規模的戰爭——這種戰事在大英帝國史書上不勝枚舉——將對所有非洲殖民地產生乘數效應。「我們在埃及的第一站，」他推測：「無疑會是北非帝國的胚胎，它將愈長愈大、愈長愈大。」[28]

未受到一八七九年被粗暴逐出埃及的影響，賈邁勒丁接下來十年仍在一團模糊的國際宣傳與鼓動中度過。他在印度、俄羅斯、英國、法國和伊朗密謀獻策，而無論是穿硬領襯衫和燕尾服跟法國社會主義人士談話，在伊朗聖殿裡扮演什葉派的神，或進入德干高原的清真寺用遜尼派方式祈禱，他都以他慣有的靈活性帶領他的運動。

一八八〇年代，歐洲人稱霸世界的衝勁正主導世界所有的重要發展；在非洲迅速被瓜分的同時，英俄在東方的競賽，則顛覆了亞洲大部分地區。歐洲的軍事和外交成就凸顯了存在於西方與非西方世界的鴻溝，雖然後者已有長足進步，差距仍快速拉遠。處於帝國主義接受端的國家，被迫以既成事實為基礎來制定政策，而既成事實既無助於政治規畫，也無益於提升文化自信。由於被迫採取守勢，現代伊斯蘭世界成了原創思想的貧瘠產地。這不是說那裡沒有思想，賈邁勒丁就至少貢獻了其中之一。大博弈（Great Game）的參與者不是只有掠食性動物橫掃——雖然（大多是英國和俄國）文獻裡寫的多是資源豐富的英國人和俄國人——獵物並非靜止不動，正如這位東方的賢者所證明的。

賈邁勒丁在外流浪的那些年——他獲得君主、政治人物和知識分子的接待，而後（多數情況）被鼓勵繼續前行——固然是重要的史實，但同樣重要的是，那解釋了歷史的脈絡。賈邁勒丁並未真正決定發生的事，但他操縱也解釋了事件發展，且率先表達了我們現在視為建構現代伊斯蘭主要政治思想的原則。他有時同時擁護族群和語言的民族主義、反帝國主義和激烈的聖戰主義，也對挑選過的受眾表達他一貫懷疑宗教的態度。或許意義最重大的是，賈邁勒丁了解伊斯蘭「溫瑪」與生俱有的政治潛力，即全世界的穆斯林「民族」會一起祈禱、齋戒、賑濟和——如果負擔得起——赴麥加朝聖。如果如此龐大的宗教共同體能為某個現代化穆斯林行動所動員，便可能形成一個能抵禦歐洲人的政治運動。這個運動的名稱，就叫泛伊斯蘭主義。

今天，賈邁勒丁提出的許多概念，看似相互牴觸，但這不必然是這位賽義德投機或自相矛盾的證據。那只證明在往後一百多年，分歧變本加厲。在賈邁勒丁的時代，伊斯蘭的各種政治色彩並未相互排斥，它們都是伊斯蘭懸而未決的解決方案下，其中的一部分。儘管他的信仰充滿曖昧，賈邁勒丁卻從未在他的首要目標上妥協：將歐洲人，特別是英國人，逐出伊斯蘭的土地。

一八八〇年代，不管他走到哪裡，英國的特務都會報告他的行動，爭議也一直伴隨著他。在印度，有人擔心他是受阿拉比——那時他和陶菲克的對抗已化暗為明——委託來煽動叛變。這不是事實，但他確實猛烈批評主張印英合作的著名穆斯林領袖賽義德．艾哈默德．汗先生（Sir Sayyid Ahmad Khan），而遭到英國人扣留、威脅和審問。

一八八二年，他前往巴黎。英法之間因英國侵略埃及而劍拔弩張（法國也察覺到格萊斯頓的胚胎了），他的仇英心理使他成為間接受益者。他在塞茲街（Rue de Seize）租了間閣樓房，親伊斯蘭的威廉·布朗特（William Blunt）看到他接待「一個俄羅斯小姐、一位美國慈善家和兩名自稱是神智學者（Theosophist）的年輕孟加拉人」，他們的對話充滿「關於人性晦澀難解的行話」。[29]他固然反對英國人，但未因此不去倫敦。他在倫敦以典型的機會主義對英國政府提出建議，只要英國撤出尼羅河，英國和穆斯林可以結盟。他在倫敦雖然接受威廉·布朗特款待，但在他兩個來訪的朋友一言不合、拿雨傘互敲腦袋後，威廉·布朗特把他趕了出去。「賈邁勒丁是天才。」這個英國人遺憾地寫道：「他的教學發揮了難以高估的影響力，但他也是個瘋狂的男人……你必須劃好底線。」[30]

毋庸置疑，賈邁勒丁旅居歐洲最重要的產物是發行《最堅固的結合》（Firmest Bond）的激進期刊——指鄂圖曼哈里發的凝聚力。這是他和前弟子阿布都（從埃及過來與他會合）一八八四年在巴黎所作。雖然僅出刊七個月，錢就用光了，《最堅固的結合》卻在穆斯林世界的政府高層造成深遠的影響。

《最堅固的結合》反映了賈邁勒丁愈來愈深的信念：唯有穆斯林統一於哈里發之下，才能拯救全世界的穆斯林社群。不至於被淹沒，而期刊裡的文章傾向貶低他生涯稍早所倡導的憲政革命。這份期刊也激動地斥責古典穆斯林對宿命論的執著，呼籲馬上行動；它為蘇丹人馬赫迪打敗英國人的軍事成就喝采，就連自視甚高的賈邁勒丁也認為馬赫迪運用了亞瑟王傳說梅林（Merlin）般的威信。

《最堅固的結合》裡多數文章似乎出自阿布都而非賈邁勒丁之手。阿布都現在淡化了阿拉比叛變等事件的族群特徵，轉而支持他師父的泛伊斯蘭主義。這無疑是期刊大受歡迎的原因之一，另一個原因是它擁護一種新的、充滿政治意味的伊斯蘭詮釋方式：強調團結對抗歐洲帝國主義。這部期刊免費發送給中東各地的重要輿論人士——相當於令人嚮往、僅限邀請的文摘投到當今世上最具影響力思想家的收件匣。幾乎沒有重要人士被排除在外；就連埃及陶菲克政權的成員也在名單上。儘管賈邁勒丁對中東政府（尤其是統治高層）語多批判，但他也在他們之中找到一股力量，或許可利用來推進他的運動。博斯普魯斯岸邊亞爾迪茲宮（Yildiz Palace）裡的蘇丹、艾資哈爾的博學之士、貝魯特和巴格達的什葉派神學家、麥加的鄂圖曼官員，甚至賈邁勒丁在伊朗西部的親戚，幾乎同時有機會吸收同樣的思想，這件事實闡明了這部期刊的革命性影響。《最堅固的結合》為全世界完美展現了現代、激進的伊斯蘭政治，或許也是第一個可稱為「伊斯蘭主義」的媒體雜誌，與二十一世紀損害伊斯蘭團結的大規模宗派暴力，形成驚人的對比。

賈邁勒丁曾譴責沙皇併吞中亞部分地區，但這並未阻止他在俄羅斯度過一八八七到八九年的歲月，他在那裡密謀反對占據印度的英國，並和伊朗的政治人物通信，討論母國的情況。沙皇亞歷山大二世只願私下在一群沒有政治影響力的觀眾面前見他，所以這位賢人去其他地方讓自己有存在感。一天晚上，賈邁勒丁穿全套教士服裝去聽莫斯科歌劇，並確定自己坐在沙皇附近的包廂。在簾幕於一場豪華的場面調度（mise-en-scène）升起後，賽義德突然跪下來，大聲唸完他的晚禱。唸完，一名俄羅斯將領被派來了解他這般表演，用意何在。對此，賈邁勒丁回答（誤引先知的話）：「我在跟真主獨處，沒有容納國王或先知的空間。」[31]

沙皇有辦法跟他的客人保持距離，他在伊朗的君主兄弟就沒有這種餘裕了。在往俄羅斯途中，賈邁勒丁曾在家鄉停留數個月，暢談改革與法治的必要，令納賽爾丁沙阿戒懼；賈邁勒丁還在兩人首次會面時自稱是一把該用來揮向外國政府的「銳劍」。這不是沙阿想聽的話——他不久後將備受爭議地把金融、運輸和採礦的特許權授予英國人，再次讓他的國家於一八九〇年代背負外債。於是，他將這位惹人厭的賽義德送往俄羅斯。但就連在俄國，賈邁勒丁仍持續涉足伊朗事務，並和伊朗最有權力的政治人物阿明．蘇丹（Amin al-Sultan）保持聯繫。

沙阿有充分的理由不信任賈邁勒丁，後者在一封給阿明．蘇丹的信中寫到伊朗是由僅披著穆斯林外衣，內心不是穆斯林的男人統治，並預言這個國家必將覆滅。當沙阿看到這封信時，他寫道：「這些罪人之子，即使逃離國家，仍像毒蛇，從不節制，從不像人。」[32]但出乎意料地，十一月時，他准許這條毒蛇回來。或許是希望就近看管賈邁勒丁，他就會節制他的行為。

到一八八〇年代晚期，納賽爾丁似乎是中東君主中活得最好的。在執政初期謀殺了改革派總理埃米爾．卡比爾，也擋住巴比教構成的威脅後，這位卡扎爾王朝的第四任君主不再容忍任何對他特權的挑戰。關於他停滯不前的統治，最厚道的說法是穩定。納賽爾丁已盡了他愛國的職責，沒有再讓伊朗領土被俄國人或阿富汗人併吞，但他也傾全力阻止立憲思想逼近，就算他個人仍對外國的創新保有熱情。（若他以人像攝影為業，應該也能過得不錯。）對於他在幾趟外國旅行觀察到的憲政措施，他一派天真，需要擔心受怕的朝臣向他細膩地分析。在一次這樣的行程後，他回到德黑蘭，要求建立以一種神奇的「法律原則」為基礎的制度；聽到他這麼表態的大臣嚇得說不出話，不敢透露「法律的首要條件就是剝奪王室顯貴的特權和自治權」。[33]於是卡扎爾政府繼續照它原本的方式運作，在這個巴斯德殺菌法（pasteurization）、憲法和內燃機一起出現的年代，伊朗簡直跟中世紀無異。如果有人在德黑蘭眾多咖啡館之一聽到對「宇宙樞軸」一絲絲的批評，那它們統統要關門大吉。

一八八〇年代，比起鄂圖曼和埃及，伊朗的國家經濟幾乎毫無進展。貿易協定允許歐洲機械製造商品輸入，經濟作物（棉、米、絲）大多輸出到俄羅斯，僅有極少數資本財流入國內打造生產基礎，工業幾乎完全不存在。另一項伊朗的出口商品是勞工，他們越過北方邊界進入俄羅斯的高加索和中亞，在那裡聽聞埃及和鄂圖曼的立憲運動，於是其中有些人開始崇敬馬赫迪和伊瑪目沙米爾（Imam Shamil）等宗教和民族英雄（沙米爾在十九世紀二〇至四〇年代奮勇引領高加索人抵抗帝俄）。賈邁勒丁寫道，有相當多的伊朗人因經濟因素移居鄂圖曼和俄羅斯：「你或許看得到他們在街頭和市場流連，當腳夫、清潔工、拾荒者和挑水工。」[34]

納賽爾丁自己的女兒泰姬・薩達內赫後來這麼描寫這些動亂的時刻：「王國正經歷死亡的劇痛，臣民悲慘而窮困，地方首長忙著壓迫……國家正一步步讓民眾震耳欲聾的喧鬧去拆毀君主政體的廊柱，希望自己脫離持續被壓迫的日子。」[35]

一如鄂圖曼和埃及的統治者，納賽爾丁最大的煩惱是手上沒錢。如前文所述，他在一八七二年打算將天然資源和未來歲入大規模移轉給朱利斯・路透男爵，但這個企圖，在國內動亂及俄國抗議下作罷。一八八〇年代晚期，受到英國駐德黑蘭公使亨利・德羅蒙・沃爾夫（Sir Henry Drummond Wolff）慫恿（他是昔日保守黨政治人物、亦涉入英國在埃及的陰謀擘畫），沙阿又跟歐洲人討錢了。他開放伊朗南部的卡倫河（River Karun）給英國人航行，並將許多高階職位包給貌似可信的外國人，就像總督們在埃及幹的那樣。金融和獨家印行鈔票的權利，交給一家英國銀行，惹惱了商人和當時仍發行紙鈔的銀行家。俄國人反對，結果後來順利要到某種金融特許權。另一項攢錢計畫是彩券的特許權，聽從他詭計多端的駐倫敦使節米爾札・馬爾坤・汗（Mirza Malkum Khan）吩咐，沙阿予以同意，但不得不在烏里瑪抗議那違背伊斯蘭教義後撤銷。後來馬爾坤·汗被發現侵吞四萬英鎊的準特許金而遭免職，於是他從沙阿的親信搖身變成最惡毒的政權批評者。[36]

在沙阿與外國人所有引發爭議的交易中，一八九〇年三月授予的菸草特許帶來的害處最大。受益人是另一位英國國民塔伯特少校（Major G. F. Talbot），他被給予伊朗五十年菸草銷售與出口的壟斷特許權，年租一萬五千英鎊外加四分之一的年獲利；後來發現是靠賄賂君主才能那麼順利。沙阿的法國醫生讓—巴蒂斯特·傅瑞爾（Jean-Baptiste Feuvrier）在回憶錄中解釋，這個特許權和其他特許權不同，因為它影響了幾乎全部的成年人口。「每一個波斯人都抽菸，不分男女，」他寫道：「連同茶和咖啡，水菸也提供給所有訪客。波斯人出遠門一定要在馬背上擺菸斗架，在高筒皮套裡擺水菸斗和菸餅，馬的兩側還要各掛一只小爐子，裝灼熱的煤炭。」[37]除了無所不在，另一個讓菸草成為有爆炸性爭議的因素是，它向來是由穆斯林採收、烘乾、包裝和銷售，而這個親密、連貫的生產順序，現在要被異教徒插手，提高了被玷污的可能性。

要過一段時間，菸草特許的嚴重性才被完全領會。塔伯特和沙阿刻意耍了詭計：因預期會遭到反對，雙方祕而不宣，隱瞞多久是多久。在此同時，賈邁勒丁已在一八八九年十一月回到伊朗，和改革派政治人物進行祕密會議。這時他已（至少對他的伊朗同志）透露他的伊朗血統，這增添了他在同胞間的魅力，也提高任何當權者要他閉嘴的風險。在此同時，他自稱得到俄國的信賴，這就算不是事實，似乎也為他提供多一層的保護。賈邁勒丁密商的消息或許傳到阿明．蘇丹耳裡，而這會兒阿明相信，這位哲人會對國家構成威脅。但在政府採取行動前，賈邁勒丁已動身前往首都南部幾哩外的阿卜杜勒阿齊姆沙阿（Shah Abdulazim），在那裡，在興味盎然的大眾注目下，這位神學家和他的君主之間，緊張的對峙開始了。

當時，阿卜杜勒阿齊姆沙阿聖陵只是伊斯蘭什葉派第二重要的聖殿（至今仍是），但因為地理位置接近德黑蘭，在首都居民眼中，那已取得相當崇高的神聖性；該地的另一個重要性在它位於連接德黑蘭的唯一單軌路線上，全國火車有多少班次，就有多少班次經過那裡。在什葉派伊斯蘭——一如亨利二世與反叛他的大主教托馬斯．貝克特（Thomas à Becket）那個時代的英國基督教——聖地內的聖所是文職政府不可侵犯的。（本世紀中葉埃米爾．卡比爾曾試圖在任內削弱這個原則）。接下來幾個月，賈邁勒丁利用這個安全的避風港，以前所未見的直率攻訐政府。在此同時，來自國外的異議刊物，特別是《法律》——日前策畫彩券計畫未果的那位馬爾坤．汗在倫敦所編輯——也擴大批判的範圍，從伊朗大臣到他們的「老闆」。「我們無權挑剔阿明．蘇丹。」《法律》一篇來稿這麼寫；「萬一他不復存在，沙阿一定會弄出出身更卑賤、面目更可憎的人來。」一八九〇年夏季和秋季，德黑蘭人成群結隊到阿卜杜勒阿齊姆沙阿聖陵聽賈邁勒丁反對專制和外國列強，以及支持伊斯蘭的一統。鼓吹革命的小冊子在首都附近散播，一封有賽義德標誌、極具風格的匿名信恐嚇君主不可將國家拱手讓給英國人。在氣氛狂熱、充斥迷信的德黑蘭，徵兆成為事實。而坊間盛傳（據說是賽義德火上加油）亨利・德羅蒙・沃爾夫爵士已拿了一本譯成波斯文的《聖經》給君主。亨利爵士只好暫時離開首都，直到風波平息。

當沙阿終於針對他有毒的神學家採取行動時，他並未像亨利二世那樣發布措辭含糊的命令，致使大主教遭刺殺後給自己招來惡名。但殊途同歸，伊朗政府在一八九一年元月對賈邁勒丁無禮的對待，令人髮指地違背了普遍接受的原則。騎兵闖入聖殿，發現賈邁勒丁臥病，便把他拉下床。賽義德的僕人米爾扎・雷扎・克爾曼尼（Mirza Reza Kermani）高喊他們在粗暴對待先知的後裔，但賈邁勒丁支持者的反抗全都徒勞無功。

根據賈邁勒丁的紀錄：「那個卑鄙小人（阿明・蘇丹）下令把我拖過……冰天雪地到首都去，極盡羞辱之能事……然後他卑劣的隨從，不顧我的病情，推我上馬，給我捆了鏈條……現在可是冬天，大雪紛飛，寒風呼嘯……」賈邁勒丁的艱辛跋涉在鄂圖曼伊拉克的邊境中止，一過邊界，他就被無禮地推走了。[38]

但沙阿企盼透過將賈邁勒丁逐出國家，他有害的影響力便消失的希望落空了。賽義德原本是在政治上反對沙阿，經過這一番凌遲，反對已轉變為綿延無盡、跨越邊界、衝著沙阿個人的憎恨了。現代化的反對派政治運作，也對賈邁勒丁有利。納賽爾丁的兩大威脅，《法律》和《星》都在境外出版，沙阿的憤怒鞭長莫及；而儘管祕密警察竭盡所能阻止，偷渡它們回國傳閱，仍輕而易舉。

在他們伊拉克的暫時住所，賈邁勒丁和助手能暢通無阻地煽動對沙阿的反對；阿卜杜勒哈米德二世無意支持鄂圖曼在東方的對手。另外，現在他們擁有完美的基地來建立伊朗第一波大規模政治運動。這個理念充分發揮吸引力，結合了這個以分歧著稱的國家各種的要素，從極保守的穆拉到政治激進分子，也包括市場上的商人。

約莫在賽義德被驅逐的同時，沙阿政府和塔伯特少校簽訂菸草特許權的細節，被公諸於世。農人抱怨農作物的價格，商人不滿他們淪為特許公司代理商的新地位，而眾人一致同意穆拉所言：穆斯林的權利正在被踐踏。也有不少人批評，相較於每年產出一千萬公斤的菸草，一萬五千英鎊的租金實在太微薄。那跟鄰國的菸草特許比起來太難看了：鄂圖曼宮廷每年可拿到整整六十三萬英鎊。

塔伯特少校本人在一八九一年二月來到伊朗履行租約，為原已緊張的局面火上加油。他的波斯帝國菸草公司（Imperial Tobacco Corporation of Persia）代理商湧至全國各地收取全部的菸草作物，並中止所有非公司主辦的交易。設拉子和其他菸草製造中心怒不可遏，造成數名抗議分子被士兵殺害，而賈邁勒丁及其他流亡異議人士（包括倫敦的馬爾坤・汗）則繼續對高級官員猛烈地口誅筆伐。一如阿拉比抗爭的例子，這群忿忿不平的反對者是以宗教的詞彙表達，但那種伊斯蘭對正義的理解，已有世俗的人權概念滲入其中——對此，似乎大家都能理解。

八月三十日，讓—巴蒂斯特・傅瑞爾在他的日記裡記錄道：「在大不里士，菸草公司貼出的公告已從牆上撕下，換上革命的告示……大不里士的居民……要求沙阿不可把穆斯林的權利賣給基督徒，這違反《古蘭經》，並宣布他們決心捍衛本身的權利，甚至到不惜拿起武器的地步。」九月四日，這位法國人記錄：「受威脅的群眾已在王儲宮殿前紮營好幾天，火力十足地要求沙阿尊重他們的權利與《古蘭經》。」[39]抗議人士充分利用了沙阿引進的電報網路，使用毫無限制（可能是沙阿唯一如此開放的外國創新）。結果便是異議分子之間的通訊速度史無前例地快；從沙阿的角度來看，對於推廣進一步的現代化措施來說，這一切沒有幫助。

在此同時，塔伯特的代理商——一群企業狂熱分子——完全不打算與不友善的穆斯林協商；他們積極搜尋藏匿的菸草。這些違反住家及私有財產神聖性的做法，讓人想起半個世紀前俄羅斯全面搜查被俘的基督徒，導致詩人格里博也多夫及使館全體人員慘遭殺害的情景。現在，就像當年，半個國家懸於清醒和不理性之間。一八九一年，當政府試圖逮捕一個預言沙阿死期的聖職人員後，北部一省群起暴動。而經歷過巴哈伊教徒的衝擊——他們並未滅絕，仍持續暗中宣教——沙阿對於任何挑戰權威的舉動都無比焦慮。

但菸草的抗爭缺乏實質領導人——這個國家沒有阿拉比。相反地，運動是由一群集合各路憤怒群眾的宗教人士所指揮。那些令沙阿莫名其妙而不得不屈從的決定性事件，正是他們所策畫。

第一起這樣的事件出自賈邁勒丁之手。一八九一年夏天，當他在巴斯拉被監視時，他呼籲伊拉克的什葉派領袖、在伊朗有眾多追隨者的哈吉·米爾札·哈桑·西拉齊（Haji Mirza Hassan Shirazi，簡稱米爾札·西拉齊）放棄長久以來的政治緘默、起而行動。賈邁勒丁的信極其激烈，信中向體現君權神授的統治者宣戰，想必其言論在伊朗傳開後，會教讀信的伊朗人震驚不已。這位賽義德描繪了一個堪稱不敬神的典型統治者，他將政府的韁繩交給一個「邪惡的自由思想者、暴君、篡位者」——指阿明·蘇丹——而那人「公然喝酒、和不信神者為伍、與品德高尚者為敵」。信中繼續列舉沙阿在「真理的仇敵」間分配的資產，不僅菸草貿易，還有——透過其他已成事實或計畫中的特許——金融系統、礦山、河川、道路，以及肥皂、蠟燭和糖的製造。「這名罪犯已拿出廣大的波斯土地，拍賣給列強，」他繼續說：「但基於他邪惡的本性和卑賤的理解，他賣出微不足道、慘不忍睹的價錢。」他在信的尾聲提出動人的號召：「如果你不打算挺身而出幫助民眾，不把他們團結起來，藉聖法之力，將他們從罪人手中拉出來……伊斯蘭的領土很快將淪為外國人掌控，而屆時他們將為所欲為。」[40]

賈邁勒丁的信收到他想要的效果。一八九一年十二月，米爾札·西拉齊加入了；他的宣布引發轟動，他說使用菸草，就形同對第十二代伊瑪目宣戰，在特許撤銷之前不得使用。大眾完全服從這位主教之令，也意味在什葉派的世界，高階聖職人員仍備受敬仰。「眾所一致，」傅瑞爾驚愕地寫道：「所有菸草商都把店關起來，所有水菸都被擱在一邊，再也沒有人抽菸，鎮上沒有人抽，沙阿的隨扈沒有人抽，甚至他的後宮裡也沒有人抽……這是什麼樣的紀律？」這名法國人好不訝異：「什麼樣的服從啊……！」[41]

既然整個國家的政治沸騰起來（無疑也受戒斷症所苦），塔伯特少校、沙阿和英國政府遲早得讓步；一八九二年元月五日，特許權撤銷。同月，德黑蘭的街頭公告宣布米爾札・西拉齊解除菸草禁令，於是，從城市的閨房到鄉村的空地，伊朗人又拿起菸斗了。

菸草危機到此落幕，但國家已為沙阿缺乏遠見、授予一個他不久便取消的特許權而付出慘痛的代價。為了賠償塔伯特少校和其股東的損失，伊朗被迫簽訂史上第一筆外債——向英國持有的帝國波斯銀行（Bank of Persia）借款五十萬英鎊；現在，繼埃及和鄂圖曼之後，伊朗也加入了西方債務國俱樂部了。在英國，閱報大眾讀了路透社過分樂觀的報導——報社老闆剛好擁有帝國銀行——渾然不知菸草竟引發那麼嚴重的騷動。至於新的貸款，倫敦《寫字板報》（Tablet）愚蠢地報導，這項「令人滿意」的安排或許「相當靠得住，可賴以拓展英國商業占絕對優勢的地區。」[42]對已克服巴比教徒、埃米爾・卡比爾和自己後宮的陰謀詭計而仍倖存至今的納賽爾丁來說，特許權的失敗和強加的債務不只是攸關貿易而已。這位「宇宙樞軸」，已被人民一次簡單的禁絕傷及要害了。

大力促成君主受辱的賽義德，勝利的時刻正好人在英國和他的新盟友，心懷不滿的外交官馬爾坤．汗在一起。接下來的夏天，他在蘇丹的堅決要求下回到伊斯坦堡。這是他人生最後一趟旅程：他在五年後過世，享年僅五十九；而儘管他對阿卜杜勒哈米德二世寄予厚望，盼他能做為全世界討伐帝國主義聖戰的精神領袖，但在賈邁勒丁停留期間，蘇丹始終與他保持距離。那比較像一段半囚禁時期，還不時被指控反宗教。一些老學生，例如埃及民族主義者薩德．扎格盧勒會來拜訪他，但他被禁止針對沙阿發表作品，住的屋子也受到警方監視，有一間還被燒毀。為了逃離蘇丹的束縛，他甚至試著取得英國護照。他在世界事務上扮演要角的生涯，看似就要畫下句點。

事實上，這位造詣深厚的政治起事者尚未完成他人生最後一次引爆。當賈邁勒丁人在伊斯坦堡之際，前侍從兼助手米爾扎．雷扎．克爾曼尼來訪，他在賽義德被逐出伊朗後被捕、入獄四年。米爾扎在服刑期間受盡苦楚；他套著鐐銬，近乎癱瘓，顫抖的雙手連杯子都拿不穩。根據米爾扎後來的紀錄，當他向賈邁勒丁描述他的不幸時，賢者反駁：「你毫無氣魄，而且貪戀生命！你該殺掉那個暴君。你為什麼沒殺掉他？」這些話促使米爾扎堅定革命的決心，他告訴自己：「暴君的樹必須從根斬斷，之後它的枝葉就會自然枯萎了。」[43]

賈邁勒丁幫米爾扎．雷扎．克爾曼尼付了醫療費用，讓他在伊斯坦堡養病，接著回到伊朗。一八九六年元月，向一名水果販買了一把俄製左輪手槍，米爾扎便進入阿卜杜勒阿齊姆沙阿聖陵，找出五年前賈邁勒丁被拖出聖地、當眾羞辱的地點。米爾扎打聽到納賽爾丁五月一日會來聖殿為其登基五十週年做感恩祈禱。混入請願民眾、站在附近一座陵墓的門口，米爾扎在沙阿完成祈禱後攔截他，從近距離開槍。沙阿瞠目結舌。然後，如刺客後來作證：「我不知道接下來發生什麼事。」44

接下來發生的事情是死去的沙阿被匆匆帶走，米爾扎．雷扎．克爾曼尼則被一群女人抓住、扯掉他一隻耳朵，差點當場被處死；救他一命的不是別人，正是當時隨侍沙阿的阿明．蘇丹。為避免政權立刻崩潰，阿明．蘇丹在回德黑蘭的馬車中扶起沙阿的屍體，假裝跟他說話。他的機智防止了如此戲劇化的事件可能引發的民眾動亂；在首都，他部署哥薩克人維持秩序，王位則平安無事地轉移給王儲穆扎法爾丁。米爾扎在受審時聲稱沙阿之死是反抗暴政的必要一擊，但他沒有直接牽連賈邁勒丁。一八九六年八月，沙阿的刺客被絞死。

納賽爾丁死後，當伊朗政府加倍努力引渡賈邁勒丁時，賢者這麼告訴一名德國記者：「殺掉這位嗜血暴君當然是好事，這位波斯王座上的尼祿，當政期間可殺了五千多人。」運用他知道可取悅西方讀者的語言，他形容自己不過是「思想與真理的使者……我奮鬥再奮鬥，只為了在腐爛的東方推行改革運動，以法律取代專斷、正義取代暴政、容忍取代狂熱。」他還詛咒未充分注意他智慧的伊斯蘭土地，說：「整個伊斯蘭世界已徹底腐爛而聽不進真理，我恨不得有一場洪水或地震吞噬它、掩埋它。」[45]

雖然伊朗政府引渡不了他，但賈邁勒丁的身體愈來愈虛弱，一八九六年十二月，因無法帶回逃犯、外交任務受挫的伊朗駐伊斯坦堡大使打了電報，將下面的消息傳回德黑蘭：「賈邁勒丁遭癌症攻擊，病情嚴重，已經無望。外科醫生已切除他一邊下巴，連同牙齒，他不久就會死了。殉難沙阿的靈魂（願他的陵墓聖化）終於復仇，賈邁勒丁的惡行已受懲罰。」[46]

賈邁勒丁在一八九七年三月死於癌症，死時身邊只有他信基督的隨從，而後被葬在一座不起眼的墓。無可避免地，由於他聲名狼藉，他的追隨者聲稱他是被蘇丹下令毒死的。一九四四年，在阿富汗政府要求下，他的遺體被運往喀布爾，在那裡，終於，他展開長期政治漂泊時冒用的身分獲得批准，賈邁勒丁成了不朽的「阿富汗尼」。他的名聲並未因為進到穆斯林世界的邊緣而受損，反而穩定上升，即便他的整體概念與當今宗派對戰鬥的偏執背道而馳。賈邁勒丁具體運用伊斯蘭做為抵抗西方帝國主義的全球性意識形態，以今天看似不可能的方式，將伊斯蘭的各大心臟地帶編織在一起。他堪稱現代泛伊斯蘭主義的教父。

彷彿在證明政治自由的萬有引力，可毫無損害地在開羅、伊斯坦堡和德黑蘭之間傳播似的，新世紀之交出現了形形色色的革命、憲政危機和民眾表態。中東生活、政治和文化的三大中心被共有的現代化經驗拉得更近，而這種經驗，進一步讓它們連上一個更寬廣的世界，充滿了變革與創新。不論是出於強迫、自願或偶然，整合是現代生活的要素。正當現代世界的民族國家開始找到發展的形式，它們之間的邊界也愈來愈容易穿透。

在各種對政治覺醒的穆斯林構成影響的外部事件中，日本逐漸現代化和一九〇六年俄羅斯國會開議最為重要。以上事件，將最早一批愛國人士和未來的革命分子，送進一道夾雜興奮與不服輸的狂熱螺旋中。不同於多數穆斯林懵懵懂懂的法國大革命，一八六八年明治維新啟動的一連串現代化改革（在一九〇五年羞辱俄國艦隊的戰爭中達到高潮），以及同一時間沙皇遭到不滿民眾的挑戰（導致次年的第一屆杜馬〔Duma，俄國下議會〕），就立刻為相當多受過教育的穆斯林瞭若指掌了。

日本戰勝的效應，對穆斯林文明的影響尤其顯著，畢竟穆斯林的現代化經驗固然在許多方面見效，卻也讓自卑情結死灰復燃。在部分事物西化一個世紀後，很難想像有哪種現代化的努力，從製造步槍到處理領結，是穆斯林比歐美更擅長的。但一九〇五年，出現了許多可被眾人了解的先例，因而戲劇性地改變了觀念。（就連遙遠的印度，都有農民以戰勝的日本將領給孩子取名字。）一支東方海軍已經證明構想和技術確實可以傳播，而最好的實踐者未必是西方人。在莫斯科，專制君主遭遇一記重拳，即便尼古拉二世反擊；他在十一個星期後，便解散第一屆杜馬。

但仍有一種拖延的想法殘存於中東，日本人和俄國人的成就非穆斯林所能及。某股看不見的力量——反動、恐懼或陰謀的力量——阻止他們取得顯然是所有民族的共同命運。在埃及，進步派期刊《文摘》的編輯懊惱地說：「在日本人投入心力發展科學的同時，我們大部分的教士還滔滔不絕講述他們已說了一千年的話，彷彿牛在反芻；這真的很噁心。」一個擺出西方觀察家姿態的土耳其人，這麼評論鄂圖曼境內無法起義推翻暴政的隱憂：「這些無法從西方國家的歷史經驗記取教訓的東方人，是否再次無法從目前俄羅斯的事件中獲益？」47 在伊朗，由於已有成千上萬的民眾離家到巴庫（Baku）和格洛茲尼（Grozny）等新興高加索石油中心找工作，無產階級動亂迫使沙皇撤退的場面，凸顯出家鄉始終欠缺有組織的反對力量。

但儘管一直有人表達驚恐和苦澀的自我懷疑，伊朗和鄂圖曼承受的社會和政治壓力仍不斷累積，已非他們志得意滿的君主政體能夠抵抗。關於國家及其居民尊嚴的新概念，以及現代化的必要性，與對外國軍事強權的懼怕及捍衛伊斯蘭的渴望並轡而至。卡扎爾王朝和鄂圖曼帝國被認為對這種矛盾——爆炸性的進步與反動的性質——懷有敵意。但這個組合最終會爆炸，結果就是革命。

在伊朗，一八九六年納賽爾丁沙阿遇刺，就是給君主政體的警訊。雖然先王的繼承人穆扎法爾丁，言行沒有像他父親那麼跋扈，但他體弱多病、優柔寡斷且熱衷滑稽表演；他也過於輕信英國醫生所言：常去泡歐洲有療效的浴池。這是他個人健康與國家安樂不可或缺的。穆扎法爾丁繼承的國家，所有機關——如同他自己的器官——都掌控在外國人之手。一八九八年，伊朗的海關部門被交給比利時來的官員，他們收較高的稅，引發在地商人不滿其差別待遇。層級最高的比利時官員，惱人的瑙斯親王（Monsieur Naus）將進一步成為實質的財政大臣。一九〇〇年伊朗首次向俄羅斯大舉借貸，讓沙阿得以進行奢華的歐洲之旅；第二筆貸款在一九〇二年簽訂，之後又是一場極盡鋪張而無關緊要的王室旅行。據說沙阿在巴黎住的飯店套房一晚要價二四〇英鎊——相當於今天的兩萬六千英鎊。在英國期間，他因英王愛德華七世（Edward VII）拒絕授予他嘉德勳章（Order of the Garter）大為洩氣（英王堅持那只能授予基督徒，雖然他的母親維多利亞女王曾授予納賽爾丁）。此事多少透露了這位沙阿的優先順序。

除了五％的利息之外，俄羅斯慷慨贊助王室郊遊，但還有別的代價要付。俄羅斯人授予自己否決伊朗未來所有貸款的權利，換句話說，就是禁止伊朗向英國借錢的意思。另外，兩國也簽訂一項關稅協議，規定俄羅斯輸入伊朗的商品幾乎免稅。伊朗轉向俄羅斯的行動，向來是足智多謀的阿明．蘇丹——賈邁勒丁．阿富汗尼的心腹大患——一手策畫，卻在無意中促成了當初賈邁勒丁凝聚起來打敗菸草特許的那種聯盟。除了商人的牢騷、穆拉反基督的煽動，較世俗傾向、從事公職或新專業的男性也心生不滿，其中有些是未曝光的巴哈伊教徒，其他人則受到來自高加索社會主義宣傳的影響。弊政、貪腐、高壓的行政官員在全國各地猖獗；權貴囤積糧食，引發紛爭；形形色色的硬幣或紙鈔不是短缺就是過剩，取決於投機商人的行動。人民祕密結社，女人衝向沙阿的馬車，每隔一段時間就盛傳沙阿已身亡；他在外國人之間的綽號「壞事丁」（Mauvaise Affaire al-Din）則暗示，在政治上，他已經死了。

但重商的英國人毫不畏懼，仍奮力蹚過洶湧波濤，深怕萬一俄國在伊朗獨大，將對他們的印度和波斯灣利益造成不良影響。於是英國人暗中塞錢、將鼓勵的話語傳給伊朗及伊拉克支持他們的神職人員。一種模式正在興起：英俄的對抗並非用於協助伊朗邁向偉大，而是左右她的病情，輪流扮演施虐保母的角色。

一位伊朗立憲派人士納澤姆．伊斯蘭．克爾曼尼（Nazem al-Islam Kermani）描述一起特別能展現二十世紀初德黑蘭政治狂熱的暴亂。這座城市格子狀的泥磚巷弄和風塔（wind tower），看起來彷彿一動不動，實則不然。引發爭議的是一家俄國銀行，他們試圖在某宗教組織有墓地和神學院的聖地設立分行。雖然聖地已頹圮且遭棄置，但未能說服某位宗教權威批准購地案後，俄羅斯人轉而賄賂次要的神學家來核發必要許可。現在銀行買下那塊地周圍所有居民的棚屋，兩百名工人開始興建華麗的新大樓，工藝精湛，多面鏡子閃閃發亮，與周遭的落後形成鮮明對比。

政府已部署警力保護工地，但神職人員不屈不撓。齋月的最後一天，一位著名的傳教士登上講道壇，抗議已發生的嚴重違反伊斯蘭教法之舉：工程期間挖出多具埋葬不久的穆斯林遺體、不合禮儀地棄置在一口井裡，高利貸可能橫行於神聖的穆斯林土地上。他的布道一結束，會眾便憤怒地湧向部分完工的銀行，引用納澤姆．伊斯蘭的話：「不到一個鐘頭，就徹徹底底灰飛煙滅，讓人相信它從來就不存在。」納澤姆晚了一點到達現場，看到孩童正在廢墟挖寶，那時「才明白人民的精神是真主優越的力量。」[48]

儘管伊朗在十九、二十世紀之交，明顯表現出保守的傾向，事實上，立憲主義的春風已首次吹送。而且，一如後來愈趨明顯的態勢，速度飛快。開羅的努力在一八八二年遭遇瓶頸；對埃及人來說，每一個在未來解放的夢想，都取決於英國會不會離開。在鄂圖曼，第一次半民主政府的經驗幾乎才起步就夭折。到現在已過了令人失望的四分之一世紀。在抹除了米德海特帕夏、奈米克．凱末爾和其他立憲派後，獨裁的阿卜杜勒哈米德二世致力於一項夾雜現代化元素的撙節計畫，包括擴大教育制度（伊斯坦堡大學將在一九〇〇年成立）。在蘇丹行使絕對的權力下，不滿者不是被驅逐就是入獄，所有代議政府的希望暫時中止。

盡可能獨攬大權的阿卜杜勒哈米德二世，為臣民呈現一個絕不妥協的願景，一種以他這位蘇丹—哈里發為中心的鄂圖曼愛國精神。這對帝國的穆斯林臣民有明顯的吸引力，但完全不得保加利亞人、亞美尼亞人、希臘人和其他少數民族的青睞，而他們不時猛然發起的獨立運動，皆由列強居中斡旋。十九世紀後半是歐洲侍從主義的高峰期，俄羅斯人採納亞美尼亞人和保加利亞人的目標，法國人接納黎巴嫩山的馬龍派，英國人則代黎巴嫩的德魯茲派和說希臘語的克里特人發言。這些帝國的非穆斯林少數族群與強大的外國贊助人結盟，迫使阿卜杜勒哈米德二世投入大量心力來降低殺傷力；它們會把帝國剝成碎片，對他和數百萬人民的關係造成致命傷害。他也訴諸暴力與戰慄，特別是在一八九〇年代強力鎮壓安那托利亞南部的亞美尼亞動亂；這些警察行動和集體殺戮替他贏得「紅色蘇丹」（Red Sultan）的封號。

這位蘇丹有一個顯著的特色，就是不信任自己的臣民，特別是他煞費苦心教育、有時會運用他們學到的新技術、對他有所圖謀的臣民。蘇丹不需要什麼刺激就能在亞爾迪茲——他廣大、雜亂的宮殿和涼亭區——感受到威脅。亞爾迪茲宮坐落於伊斯坦堡歐洲區的斜坡上，西洋杉和法國梧桐錯落其間，住著一大群鬼吼鬼叫的野生動物；怕被暗殺，阿卜杜勒哈米德二世幾乎足不出戶。他甚至擔心刺客可能會拿到寢宮的格局圖，所以經常把門堵起來、開新的門、在走道上擺厚重的家具和其他障礙物。[49]他的椅腳都要絕緣，以防被閃電擊中害他觸電身亡。他晚上要睡哪個房間，會故意告訴侍從錯的消息。[50]新兵不准用實彈。在這位疑心病患的手中，靜臥著世界最大的帝國之一。

阿卜杜勒哈米德二世並非無緣無故害怕慘死。在一八八一年到一九〇八年間，世界各地共有七個國家元首遇刺（包括義大利國王翁貝托一世〔Umberto I〕、美國總統威廉．麥金利〔William McKinley〕，當然還有納賽爾丁沙阿），而這位蘇丹本身也數度成為目標：一九〇四年有人試圖行刺，次年他的馬車被炸毀。他為數甚少的公開亮相，有時還會被學生糟蹋：相關單位已仔細挑過學生，要他們高呼「吾王萬歲！」他們卻大喊「國王下台！」一種衰退的感覺在憂心忡忡的中產階級之間瀰漫，特別是大學畢業生，他們正是歐洲債權人嚴厲要求國家削減支出的受害者。鄂圖曼是出名的警察國家，到處都有眼線，有人告密，其中有些是子虛烏有，只為滿足蘇丹對陰謀的愛好。審查極其嚴格，嚴格到一九〇三年塞爾維亞國王及王后遇刺身亡時，伊斯坦堡的報紙對此雙重弒君罪僅含糊帶過，深怕人民從中汲取靈感。

對阿卜杜勒哈米德二世，以及許許多多想要現代化又不想仿效歐洲的穆斯林來說，日本是可以效法的模範，於是他宣布：「我們的病沒有不能治的，我們自己就有能耐與力量可以完全復原。」[51]但實際而言，其統治的成敗並非取決於遙遠的日本人，而是近得多的歐洲人。儘管蘇丹勇於中明鄂圖曼和伊斯蘭的驕傲，並想脫離歐洲人的影響，但他統治下的優點，主要仍是歐洲人所製造的。英國擴大了郵政服務；法國人拓展了電報網路；而在一九〇九年他的統治尾聲，多虧德國工程師和歐洲的金融家，虔誠的鄂圖曼人可以搭火車到麥地那，愛好歌劇的則可前往維也納。一如日後許多穆斯林統治者，阿卜杜勒哈米德二世試圖限制歐洲的文化滲透，也試著區別實用的技術和毀滅性的習俗；但當時一如現在，這種區別不可能維繫。宮殿發布的公告，呼籲進一步加強宗教教育，但實際上地理學、經濟學和幾何學，不可能在帝國各城鎮冒出頭的新學校當中離開；歐洲語言和科學也悄悄溜進戰爭學院的課程裡，這裡卻可能是蘇丹正統的最後一座堡壘。[52]

我們或許可以主張這是革命的有利時機，就像一八四八年那樣。在墨西哥，為期十年的動盪始於一九一〇年的農業暴動；次年中國人則推翻清朝，宣布建立共和。這當然是民族主義的好時機，愛國運動在俄羅斯和奧匈帝國拓展群眾基礎；新芬黨（Sinn Fein）在愛爾蘭崛起成為得人心的政黨；在波耳戰爭（Boer Wars）中與英國擴張主義發生衝突的川斯瓦（Transvaal，今南非共和國境內）荷蘭移民，國家意識也愈來愈濃厚。

穆斯林的中東未能免疫於這些趨勢。在這裡，一如其他地方，民族主義和立憲主義是政治主流。就中東的背景而言，真正新穎且令人吃驚的是伊朗這個在穆斯林現代化故事中，一直懶洋洋地凝視窗外、遲交作業的國家，突然正襟危坐、全神貫注，然後一舉衝到排頭。

一九〇五年的伊朗立憲革命，不單是該國第一次有大眾持續投身於多元主義和現代權利政治之中，也是中東全境的第一次，且融合了民族主義、反君主制和一種與什葉派正義、犧牲價值息息相關的政治道德運動。這種現代伊朗政治意識能形成得如此快速，並獲致這般成就，部分當歸功於在底下支撐的穩固基礎：鄂圖曼及埃及尚未充分發展的國族認同。那也可歸因於什葉派教士在各事件中扮演的領導角色，而其中有些是受到巴哈伊教極為現代化的政治教義所影響。

大致說來，伊朗的穆拉並未像遜尼派的謝赫那麼崇尚君主制，視之為最適合溫瑪的政府形式；在什葉派的思想中，最接近社群實質政治領袖的人——第十二代伊瑪目暫未出現前——是聖職人員，君主只是暫代伊瑪目的權宜之計，而他們已做好充分準備，要對君主進行裁決。聖職人員已經在菸草抗爭期間顯示自己的權威，包頭巾的賈邁勒丁．阿富汗尼更被譽為刺殺納賽爾丁背後的驅動力，教世人懷念。到了一九〇五年，他們的威望再次高升。

伊朗立憲革命在同年十二月爆發。那時，德黑蘭某些糖商與總督爭執價格，而後遭到笞刑。為表示團結，也抗議國家其他地方首長的濫權，多位做其他生意的商人到德黑蘭的皇家清真寺尋求「bast」（即庇護），在那裡遇到兩位重要的教士：阿卜杜拉．貝赫貝哈尼（Abdullah Behbehani）和穆罕默德．塔巴塔巴伊（Muhammad Tabatabai）。這些受到庇護的人，即「bastis」，某天正在聆聽一名傳教士慷慨激昂的發言，他剛剛才斥責完總督的暴政、提醒沙阿該注意。這時會眾中一名支持政府的走狗開始連珠炮似地咒罵他、說他不信神、叛教，然後大喊：「殺了他！抓去關！打死這個巴比教徒！」[53]這是暗號，於是其他手持棒棍、匕首甚至左輪手槍的暗樁紛紛從暗處現身，現場一團混亂，貝赫貝哈尼、塔巴塔巴伊和其他教士為保全性命，趕緊離開清真寺。隔天，避免又遇上政府的爪牙，這群教士和追隨者逃到近期眾多伊朗動亂的場景裡：阿卜杜勒阿齊姆沙阿聖陵，認真謀畫一場長期的抗戰。

這一小群人原本的要求是解散政府，領導者仍盡力宣示效忠沙阿，但接下來六個月，他們演變成一股群眾運動，要為國家贏得一部憲法和一個國會，且以前所未見的直率大膽諫言。一九〇六年元月，被這群以阿卜杜勒阿齊姆沙阿聖陵為基地、有話直說的反對派弄得難堪，且對市場的罷工深感不安，沙阿同意召集「正義院」（House of Justice）——由具影響力的人士組成、審理民眾抱怨的機構——靈感隱約來自（被禁的）巴比教同名議會。沙阿也簽署補充法，將自己置於國會之下，並指派民眾擔任他權力的受託人。相信自己已經得勝，這群受庇護者按時打道回府，但當政府並未履行改革承諾，民間又出現更多抗爭，一名傳教士因直言批評獨裁統治而遭囚禁，導致一名試著解救他的年輕神學院學生遭到槍殺；學生的遺體被遊街示眾，引發更多動亂而造成更多人死亡。聖城馬什哈德也發生糧食暴動，數名抗議者被警方殺害。

在他位於德黑蘭某清真寺的新庇護所裡，塔巴塔巴伊阿亞圖拉（Ayatollah，指什葉派宗教領袖）對沙阿發表演說：「陛下！王國已成廢墟，臣民痛苦、乞求，總督和官員伸出侵犯之手……他們聽從自己的盛怒與貪欲，無論那渴望什麼，要求什麼，哪怕是毆打、殺戮和消滅。」[54]但穆扎法爾丁的健康每況愈下，而政府無意兌現設立正義院的承諾。正當雙方僵持不下，對抗議人士幸運的是，地緣政治介入了。

好一段時間，英國人一直怨嘆自己對伊朗事務的影響力大不如前，俄羅斯和其比利時盟友的財富卻節節高漲，所以當抗議人士於一九〇六年七月找上英國的代理大使，試探他如果提供公使館做庇護、以利他們追求改革的意願時，代理大使給了他們鼓舞士氣的答覆。接下來發生的事就是伊朗解放運動的發展奇快無比：短短幾天內，就有至少一萬兩千人住進公使館的轄地，於是這個位於德黑蘭中心地帶、英式小屋星羅棋布、法國梧桐濃密籠罩的廣大園區，搖身變成顛覆分子的營地，也是孕育現代政治的溫床。

「想像一下，」年輕的英國外交官華特·史馬特（Walter Smart）這麼回憶那個場景：「公使館的花園能搭帳篷的地方都搭了帳篷，擠滿成千上萬來自各階層的民眾，商人、烏里瑪、各行各業……日以繼夜坐在那裡，抱持執拗的耐心，下定決心，在他們的要求未獲滿足之前，不會離開有英國旗幟的庇護所。他們安分守己、循規蹈矩，而且，考慮到人數那麼多，沒製造什麼麻煩……他們在警衛室後面搭了簡陋的臨時廚房，每天都看得到好幾個巨大的汽鍋圍成一圈，煮餐給那麼多人吃。」史馬特點出西方人並不熟悉由聖職人員指揮的革命──「因為這絕對值得稱為一場革命……教士站在進步與自由的那一邊。這，我想，在世界史上應該沒有前例……我們正親眼見證波斯自由的黎明嗎？」

不過幾年前，革命派的賈邁勒丁·阿富汗尼在博斯普魯斯堤岸度過餘生時，已認定宗教不會是文明的阻礙，而是獲得文明的唯一途徑。「如果考量歐洲從野蠻轉型為文明的因素，」他在一八九〇年代這麼告訴他的弟子：「我們認為是由路德發起及傳播的宗教運動……他提醒歐洲人他們生來自由，為什麼要屈服於暴君？」[55]這就是縈繞公使館裡的教士和受庇護者心頭的問題，而他們也能向史馬特等外交官請教立憲政府的規則。如立憲派人士納澤姆·伊斯蘭寫道：「公使館扮演了學校的角色，在每一頂帳篷下，每一個角落中，都有一群人坐在一塊兒接受某位精通政治的人士指導……迄今沒有人敢說的話，就這樣傳進他們的耳裡。」[56]

政府無意成為協商夥伴的事實，掩飾得很差，使抗議人士不再以正義院為滿足；現在他們要一個來自社會各階層的立法機關。在英國人居中調解下，憲法草案在王室和受庇護者之間來來回回，而後者中的激進派精明地預見，若照政府所堅持，給新議會冠上「伊斯蘭」之名，就形同將革新派排除在新機構之外。最後，「伊斯蘭」被「國家」取代，也會開啟方便之門，讓伊朗的亞美尼亞人、猶太人和祆教徒等少數族群的代表得以在新會議取得席次。

一九〇六年八月九日，雙方終於達成設立國家諮詢會議的協議。前一個月，沙阿已鼓起勇氣，開除他暴虐無道的總理大臣。現在這群受庇護者已湧出英國使館，市集重新開幕、張燈結綵，彷彿有宗教節慶一般。選舉於次月舉行。各省採用委任選舉制度，德黑蘭則實施直接選舉。但這些選舉仍與充分反映全民意志的目標，相距甚遠，因為投票權排除了女性、貧民和其他不受歡迎的人物。在德黑蘭、大不里士和其他政治意識較高的地方，投票率超過九成。

伊朗人大多缺乏政治經驗，但意識到藉由改變他們和君主的關係，也可以改變其他關係。一位伊朗通訊記者告訴愛德華．布朗一個建築工人的故事。他前去一位大臣家中修理鐵爐。「一進屋子，他先向大臣致意。大臣的僕人要他鞠躬。他回答：『僕人，你不知道我們現在有憲法了嗎？難道不知道根據憲法，鞠躬已經不存在了嗎？』」[57]

比起其他事件，現代伊朗在一九〇六年的誕生，並未讓世界其他地區覺得非常重要。二月，無畏號戰艦（HMS Dreadnought）下水，點燃英國和德國激烈的海軍爭霸戰；四月，如我們已經見到的，俄羅斯的國家杜馬第一次開議；十月，美國入侵古巴。如同英國使館的華特．史馬特所懊惱：「英國報紙幾乎完全忽略這個『獅子與太陽』的國度，波斯的消息都被放到又小又偏僻的段落去。」[58]

「一九〇七年元旦，」布朗在《波斯革命》（*The Persian Revolution*）一書中寫道，「瀕死的沙阿終於簽署那部憲法，在教士的強力勸說下（他們要他記得他就要去見真主了，該努力帶些豐功偉業到令人敬畏的真主面前……）由總理大臣帶往國會。」所有通往國會大樓的通道和大樓周遭的花園「都湧入熱情的群眾，其中許多喜極而泣、互相擁抱。他們吟誦紀念的詩句，城市連續兩晚燈火通明，洋溢著喜悅與感激。」[59]

布朗這番話不免讓人想到另一位親伊斯蘭的英國人威弗瑞德．布朗特，在一八八一年阿拉比順利在阿布迪恩宮外痛斥陶菲克時，也有類似興奮的反應。但這兩個例子有個相當大的差異。伊朗革命的政治基礎比埃及來得寬廣；另外，也與埃及形成對比的是，在那幸運的幾個月，列強尚未決定該如何做反應，就任憑伊朗人自己做關於伊朗的決定。結果，伊朗第一屆國會二十個月的壽命，在激進主義、決定與機會的火焰中度過，因為瀕死的穆扎法爾丁已簽字放棄了伊朗王權的魔法，而一種新的魔法粉末，正灑向這片土地——民主的粉末。

現在伊朗是個憲政國家了，其基礎文件，或「根本法」，是大方借自其他新的憲政國家——比利時、保加利亞，甚至俄羅斯——而其大臣不再對君主負責，而要對人民在國會裡的代表負責。這些代議士的首要任務，一是賦予自己否決所有重大財務交易、包括向列強貸款的權利，二是將權力下放給全國各處的地方議會。沒過多久，國會便展現獨立於沙阿的自主權，否決沙阿提出要跟英俄兩國借四十萬英鎊的貸款案；它繼續在其他方面不讓沙阿稱心如意，確保令人厭惡的比利時海關首長瑙斯被免職（他扮成穆拉參加一場化裝舞會，使大家對他更深惡痛絕），將大量公民權利納入憲法補充法，並削減給予王室家族的年金。

以上種種都是在一個言論自由幾乎毫無拘束的環境中發生，數十種新刊物迫使君主和國會接受他們無所畏懼且通常語帶挖苦的監督。在此同時，現代伊朗女性主義的根，也由女權運動人士扎下：她們把握閨房萎縮的機會，走出隔離、創立學校、建立醫療診所和孤兒院。有報導指出女性組成人肉盾牌在立憲政治鬥爭的關鍵時刻，保護立憲派人士，而現在寡婦紛紛捐出耳環和手鐲來資助一九〇七年元月開張的國家銀行，展現自給自足的愛國精神。[60]

同一年春天，英國駐德黑蘭公使向政府回報：「每一個城鎮都有獨立的議會，不必顧及行政首長或德黑蘭的國會而運作。一個接一個，不受歡迎的行政首長都被驅逐，而中央政府和德黑蘭議會無力抵抗。一種反抗壓迫甚至所有權威的精神，已擴及全國各地。」[61]

如果這些不敬的潮流，曾令穆扎法爾丁不安（他在公布憲法一週後過世，「豐功偉業」

平安完成），那就更引發他的兒子暨王儲——肥胖、留了大把鬍子、令人望而生畏的——穆罕默德·阿里（Muhammad Ali）由衷地厭惡。一八七〇至八〇年代在大不里士長大的他深受俄羅斯人影響，而俄國人在該城的外交和商業方面仍維持相當強勢的地位。他的俄文家庭教師夏普夏勒·汗（Shapshal Khan）曾是克里米亞猶太人，一般認為就是他給王儲灌輸反立憲主義的觀念。一位美國評論家後來稱穆罕默德·阿里「或許是最扭曲、卑劣、邪惡至極、讓數代波斯王者蒙羞的怪物。他從一開始就討厭、鄙視他的臣民……輕易淪為俄羅斯政府的工具和傀儡。」[62]但在國家仍為立憲興奮不已的時刻登上王位，這位新沙阿跟他所代表的一切事物，只能希望不要被反對的力量給淹沒。

伊朗在立憲後的轉型是一場看似不可能而戲劇性的轉變，觸及遠在首都及傳統菁英之外的生活。昔日阿巴斯·米爾札管轄的大不里士是推行伊朗史上第一項嚴肅西化計畫的城鎮，而與此非常相稱的是，革命激進主義的旗幟就是在這裡飄揚。許多民間協會都在這裡建立，有些傳播社會主義與共和的理想，有些為憲法提及的國防要務催生出許多軍事單位。據大不里士史學家艾哈邁德·卡斯拉維——就是觀察到哈雷彗星而轉向懷疑論的那位宗教學生——表示，他家鄉的市場「每天晚上一打烊，印花棉布商、冰糖販、銅匠、二手物品的攤販和商人……都會衝回家裡換裝、拿槍、前往當地的營房，和其他人一起操練。每天晚上，鼓號聲……都會從每個地區響起。」[63]透過捍衛現代憲法和使用現代武器，這些大不里士人證明這個城市在近一個世紀前阿巴斯·米爾札首次偷偷摸摸嘗試軍事訓練後，已改變了多少。

受到來自高加索地區左翼思想的影響，伊朗北部部分地區在一九〇七年發動屬於他們自己的反叛，農民結成公社，驅逐地主的督工並拒絕繳稅。國會和報紙接獲全國各地對當地權貴及其代表的抱怨，而在一些城鎮，電報室——無比重要的對外通訊方式——取代清真寺成為民眾中意的庇護所。在國家的極北，阿勒布爾茲山脈（Alborz Mountains）和裏海之間，林木蓊鬱的狹長副熱帶地區，伊朗的橄欖、黃麻、捕魚和絲織等產業被反對外國控制而發起的罷工所撼動；在伊朗北部最大港安扎利（Anzali），工人占領了關稅局。

伊朗初生的女權運動也邁步向前。富有的愛國組織故國女士協會（Association of the Ladies of the Homeland）成員杜拉特·穆阿里（Durrat al-Muali）發起杯葛西方商品的活動，配合印度的斯瓦德什運動（swadeshi，意為印度生產）。但對自由的嚮往不限於識字者。沒受過什麼教育的德黑蘭女子瑪赫如·高哈薛納斯（Mahrukh Gowharshenas）參加旨在創立女子學校的革命性女子協會，並對丈夫隱瞞一切行動——這已非不尋常之舉。當丈夫發現時，他指控她踰越「宗教與品德」，令她家人蒙羞。但她堅持下去，後來她的學校也對男孩開放。[64]在此同時，在伊朗最激進的新刊物書頁上，諷刺作家阿里·阿克巴爾·德胡達（Ali Akbar Dehkhuda）尖刻地批判隔離、一夫多妻和父母之命的婚姻。這是伊朗新聞業的黃金年代，很快，伊朗每一個城鎮都至少有一份報紙了。

最能具體表現這種新的抵抗和調查精神的人，莫過於年輕的國會代議士哈桑・塔吉扎德。生於一八七八年（比他的大不里士同鄉卡斯拉維早十二年）的他，父親是知名的苦行者，塔吉扎德寫道，他一生「全都在奉獻中度過」。塔吉扎德的知識旅程，是從神學院的傳統學科開始的，他在那裡有異乎尋常的表現，五歲就讀完《古蘭經》。[65]青少年時期，「對理性科學的嚮往」讓他的注意力先轉向納西爾丁・圖西等中世紀思想家，再轉向現代醫學，為此他偷學法文——就像土耳其作家法瑪・阿里耶那樣。父親臨死前才發現了他「有罪」的祕密，引用塔吉扎德的話：「給我相當大的痛苦。」[66]

塔吉扎德年輕時，閱讀包括波斯文、阿拉伯文、土耳其文和英文（他也找時間去上美國教會學校），據他形容跟「政治事務、現代文明、政治自由、女性解放，尤其是思想自由」有關的著作，集結成一部世紀末的煽動宣言。他大量涉獵馬爾坤・汗的文章——這位不顧道德但才華洋溢的親歐派在長期流亡倫敦期間出版了異議報《法律》，也是率先呼籲立憲的伊朗人之一。他也仔細讀了流亡巴黎鄂圖曼異議分子的期刊，並翻譯受歡迎的法國科學家卡米伊・弗拉馬利翁（Camille Flammarion）的天文學著作。他和友人開設一所學校、一間賣德國藥品的藥店和一間書店——但學校被大不里士較傳統的居民視為太過現代而關閉，書店則受到當時的王儲穆罕默德・阿里的監控。

彷彿待在大不里士能學到的東西還不夠似的，一九〇四年塔吉扎德藉由旅行完成教育。

在高加索，這裡是伊朗、俄羅斯和土耳其混合成的肥沃文化土壤，他拜訪報社，或許有點過火地拿他遇到的每一個有趣的人，跟莫里哀和托爾斯泰比較（他密切注意俄國的農業和結社實驗）。來到伊斯坦堡，他在伊朗區找了個房間，整個秋天都埋首於奈米克．凱末爾的作品。你可能會好奇他對那陣喚醒國家意識的咆哮：《祖國，或錫利斯特拉》有何看法。他讀的書當然都被查禁了。「那是阿卜杜勒哈米德蘇丹的時代。」塔吉扎德在他的回憶錄中回想：「根本沒辦法呼吸。」[67]次年他回到大不里士，立刻成為該城的革命領袖。

當一九〇七年英國外交官史馬特在德黑蘭國會大樓前碰到他時，塔吉扎德無懈可擊地穿著灰藍色的教士長袍（aba）、戴著頭巾。「他臉上有某種極富同情心的特質，」史馬特寫道：「極為迷人，筆墨難以形容……如果我沒看錯，他是那種能鼓舞豐沛熱情、偉大犧牲的英才，他的影響將在民族的歷史上留下長久的烙印。」[68]史馬特不是唯一欣賞這位大不里士議員的人。他在新國會裡發言愈多，聲望就愈高；「很多次，」塔吉扎德回憶道，與他同坐一輛馬車回家的乘客「說塔吉扎德今天在國會的表現更勝以往——不知道我就坐在他們旁邊！」[69]他結合了宗教和世俗領導人的特質，在某些伊朗人心目中，他讓同床異夢的伊斯蘭和自由和好了；他也時常在市場周邊主持晚禱。他正直清廉。一次，有位支持者想送一條昂貴的毯子給他，但塔吉扎德堅持花錢跟他買。隔天晚上，塔吉扎德歸還毯子，說他查過價格，是他付的錢的三倍。[70]看來在優雅、熱情、誠實的塔吉扎德身上，新伊朗好像已經找到它的代言人了。

憲法革命是在群眾熱情與善意的烈焰中發生的，讓像塔吉扎德這樣的激進派，得以成為國內家喻戶曉的人物。然而，反動的力量仍有一口可從中汲取教義與假設的深井。顯然，對統治、社會與信仰的傳統源遠流長且縱橫交錯的伊朗來說，新憲法代表與過去殘酷地切割。儘管有很多人歡迎變革，其他人卻對這股難以駕馭、正將他們掃向未知的力量，感到深切的不安。

反制行動由穆罕默德·阿里沙阿發起，保守派教士滿懷感激地出手相助，他們一致認為立憲的原則形同將他們閹割。這些反動派之中最著名的是伊朗北部馬贊達蘭（Mazandaran）出身、學識淵博的傳教士法茲魯拉·努里（Fazlollah Nouri），他曾是早期立憲運動的一員，但對其世俗化的目標愈來愈失望，也愈來愈嫉妒運動的英雄。對努里來說，憲法是一條通向罪惡和泥淖的軌道。他寫給兒子：「憲法說我們有出版自由，報紙就開始作亂。萬一……憲法說我們有信仰自由，會發生什麼事？」[71]

努里具影響力，他運用教士的權威來抵銷塔吉扎德試圖嵌入補充法的公民權利。努里確保這些權利在進入條文的同時，有更多更廣的伊斯蘭教義輸入政府的運作機制中。於是，教育自由、結社自由和言論自由等原則變成有條件的：須與教法一致。而裁定某條法律是否符合教法的工作，落到烏里瑪——努里本人——身上。

激進民主派反對把宗教戒律和世俗概念混在一起，他們認為世俗概念該保持純粹。「那會招致獨裁、反動和欺騙，」有人抗議道：「以挑戰我們犧牲那麼多，好不容易獲得的自由與正義。」[72]這些話今天讀來可能像是預言；伊朗歷經一百多年調和伊斯蘭和民權的嘗試，終將失敗。一九二〇年，在埃及政教分離及女權運動人士卡西姆．艾敏無疑會支持的一項聲明中，塔吉扎德秉持不妥協的原則，做出合乎邏輯的結論，宣布：「無論外貌或實質，肉體或精神，伊朗都必須歐洲化，別無他途。」

一九〇七年，努里決定和自由派反目，在德黑蘭激起動亂、試圖攻下會眾的清真寺，而後退至阿卜杜勒阿齊姆沙阿聖陵，在那裡譴責革命會社是褻瀆與道德放縱的溫床。他也雇用暴徒在全國各地破壞秩序，這不需要花太多力氣，地方各省已因較小規模的革命動亂，財力空虛（就算有稅收也不穩定），加上鄂圖曼軍隊趁機入侵伊朗西北部，導致元氣大傷。

這段期間，在德黑蘭猛然加劇的暴力，強化了這個國家難以照顧自己的印象。一九〇七年八月，甫復任總理、至今看來會長命百歲的阿明．蘇丹，遭到多名宿敵聯手暗殺。在另一個場合，一枚炸彈擲向穆罕默德．阿里的座車（車毀，但人不在裡面）；四個月後，武裝的民主派人士和企圖占領國會大樓的保王派哥薩克人僵持不下。

以上種種都在惡言謾罵和情緒激昂的氣氛下進行。努里被一份激進派報紙指責為喋喋不休地噴出「惡魔鼓吹的胡說八道，說什麼這個國家的一千五百萬人都不信神又狡詐，只有他和他的追隨者才是真正的穆斯林。」[73]看到保王軍與國會的僵持終於結束而撤退，塔吉扎德不禁歡呼：「榮耀歸於真主，我們已經見到人民的團結讓整個世界震顫了。」[74]

國內的失序與混亂，是革命當中無可避免的，甚至是不可或缺的副產物，但也等於公開邀請外國勢力假借重建秩序的名義，出手干預。英國自稱他們一八八二年在埃及接獲這樣的邀請，結果便是埃及革命一出生就夭折。二十五年後的伊朗，則是俄國人——雖然國內也有類似問題，且兩年前才吞下敗給日本的奇恥大辱——與委託人穆罕默德．阿里沙阿合作，利用且加劇這場盛行於一九〇七年大半時間的混亂。

一件事情或許可以阻止俄羅斯和沙阿對立憲派的殘暴攻擊：英俄兩大帝國之間的敵對關係；這讓伊朗某種程度維繫了數十年的獨立。但在一九〇七年八月三十一日——碰巧和阿明．蘇丹遇刺同一天——敵對狀態隨著兩國在聖彼得堡簽訂《英俄條約》（Anglo-Russian Convention）而正式解除。從全球的角度來看，這項條約確認了如果要對抗崛起中的德意志及其威脅，世界頂尖強國必須更緊密地聯合起來。至於歐亞大陸，英俄兩國要一同調處各自從帕米爾高原到高加索地區的權利與特權。

波斯人，以及其他出現在此協議內的民族，特別是阿富汗，自然不會視《英俄條約》為和平的努力，而是併吞。條約將伊朗分成兩個勢力範圍區，俄羅斯區涵蓋北部，最南延伸至伊斯法罕，英國區則涵蓋東南部，包含往印度的路線。（中央區及西南區理論上保持中立。）兩個簽約帝國提出慣有「尊重伊朗獨立自主」的陳腔濫調，但如同人在德黑蘭的愛國志士和人在英國的自由派（例如愛德華．布朗）錯愕地指出，根本沒人找伊朗商量，就把它切碎了。波斯語報紙《強韌繩索》（Habl al-Matin）預言：「這項協議一簽，波斯的獨立自主就要隨之結束了。」

《英俄條約》宛如先例，接著陸續發生的國際事件，似乎贊同上面的話，並一再打擊伊朗的愛國志士。一九〇五年寇松總督再次表現分而治之的精神，將孟加拉一分為二；在俄羅斯，於一九〇六年萌芽的民主，已因尼古拉二世終止杜馬、鎮壓區域叛亂而夭折。英國外交政策在外交大臣愛德華．格雷子爵（Sir Edward Grey）主導下，已形同親俄派的人質，誠如布朗所言，他「優雅地對新盟友的軍事法庭、絞刑和焚燒農田視而不見，並且做出傾慕『神聖俄羅斯』的樣子。」[75]

此時德黑蘭正逢伊朗專制與立憲鬥爭的決定性時刻：沙阿和議會的關係已瀕臨決裂，而民主派迫切需要外界支持他們、對沙阿施壓。事與願違。一九〇八年六月二日，當國家眼看要陷入混亂，俄國及英國駐德黑蘭公使向伊朗外交大臣發表史無前例的聯合聲明，聲稱沙阿的性命危如累卵，立憲派已「踰越一切界線」。他們主張，這些邪惡的力量「現在意欲廢黜沙阿，這是我們無法容忍的事，萬一發生，俄國將不得不干預，並獲得英國的贊同與支持。」[76]

於是，這便成了伊朗版的甘必大記事——那份為侵略埃及鋪路的文件——英國放棄支持立憲理念，而沙阿立刻充分運用之。隔天，他便放任首都兩支軍團「開槍、咆哮、砍殺、製造全民恐慌」，自己則趁亂在塵土飛揚中離開宮殿，趕往城外某個花園。[77]議會所有支持者心知肚明，沙阿逃之夭夭只可能是惡兆。

六月二十三日凌晨，俄羅斯統轄的哥薩克騎兵旅（兵力約一千五百人的部隊，是納賽爾丁少數重要的創新之一）指揮官李亞科夫將軍（Vladimir Liakhov）遵照前一晚接獲的王令，在議會大樓周邊部署步兵、騎兵和砲兵隊。哥薩克部隊、國會大樓及附近清真寺裡的立憲派（有些配備步槍）遂展開緊張的對峙。哥薩克部隊勒令立憲派解散，立憲派不為所動。然後，一位纏著賽義德黑色頭巾的老穆拉騎驢而來，身後跟著數百位民眾，顯然要加入立憲派。哥薩克部隊叫他停下，但他無動於衷，繼續前進，直到槍聲乍響，驢子跪下，把騎乘者摔到地上。就在這時一名俄羅斯軍官拔出手槍，對空鳴槍。這個時刻，卡斯拉維在他的事件史上寫道：「正是開戰的信號，於是哥薩克人一齊射擊。而另一邊，立憲派給予回應，就這樣，流血事件開始了。」[78]

一場代議士毫無勝算的激戰就此開始——代議士中有許多穆拉並未隱瞞對子彈和轟炸的恐懼。但儘管人數和裝備居於劣勢，一些有武器的立憲聯盟仍發動勇猛的戰鬥，從清真寺的尖塔擊倒數名哥薩克士兵，並讓敵軍三門大砲無法使用。但哥薩克部隊還有三門，而他們繼續用來向守軍密集發射砲彈，摧毀了國會的屋頂，並在背面鑿了好幾個洞。戰事持續不到四個鐘頭，或許有數百人喪命——不管怎麼看，就一起將回盪於整個現代伊朗史的悲劇來說，這樣的死亡人數不算太多。

伊朗第一個國會政體一遭摧毀，數名立憲派領袖便被逮捕和處決，另有數名逃走，展開流亡（包括塔吉扎德，他前往劍橋成為愛德華．布朗的座上賓），李亞科夫將軍也立刻以沙阿的名義，建立軍事獨裁政府。但民主派和其他反沙阿的勢力並未承認失敗，叛亂四起，尤以大不里士最引人注目：在德黑蘭國會瓦解十個月後，卡斯拉維看到持續訓練的民間協會已能善用其技術與愛國情操，首先針對王室軍隊——幾乎全被逐出城市——接著處理道路封鎖後發生的饑荒。大不里士保衛戰被公正地懷念為現代伊朗史上最血腥的史詩之一，當地愛國部隊的指揮官們也因驍勇善戰而贏得傳奇性的地位。但一九〇九年四月，俄羅斯部隊強行進入大不里士，槍聲歸於沉靜；但全國其他地方的衝突更趨激烈，叛亂和無政府的氛圍持續高漲。

中東立憲運動的特色之一是外國勢力漠不關心，而後演變成輕蔑。遲至一九六〇年代，研究阿拉比起義的主要英國史學家仍未認真將之視為民族覺醒的表現，英國對伊朗立憲派的支持，也敵不過俄羅斯威權的猜忌。《泰晤士報》儘管國際聲譽卓著，卻始終沒有背離這個信念：伊朗人，一如埃及人、印度人和其他沐浴在殖民統治光輝下的蒙昧東方民族，都不適合自治。對《泰晤士報》和許多保守派輿論而言，伊朗自治偏離了維持歐洲權力平衡的崇高要務，該報更斥責波斯人不願「因應兩個強大的鄰國」而承攬更多債務。[79]

儘管心存懷疑，也明白憲法已牢牢掌握伊朗人的想像力，穆罕默德．阿里沙阿強力鎮壓的政策必將適得其反，列強仍呼籲沙阿恢復國會，並宣布特赦所有政治犯；這提議就像一顆包裹糖衣的苦藥，而裡頭是總值二十萬英鎊的聯合貸款。

沙阿同意了，但為時已晚。七月十三日，兩支不同組織的革命軍在首都會合，消弭了李亞科夫和哥薩克部隊的優勢，沙阿被迫逃到俄羅斯公使館，三天後讓位給年僅十二歲的兒子艾哈邁德（Ahmad Qajar）。在這個離奇的轉折後，只剩下何時舉行第二屆國會選舉的問題，民主派的勝利指日可待。然而，在新的沙阿底下另起一屆國會，並未讓伊朗的政治史詩畫下句點。革命已然釋放所有爭奪伊朗社會掌控權的動力，但沒有哪個動力強大得足以取得勝利。

第一個動力是朝著君主角色被牢牢限制的立憲政體前進，但塔吉扎德等自由派和正統教士的溫和派，之間很快出現分歧。塔吉扎德在民族主義部隊打敗穆罕默德．阿里沙阿後已回到德黑蘭，現在堅持各種宗教完全平等；溫和派則堅決要求給予穆拉政策和立法的否決權。還有第三股在上述兩者之間騎牆搖擺的主要力量。新沙阿希望他的特權，尤其是荷包，不要遭到侵蝕。即便在一九〇九年九月穆罕默德・阿里沙阿乘船前往巴庫、轉搭俄羅斯火車到濱臨黑海的奧德薩（Odessa）流亡後，一些反動派和保守派仍不死心地推動保皇主義。國王的神性仍鮮明地留在每個人的心中，鮮明到有人試圖加以恢復。

在穆罕默德・阿里沙阿的背叛所營造出的交相指責氣氛下，卡斯拉維私下表達的那種反教權主義，猛然躍入公開領域。一九〇九年七月，這股趨勢在一起現代伊朗史上前所未有的事件中達到高潮。德黑蘭最負盛名的神職人員，反動派之首法茲魯拉・努里遭到處決。在第一任國會任內，努里視立憲主義為一種褻瀆神明的新工具而大加撻伐。在穆罕默德・阿里沙阿暴政最熾烈的時期，他撰文替砲擊議會的衝突辯護，也參與籌畫首都反立憲部隊的戰事。現在努里因涉嫌謀殺四名在阿卜杜勒阿齊姆沙阿聖陵避難的立憲派人士而遭審判，而諷刺作家忠實地譏諷他的傳聞，說他願意將波斯人的榮耀賣給最高出價者。一首詩是這麼寫的：

我的國人，我厭惡又痛恨，
我的國家，令我深感可憎！
我代表睿智偉大的君主，
予我，他將國家的命運託付！
該吃早餐了。快把生意談好啊！

誰要出價？誰要出價？來，先生，出個價吧！[80]

事實上，雖然接受俄國支持，但努里並未克服自己必須委身異教徒的厭惡，因此就算有機會，也不願跟隨君主進入安全無虞的俄國使館。他平靜、不失尊嚴地面對死亡，預言評斷過他的人，必將於審判之日為自己的行為負責，然後轉向他的劊子手說：「做你的工作吧！」他被用他的頭巾和斗篷絞死，戲劇性地表現出教士權威低於世俗法律的情景。這是憲法概念的傳播上，一次生動有力的實況。許多伊拉克的資深烏里瑪，以及努里自己的兒子馬哈迪（Madhdi）都支持將他處死，馬哈迪「站在絞刑架邊，痛斥他的父親，要求劊子手快點讓這件悲傷的事結束。」[81]

如同努里處決之事所透露，伊朗的第二屆國會（在他死後不久選舉）表達了不順從宗教的觀點，但激進派與溫和派的憲政主義者不久又針鋒相對，而過去由努里代表的反對潮流不僅在其領導人死後持續存在，還從他的死汲取了道德熱情。

流動性是革命必然掀起的餘波，反革命和新的動亂永遠有可能發生，也會不時受外力干預影響。法國大革命要到一八七〇年法蘭西第二帝國垮台才算塵埃落定。伊朗憲政革命留下許多不確定的狀況和不穩定的前景，相比之下也不足為奇。而英國——這個起初對伊朗的政治發展表現出親切關心的外來強權——已與伊朗反目成仇。

儘管華特・史馬特等個別外交官保持誠摯的善意，英國早期對立憲的支持，不管怎麼看都是投機的。至於立憲主義者本身，儘管崇尚西方人做事情的方法，卻同時代表了期待伊朗能停止依賴英俄的所有民眾。這些革命人士的行事方針不會促進和平、安寧和《泰晤士報》衷心期盼的外債累積。他們不會任由英國人和俄國人擺布。反觀沙阿則會；卡扎爾王朝在商談新世紀的需求時，會聽英俄的話。孤立無援、口袋空空、熱愛出國旅遊愛到荒唐的沙阿，是亟需「外交」的人，怪不得列強比較喜歡跟他打交道，勝過有疑慮的立憲派政治人物。

因此，在憲政革命後的多年間，儘管公開宣稱堅定不移地尊重伊朗的獨立自主，俄英兩國仍透過沙阿，聯合來侵入伊朗的生活。一九一一年，列強是懷著不安的眼光看待勇敢、廉潔的美國海關官員摩根・舒斯特（Morgan Shuster），他獲得派任，來整頓伊朗財務。美國是沒有參與過中東殖民的新興世界強權，中東地區很多國家都視美國為反抗既有歐洲列強的自然盟友。做為美國公正無私的代表，外表乾淨、能幹而天真的舒斯特，在一九一一年五月來伊朗接掌管理其國庫，卻遇上俄羅斯人和英國人努力破壞他的任務。尤其，兩國聯手妨礙他成立負責收稅的憲兵隊，因為那不僅會增加稅收，還威脅到兩國在伊朗的軍事優勢。在舒斯特到職兩個月後，俄羅斯人允許前沙阿穆罕默德・阿里——戴假鬍子，由一群穿制服的官員陪同，帶著貼了「礦泉水」標籤的速射火炮——「逃離」奧德薩回到伊朗，以奪回王座為目標。德黑蘭的民族主義政府頓時陷入恐慌，但最後復辟的部隊仍被擊敗，他再次溜走，這一次永遠沒有再回來。

儘管如此，列強仍拒絕讓立憲派達成獨立的目標，他們也明確地判斷舒斯特會是計畫的一大阻礙。一九一一年十一月俄羅斯發布最後通牒，要求開除這位美國人。憂鬱的代議士予以拒絕，就算他們知道此舉會使國家遭到侵略。在舒斯特的記憶中，代議士在一場動人的辯論後挺身而出，而「當點名結束，每一個人，無論教士或俗人，不分青年或耆老，都拋開自己的生死，賭上自己和家人的安危，將一群絕望、受壓迫的民眾，以及他們全體一致的答案，擲回北方那頭大熊的牙齒裡，他們寧可要一個充滿未知且戰慄的未來，也不要自願犧牲民族尊嚴。」[82]在二千哩外的鄂圖曼國會，外交事務大臣說得妙：「波斯的獨立不可能受到威脅，因為那有《英俄條約》擔保。」而這時，舒斯特寫道：「有一萬兩千名俄羅斯大軍占領帝國整個北部地區。」

往後幾天，國會表決通過杯葛英俄商品，結果在國內各地獲得響應，世界各地的穆斯林協會與社群也傳來表示支持的電報和信息——彰顯了賈邁勒丁・阿富汗尼一定欣然贊同的泛伊斯蘭團結。但那支軍容壯盛、裝備精良、能捍衛這種英勇情操的軍隊在哪兒呢？軍火、糧秣和錢在哪兒呢？悲哀的事實是，距離阿巴斯・米爾札首次試圖建立一支具威懾力、能夠保衛伊朗的部隊，已相隔八十年了，今天這個國家仍可悲地仰賴外國軍力。就算現在把舒斯特的國庫憲兵隊（由美國軍官統領）的那些人加起來，民族主義的力量也驅逐不了俄羅斯人。

這一件事，立憲派人士再次請教他們信任的外國人舒斯特；會談三個小時後，這個美國人覺得就算百般不情願，也得「表達這個意見：如果對德黑蘭北方的俄羅斯軍隊發動一次帶敵意的行動，當明年春天雪融時，哥薩克五萬大軍將湧入波斯，把最後一丁點自由的火花掐熄，屆時，也許連寡婦和孤兒都不留活口，沒有人能在將士墳前哀悼了。」[83]

舒斯特說得對，而明白這個嚴峻的事實，伊朗第二屆國會的毀滅已成定局。十二月二十一日，伊朗接受俄羅斯的最後通牒。國會停止運作，舒斯特和他的美國同事離開伊朗，激進派立憲主義者躲的躲、流亡的流亡（如塔吉扎德）。俄國軍隊在大不里士散播死亡和恐懼，絞死立憲派、取消法律，沙皇的官員開始在伊朗北部擴展權威，甚至要求掌控該地的礦產資源。

在南方，英國以類似方式逐步建立實質的殖民地，設置名為南波斯火槍隊（South Persia Rifles）、由印度人擔綱的警力，又於一九一四年成立英伊石油公司（Anglo-Persian Oil Company），一個由英國採礦者在政府擔保下開採伊朗石油資源的私人企業。一九一五年，英俄條約設定的「中立」區正式併入占領伊朗南部的英國人手裡。

伊朗在二十世紀第二個十年裡的境遇，確實讓任何見證過憲政革命、期待憲政革命的成果能鞏固的所有人，有了憂鬱的理由。國會依然關閉、新聞受審、權力操縱在接受英俄嚴密監督的內閣之手。新的沙阿，穆罕默德·阿里年僅十幾歲的兒子艾哈邁德不像父親那樣暴虐無道，但也不夠果斷和堅定，而一如他的祖父穆扎法爾丁和曾祖父納賽爾丁，他對賒帳出國旅遊之事有致命的嚮往。立憲派盼望伊朗財務獨立、靠法治運作的夢想猶如曇花，僅短暫實現過。也難怪從伊朗第二屆國會的斷垣殘壁中，會冒出復仇、嗜血而帶有劇毒的民族主義表現方式。

民族主義可說是英國和俄國一起送給伊朗的禮物，但努力摸索民族主義對伊朗人和現代化的意義，是人民本身。甚至在憲政革命之前，受到歐洲浪漫民族主義的影響，透過創造神話和重新發掘長久被遺忘的英雄們（很多例子名實相符），幾位具影響力的伊朗人已篩選出過往光榮的象徵，以做為照亮民族未來的明燈。這也是伊朗人對外國人的反應。綜觀十九世紀，歐洲考古學家和探險家的活動——戴遮陽帽、活力充沛的男人，要不是小心穿越波斯波利斯的阿契美尼德遺址，就是坐在吊籃裡在札格羅斯山脈（Zagros Mountains）之間垂降，以譯解刻在陡峭石灰岩上的古波斯楔形文字——一開始，這一切令伊朗人大惑不解，之後便激起他們的興趣和驕傲。攝影這種工具讓伊朗的古代奇景，能被更多原本不知道有這些東西存在的人看見，藉此，伊朗人逐漸明白他們的祖先是哪些人，又創造了哪些事物。84 這種古老、偉大的新發現，對新興的民族意識有複雜的效應。沒錯，過去伊朗成就非凡，但此後一落千丈！昔日，阿契美尼德的士兵以彷彿被催眠般整齊劃一的步伐，踏上波斯波利斯阿帕達納（Apadana，波斯式宮殿大廳）的階梯，展現訓練有素的軍容；但觀察現在的軍隊，只會讓人不安地想到一群常被誤認為烏合之眾的隊伍。問題在於如何將史上意義重大的成就，帶入現今的公共事業中。

在個人層面上，卡扎爾王朝的沙阿其實相當早就開啟這個過程。自一八四〇年代起，受到阿契美尼德人和薩珊人（Sasanian）古老王朝的啟發，他們在德黑蘭附近的岩石上製作銘文或浮雕，以便在戰爭或騎馬時展現出英勇無畏。對一些穆拉來說，這種人為形式的表現令人厭惡且違背伊斯蘭；但他們的不安唯有在批評一尊騎馬的雕像時才被理睬：這個傳統可追溯至聖彼得堡的彼得大帝青銅騎士像（Bronze Horseman），與亞歷山大港的穆罕默德．阿里像一脈相承。委託製作這件作品後，納賽爾丁最後謹慎地擺在自己的花園裡。後來這座雕像遭到熔化，不是為宗教因素，而是因為朝代更迭。

需要在此聲明的一個重要歷史論點是，什葉派伊斯蘭和阿拉伯文化不再被視為促成這種民族團結意識的要素，相反的，它是不利的；而前伊斯蘭時代的獨立傳統，提供了伊朗民族自立的素材。

伊朗並沒有許多學者有本事將這種較古老的傳統塑造成一個新身分，好可以抵禦歐洲人及傳統文化等宿敵。其中一位是巴比教的異議分子阿伽．汗．克爾曼尼（Aqa Khan Kermani），他在一八八〇年代立足於伊斯坦堡，在那裡寫小冊子和文章頌揚達爾文學說和現代科學，且不留情地責備阿拉伯人。雖然伊斯蘭文化傾向強調宗教的一統力量凌駕於種族的分裂效應，但各地也有為時甚久的反阿拉伯情感。我們不必回溯太遠，中世紀就有伊朗詩作辛辣地提到消瘦憔悴的阿拉伯人在沙漠周圍鬼鬼祟祟，白皮膚的伊朗人則躺在沙發椅上啜飲冰水。克爾曼尼輕蔑地呈現波斯高原高貴的雅利安人和「吃蜥蜴」的野蠻阿拉伯人之間的對比，藉此為一場伊朗人另起爐灶的持久文化分離運動做準備。

一方面以古伊朗為傲，一方面愈覺得卡倫河對岸的阿拉伯人跟他們不一樣，這兩個伊朗身分認同的面向在二十世紀初的前十年開始結合。第三個因素是文學。立憲派的獅子心哈桑．塔吉扎德是最早理解伊朗書寫傳統具有雄厚潛力的人士之一，特別是《諸王之書》——那以相對「純粹」（意即未阿拉伯化）的波斯文詳細記載伊朗國王的功績，不管是神話裡或史實上的。在他遠比第一次來得久、從一九一〇年到一九二四年的第二次流亡期間，塔吉扎德和一群有志一同的流亡人士創作出被公認為現代伊朗史上最重要的出版品之一。這本期刊的名稱《卡維》（Kaveh）本身即具意義。鐵匠卡維是《諸王之書》裡少數非王室的英雄，他反叛外來的惡魔查哈克（Zahak），讓正統的伊朗君主法理東（Fereydun）復位——這件大事在雜誌封面以平版印刷的圖畫來紀念，封面上這位勇敢的鐵匠勝利地舉起他的圍裙。

混合歷史、地理和政治，《卡維》收錄了現代伊朗人最早針對其文化遺產所寫的一些文章，特別是阿契美尼德人和薩珊人，以及前伊斯蘭時代的新年「諾魯茲節」（Norooz）——

節日落在春分那天，會用來自瑣羅亞斯德教和其他前伊斯蘭信仰的元素來慶祝。這本期刊無可避免會提到西方的東方學者作品，其用意不在指責西方作者是邪惡征服的陰謀共犯，而是遺憾伊朗研究人員缺乏類似的能力和熱忱。他們提出，探究和解釋過往到現今的本土學術傳統，是現代國家不可或缺的特色。

《卡維》最具象徵性的特色之一，是每一版都會依照「伊嗣俟」（Yazdegerd）的曆法來註明日期。伊嗣俟三世（Yazdegerd III）是薩珊王朝最後一任國王，在西元六三七年於現今伊拉克的泰西封戰役（Battle of Ctesiphon）敗給阿拉伯人。這場戰役使波斯高原門戶洞開，阿拉伯軍隊長驅直入，不出幾年，薩珊帝國就被徹底摧毀，領導人物潰散。因此，伊嗣俟曆法便成了一種恥辱的時計，數著從伊朗最後一位君王垮台至今，經過了多少歲月。但塔吉扎德和同事也以這種方式表現對後來每一個統治王朝的輕蔑——包括當下這個日新月異的時代，正向滅絕飛撲而去的卡扎爾王朝。[85]

在中東的三大主要王朝中，看似最能熬過「美好年代」摧殘的是最古老也最強大的鄂圖曼。當納賽爾丁身亡時，阿卜杜勒哈米德二世還活得好好的，而這位蘇丹已小心謹慎地把納賽爾丁遇刺背後的灰衣主教關在相當於高級監獄的濱海別墅裡；在那裡，賈邁勒丁·阿富汗尼最終於一八九七年過世。蘇丹也避免了他埃及諸侯們的命運：伊斯梅爾帕夏在君士坦丁堡度過暮年，也變得更揮霍（他的派對堪稱傳奇），現任統治者陶菲克則在克羅默伯爵的監視下坐立難安。事實上，阿卜杜勒哈米德二世沒有批評家所說的那麼無能，而拜基礎建設（鐵路、電報和任何天候都可行車的道路）改善，以及出口蓬勃（不僅糧食和紡織品，還有深受歡迎的鉻、硼砂和錳等礦產）所賜，帝國的經濟在世紀之交不算太壞。儘管蒙受外國官吏掌控財政之恥，設於一八八一年、由法國人主持的公債委員會（Public Debt Commission），為鄂圖曼像「摸彩」一般的稅款收取工作帶來效率和規律；事實也證明，英國管理下的埃及比伊斯梅爾帕夏當政時更可靠地「進貢」。

就連「紅色蘇丹」的君主專制也沒有他的對手喜歡指稱的那麼霸道。除了一八八四年米德海特帕夏據說是蘇丹下令絞死外，阿卜杜勒哈米德二世傾向驅逐政治對手，而非殺了他們，因此創造了一位史學家所稱「國際菁英敵人骨幹」。[86]他一直熟練地玩著國際權力的遊戲，目標在阻止巴爾幹和亞美尼亞民族主義；如我們所見，他不惜動用殘忍的武力來壓制。

他在地緣政治方面最大的創新是透過和德國交朋友來把英國和俄國邊緣化，衝勁十足的德意志皇帝威廉二世（Wilhelm II）不厭其煩地重申自己對蘇丹—哈里發和其全球穆斯林追隨者的敬重，其中許多穆斯林為展現阿富汗尼式的泛伊斯蘭主義，已資助一條通往麥加的漢志鐵路，這是一項典型的合作計畫。也是在德國的幫助下，蘇丹能開始打造第一支有實質作用的中東軍隊，一八九七年短促的希臘戰爭即為明證。鄂圖曼由德國改革、配備最新連發式毛瑟槍（Mauser）的高效率步兵單位，把他們兵力較差的對手打得落花流水，直到俄羅斯介入、強迫雙方停戰為止。

但在滔天巨浪之前，這些零星噴發的成就根本無足輕重。在某個平凡的一天，亞爾迪茲宮會從阿卜杜勒哈米德二世間諜網接獲線報，訴說克里特島可能的暴動、貝魯特的陰謀，以及美索不達米亞的部隊因欠薪而叛亂。帝國的勝利也成了列強進一步刺探的機會。一九〇三年蘇丹強而有力地鎮壓馬其頓一場游擊隊起義，提供了沙皇尼古拉二世和奧匈帝國法蘭茲・約瑟夫一世所需、強行設置國際憲兵隊來維持當地秩序的藉口，於是鄂圖曼主權童話上又製造了另一個污點。

毫無意外地，因為執迷於微管理，又妄想自己不可或缺，這位多疑、又難以測度的蘇丹本身當為危機四伏的情況負責。在巴黎，流亡人士組成的「青年土耳其」（Young Turks）團體密謀對付他。這群人分成兩派，一派包括亞美尼亞人在內，歡迎歐洲介入做為改革的保證，另一派則認為這樣會失去獨立自主而強烈反對。

這些異議分子包括前農業部官員艾哈邁德・勒扎（Ahmet Riza），他因為無法在帝國官僚系統出人頭地，因而心灰意冷地展開流亡生涯，而他辦的反對派報紙《諮議》（Mesveret，這個詞語清楚表現出國會的弦外之音）被偷偷帶進帝國，就像馬爾坤・汗的《法律》在憲政革命前被帶進伊朗那樣。在那份報紙上，蘇丹被用五花八門的描述形容為劊子手、真主的大患、看管羊欄的狼群等等。青年土耳其也從國界外的革命汲取靈感，其中許多革命的領頭者——例如哈桑・塔吉扎德——都是亞塞拜然土耳其人，與他們有共同的文化和語言遺產。

說到驚人的瀆神之舉，青年土耳其中的激進派當然足以和伊朗的激進派媲美。例如艾哈邁德・勒扎就曾寫給他的姊妹說：「假如我是女人，我會接受無神論，再也不做穆斯林……會與這種宗教保持距離。」另一位具影響力的異議分子阿卜杜勒・塞夫德（Abdullah Cevdet）這句話說得比塔吉扎德著名的親西方觀點還要早：「西方是我們的老師；愛西方就是愛科學、愛進步、愛物質與道德的提升……能成為西方勤奮好學、滿懷感激的學生——是我們的福氣！」[87]

一九〇七年，包含勒扎和塞夫德在內的青年土耳其成員聚在一起，成立聯合進步委員會（Committee for Union and Progress，CUP），採用祕密的網狀組織模式，入會者必須對一把劍和《古蘭經》立誓。[88]委員會要蘇丹恢復憲法的要求，對於正在馬其頓憂鬱望著葡萄酒的土耳其軍官（在那裡最能敏銳感受到外國監控的羞辱）和跑遍咖啡館的巴黎流亡人士，同樣具有強烈的吸引力。眾人一致同意，若無法阻止帝國衰退，將必然導致它的滅亡，而英俄條約營造的協定精神已致使伊朗國會遭到炮轟，也可能會扼殺鄂圖曼。一九〇八年夏天，報告指出沙皇的艦隊正在鄂圖曼黑海沿岸演習，災難的迫切感又加劇了。

革命從六月底兩百名軍官和男人逃進馬其頓丘陵開始。隨著叛亂擴散開來，一封聯合進步委員會拍給亞爾迪茲宮的電報更落井下石，提出憲法必須恢復的要求。幾乎沒有叛軍預測到蘇丹會有這種出乎意料的回應；阿卜杜勒哈米德二世沒有駁回這個對他花了三十年小心經營獨裁統治的挑戰，反倒聲稱復興憲法一直是他熱切的願望。七月二十四日，他宣布召回國會、廢除審查、特赦政治犯。這樣的命令實為專制的體現，然而這一次，鄂圖曼的專制對其解體功不可沒。

皇帝的命令布達之後，伊斯坦堡有一段喘息的空檔，人們仔細估量一切——接著城市便陷入極度興奮，以為已經找到可治萬惡的解藥。革命爆發數天後，女權作家哈莉黛·埃迪布（Halide Edib）進入城市，「加拉塔大橋上的情景立刻吸引我……數百年來的傳統似乎失去效力了。」一七九八年，拿破崙試著說服開羅民眾戴上「三色帽徽」這種法國大革命的象徵未果；反觀現在，金角灣上人山人海，男男女女都帶著紅白相間（鄂圖曼國旗的顏色）的帽章。性別差異似乎消弭於無形，因為「男男女女一起在熱情澎湃的人潮中前進，散發不凡、又哭又笑、情緒激昂到人性的缺陷和醜陋，都暫時完全抹滅了……彷彿千禧年到來似的。」[89]

這次革命與以往的經歷當然呈現鮮明的對比。街上有個不熟悉的景象：男人站在街角的椅子上，對任何聽得到他說話的人演說；埃迪布也注意到一群肉販代表團嚴肅地走出宮廷，他們進入宮廷是想確定新政權的效力，結果短短幾小時就深深愛上了它。一個老者發誓要為「神聖使命」犧牲他珍愛的一切。[90]但他對這個使命了解多少呢？很可能不怎麼多。埃迪布生動地寫到委員會具影響力的成員、未來的教育家里扎・特夫菲克（Riza Tevfik）在騎馬巡迴當地維持秩序時（阿卜杜勒哈米德二世的警察已溜回暗處）和一些不識字的腳夫對話。「告訴我們憲法有什麼意義，」腳夫大叫。特夫菲克回答：「憲法是很棒的東西，不認識的人是蠢驢。」「我們是蠢驢！」腳夫溫良樸實地高喊。91

毫無意外地，對於正在四處傳播的新詞語該如何定義，民眾茫然無解；政體變更後，模稜兩可的事情總是不勝枚舉。債務人以為「憲法」意味債務豁免。勞工以為憲法代表薪水加倍。博斯普魯斯輪船的顧客把憲法和免費越過海峽混為一談。一位女性過加拉塔大橋時拒絕付通行費。「我們現在不是有自由了嗎？」她問。一個因殺害基督徒而被判死刑的穆斯林也認為死刑侮辱了他的新自由。濱水區的腳夫罷工爭取勞工權益。到處都有人拒絕繳稅。92

正為本身憲法奮鬥不懈的鄰居，並未忽視鄂圖曼革命的重要性。一九〇八年八月四日，鄂圖曼專制被推翻的消息傳到大不里士當時正被保皇派和俄羅斯人聯手圍剿的立憲派耳裡，而該城開始有標語宣稱：對愛好自由的大不里士人來說，「蘇丹是和沙阿一樣好的君主」。93

阿卜杜勒哈米德二世的敷衍能否成功延續下去，取決於他能否維繫新國會其實是他所賜予的印象，而當他在一九〇八年十二月十七日為第一次會議舉行開幕式時，他適切地恭喜人民已達到允許他恢復國會的政治成熟。「我一直努力促進國內所有層面的發展，」蘇丹的致詞褒獎自己；「感謝真主，這個目標已經達成，也多虧公共教育普及，我國人口各階層的文化水準皆已提升。」[94]

就像它短命的前身，這屆會議反映了帝國的世界主義：成員包含一百四十個土耳其人、六十個阿拉伯人、二十五個阿爾巴尼亞人、二十三個希臘人、十二個亞美尼亞人、五個猶太人、四個保加利亞人、三個塞爾維亞人和一個瓦拉幾亞人（Vlach）。但這個在革命之初讓伊斯坦堡居民上街慶祝的異中求同願景——蘇丹、聯合進步委員會、鄂圖曼全體臣民齊心協力的決定——隨即被揭露為假象。六月八日後，新的自由派人士開始翻攪政局。

正如伊朗的例子，鄂圖曼的各種勢力排列在「絕對政教分離」與「絕對伊斯蘭教法」不同的光譜之間，君主則視短期利益小心擺盪，但長期而言，他站在相對於主流的「反動派」那邊。鄂圖曼跟同在革命的伊朗不同，鄂圖曼已經有一部憲法：一八七六年以保守聞名的文件中，它的第五條宣告蘇丹是神聖、無責任的。

聯合進步委員會對這個條款做了新的註解，據他們的說法，那代表阿卜杜勒哈米德二世超越政治，不能背負政治責任。而深受該組織影響的新國會，很快流露出一股不尋常的精神激進主義。

在議長艾哈邁德・勒扎身上，許多鄂圖曼穆斯林看到一個不受限於伊斯蘭框架的未來，具體呈現在這位講究實證、常暗指對手「卑鄙」[95]的混血兒身分上（他的母親是巴伐利亞人）。蘇丹向激進派示好，在亞爾迪茲宮宴請他們（還親自幫勒扎倒他最喜歡的礦泉水），但他們不領情，還成為史無前例、當眾批判這位王室的第一人。當他們發現一筆透過亞爾迪茲宮籌募的資金不見蹤影，一名代議士大發雷霆：「錢被偷了，被花掉了，而責任在帝國地位最高的那個人身上。」另一人則建議蘇丹交出所有宮殿來賠償他從人民身上榨取的數百萬元。（這個建議沒有獲得採納，但一如伊朗的例子，王室費用遭到削減。）在此同時，勢力猖獗的聯合進步委員會開始大規模清除君主的元素。「到處都有官僚和職員被開除。」該組織的機關報《共鳴》（Tanin）大力宣傳，而重獲解放的媒體，隨便誣指帝國行政機構的數百名員工為間諜。[96]

儘管聯合進步委員會精力充沛，土耳其第一次現代政治的經驗並未讓大夥達成共識：他們想住在哪一種鄂圖曼裡？而建立共識的任務又因外交方面一再受辱，毫無進展。如果伊朗的立憲派聲稱《英俄條約》是伊朗國內改革的敵人，其造成了局勢動盪，最終導致李亞科夫將軍轟炸國會，那事情對鄂圖曼來說也幾乎一樣糟；隨著帝國的周邊繼續脫離伊斯坦堡的懷抱，鄂圖曼的政治實體也在他們眼前愈縮愈小。

一九〇八年十月一段可怕的日子裡，先是保加利亞的斐迪南王子（Prince Ferdinand of Bulgaria）宣布今後他是一個獨立國家的沙皇，接著奧地利併吞了波士尼亞與赫塞哥維納（官方上仍屬於鄂圖曼的一省），而克里特島則宣布與希臘合併。「嘗嘗憲政的果實啊！」青年土耳其的政敵幸災樂禍著，反擊開始了。

就在那幾個月，一個虔誠的穆斯林組織，穆罕默德協會（Society of Muhammad），譴責聯合進步委員會背離教法，而該組織的喉舌《火山》（Volkan）怒斥，他們的對手雖然不斷高呼：「自由萬歲！」卻不曾聽過他們有誰喊過：「伊斯蘭萬歲！」在此同時，軍隊基層對於新的普魯士作風、不給時間禱告的訓練非常不滿；他們也痛斥聯合進步委員會以節約之名裁減人數。也有人反對給女性去的劇院數量激增和新設立的女子學校；強硬保守派堅持，這也與宗教不容。[97]

一如法茲魯拉．努里在德黑蘭的作為，穆罕默德協會要求立法必須與教法相容，同時其他許多人——擔心未來的普通士兵、懷念蘇丹慷慨的寡婦和孤兒、宗教學生——也紛紛發起牢騷。就連女權人士哈莉黛．埃迪布也批評聯合進步委員會鄙視別人的觀點——但她持續在《共鳴》發表有關女性解放的文章，不顧死亡威脅。在此期間，穆罕默德協會持續壯大，比照聯合進步委員會的經驗，在地方城鎮設立分會。就這樣，鄂圖曼人有了第一次——儘管難以控制——政黨政治的經驗。

一取得權力——但沒有實質執政，他們始終只是「政府內的政府」——青年土耳其就讓亞爾迪茲宮內的電報室失去作用，藉此切斷蘇丹壟斷的情報網絡。另外，聯合進步委員會也一直在全國各地成立分支單位，由此可說是中東地區第一個現代政黨。但反動也持續積聚力量。一個名叫「瞎子阿里」（Blind Ali）的傳教士帶一群人到雜亂的亞爾迪茲宮殿區，蘇丹從他的窗戶探出頭來。「我們想要牧羊人！」群眾高喊；「羊群沒有牧羊人不能活！」另外，一本虔誠的期刊宣稱攝影術不過是異端邪說。98

反革命從一九〇九年四月十三日展開，伊斯坦堡的軍官被反叛的士兵擊潰。幾小時後，數千名士官兵在國會大樓集會，零星的宗教學生和低階的伊瑪目亦前往會合。在外頭廣場喇叭聲響的不祥伴奏下，國會接見一支由武裝士兵陪同的烏里瑪代表團，他們對代議士高談闊論。反叛分子的要求包括恢復教法、開除聯合進步委員會的大臣，另將多位軍官免職；彷彿要強調他們的重點似的，外面的暴民動用私刑處死一名試圖進入議會的議員。

接下來幾天的戰慄更多：大臣被暗殺、革新派的報社被洗劫（包括《共鳴》）、軍官在自宅和家人面前被士兵殺害。一艘支持聯合進步委員會的帝國巡洋艦船長被押上敞篷馬車帶到亞爾迪茲宮，在蘇丹面前就戮。

一般認為，阿卜杜勒哈米德二世不是反革命的幕後主使者，但既然天賜良機，他也毫不遲疑地把握。在聯合進步委員會統治的噩夢後，支持君主的保皇派接管了政府和重要的陸海軍部會。地方首長接獲電報通知，教法已經正式恢復。大家可以忘記憲法了，就好像坦志麥特的改革從來沒有發生過。

但在真正的革命風潮中，幸運之神去了又回。反叛軍表演得過火了，報復手段太嚴厲，聯合進步委員會以怨報怨。一支青年土耳其的部隊從馬其頓出發征討蘇丹。占領城市、群龍無首的反動派暴民，不是馬哈茂德・塞夫凱特帕夏（Mahmud Shevket Pasha）將軍和他新成立的行動軍隊（Action Army）之對手，他們在四月二十四日旋風般衝進首都，直到亞爾迪茲宮前才被衛兵攔下——那裡已經為了這種情況加強防禦了。

「日暮時分，」一名目擊者寫道：「當旗子降下，『padshahim tchok yasha』（吾王萬歲）的呼喊表示阿卜杜勒哈米德二世仍在位。但當黑暗降臨，沿著所有匯聚於亞爾迪茲宮前的街道，開始出現不祥的轟隆聲響，徹夜不歇。那是馬其頓大砲行進的聲音。」

關在宮殿裡，被僕人和兒子們拋棄、宦官和仕女都陷入歇斯底里。隔天早上，阿卜杜勒哈米德二世別無他途，唯有接見國會代表團。他們被派來告知蘇丹即將來臨的命運。兩天後，已轉趨暴戾的國會重新召開，把阿卜杜勒哈米德二世拉下王位。[99]他被放逐到塞薩洛尼基；他討厭這個城市，因為塞薩洛尼基正是他覆滅因素的發祥地，而他在那裡專心製造家具（他是造詣深厚的木匠）和玩他的安哥拉貓。一九一二年他被帶回伊斯坦堡，六年後在那裡過世，滿懷辛酸，無人哀悼。這位專制君主，雖然比同時代的納賽爾丁沙阿接觸到更多現代西方思想，最終仍無力抵擋。如同愛爾蘭記者法蘭西斯・麥古拉（Francis McCullagh）在蘇丹死後給予的評價指出，無論如何，現代化是相對的，「就像尼古拉二世，他或許比前面幾任先進，但拜西方思想滲透之賜，他的人民已非常進步，使他看起來落伍了。」[100]

一九〇八到〇九年伊斯坦堡的離奇事件再次證明，期望一個正處於現代化過程而亂七八糟的社會，能在一夕間達到政治「成熟」，是多麼愚不可及。這段期間之初，鄂圖曼人民發現自己一腳踩進民主政治的柔軟沙子裡，到了最後，他們還在找自己的立足點。一九〇八年夏天，憲法提供安全。一九〇九年四月，則換成教法；他們不僅為叛軍，也為其他許多鄂圖曼穆斯林發聲——他們擔心自己珍視的一切都在崩解。這不像乍看之下那麼不合邏輯。大眾其實對這些概念了解有限，兩方對他們來說，皆被敬畏有加地討論，也被賦予強大的權力，都給人具有超人力量、凌駕於芸芸眾生、能糾正人生所有錯誤的印象。多數寫來讚頌民主、權利和憲政的詩，也傳達著你會在宗教經典看到的那種極樂和狂喜。這實非巧合，兩者都在回應一種渴望：渴望找到一種方式來解決人類空虛的境況。鄂圖曼的革命也是這個道理。彷彿在證明自己反覆無常地依戀著這種過度的承諾，民眾從憲法奔向伊斯蘭教法，又從教法奔回憲法，渾然不知這種不一致，暗示了一種現代的感性。類似的擺盪也發生在二〇一一年阿拉伯之春浪潮下的埃及。日後，一定還有虔敬的社會從宗教的羅網跳向自由，而後自由又令人失望。畢竟，憲法只是一份文件。教法只是一部律法。要形成穩定的社會秩序，兩者都需要智慧與獨創性，而在一九一〇年，鄂圖曼還沒有領導人擁有那兩種特質。

如我們已經見到的，十九世紀期間，鄂圖曼帝國的基督臣民用現代歐洲民族主義樹立的模範，極力爭取權利和自治。那段時間，帝國的穆斯林領導人仍堅持鄂圖曼主義（Ottomanism）

這種充滿異國風情、大蒙古包式的安排是可行的。這直接衍生自早期阿拉伯穆斯林在七世紀中葉，以極少數族群之姿，起而征服數百萬波斯和羅馬帝國臣民時所信奉的觀點。那允許穆斯林和非穆斯林在伊斯蘭教法下共同生存，但由穆斯林掌控；在鄂圖曼的例子裡，則以蘇丹—哈里發個人居首的權力結構為主。但早在馬哈茂德二世統治時——後來又因坦志麥特的改革更趨複雜——鄂圖曼政府已藉由授予非穆斯林權利，逐漸侵蝕了本身對這項安排的至高掌控權。

如果少數族群得到愈來愈多權利，甚至取得進入決策高層的機會（二十世紀初的鄂圖曼內閣裡有亞美尼亞人），那麼良善的鄂圖曼主義為什麼會失敗呢？答案是，那不是世俗的概念；在現代世界中，被用來確認和區別身分的，是世俗的標籤，而非宗教的標籤。列強界定自己是民族而非宗教國家，這種身分認同的世俗化已被傳達給蘇丹的基督教臣民，使希臘人、保加利亞人和亞美尼亞人紛紛大聲疾呼在他們已享有的宗教獨立之外，也要享有政治獨立。最後，民族主義的傳染病散播到蘇丹其他不講土耳其語的穆斯林臣民身上，結果伊斯坦堡不僅是巴爾幹和亞美尼亞革命組織的根據地，也成了敘利亞、庫德族和阿爾巴尼亞革命的大本營。

於是，帝國的核心群體土耳其人，被留下來思索自己該嵌入哪裡。「土耳其人」畢竟是一種意義含糊的團體，有時甚至被刻薄地定義為穆斯林農民的渣滓，在歷經數百年與伊朗人、阿拉伯人、庫德人、亞美尼亞人及希臘人雜居通婚後，基因被稀釋了；他們的文化從山地牧人粗俗、多半崇拜偶像的言論，到綁辮子的帕夏那般迂腐和虔誠；土耳其人的「外貌」從金髮碧眼的塞薩洛尼基人，到圓臉的草原民族，和黑皮膚的中東類型，包羅萬象——這些考量在二十世紀初一些鄂圖曼穆斯林的心目中都是次要的，因為他們明白，民族國家的世界正在吞噬他們，而他們沒有自己的民族國家。亞美尼亞人鼓動著要求獨立自主的政黨；希臘人以舊國家的記憶為基礎，建立新的國家；保加利亞人也一樣（到一九〇八年為止）。土耳其人為什麼不行？

回答這個問題的人，也藉由回答這個問題，為未來的土耳其民族國家設定參數，他名叫齊亞・格卡爾普（Ziya Gokalp），一個安靜、謙遜、偶爾怒氣沖沖的安那托利亞東南部人。在友人哈莉黛・埃迪布的紀錄中，他「又胖又矮又黑」，額頭有個「像十字形記號的疤痕……立刻引人注意」。這，她繼續簡潔地說，是「他二十歲時試圖射進腦袋的子彈」留下的疤，「他不知怎麼活過來了。」[101]年輕的齊亞之所以企圖自殺，是因為父親塔夫菲克（Tevfik）早逝，篤信宗教的叔父哈西普・埃芬迪（Hasip Efendi）又強迫他娶自己的女兒莎薇耶（Cevriye），不讓他去伊斯坦堡完成學業。這事件也可更籠統地視為一個混亂童年的高潮，而正是這樣的童年，造就了他漂泊不定的靈魂。

齊亞・格卡爾普生於一八七五年——隔年便是帝國連換三位蘇丹的騷亂之年——父親和

祖父都是東南部行政中心迪亞巴克爾（Diyarbakir）的公務員。自古以來，這座以玄武岩城牆聞名的古城，大多由阿拉伯人和波斯人統治；如今，在劃入鄂圖曼版圖三百年後，它最大的社群是庫德人和亞美尼亞人。齊亞從小就懂庫德語，也可能至少有部分庫德族的血統；以這樣的身分發展土耳其建國大計固然尷尬，但絕非不可彌補，因為激情的民族主義，往往最強健地萌生於種族「不純正」的胸膛。父親過世前在年輕的齊亞身上灌輸對閱讀的熱愛，對奈米克．凱末爾的傾慕，以及一種在民族主義猖獗的年代令所有受過教育的穆斯林苦不堪言的文化兩難。塔夫菲克和朋友在決定該不該送齊亞去國外讀書時的對話，就是明證。「我擔心，」塔夫菲克吐露：「去到歐洲，他可能會變成『gavur』（不信神的人）。」其中一個朋友問：「那如果他留在這裡呢？」塔夫菲克回答：「他會變成蠢驢。」[102]

對這個愛讀書又敏感的孤兒來說，在迪亞巴克爾長大是既鼓舞又困惑的。在這個不時跟伊朗及俄國鄰居起摩擦的偏遠帝國前哨，除了用母語土耳其語和庫德語交談，他也學會阿拉伯語、波斯語和法語，可能也懂一點亞美尼亞語。哈西普．埃芬迪教他伊斯蘭哲學和宗教科學，而他也從聯合進步委員會惡名昭彰的無神論者阿卜杜勒．塞夫德那裡深刻地了解到前進的必要，還有後退的危險。

在世紀之交的迪亞巴克爾——各種宗教幾乎滲入一切事物的地方——塞夫德必定被視為怪誕人物。這位聯合進步委員會的激進分子認為反對達爾文學說的人——不管有沒有戴頭巾——腦袋都該打碎，而後幾年當第一位土耳其飛行員喪命，他欣喜若狂，因為那證明土耳其人已逐漸接近歐洲人探索的無畏精神了。「以往，當歐洲探險家前往北極，」塞夫德寫道：「當他們的飛行員翱翔天際，我們取笑他們說：『看看那些愚蠢的歐洲人讓自己被北極熊吃掉，在墜機時炸成碎片。』我們不了解，他們正是藉由這些『愚蠢』的行為來實現掌控世界的霸權。現在，我們的男人也開始墜機了。這沒什麼好哀悼的。我們該高興才對！對我來說，那就是我們重新振作、不會淪亡的徵兆！」103

毫無意外地，埃芬迪不准齊亞去見這位危險的自由思想家，但兩人繼續碰面；結果是好的，因為正是塞夫德在齊亞企圖自殺後救了他的命。另一位醫生，信仰希臘東正教的尤吉斯（Yorgis），開啟了齊亞接受西方哲學的心智。齊亞神祕主義的傾向——他是中世紀蘇非派詩人伊本・阿拉比（Ibn Arabi）和魯米的愛好者——照亮了另一條在宗教和理性兩極之間可以走的道路，他的父親早已鑑定出來。

從這種矛盾至極的教養所衍生的危機，糾纏著齊亞的青春期，導致「持續數年、讓我猶如行屍走肉地失眠。我沒有任何生理疾病，對社會亦無不適。我困擾的源頭是我的思想。以往我相信，如果能找到我所謂的偉大真理，就能脫離一切痛苦。但我要去哪裡找呢？」104

一八九六年，他再次不顧叔父的反對前往伊斯坦堡，就讀獸醫學院（唯一提供免學費和膳宿費的高等教育機構）。他很快便把他僅有的一點點錢捐給地下活動的聯合進步委員會。

他讀了萊恩・卡洪（Léon Cahun）的《亞洲史導讀》（*Introduction à l'Histoire de l'Asie*），一部東方主義學作品，以史詩手法描述突厥人和蒙古人向西擴張的過程；他也再次和已定居伊斯坦堡的尤吉斯醫生碰面，尤吉斯鼓勵他對土耳其人進行徹底的社會學檢視，最好能讓即將到來的革命符合他們的需求。就這樣，一個法國人和一個希臘人，開始教導一個「可能的」庫德族人身為「土耳其人」的意義。

一八九七年，齊亞被阿卜杜勒哈米德二世的祕密警察逮捕；他寫道，為期一年的監禁，「反而把我從憂鬱中解救出來。」[105]獲釋後，他被逐回迪亞巴克爾，終於娶了莎薇耶，安定下來；他繼續讀法國哲學家、心理學家和社會學家的作品。齊亞的公職生涯看似還沒開始就結束了——直到阿卜杜勒哈米德二世垮台，意外給了他表述思想的機會。一九〇九年他接獲決定命運的邀請，遠赴半個大陸外、濱愛琴海的塞薩洛尼基，參加聯合進步委員會的代表大會。

數百年來，這座令人嚮往的港市一直被認為是鄂圖曼多元性的縮影。在它的牆垣內，伊比利半島的猶太人（在宗教審判期間被放逐來此的家族後裔）、基督徒和穆斯林（有些其實是祕密的薩布坦信徒〔Sabbateans〕，十七世紀猶太教一位以救世主自居而被處決的人物之信眾）共同生存，就算沒有愛，多數情況下也沒有恨。

但在齊亞抵達那裡時，塞薩洛尼基的宗教拼布已被國族認同拆解了。一個人是否講保加利亞語、希臘語、瓦拉幾亞語或亞美尼亞語，還是支持斯拉夫人或希臘人對馬其頓地區（鄂圖曼的塞薩洛尼基省、莫納斯提爾省〔Monastir，今北馬其頓共和國比托拉市〕和烏斯科布省〔Uskub，今北馬其頓共和國史高比耶市〕）的主權主張，變得愈來愈重要。長久以來，猶太復國主義的強硬派在塞薩洛尼基散播猶太人該建立現代國家的革命性概念。「土耳其人已證明他們包容宗教的精神，」猶太復國主義者澤維．賈鮑京斯基（Ze'ev Jabotinsky）一九〇八年造訪這座城市時主張：「當他們了解民族也必須容忍，他們會尊重的。」106

從這個民族主義的苗圃——在塞薩洛尼基，鄂圖曼主義不像在安那托利亞東南部那樣還有未來——齊亞長出自己的嫩芽。克服他天生的靦腆和明顯的迪亞巴克爾口音，他迅速以他掩不住的才智和廣泛的閱讀，讓聯合進步委員會高層留下深刻的印象，而他隨後被選入團體勢力強大的中央會議，與未來的大維齊爾（grand vizier，蘇丹之下地位最高的大臣）穆罕默德．塔拉特帕夏（Mehmed Talaat Pasha）結為好友。住在這座城市時，他私下給法國社會學家加布里埃爾．塔爾德（Gabriel Tarde）和古斯塔夫．勒龐（Gustave Le Bon）上課——兩人急欲了解民眾的本能——並獲聘擔任該市主要中等學校的社會學老師，使他成為或許是鄂圖曼帝國首位教授這門新科學的老師。

塞薩洛尼基是形成新共同身分的生活實驗室，而這促使齊亞拋棄了鄂圖曼主義。在這個民族大熔爐中，他開始發展自己的思想，而這些思想日後將壯大成一種強大的意識形態，足以和希臘人、斯拉夫人和猶太復國者的意識形態匹敵；也一如後三者，可以被拿來主張排外的身分和領土。這種意識形態名叫土耳其主義，而這種思想和這位有點孤僻的小冊子作者兼新聞工作者有密不可分的關係。齊亞在一九一一年開始採用今天為人熟知、具象徵意義的筆名「格卡爾普」（Gokalp）。這個詞是由土耳其文的「天空」和「英雄」兩字組成的，表達了對遼闊草原的嚮往，因為所有土耳其人——不管是不是鄂圖曼的臣民——都源自這樣的草原。

根據齊亞的說法，具有凝聚力的土耳其民族之所以未能興起，因素之一是本土主義。觀察帝國成功的少數族群，他指出，那是一種基礎深厚得令人羨慕的團結，幫助他們取得經濟和社會的權力（例如希臘的銀行家是帝國名列前茅的富人）。對土耳其人來說，他寫：「團結、愛國和英勇等觀念並未超越家庭、村落和城鎮的界線。」[107]這麼一來，在各行各業、貿易和財務上，土耳其人反而不如少數族群強勢。

齊亞對土耳其神話和民間傳說的著迷，相信歐洲浪漫派作家一定能理解。他認為土耳其平民的日常語言和習俗，有別於鄂圖曼文明的矯飾，且表現出一種橫跨整個突厥語世界的高貴文化。他稱這個世界為「圖藍」（Turan），一如它在伊朗史詩《諸王之書》出現的地名——雖然對哈桑．塔吉扎德等伊朗民族主義者來說，這個詞有負面的言外之意，會讓人想起北方草原某種永存不滅的敵人。他甚至半認真地考慮中亞文化大聯盟的構想。

齊亞建立國家的第一個具體提案，關係到土耳其語本身。儘管一八五〇、六〇年代易卜拉欣・希納西初步實施變革，這種精神分裂的語言仍持續將土耳其人分成兩群互不理解的人口。一群是說「鄂圖曼語」的大都會土耳其人——那混合土耳其語、阿拉伯語和波斯語，也加了愈來愈多法語調味。另外是一群平凡、土氣的土耳其老百姓。在齊亞看來，目標應該是第一種被第二種「刻意併入」，創造出一種既能反映土耳其經驗，又能透過增添來處理科學和宗教的簡單語言。如果有土耳其語的同義詞，就必須擺脫阿拉伯和波斯的語詞；大量的外語文法（例如阿拉伯語的複數）必須壓制。如果從現有的詞彙找不到適用現代概念的詞語，就應該發明新的。[108]

雖然長大成人的齊亞不是特別虔誠，但仍視伊斯蘭為國族認同的重要層面。不過，他將《古蘭經》譯成土耳其文之舉，政治姿態或許大過宗教姿態，旨在讓主導世俗生活的土耳其文神聖化。就像賈邁勒丁・阿富汗尼，現代派的齊亞也相信伊斯蘭必須經歷某種已讓歐洲新教國家得以進步的改革，而那無可避免將使宗教和公共領域分離。

這樣的思想顯然令伊斯蘭主義者厭惡，當齊亞民族主義計畫的廣度變得明確時，雙方便勢如水火。對他們來說，人類的身分認同竟崇尚前伊斯蘭時代的人工產物，這種觀念怪誕可笑；他們最不想看到的就是俗稱「土耳其人」的社群建立起來與溫瑪競爭。伊斯蘭主義學者艾哈邁德・納伊姆（Ahmed Naim）大發雷霆，痛斥民族主義「這種外國的創新對伊斯蘭團體之致命，就像癌症之於人……在敵人正踩踏我們胸口的時刻，將伊斯蘭劃分成各種民族，是愚蠢至極之事。」他還嘲弄那些假民族主義者「血管裡一滴土耳其人的血都不剩……根本沒必要認識土耳其的過往。」[109]

齊亞的獨立國家三角概念，最後一根支柱是「文明」。他的文明指的是西方文明，而一如其他中東現代派人士，他認為西方文明應該要全盤採納。「對今天的我們來說，」他寫道：「現代化意指利用歐洲人製造、使用的戰艦。」唯有當土耳其人不再需要從歐洲進口知識和物品時，才能認為自己真正現代化了。

現在看來，齊亞的土耳其三要素——語言、宗教、文明——最後會互相衝突和吞食。但他自己看不出矛盾，而在一九一三年發表的一篇文章中，他針對國家的情況做了這番大膽、精湛的總結：「土耳其國家屬於烏拉爾—阿爾泰語系（Ural-Altai）的族群，屬於伊斯蘭的溫瑪、屬於西方的國際性。」[110]

第一次世界大戰前夕，齊亞來到土耳其知識與國家生活的巔峰。政治的逆境和人民的苦難已協助將一位地方知識分子的潦草筆記，轉化成當時最具說服力的政治哲學。將民族主義推上土耳其生活前沿的災難，從另一場巴爾幹的大火開始——這一次火勢凶猛到幾乎結束鄂圖曼在歐洲的存在。

衝突在一九一二年三月爆發，保加利亞、塞爾維亞、希臘和蒙特哥內羅聯合起來反抗他們的前鄂圖曼宗主。許多被鄂圖曼管轄五百年的省分，不到數星期就失陷了；保加利亞和希臘火速趕往塞薩洛尼基（希臘人捷足先登）；阿爾巴尼亞宣布獨立。數千名巴爾幹穆斯林慘遭殺戮，另有數十萬人被保加利亞人一路追殺到伊斯坦堡。一位親眼目睹鄂圖曼潰退的英國外交官寫道：「保加利亞軍隊入侵留下的足跡是綿延八十哩的被毀村落。」[111]但整體而言，西方人對穆斯林的苦難幾乎不抱同情。

難民洶湧的鄂圖曼首都因一次英勇的反攻和保加利亞補給線受到壓力而得救。但這場戰事已造成三萬四千名鄂圖曼人員傷亡。「保加利亞人、塞爾維亞人、希臘人，」齊亞一名土耳其主義同伴事後驚魂未定地寫道：「我們統治五百年的臣民，我們瞧不起的臣民，打敗我們了。」[112]

巴爾幹半島的崩潰是土耳其「偉大長期抗戰」之始——之後它將投機地與德意志皇帝結盟，最後失去它的阿拉伯國土，包括短暫失去伊斯坦堡。土耳其人就是在「偉大抗戰」的時刻正式成為現代國家，他們聚集、蜷縮在安那托利亞的土地上，但團結起來反抗。

實現這些意向的，是一位來自塞薩洛尼基的鄂圖曼戰爭英雄，名叫穆斯塔法．凱末爾（Mustafa Kemal）——後來自稱阿塔圖克（Atatürk）。一九一九年五月，在一次大戰獲勝的協約國入侵安那托利亞後，他悄悄離開伊斯坦堡，將殘餘的鄂圖曼部隊培訓成一支民族主義軍。當他沿著黑海向東航行的船隻，被占領當地的英國人攔下來檢查有沒有非法私運時，據說他低聲嘀咕說他們是「傻瓜，我們沒挾帶違禁品或武器，而是帶著信仰與決心，他們不了解一支民族有多嚮往獨立。」[113]四年後，透過驅逐英國人和其他占領勢力證明他的論點，阿塔圖克建立的政府和協約國簽訂洛桑條約（Treaty of Lausanne），詳定以新的土耳其共和國取代已廢止的鄂圖曼帝國。出乎意料地，阿塔圖克僅花數個月時間，就達成列強嘗試數百年的事情，並在過程中決定性地回答了「東方的問題」。但阿塔圖克是典型的現代國家創建者，並不以帝國淪亡為憾。

記錄土耳其民族如何在偉大的長期抗戰爭中崛起，還有另一位重要人士：哈莉黛．埃迪布。一九〇八年革命後，她對聯合進步委員會幻想破滅，但她的民族意識，一如其他許多土耳其人的民族意識，並未減弱、一點也沒有減弱。在一九一二年十月巴爾幹之辱後，當時的伊斯坦堡成了難民營，聖索菲亞大教堂（Haghia Sophia）是霍亂醫務室，病人躺在庭院結冰的地板上等死；她將濃烈的情感寄託在我們後來視為國族認同、忠於土地及同胞的情感。她在這段嚴峻時期寫的未來派小說《新圖藍》（*The New Turan*）讓她成名。書中描述從伊斯坦堡到蒙古的土耳其情感紛紛覺醒。她被其他民族主義者稱為「土耳其人之母」，還有好幾間咖啡館取名「新圖藍」，利用這本書的知名度賺錢。[114]

埃迪布回憶錄裡，有幾段文字顯示出那年冬季的困苦，是如何刺激出民族情感的——齊亞．格卡爾普闡述的身分認同逐漸長出血肉。[115]在巴爾幹戰敗後，埃迪布天天去一間小醫院照顧受傷的士兵。雖然報上只有不幸的消息，她還是帶報紙給那些傷殘人士讀，並且為了那些士兵好，擺出滿不在乎的樣子，因為她知道「這些安那托利亞的眼睛會怎麼看我？雖為悲劇感到好奇而焦慮，在他們孩子般的深情中，依然流露著驕傲。」

她寫到，她永遠忘不了一個來自安卡拉的男人，「一段日子是安那托利亞的象徵。他一定曾充滿男性的力與美。他有一雙深綠色的眼眸、長長的睫毛、以他的出身地來說算高大的體格，但現在他變成一大具骷髏。他從阿爾巴尼亞調往葉門，待了七年，三個月前被送回來，身患瘧疾、受盡苦楚、近乎絕望。一到伊斯坦堡，他又被送去巴爾幹前線。」現在這位被粉碎、撕裂的男人需要修復。他的心臟已承受不了三氯甲烷，手術要在沒有麻醉下進行。埃迪布記述，醫生「讓他明白，他在手術期間不能移動他的腿。」當醫生又切又割，這位勇敢士兵「一動也不動，彷彿一塊不屈的鐵。他閉著眼、咬緊牙根、像死人一樣躺著、緊緊壓著我的手。他一直卑微地要我牽著他的手。」

就在那時，在那如血親親密的時刻，埃迪布「見到一位已經失去所有、只剩男子氣概的平凡土耳其士兵如何承受痛苦。」復元的那一刻，她覺得他已經沒事的那一刻，正與土地本身緊密相連。「在恢復期的最後幾天，」她寫道：「他找回他的記憶和某種程度的生命熱情，要我幫他寫信回他的村莊。他會回去，希望到時他的田地已做好播種大麥的準備。」回憶這起事件時，埃迪布將她與一個未受教育男性的人性合流——以及兩人不約而同對這片土地未來的關注——提升為一個國家象徵性的誕生。

那年冬天，她了解「我有多愛我的人民和土地。我無法決定比較愛哪一個，但我覺得我的愛……不可救藥，而且這一切和思想、見解或政治無關，而是身體的、原始的。」在越過艾哈邁德廣場時，她「懷著無限傷感」凝視「一支外國部隊向廣場進發。一股愚蠢的渴望油然而生：我好想彎下腰，熱切地親吻這地方的石頭。沒有任何力量可以把我拖離伊斯坦堡。我屬於這個地方，不管它的命運如何，我休戚與共。」116

哈莉黛．埃迪布與站在同一片土地的同胞之間這種自發性的情感交流，感人肺腑。這種情感是高尚的；敘事者意在鼓舞個人，而非讓他意志消沉。但要提升一個人的自尊，往往得貶低另一個人，正因這樣的規則，我們可以在短短三年後於安那托利亞沿海地區發生的事件中，找到史上最駭人聽聞的例子。

一九一五年，齊亞．格卡爾普在塞薩洛尼基時期的老友、時任內政大臣的穆罕默德．塔拉特帕夏下令將亞美尼亞民眾逐出小亞細亞。早在土耳其人來此之前，安那托利亞已經有個亞美尼亞人的社群，且在鄂圖曼主義下，他們不時欣欣向榮。但亞美尼亞人也在土耳其人之前意識到建立現代國家之事。早在沙皇的俄羅斯——土耳其在第一次世界大戰的敵人——承諾，倘若亞美尼亞人幫它擊敗鄂圖曼軍隊，就讓他們獨立建國。於是在一戰之前，在安那托利亞建立獨立家園的渴望，早已在亞美尼亞人心中滋長。

驅逐行動在五月開始，為時並不久。穆罕默德·塔拉特帕夏宣稱會將亞美尼亞人平安送到遠離俄羅斯前線的說辭，原來是欺騙。少說有一百萬人在那年春夏的死亡行軍和屠殺中喪命，而亞美尼亞人在小亞細亞由來已久的存在幾乎被連根拔起。年輕的亞美尼亞女性被迫皈依；亞美尼亞人的農地和房舍被庫德人和土耳其人鄰居占走。幾代之後，許多史學家和法學家達成共識——土耳其人當然駁斥——一九一五年發生的事件為種族滅絕。

我們很容易看出鄂圖曼穆斯林在一九一二年蒙受的苦難，是如何釐清哈莉黛·埃迪布等人士的愛國情操。但共同的罪責可能和共同的苦難一樣是有效的建國動力；在一九一五年數十年後，現代土耳其從來沒有承認對亞美尼亞人施暴的性質和規模。當代土耳其性格的孕育者齊亞·格卡爾普支持政府對待亞美尼亞人的方式、哈莉黛·埃迪布支持、阿塔圖克也支持。每個人都支持，因為初生的土耳其國家已說服自己，他們要存活下去，滅絕亞美尼亞人是必要的條件。

就這樣，時而戰爭、時而革命，獨立國家來到中東了。就概念而言，伊朗人建國的過程相對簡單。一方面包含從前伊斯蘭時代的樹枝所摘取到吸引人的低垂果實；一方面施行讓波斯高原多數居民有別於遜尼派鄰居的什葉派信仰習俗。當然也包含繼續說波斯語。對於塔吉扎德和卡斯拉維等把握機會轉身擺脫宗教的現代派人士來說，獨立建國也是一種民族自尊的展現。對他們而言，他們排拒的宗教讓人想起西元七世紀阿拉伯人的成就和伊朗在伊斯蘭征服中的卑屈。建國的目的，感覺起來更接近伊朗——盡情享受自己祖先的文化，而非祖先征服者的文化。終於，藉由拋開阿拉伯文化和更貼近西方，這些伊朗人正朝著他們現代、自由的目標前進。

以上也適用於諸如阿塔圖克等現代土耳其人，就算身分認同的積木，需要更多修整才能組合起來形成國家。長久以來，鄂圖曼蘇丹領導全球穆斯林社群的責任，一直是制止國家出現的重要因素，而那自然不能全盤棄絕阿拉伯的文化和語言。但隨著第一次世界大戰的戰敗和解體，不再擁有昔日廣大、雜亂延伸的鄂圖曼領土，一個工整、精巧、合乎邏輯和種族清洗過的土耳其國家於焉成形——有土耳其的感覺（阿塔圖克規定的學校教科書傳播極端的格卡爾普思想），也因為說土耳其語的緣故，跟他們的鄰居截然不同。（這同樣是阿塔圖克的文化政策使然；他的教師僅用土耳其語授課，即便在多語的城市迪亞巴克爾也是如此。）一九二〇年代，阿塔圖克廢除鄂圖曼帝國與哈里發。這切斷了土耳其人與前阿拉伯臣民的連結。一九二八年阿拉伯文字被羅馬文字取代，亦實施其他受格卡爾普啟發、目的在使民眾疏離其多語過往的「語言理性化」措施。阿塔圖克這個有自由思想、愛打牌的塞薩洛尼基酒鬼（他的敵人這麼認為）甚至下令，宣禮要用土耳其語唱誦。

對這個地區的第三個群體，人數最多的阿拉伯人來說，類似這種「文化大掃除」既不可能，也不合他們的意。他們的民族主義幾乎不會涉及否定伊斯蘭，因為那等同於自我否定。伊斯蘭是阿拉伯人給人類至高的貢獻，而《古蘭經》是它的道德和文學種子。如此一來，埃及或阿拉伯世界其他地方的現代派人士，自然不會轉身背對伊斯蘭。當土耳其和伊朗的改革派愈來愈少顧及伊斯蘭，埃及的改革派卻愈來愈常考慮到它。如果載著現代化和獨立國家的馬車無法繞過伊斯蘭，那就必須直直穿過去。

穆罕默德．阿布都——我們稍早見過他擔任賈邁勒丁．阿富汗尼的助手，也參與過阿拉比起義——是不厭不倦努力達成這個棘手任務的男人。阿布都和阿富汗尼曾一起在巴黎流亡，但基於某些已無從得知的理由，後來各走各的路；一八八八年，在貝魯特當學校教師一段時間後，較年輕的阿布都獲陶菲克接納回到埃及，並重回政府擔任地方法官。

阿布都回埃及的事實或許闡明他和阿富汗尼真的分道揚鑣了。正當師父著手處理伊朗菸草運動崇高的反殖民姿態，弟子卻忙著跟阿富汗尼深惡痛絕的外國人講和。結果，為阿布都取得陶菲克赦免、讓他能夠回家的不是別人，正是埃及一八八二到一九〇七年的實質統治者克羅默伯爵；光是克羅默伯爵過往在印度殖民政府的生涯，就足以讓阿富汗尼恨之入骨。這次示好是克羅默和阿布都建立關係的開始，而這段關係正是後者對國家占領者務實方針的縮影。儘管口頭上依然反對英國占領，但就跟印度許多民族主義一樣，他和殖民強權維持友好的合作關係。阿布都這種走鋼索的舉動有好處也有風險。這幫助他發跡成為公眾人物，但長期而言並不利於他衷心期盼的伊斯蘭改革。

就像哈桑·阿泰爾和里發·塔哈塔維等前輩，阿布都是訓練有素、精通古典伊斯蘭學識的聖職人員，相信此時伊斯蘭復興的時機已成熟。儘管這些早期改革者努力不懈，自一八三〇年代阿泰爾的創新被遏止後，艾資哈爾大學這個位於法提瑪開羅中心的遜尼派伊斯蘭堡壘，幾乎沒有呼吸到新鮮空氣。大學課程持續遠離歷史、哲學和科學，而在一八八一年當上校長的穆罕默德·艾利許（Muhammad Ilish）謝赫質疑人類的理性有辨別善惡之能。艾利許也對拓展心智的活動抱持非常狹隘的觀念，裁定前往基督教國家旅遊是「不恰當」的，而恰當的知識都要以伊斯蘭教法為中心。[117]

艾利許支持的構想，阿布都大多不以為然。在貝魯特的現代化蘇丹尼耶（Sultaniya）學校教書時，他曾發表一系列演說，後來集結成《統一的神學》（*The Theology of Unity*）一書，一八九七年在開羅出版，相當於現代派伊斯蘭的宣言。阿布都在緒論輕快地總覽伊斯蘭的歷史，偏愛十世紀艾什爾里派的「中道路線」，也就是將其教義「理性地建立在宇宙法則上」。[118]他遺憾後來蒙昧主義者占得上風，摧毀「最後一絲源於伊斯蘭信仰的理性氣質」，神學院教育更簡化成「對詞語的爭論……一團知識的混亂包圍住穆斯林。」[119]

儘管阿布都心懷不滿，《統一的神學》卻是一本包羅萬象、樂觀進取的書。書中幾乎沒有像老派謝赫那樣，為了哄騙那些質疑權威者而引用《古蘭經》來吹毛求疵，也反對「塔格利德」，即墨守成規。阿布都在書中高尚、自信地闡述原則，建議讀者重新想像伊斯蘭回到「薩拉菲」，即「祖先」的時代——男男女女實踐這種新生宗教的時代。

這樣的渴望讓阿布都處境尷尬，因為我們當代，「薩拉菲」會讓人聯想到那種非常乏味、排拒理性、常與盲信畫上等號的伊斯蘭。阿布都同意早期伊斯蘭有一種需要重現的純粹，許多後來的學識都是胡說八道的添加物。一如現代薩拉菲派，他也堅決反對已在平民階層激增的聖徒崇拜。但他與薩拉菲派不同之處，在於他相信伊斯蘭從一開始就是所有信仰中最注重人類理性的，那絕不提倡落後的思想，而是鼓勵人們不要依循前例。和齊亞·格卡爾普的父親運用類似的意象，阿布都聲稱「人不是創造來被馬轡拉著走的。」120

擺在土耳其和伊朗現代反傳統人士那些無神論邊緣的言論旁，《統一的神學》強烈維護信仰的主張，堅稱伊斯蘭可以賦予現代世界意義。回到克羅默主政的埃及擔任法官後——先在內陸，之後在一八九〇年調任開羅上訴法院——阿布都努力為他的主張增添血肉，逐漸成為伊斯蘭說話最具份量的教士。身為艾資哈爾管理委員會的一員與教師，以及一個深入新中產階級撰寫專欄的新聞工作者，他在法律及政治的世界優游自在。

一八九九年，接替陶菲克擔任赫迪夫的阿拔斯二世．希爾米（Abbas II Helmi）任命他為大穆夫提。除了讓他自動加入數個享有諮詢或執行權力的重要團體，這項任命也讓他躍居教法法庭之首。與他的官職密不可分的是穆夫提的聲望；他成為「巨頭」，克羅默寫道：

「世俗的統治者必須考量他的宗教權威。」在他權力鼎盛時，他每星期獲赫迪夫召見兩次，將所有政治八卦傳給政治聯絡人及詩人威弗瑞德．布朗特。在新世紀前夕，布朗特興高采烈地說，他的朋友「雖然曾因自由的主張被監禁，被一八八二年英國協助復位的赫迪夫放逐，但他的內涵逐漸獲得肯定，他絕對是埃及最能幹也最誠實的男人。」[121]

他的名聲也傳到國界之外。土耳其的格卡爾普和伊朗的塔吉扎德都讀過他進步、開明的觀念。他也啟發了突尼西亞備受尊崇的齋頓學院（Zeytoun，突尼西亞版的艾資哈爾）的革新派人士，馬來亞的烏里瑪則主張他的法律體系融合了四種法律學派——破除了四者之間向來被認為神聖不可侵犯的分野。

每當阿布都想要舉例說明什麼樣的機構可能會毀掉伊斯蘭文明，他都會嘲弄般地指向他的母校，說他花了好多年才「把艾資哈爾的灰塵掃出我的腦袋。」儘管阿泰爾竭盡心力改革艾資哈爾，阿布都所認識的機構仍和過去一樣暴戾、污穢，而且人滿為患——現在學生超過一萬名，遠超過拿破崙入侵時預估的三千七百名。[122]宿舍臭得要命；要去涼廊的人得在打鼾的男人和一灘灘死水之間拐來拐去；腐敗的食物到處亂放，老鼠大快朵頤。

一八九六年全市爆發霍亂，校內毫無意外地發現有一名學生感染，但他的同學卻反對將他送醫，抗議說「去醫院的人都會死」，並向當局投擲木板、石塊和其他物品，直到叫來警察。（英國）指揮官命令警察拆除上鎖的大門，並穿鞋進入毗鄰的清真寺，上刺刀；一場異教徒的侵犯，令人想起一百年前東方軍隊闖入同一聖地的情景。

這場霍亂的騷動暴露了學校完全不熟悉現代教育思想的事實，因此為改革提供了動力，而阿布都及其同夥就在那一年實施改革。他們引進了學期和教學時數；謝赫支領正式薪水，學生一定要到課——現在他們必須完成八年的學業才能成為小學教師或伊瑪目。紀律嚴格要求，不准浪費時間（艾資哈爾的學生是出了名地愛長篇大論）；自來水也引進了。這所古老的學校逐漸取得一間現代教育機構該有的特色了。

若非阿拔斯支持，這些改革不可能發生；這位赫迪夫也資助新學科的教學，包括數學、代數學、地理學和作文，剛好趕得及讓畢業生受聘擔任國民學校的教師。不再只有像里發·塔哈塔維這種優秀的自學者能跨越教士和俗世之間的分歧了。艾資哈爾引進世俗的學科，就是分歧縮小的標記。

阿布都的改革觀點化為「辯論」的形式，在一九〇〇年到〇二年間由門徒拉希德·里達（Rashid Rida）出版，目的在為穆夫提贏得皈依者。在這些辯論中，一位不具名的改革者反對一位傳統派，主張博學的謝赫應放棄「仿效」，改用「伊智提哈德」，也就是獨立的推理來判斷真主的意志。這裡的「伊智提哈德」，就是鄂圖曼法學家在十六世紀砰的一聲關上大門的「伊智提哈德」；穆罕默德·阿布都和其同夥猛然將門重新開啟。在另一場「辯論」中，改革者聲稱自己之所以能實行伊智提哈德，要歸功於《古蘭經》的閱讀和薩拉菲的知識。拘泥於註釋、註解和旁註，顯然不足以了解真主的本意。任何受過教育、手上有《古蘭經》的穆斯林都可以進行自己的「伊智提哈德」。

阿布都的建議無比重要。對大多數穆斯林來說，有執照的聖職人員，無論是尼羅河三角洲某個村裡的謝赫，或納傑夫的什葉派阿亞圖拉，或蘇非「中樞」之類無執照的教士，都是了解神聖的智慧與法律不可或缺的導管。但阿布都要擺脫這些不可或缺的導管，藉此質疑教士做為真主和崇拜者中介的必要。因此，阿布都的構想免不了被拿來和喀爾文主義（Calvinism）比較，而阿布都本身在日內瓦大學進修時（可能是一八九四年），無疑接觸過喀爾文主義。

在擔任穆夫提六年期間，阿布都大膽的教義研究方法，並未止於揚棄「塔格利德」和接受「伊智提哈德」。他也振興古老的穆爾太齊賴概念，即《古蘭經》是被創造的，而非永恆的，因此可依時間和環境自由詮釋，更可能包含人為的錯誤。他公開反對已經衰微的一夫多妻制，不是基於宗教的緣故，而是以家庭和諧之名。他也斥責盛行的宿命論，主張宿命論就是埃及衰敗背後的因素。他可以接受演化，並將之融入本身自然法則的概念。

阿布都的思想說有多激進就有多激進，但讓他備受爭議的是他的作風，那毫不羞愧地違背了他的階級封閉與謹慎的傳統。無論是引用歐洲科學家對螞蟻組織的說法、跨越地中海到埃維昂（Evian）的礦泉療養地，或是在博德利圖書館（Bodleian Library）翻閱手稿（他特別喜歡中世紀神聖羅馬帝國腓特烈二世〔Frederick II〕與安達魯西亞哲學家伊本・沙賓的信件往來），在艾利許謝赫重聽的耳裡，阿布都是一陣陣代表現代化的爆破聲。

賈巴爾迪從未想過要學習一七九八年那批入侵者的語言。阿布都則透過閱讀《基督山恩仇記》（*The Count of Monte Cristo*）精進那種異教徒的語言——事實上這位埃及人的法語學得好極了，後來有人形容那「語法完美無瑕，聲調幾乎和巴黎人一模一樣。」[123]他讀法文譯本的弗里德里希・席勒（Johann Christoph Friedrich von Schiller）、歌德、叔本華及赫伯特・史賓賽（當時世界最知名的哲學家），並將史賓賽的巨著《論教育》（*On Education*）譯為阿拉伯文，也效法他反對死背硬記的學習。（兩人一九〇三年在英國布萊頓〔Brighton〕相見歡，史賓賽很高興阿布都將真主描述成「存在」而非「人」。）[124]他知名的普世主義（ecumenism）甚至擴展到和新教牧師以撒・泰勒（Isaac Taylor）為友；泰勒的抱負是伊斯蘭和基督教合而為一。阿布都告訴他的教士朋友，兩個宗教「手牽手」的那天一定會到來。[125]

據他最傑出的學生之一史學家塔哈・海珊（Taha Hussein）表示，阿布都的教學方法與艾資哈爾只顧字面意義、缺乏想像力的傳統「大相逕庭」。海珊寫道：「阿布都對於與詞語有關的種種，漫不經心得誇張，而對於與概念有關的一切，則一絲不苟到極點。」[126]那些概念對那所學校化石般的教學，起了宛如氣鑽的作用。《古蘭經》裡有段詩句敘述先知邀請一些猶太人皈依伊斯蘭，猶太人回說他們比較喜歡祖先的宗教。對傳統的烏里瑪來說，這是指正猶太人拒絕正確道路、愚不可及的好機會；對阿布都來說，則可利用這個機會批判猶太人言詞背後的概念：那當然是「塔格利德」，即仿效；而他繼續指出，現在換成穆斯林過分依附他們的祖先了。

身材圓滾滾、褐皮膚，留了一把像伊莉莎白時代襞襟（ruff）的鬍子，在開始一天的授課之前，阿布都會一派輕鬆地坐在面對聖龕（prayer niche，由瓦斯燈這種現代奇蹟照明）的椅子上。「沒什麼，」塔哈・海珊回憶道：「可以從我腦海抹去那些記憶：那個聲音，他吟誦聖書段落時的溫柔，詮釋時的誠懇，還有信念之堅定——他相信他所說的一切皆未牴觸現代科學的發現，也沒有和西方文明的需求不一致。傾聽時，他會表現出熱切的關注和讚賞，簡直與宗教的入迷無異。」127

阿布都對穆斯林生活最為人熟知的干預是他的「法特瓦」——有足夠的權威來推翻或精進現有伊斯蘭教法詮釋的教令。一九〇一年他批准產物保險；在此之前，那被視為賭博而禁止。他也允許將宗教獻金寄存在新國家銀行的孳息帳戶裡，此舉被許多人視為違反伊斯蘭禁止高利貸的教義。在他一九〇三年著名的「川斯瓦」（Transvaal）法特瓦——有此名稱是因為那回答了住在南非川斯瓦地區穆斯林的疑問——他裁定穆斯林可以戴有帽緣、不適合禱告的歐式帽子，只要「那並未表現出在宗教上模仿歐洲人的意圖即可。」在同一次法特瓦，他也允許穆斯林吃基督徒屠宰的肉——在南非就是波爾人（Boer）屠宰的肉；他們用斧頭砍殺動物，而非像伊斯蘭規定那樣，割斷動物的咽喉。這最後一次的法特瓦，引人注目地承認自先知時代以來，實踐伊斯蘭的背景已大幅擴增且多變，對於住在非穆斯林國家，或是赴非穆斯林國家旅行的穆斯林來說，或許不可能取得合乎伊斯蘭教法的肉。

不論是放寬不許食用被殘殺動物的特殊限制（就像川斯瓦法特瓦那樣），或結合四大法學流派的要素提出較有人情味的離婚法，阿布都顯然覺得鬆開堅持已久的技術細節是正當的、合理的，因為那會對穆斯林社群產生實際的效益。出於直覺，他一直針對律法做出最開明的詮釋，讓律法更切合全球各地穆斯林愈來愈複雜的生活。那也有助於和不同信仰的民眾做朋友。他是伊斯蘭偉大的自由派。

問題在於，那樣的自由受到某些宗教人士的強烈懷疑，那些人認為，要維護宗教的利益，就必須「強調」而非「打破」不同信仰之間的障礙。阿布都反對聖徒崇拜的態度，也惹惱許多埃及的平凡老百姓。他和外國人交好，則讓年輕的煽動派不高興，例如穆斯塔法．卡米爾（Mustafa Kamil），他成立的國家黨（National Party）宣稱英國人是埃及人之敵，要求立刻中止保護國的關係。阿布都固然持續提倡立憲政府，但他與殖民政權過從甚密，埃及人最高只能擔任顧問。事實是，就民主而言，埃及已經回到伊斯梅爾帕夏時代，而這個國家就跟拿破崙統治時期一樣，仰人鼻息。

一九〇一年時，阿拔斯已為他明顯從屬於克羅默的地位備感挫折。克羅默相信，埃及距離能自己治理國家的終點還很遠。阿拔斯和阿布都之間的關係也惡化了；阿拔斯懷疑位高權重的穆夫提正企圖架空他。反英的情緒也普遍高漲，正透過民族主義和伊斯蘭保守主義來表達。要發洩這種怨恨，有哪個目標比這位家喻戶曉的英國之友、這個一心想讓被禁止的事情變成可接受的男人更好的呢？

從一九〇一年到他一九〇五年過世，阿布都遭到猛烈的撻伐，而這場攻擊在許多方面重演了七十多年前詆毀且逼死哈桑．阿泰爾的行動——不同的是，這一次攻擊者運用了新聞媒體這種現代武器。

一九〇一年初，諷刺性的雜誌《我渴望的母驢》（Humarat monyati，老闆兼主編是名叫穆罕默德．陶菲克〔Muhammad Towfiq〕的扒糞記者）狠狠羞辱了阿布都支持銀行帳戶付息的裁決。那年夏天，阿布都前往歐洲，回國後遭到更辛辣的抨擊。陶菲克在《我渴望的母驢》頁面上告誡一個虛構的朋友：「你自己去看，伊斯蘭穆夫提一年去參觀巴黎展覽、一年去洗了天曉得什麼浴。要是你問他天房（Kaaba）的事，他會說他從沒見過。」陶菲克繼續說：「朝聖出了什麼問題……人們必須年年去歐洲而非……履行對真主應盡的義務，這是『文明』的一部分嗎？」128

《我渴望的母驢》對阿布都的妖魔化在一九〇二年達到高峰。雜誌刊出一張他和一位歐洲女性交談、身子親暱地傾向她的照片——兩人同屬一群可恥的混雜、在戶外尋歡作樂的男男女女。那張照片表面有顆粒，整體看來有點支離破碎，令人懷疑是偽造的。但傷害已經造成：伊斯蘭的首席神學士竟被拍到貪圖享樂，搞不好還自甘墮落。誠如一位編年史作家描述，穆罕默德．陶菲克將這個議題塞滿「最駭人、最惡毒的言詞……他用兩首詩攻擊阿布都，以前沒人寫過，以後也沒有人會寫的那種詩。謝赫的敵人繼續向艾資哈爾區每一個平民路人和低階居民念這些詩……甚至在阿布都於艾資哈爾清真寺的任職地點附近發送紙本，甚至擺在他的餐桌上。」[129]正當事情看來不會更糟了，一份有插圖的緋聞報又刊出他擁抱一名歐洲女子，同時有隻狗拍打他的長袍，表示他在儀式上不純潔。

阿布都是仇外與保守派情緒的目標，而光是這兩種情緒，就足以讓忍辱負重的埃及──阿布都本身要負大半責任──野火燎原。但對於所發生之事，阿布都公共建設、特別是蘇伊士運河操控於外國人手中──野火燎原。但對於所發生之事，阿布都本身要負大半責任。他顯然沒有體認到，他如此輕易就取得的社會特權地位，也可能同樣輕易被奪走；他幾乎沒有安撫過保守派，沒意識到缺少保守派的支持，他的伊斯蘭改革不可能成功。接下來是一場麻煩的審判：不思悔改的編輯陶菲克歡欣地把埃及的大穆夫提描繪成英國利益的馬前卒。[130]（陶菲克因損害穆夫提名譽被判三個月徒刑──但未被判誹謗罪。）在此同時，其他惡狼開始將受傷的謝赫團團圍住。阿拔斯資助的一份支持民族主義的新報紙，將川斯瓦法特瓦描寫成不可接受的知識解放。他在艾資哈爾的老對手叫他「異教徒」。只有克羅默力保謝赫不被免職。

對一個愛國情操看似真誠的人來說，倚靠殖民政權必定使他的處境極盡尷尬，但既然他要不斷接受外國思想，這就猶如家常便飯；一九〇四年，在他的妖魔化正熾時，阿布都寫了一封崇拜信給托爾斯泰，指出「你們思想的太陽已在我們的天空升起，在你們的心智與這裡的明理心智之間，搭起友誼的聯繫。」131

一九〇五年元月，他罹患腎臟癌病倒，不久便過世，享年五十六歲。政府舉行國葬，比照位於要職而去世者的禮制，但阿拔斯斥責一位膽敢哀悼的朝臣。「你不知道這個男人是真主的敵人？」他驚呼：「是先知的敵人，宗教的敵人，信仰學者的敵人，穆斯林的敵人，也是他自己的敵人嗎？」132

在穆罕默德．阿布都身上，我們看到遜尼派伊斯蘭的傳統面對西方思想及其擁護者時，所表現出前所未有的彈性，同時他亦試圖保有它的文化本真。願意以普世主義和進步之名，拋棄某些伊斯蘭正統的他，是意識形態和文化融合的頂尖倡導者，而對他身邊許多人來說，那帶有投降與背叛的意味。現代化、西化和自由開明的思想仍是普遍的動力，但阿布都毀在愛國沙文主義者之手，也預示了一場大規模的反動，而那將被第一次世界大戰迅速蔓延過來的大火所釋放：伊斯蘭的反啟蒙運動。

六、反啟蒙

到第一次世界大戰之前，自由派的現代化傳統已在中東三大知識和政治中心嶄露頭角，不僅創造了思想，也吸引思想進來，然後這些思想又傳播至附近區域。這種傳統不是沒有競爭對手。軍國主義、保皇主義和伊斯蘭傳統及信仰的復興形式，都加入這場爭鬥，但它們爭相掌控的制度，不再是中世紀的伊斯蘭公國或帝國——而是後啟蒙時代民族國家的自由機構，就像在歐洲及美國演化的那般。埃及、伊朗和土耳其固然仍留有些許中世紀保皇主義的外貌（而在早前的權力分享協議中，這難免是和殖民政府爭論的重點），但政治確實愈來愈民主化了。除了那些思想本身——知識解放、個體實現和世俗權利——用來栽種這些思想的方法和制度也提升了。不到一個世紀，這個區域在政治上已從中世紀躍入現代，一九一〇年的埃及會是賈巴爾迪完全認不出的地方。

一八七六年以後，普遍選舉權的概念也蓬勃發展，當年鄂圖曼第一屆議會的成員主要是由選舉團決定，而選舉團本身也是由選舉團選出；當伊朗人在一九〇六年投票選出憲政時期的第一屆國會時，首都採直接選舉，不過僅限有財產的男性才有選舉權（這在當時是相當常見的限制）。埃及被克羅默伯爵及繼任者拒絕給予憲法氧氣，有實際立法權的下議院選舉，拖延到一九二四年才舉行，那時所有成年男子都可以投票。不給女性投票權並非穆斯林國家的專利。許多歐洲國家要到一戰後才賦予女性投票權，而其中一些國家，包括英國在內，一直到一九二〇年代前都對女性參與民主施加限制。

在土耳其、伊朗和埃及，民眾與信仰結為黨派，黨派派任官員，而招牌就掛在租用房屋的門口。早在一戰前，聯合進步委員會就以在鄂圖曼帝國西部各鄉鎮擁有分支機構而自豪。在埃及，大戰結束後，穆斯塔法・凱米爾（一九〇八年過世）的國家黨很快被瓦夫德黨（Wafd，「代表團」之意）超越，而該黨的領導者是賈邁勒丁・阿富汗尼的前弟子，民族主義律師薩德・扎格盧勒。連同伊朗民主派與溫和派在一九〇九年選入德黑蘭國會，這些團體反映出全區一致、建立現代政黨的趨勢。

女性對公共生活更廣泛的參與也持續成長。戰後，一個具影響力的埃及女性團體積極參與瓦夫德黨領導的民族主義鬥爭，其成就是埃及於一九二二年獨立——但發育不良，因為英國繼續掌控埃及的外交和軍事事務。侯達・沙拉維和其他上流階級的女性扮演支持這項運動的角色，並於一九一九年上街抗議扎格盧勒和其他瓦夫德領導人被捕。她們也參與了一連串癱瘓埃及的罷工及暴動、發動杯葛英國商品和銀行的遊行而遭到軍隊攻擊。慢慢地，侯達的政治活動以女性的平等奮鬥為主，特別是在丈夫阿里・沙拉維（Ali Shaarawi，本身也是重要的瓦夫德黨員）死後——兩人在二十一年前結婚時並非情投意合。

一九二三年，這位三十五歲、閨房出身的寡婦造成巨大的衝擊：她從國外一場女性主義會議回來，便當眾扯下她的面紗。[1]在阿拉伯世界的首府，就算有也很少見到有名聲的女子這般拋頭露面，而且她不像塔荷蕾那樣用了千禧年的教義做藉口。

越過地中海，另一位穆斯林女權運動人士哈莉黛・埃迪布評估了大戰結束所帶來的挑戰和機會。一戰期間，埃迪布籌設醫院和學校，擴展了她扮演的角色。她對協約國在戰爭結束前入侵安那托利亞的回應是進一步踏出性別強加的界線，跟侯達・沙拉維一樣，她在母國命運低谷時頻頻公開發言，留下不可磨滅的烙印。一九一九年五月，國家暈頭轉向，愛國力量四分五裂；英國皇家空軍戰鬥機在伊斯坦堡清真寺的尖塔之間飛來飛去，同時傳來消息，希臘入侵愛琴海岸，試圖重建往日希臘霸權。埃迪布寫道，這段充滿不確定和恐慌的時期，「對我來說是不斷公開演說的時期。」這句話聽起來沒什麼，但放在當時的背景，卻展現十足的力量；當埃迪布於一八八四年出生時，女性向一群男女混雜的陌生人發表演說，是匪夷所思的事。

她最出名的表現是一九一九年六月六日在拜占庭競技場，對參與愛國集會的二十萬群眾發表演說。埃迪布把伊斯蘭——「不是被迷信與狹隘糾纏的伊斯蘭，而是傳遞強大精神訊息的伊斯蘭」——跟她摯愛的土耳其連在一起；那是個受欺凌、受苦難的民族，「沒有任何物質可以摧毀他的精神與道德。」她也創了一句話，將許多土耳其人對世界強權國家的情感壓縮進去，後來成為一句非正式的民族口號。「人民是我們的朋友，」她宣稱：「政府是我們的敵人。」她的聽眾三度宣誓，他們「無論如何都不會屈服於殘暴的惡勢力。」[2]

就連埃及——雖然還得不到土耳其和伊朗的民主選舉——也在發展或許能支持自由民主

政體的制度（如果被允許成熟的話），包括毀掉穆罕默德·阿布都、多少有點無法無天的新聞媒體，以及阿布都積極籌設、終於在一九〇八年啟用的埃及大學（後來更名為開羅大學）。儘管觀念較傳統的埃及人與他們追求進步的謝赫意見相左，但埃及在一戰過後仍持續聽到改革的聲浪。一九二五年，也就是阿塔圖克廢除哈里發、在穆斯林間引發軒然大波一年後，阿布都的門徒阿里·阿卜杜爾·拉齊克（Ali Abdel Razeq）繼續鼓動抗議風潮，主張伊斯蘭政府的概念純屬想像，哈里發更是「伊斯蘭和穆斯林的瘟疫。」[3]拉齊克的著作《哈里發與國家主權》（*The Caliphate and the Sovereignty of the Nation*）的核心神學主張是，穆罕默德唯一的功能是預言，他並未建立法律體系做為人類治理的基礎。這牴觸了數百年來在正統遜尼派及什葉派大致無爭議的、對穆罕默德使命的理解方式；如果繼續延伸下去，那將會把宗教教義逐出公眾生活，並將伊斯蘭完全世俗化。結果沒有，在這本書出版後引發的爭議中，一個由艾資哈爾高層組成的委員會宣布拉齊克不適合擔任公職。

次年，阿布都傑出的死忠追隨者塔哈·海珊提出，一些迄今被認為早於伊斯蘭的阿拉伯詩，實為偽造。他是率先把《古蘭經》當成文學作品檢視的伊斯蘭學者之一，而他在詩作所用的關鍵方法若應用於宗教文本，同樣會令人懷疑文本的真實性。這樣的思路原本也可能對伊斯蘭產生決定性的效應，為伊斯蘭研究開拓一條成為文學及歷史分支的路——就像西方的聖經研究已發生過的事情那樣。但也沒有。海珊的想法仍是偏離中心的小眾。他被斥為異教徒，而後失去阿拉伯文學的教職。

雖然海珊和拉齊克都遭到懲處和辱罵，但值得注意的是，這兩位非正統的思想家都沒有被殺害或趕出國；反而近來許多對宗教存疑者，都落得這樣的下場。事實上，在多年後，這兩位男士皆東山再起，復任公職。

從埃及民族主義的觀點出發，第一次世界大戰是以短痛換取中期的利多。二十世紀頭十年，埃及名義上仍是鄂圖曼的一省，沒有人想承認他們實質併入大英帝國的現況；鄂圖曼不想承認，否則他們的特權會受創；赫迪夫更不想承認，否則他的失勢將人盡皆知。這也不合英國的利益，他們正是靠這樣的曖昧而興盛，只想行使權力而不想負責任。但一次大戰讓埃及部分重疊的宗主國兵戎相見。鄂圖曼加入德意志那一邊，逼使英國宣布埃及為受保護國，並廢黜親同盟國的赫迪夫阿拔斯二世，由他的叔叔海珊．卡米勒（Hussein Kamel）接替，並賦予閃亮的「蘇丹」頭銜。當海珊．卡米勒於一九一七年過世，遺缺由弟弟福阿德（Fuad）接任。

憲法的魔術讓英國得以實施戒嚴、強行徵募財富為軍事服務，但許多埃及人深深反對這場無端被捲入的反哈里發戰爭，畢竟他們依舊承認他的宗教權威（至少在一九二四年阿塔圖克廢除哈里發之前）。英國在大戰期間鎮壓民族主義者，並藉由承諾在戰後討論自治事宜緩和輿論。討論正式於一九一九年展開，深受誰可以代表埃及人民的問題所困擾（最後，令英國不快地，任務交給扎格盧勒的瓦夫德黨），最後以一九二二年有名無實的獨立收場。儘管這一紙協議有諸多限制，新的埃及國王福阿德一世、瓦夫德黨政府和重啟的國會仍被給予討論與掌控國內事務的自由。令人髮指的「協定」——規定外國人可以在埃及的土地上遵守他們自己的法律——終於廢除，一九三六年的英埃條約理論上允許埃及掌控自己的外交和軍事事務，雖然實際上英國仍持續發揮非正式的影響力。

因此，一次大戰可說促成了埃及修正內部情況的機會，如果沒有大戰，這個君主特權及蘇伊士運河控制權繼續被英國蠶食的國家，自由制度將無法被強化。然而，埃及相對有利的展望，並未在中東其他地方被複製。一次大戰在中東是場徹徹底底的災難——最後就連埃及本身的發展也被打回原形。

相對於死氣沉沉的西方戰線，一九一四到一九一八年的中東是幾乎無邊無際、任由新舊技術迅速部署的舞台：裝甲車、雙翼機、無畏艦（dreadnought）、內河汽船、蒸汽火車、駱駝和馬在此瘋狂馳騁。鄂圖曼軍隊展開迂迴的崩潰歷程，從高加索（十萬名與俄國進行嚴酷冬戰的部隊，最後只有一萬八千人回來）往西擊退進犯加里波利（Gallipoli）的協約軍，南下伊拉克和一支印度軍交戰，再往西試圖敉平英國人在漢志和敘利亞挑起的阿拉伯叛變。連同亞美尼亞種族滅絕和加里波利戰役，軍隊管理的崩壞在眾生所有層面都能痛苦地感受到。土耳其文的調動「sefeberilik」儼然成為「非作戰人員間史無前例地作物歉收、通貨膨脹、疾病、饑荒和死亡」的同義詞。[4] 此時，鄂圖曼帝國的死亡率達到驚人的二〇%；反觀西方戰線，數據最差的法國也只有三．五%。[5]

官方宣布中立的伊朗也被恣意侵犯，自邱吉爾突然想跳脫框架、要求英國艦隊改用石油取代煤為燃料後（這讓英國船隻每小時可多跑好幾海里，也可以在海上補給），伊朗的戰略價值就被英國控制的石油產業提高了。土耳其、俄國和英國軍隊，還有亞美尼亞非正規軍及德國特工，都在伊朗的土地上橫衝直撞。國會潰散，至少有八位不同的總理組成十六個不同的內閣，大批非戰鬥人員死於饑荒，就算伊朗較肥沃的省分米麥還生產過剩。戰爭落幕時，枉費憲政革命多麼有進展，伊朗可說幾乎不存在了。

第一次世界大戰在中東造成最重要的有形影響是鄂圖曼帝國的毀滅。這提高了這個地區依據愈益普遍的民族國家原則重新建構的可能性。徵兆看來頗有希望。阿塔圖克領導的土耳其人甘於在安那托利亞開創他們的未來，埃及人已慢慢往獨立前進，阿拉伯、敘利亞、巴勒斯坦和美索不達米亞等地重獲自由的阿拉伯人亟欲自己決定未來。伊朗已經是個國家，只是需要重建。

現在的問題在於，歐洲帝國會不會助中東建國一臂之力。希望卻不切實際地寄託在美國總統伍德羅．威爾遜（Woodrow Wilson）——第一個大大衝擊中東命運的美國人——身上。一如他的同胞摩根．舒斯特，他本意良善，但行動失敗。

威爾遜是熱忱的長老派教徒，年輕時把中東地區視為傳教活動的處女地。鄂圖曼淪亡、北方出現布爾什維克國家，加上石油愈來愈重要，迫使美國必須更深入地了解中東。除了資助協約國大筆戰爭費用，也在軍事上促成德國戰敗，美國的聲望如日中天，而在戰爭即將結束時，威爾遜以「十四點和平原則」（Fourteen Points）勾勒他的目標，希望其他戰勝國都能接受。就中東而言，最重要的是第十二點，包括「前鄂圖曼」人民應享有「絕對不受干擾的自主發展機會」這條約束。一九一八年一月，威爾遜宣布中東人不會再「被當成交易的對象……彷彿他們是私人財產似的，」而戰後的領土解決方案必須「符合相關人口的利益」。[6]

威爾遜總統這番為人人尋求穩定解決方式的聲明，讓政治階級激動不已。一九一八年底，當他赴巴黎主持和平會議，從伊朗人、庫德人到亞美尼亞人，每一個人都想跟他說話，都希望有機會當面向這位答應要給眾人自治權的男士伸張正義。

哈莉黛．埃迪布一九一九年五月的著名演說，其實就是針對威爾遜。她發表演說的群眾會議，目的是召集來讓民眾注意到威爾遜第十二點的起始條款，即「現今鄂圖曼帝國的土耳其部分應得到穩固主權之保證。」[7]（這時英國的戰機正在上空盤旋。）在開羅，侯達．沙拉維和其他女性抗爭者的愛國憤慨已被挑起，因為英國人不但拒絕讓瓦夫德黨員赴歐洲據理力爭，還將該黨包括扎格盧勒在內的領導人監禁在馬爾他。伊朗也認為該國在大戰中所受的苦難，使它有資格上談判桌，而哈桑．塔吉扎德也從德國的臨時居所發布備忘錄詳述伊朗的願望，包括加入國際聯盟（也是威爾遜的得意之作）、外國部隊撤離、廢除「協定」，以及用來重建國家的高額貸款等。[8]

威爾遜的理想主義並未減輕其他戰勝國對領土的渴望。列強都想大快朵頤小亞細亞這塊屍體，英國、法國、希臘和義大利等勢力分別從不同角度發動攻擊，到一九二三年《洛桑條約》才調停。一九一九年六月一個美國委員會前往敘利亞，發現很多民眾抗拒歐洲統治的可能性，但同樣無力抗拒法國在次年的併吞。黎巴嫩被分出來做為以基督徒為大宗的獨立單位。同一時間在埃及，民族主義者持續努力傳達不滿，但僅促成現狀的形式化。一九一九年春天，瓦夫德黨終於獲准參與和平會議，但希望落空，因為美國支持英國繼續「保護」埃及。至於從德黑蘭遠赴巴黎的伊朗代表，連發言的機會都沒有。

歐洲殖民主義的白晝結束，但在落日時分於中東舉行了一場歡宴。在巴黎和會上，英國拿下巴勒斯坦、伊拉克和外約旦（Transjordan，沒多久便更名為約旦），法國則取得敘利亞和黎巴嫩。理論上帝國主義者已蛻變為受託管理國來履行威爾遜國際聯盟的公約。列強透過託管制度監督「在現代世界艱困環境下尚無法自力更生的人民」，這些人民的福祉是「文明的受託責任」。但到了受託管理國同意的時間，即一九二〇年，威爾遜本人卻因病不起，加上參議院否決美國參與聯盟，使美國重回孤立。沒有美國和俄羅斯坐鎮，威爾遜留給世界的遺產便成為一個帝國聯盟，而聯盟的常設託管委員會（Permanent Mandates Commission）原本該照顧受託國的利益，這會兒成了將不列顛治世（Pax Britannica）擴展成「世界和平」（Pax Mundi）的工具。[9]

列強此時在託管地的行徑，與他們後來在後殖民時代的行為大同小異。在這些切分出的國家當中，他們扶植與他們交好、希望本身利益獲得提升的阿拉伯領導人。先前應英國之請發動反鄂圖曼的費薩爾一世（Faisal I）、麥加的埃米爾海珊（Hussein bin Ali）的三子，被立為敘利亞國王，但不久即被法國攆走。但他毫不氣餒，又取得鄰國伊拉克的王位，而其統治一視同仁、值得讚賞。一九三二年，他掙脫英國束縛的努力獲得伊拉克加入國際聯盟的回報，但一如埃及的例子，這種形式的獨立意味接受英國的長期軍事合作。費薩爾的兄長阿卜杜拉一世（Abdullah I）則取得約旦王位（迄今仍由阿卜杜拉的曾孫，哈希姆家族〔Hashemite〕的成員所統治）。但他們的父親海珊則因拒絕戰後協議而失去英國人的支持和王位。一九二六年後他的王國被另一位英國委託人伊本・沙烏地（Ibn Saud）奪取——而伊本・沙烏地正是現代沙烏地阿拉伯的創建者。

伊朗維持獨立、未被占領；但它也發現自己被敵國的勢力籠罩。一九一九年，英國和伊朗三人領導小組達成祕密協議，有效地使伊朗成為英國的保護國。英波協定（Anglo-Persian Agreement）的擘畫者是英國外交大臣寇松，他自誇「西方強國沒有做過比這更公正無私的協議了，其一心一意想重建一個東方國家和確保它的繁榮。」[10]但伊朗愛國人士焦躁不安——

尤其是在寇松付給三人小組十三萬英鎊之後——再加上當時肆虐的饑荒、搶劫和布爾什維克暴動，讓這個國家更難治理。一九二一年，哥薩克騎兵旅（已歸英國控制）指揮官李查・巴勒維（Reza Pahlavi）掌握政權。四年後，驅逐了卡扎爾王朝最後一位君主艾哈邁德沙阿（Ahmad Shah）的李查・巴勒維，繼任為沙阿。

後來幾年，英法的貪婪和恣意妄為，將逐漸被簡稱作「賽克斯—皮科」協定（Sykes-Picot Agreement），也就是依據一九一六年命運多舛的業餘外交官馬克・賽克斯（Sir Mark Sykes）和法國軍官弗朗索瓦・皮科（François Georges-Picot）達成的祕密協定。（伊斯蘭國〔ISIS〕二〇一四年宣布在伊拉克和敘利亞實行哈里發統治時，曾得意洋洋地說他們在粉碎「賽克斯—皮科」。）事實上，賽克斯—皮科絕非這個區域被強加的一系列族繁不及備載的條約、宣言、君子協定和加冕典禮之中影響最鉅的，這些五花八門、欠妥善考慮、自私自利、對居民願望漠不關心——一言以蔽之，明明可以，卻背離威爾遜的理想——的東西，創造了西奈半島到安那托利亞的不穩定地帶。

從負責劃定邊界的男人們身上，或許就可窺見英國對落入他們手中的人民有多不在乎。眾所皆知，賽克斯瀏覽地圖，提議從阿卡到基爾庫克（Kirkuk）畫一條線來將這個區域分成英、法兩區。邱吉爾吹噓說他是「在開羅的一個星期天午後隨筆一畫」便創造出外約旦。到今天仍為約旦與阿拉伯邊境增添變數的之字形國界，據說是一陣吃太飽產生的氣體，讓殖民地大臣短胖的手在地圖上勾勒邊界時抖了一下的結果——即俗稱的「溫斯頓之嗝」（Winston's hiccup），雖然也可能是另一個「排氣孔」害的。邱吉爾也創造了伊拉克，心裡卻只惦記著那裡的油田，完全不在意一個由什葉派、遜尼派阿拉伯人和庫德人組成的國家，要團結一致有多難。

或許最關鍵的是，第一次世界大戰也催生出一九一七年的《貝爾福宣言》（Balfour Declaration），承諾會在巴勒斯坦給猶太人建一個國家。此帝國濫權之舉，最後導致以色列在幾乎所有阿拉伯人都視為殖民的情況下創建。

這些新託管地的行政官員並不吝於在他們新土地上展現權威。一九二五年，法國在敘利亞遭遇反對時，以「夷平大馬士革」履行「文明的受託責任」。同樣在一九二〇年代，邱吉爾同意轟炸伊拉克北部叛亂的庫德族（號稱「空中警察」）。但這些事件並未在相關殖民地官員身上引發一絲懊悔的自我批判，而是找代罪羔羊。無可避免地，他們將矛頭指向威爾遜；英國首相大衛．勞合．喬治（David Lloyd George）的內閣祕書長莫里斯．漢基（Maurice Hankey）輕蔑地說，那些暴動起因於威爾遜「不可能實現的民族自決政策」。[11]

對於英國和法國同謀分贓中東之舉，後來的評價比較嚴厲了。這個區域固然在一次大戰中嚴重受創，但更具毀滅性的衝擊是拙劣的帝國主義所造成的結構與政治情勢。

上述種種戰後協議，創造出太難駕馭而無法成為好委託人，太分歧而難以形成好政府的國家。雖然列強沒有強大到阻止獨立，但他們的目的昭然若揭，拖延、限制獨立的傾向已在當地人心中醞釀出惡意與敵意。毫無意外地，殖民者屬意的當地統治者欠缺民意基礎，而不論是英國在伊拉克或埃及扶植的君主，還是法國在敘利亞建立的共和政權，都沒有在去殖民化後存活下來。

一次大戰的另一件產物，雖不可直接歸因於英法兩國，卻也造成極大的傷害。一次大戰促使石油成為決定中東悲喜的主因；石油做為戰略物資的重要性，讓各國的發展向收租經濟傾斜，也成了西方持續干預的保證。最後，中東分贓產生了一個新的阿拉伯國家，而這個國家為全球伊斯蘭注入一種偏執而缺乏想像力的論述：瓦哈比主義（Wahhabism）。

既然一次世界大戰後中東有那麼多地區淪為從屬，也難怪有那麼多居民會開始尋求政治手段來表達他們對西方的不信任。恐怕連穆罕默德．阿布都也無法保持樂觀看待這兩個世界的關係。西方看似比以往更決然要踐踏伊斯蘭的土地和羞辱他們的居民。這樣的嫌惡在各種抵制的意識形態中找到表現方式。這些意識形態正是二十世紀中東的寫照，而第一個進行大規模試驗的就是軍國民族主義。

在兩次世界大戰之間，土耳其和伊朗成為這種新態度的掌旗官，原因不難理解。這兩個鄰國在千鈞一髮之際沒有淪落為殖民地和託管地。阿塔圖克持續以懷疑眼光看待他花了極高代價才逐出國境的列強，而在英國默許下執政的李查沙阿則一直如履薄冰，深怕遭倫敦毒手。兩位領導人都鎮壓內部的反對以穩定他們致力重啟的國家。

為此，他們援用了既有的傳統——穆罕默德・阿里和阿巴斯・米爾札的尚武、貝希爾・傳瓦特的唯物論、格卡爾普的愛國熱忱——將它們發揮到極致、做出最缺乏彈性的結論。這些思想的起源當然是西方，而其根本信念是東方必須與西方毫無區隔，才能避免被西方蹂躪。不能再不切實際地幻想伊斯蘭可以為了強化東方的內部凝聚力與實力而進行改革；政府也不能再傳播那些天真的萬靈丹，比如包容反對的意見和依共識統治。中東軍國民族主義人士相信改革必須快速、強制、以軍力為後盾。在這方面，他們與歐洲法西斯主義有不少共通點。

這些男人的另一個雷同處是他們都瞧不起易受騙的烏合之眾，認為得指揮「那些人」是他們的不幸。李查沙阿的宮廷大臣阿卜杜勒海珊・泰姆爾塔什（Abdolhossein Teimurtash）就是明例，他相信他的同胞都「該用馬鐙皮帶抽打、支配、約束。」[12]泰姆爾塔什代表一個圍繞著阿塔圖克或李查沙阿所組成的新官僚階級：那是一群剛脫下軍服的快速革新派，其中許多人受過西方教育，以祖國的落後為恥，因而投入行動。

土耳其跑得比較快。阿塔圖克的族群文化同質化政策（消滅亞美尼亞人讓他搶先起步）在一九二三年展開，先強迫用百萬名安那托利亞的希臘人交換三十八萬主要居於馬其頓和克里特的穆斯林。然後他將焦點轉向反叛的庫德族，一九二四至一九三八年間，土耳其軍隊參與至少十七場大大小小在土耳其庫德斯坦（Kurdistan）進行的戰事。新土耳其共和國的許多人民都很高興透過政府掌控經濟策略，並保護鋼鐵、紡織等工業，國家終於比較穩定了。阿塔圖克在一九三八年過世，繼任者伊斯麥特・伊諾努（Ismet Inönü）貫徹他的中立政策，幫助土耳其避開第二次世界大戰。

阿塔圖克完全不在意表象。他試著讓土耳其人用他相信現代人該思考的方式思考。現代的意思是世俗，而既然他力圖將伊斯蘭貶謫為個人的道德羅盤，他關閉了托缽僧的旅舍和宗教兄弟會，把清真寺塞進令人窒息的新官僚體制，並監督卸下面紗的女性往醫學、公職和法律領域發展。由坦志麥特開啟、聯合進步委員會接續的世俗化法律改革在他手中完成，也終於在離婚和繼承等事務上促進兩性平等。他揚棄古老的阿拉伯字母、改用修改過的羅馬字母，不只是與《古蘭經》文本分道揚鑣：那也是一副文化的眼罩，讓土耳其人無法閱讀祖先的文獻，甚至看不懂祖先的碑文。阿塔圖克也自詡為知識分子，主張土耳其人是所有語言的鼻祖，且安那托利亞的古代居民不是烏拉爾圖人（Urartian）、希臘人或亞美尼亞人，而是血統純正的土耳其人。所幸以上的理論沒有人當真。

阿塔圖克由上而下的改革工程，其效應甚至在村莊和地方小鎮也感受得到。女孩穿上學生裙上全新的學校，男人把氈帽換成西式的帽子，女人行使剛獲得的投票權，就算只有一方——阿塔圖克陣營——可以勝選。「文明是一把可怕的火，會吞噬忽略它的人。」總統這麼對一批鄉下民眾咆哮，他已命令他們放棄舊式的服裝，而過去以教書、主持結婚儀式、見證土地交易和當蒙古大夫維生的自由神職人員，已變得無足輕重。不用多久，這些多才多藝的地方謝赫，都被白領專業人員取代：律師、教師、公證人和醫師。

拜第一次世界大戰所賜，加上與鄂圖曼的過往切割得乾乾淨淨，阿塔圖克扭來轉去的變革得以成真。土耳其現在是擁有現代化管理機構的共和國，已放下舊日領導伊斯蘭世界的渴望了。安卡拉放眼望去幾乎看不到一間清真寺；新首都成了展示新法律、服飾和語言的櫥窗。新的技術和技能，讓真正獨立的土耳其共和國，在短短數十年內，打造出比鄂圖曼帝國花了一整個十九世紀所培養更強大的工業生產力。但這樣的前進是要付出慘重代價的。國內的流放、審查和政治謀殺是阿塔圖克統治較不吸引人的特色，而直到一九五〇年，共和國才舉行第一次自由選舉。

阿塔圖克的獨裁作風最後逼使哈莉黛・埃迪布等自由派棄他而去。她一九二〇年興高采烈地加入「我們的喬治・華盛頓」擔任新聞祕書，但後來解釋，她對他的服從取決他是否持續為她堅信的理念奮鬥；對此阿塔圖克回以威脅：「妳要聽話，做我要妳做的事。」一九二五年，在阿塔圖克命令她協助成立的反對黨停止運作後，埃迪布開始流亡，到阿塔圖克死後才回土耳其。13

往東一千哩，李查沙阿的伊朗循著類似的路線前進。二十世紀初，伊朗已先土耳其一步創建立憲政府。但在一九二〇及三〇年代，政治交流大致反向而行，伊朗複製了阿塔圖克許多法律、教育和社會措施。14

在艾哈邁德沙阿底下擔任總理期間，李查．巴勒維運用伊朗的石油收入建立了一支新軍，然後部署這支軍隊擊潰執拗的部落——中止了千年來令人眼花撩亂、儼然形成伊朗生活特色的畜牧季節遷徙。原以放牧維生的人被趕入村莊種豆。他禁止民眾拍駱駝的照片，怕外國人據此得出伊朗落後的結論。他在一九二六年加冕為王，儀式拙劣地模仿英王喬治五世（King George V）而遭到英國詩人維塔．薩克維爾—韋斯特（Vita Sackville-West）婉言批判（她的丈夫當時任職於英國駐伊朗公使館）。這場混血典禮既採波斯式又走歐風，部分穆斯林、部分褻瀆神明。在李查沙阿激烈的改革背後，潛伏著強烈的自卑情結。

由於順利平息國內的騷亂，李查沙阿得以在他當政十六年期間推行許多這樣的變革。他採用世俗法規取代教法，取消舊的阿拉伯曆和土耳其曆，並將國家的國際名稱從波斯（自古以來的歐洲名稱）改成伊朗（這才是當地民眾的說法）。他建立學校、工廠和繁雜的公務體系。著眼於以往列強屢屢聯手阻撓伊朗建造的現代運輸網，他徵收茶稅和糖稅來籌資興建一條從裏海直達波斯灣的縱貫鐵路，並親自於一九三八年鋪下最後一段鐵軌。結果縱貫鐵路對三年後同盟國的入侵，用處還勝過國內商旅；伊朗的商旅人次比較常需要東西向橫越國家，而非南北，且他們也較常利用道路。

在穿著方面，李查沙阿比阿塔圖克更極端，直接下令禁穿黑袍（chador）。這對社交生活有災難性的影響，使許多伊朗女性足不出戶，直到沙阿在一九四一年退位、該法廢除為止。他是破壞性的古文物愛好者，例如夷平中世紀的鎮中心，改以波斯波利斯風格興建鎮公所和大理石堆砌的銀行分行。不同於最在乎光榮的阿塔圖克，李查貪贓枉法，查扣全國最肥沃一〇%的農地，以及他看上的所有富麗堂皇的住家。他睡得很少（睡地板——他豪華的床鋪太軟了）、工作勤奮。但他並未獲得人民的愛戴，只得到人民的恐懼。

與阿塔圖克的土耳其主義類似，李查沙阿刻意將伊朗的民族遺產提升到伊斯蘭的傳統之上，他設立古文物部門來調查前伊斯蘭時期的珍寶在離開國土後，去向何方。他委託一位法國人在德黑蘭設立博物館收藏考古學的珍寶，並立碑紀念《諸王之書》的作者。穆拉依舊惱人，在聖城庫姆（Qom）——神學院愈來愈集中於此——氣呼呼地瞪著他，但比起四百年前薩法維王朝崛起時，教士在公共事務扮演的角色已不再那麼重要。李查沙阿對伊斯蘭的厭惡是發自內心深處且眾所皆知的。他也不鼓勵巴哈伊教等分裂運動。「在我任內，我不會容許任何人大放厥詞。」他這麼宣誓。

李查沙阿不像阿塔圖克是有策略的改革者，阿塔圖克清楚表現出自己屬意井然有序地過渡到民主；但李查沙阿卻愈來愈嚴厲；他囚禁數千、殺害數百名反對者。另外，阿塔圖克是在全球聲望如日中天時過世，而那時他已在昔日兵家必爭之地建立一個穩定的新共和國，反觀李查沙阿留下的伊朗，仍極度受到外國干預影響。

這不全是李查的錯。伊朗展望最多的新工業是石油。那一直牢牢掌控在英伊石油公司手中，而該公司僅付伊朗微薄的權利金。二次世界大戰一爆發，李查沙阿愚蠢地跟希特勒及納粹德國眉來眼去，先招來同盟國的警告，接著便是一九四一年的全面入侵。擔心王朝覆滅，又流亡國外，由兒子穆罕默德．李查（Mohammad Reza）——年僅二十一歲、在畏懼父親的陰影中長大、卻一心想超越父親成就的毛頭小子——繼位。

就中東改革飄忽不定的標準來說，阿塔圖克和李查沙阿的獨裁統治效率驚人。他們留下的民族國家，在許多方面都與當初的半廢墟截然不同了，這兩個新國家看似已經誕生，且在短短二十年的時間內躍進了一百年，替它們的領導人贏得不少來自海外的讚譽。但阿塔圖克和李查沙阿意欲強加的身分認同，與人民持續抱持的身分認同並不一致。這兩位獨裁者不尋常地訴諸過往，支持民族而非宗教使命，因此與伊斯蘭——所有宗教中最苛刻也最包容的——背道而馳。阿塔圖克跳華爾滋、解放婦女，李查沙阿用馬鞭鞭打穆拉、讓他們一貧如洗淪為笑柄，都使人民焦慮不安。阿塔圖克在世俗的陵寢中，連同齊步前進的法西斯縱隊讓人懷念；李查沙阿則建造了仿波斯波利斯的建築。但人民永遠不會愛上那些只滿足人類虛榮的神殿。人民仍頑固地信教。每到週末，他們仍會前往古老的聖壇，默唸同樣的禱告詞，於是慢慢地——那些認為早就贏得這場鬥爭的人所無法察覺的——反動的條件生成了。

當許多觀察家看二十世紀前半被很多人視為阿拉伯世界「領頭羊」的埃及時，實在看不出伊斯蘭的反動力量有絲毫機會遏止這個國家往更西化的身分認同發展。對中東持續世俗化充滿信心的世界觀，是圍繞著馬克斯・韋伯（Max Weber）的概念生成：人類正在遠離傳統信仰與文化「被施了魔法的大花園」。即便到一九六〇年代冷戰期間，中東被捲入兩種不是其組成要素的意識形態之爭時——共產主義和資本主義——史學家阿諾爾得・湯恩比（Arnold Toynbee）也主張，世界的宗教正在「經歷西方基督教會從十七世紀末開始經歷的那種信仰與效忠的危機」，暗示這些宗教正步入基督教的後塵，就算落後了好幾里路。[15]中東的危機甚至看起來進展得更迅速，因為兩大意識形態都在向中東獻殷勤，而它們大致同意宗教已不堪做為公共生活的要素了。你只需要到任何一座中東首都的新興市區散個步，看看女性出門工作或求學、人們穿西裝打領帶，還買得到酒，就可以斷言這個過程不可逆轉。提到傳統伊斯蘭習俗和世俗主義的長期爭鬥，一名學者在一九六三年寫道：「在中東大部分國家，這場特殊的戰爭已經結束。」[16]

我們現在所知的伊斯蘭主義，是以伊斯蘭做政治用途並操弄宗教教義，接著創造出適合現代政治或超脫現有政治秩序、穿越國界，以便從事革命活動的意識形態。賈邁勒丁・阿富汗尼或許是第一個感覺到伊斯蘭有能力培養出這種戰鬥精神的人，但他自尊心很強，不善組織，而他遺留給後人的熱多於光。如我們所知，現在最有資格主張自己創立伊斯蘭主義運動的，是後來較具策略性的哈桑・班納（Hassan al-Banna）：一位來自尼羅河三角洲馬赫穆迪亞村（Mahmudiya）、體格結實、一頭捲髮的鐘錶專家。

班納生於一九〇六年，父親除了修理鐘錶並將生意傳給兒子，也曾經是艾資哈爾的學生。年輕的哈桑在馬赫穆迪亞所受的宗教教養結合了傳統的《古蘭經》研究——他是在一間「庫塔」宗教學校開始接受教育——以及蘇非派透過安薩里的著作強加的情感訓練。安薩里在十一世紀挑除哲學討論和追求心靈上的「滅絕」，已證明對伊斯蘭的思辨傳統有害。

然而，在年輕的班納身上，起了最大作用的動力是反抗的政治，那源自阿拉比上校。反動在二十世紀前二十幾年因埃及速度驚人、明顯失控的社會變遷而更形鞏固。十三歲時（那時他已經會背《古蘭經》），班納在當地一個受蘇非教派啟發的組織「哈撒非亞慈善協會」（Hasafiyya Society for Charity）擔任祕書。組織的目標包括遏止美國傳教士在尼羅河三角洲的進展，他如此心存懷疑地描述那些人：「他們表面教人刺繡和為孤兒提供庇護所，實則在宣揚基督教。」協會另一個目標是提升伊斯蘭的道德：據說年僅十歲的班納就曾成功出擊，搬開並破壞一艘尼羅河船上展示的「猥褻」半裸女子雕像。

一九一九年扎格盧勒及瓦夫德黨的同志被捕後，引發了平民暴動（侯達・沙拉維在開羅扮演要角），也是班納政治發展上的重要一頁。「我還記得那些示威、罷工和遊行的場面，」班納幾年後寫道，他也忘不了抗議群眾在被英國人追打時所喊的口號：「愛祖國是我們信仰的責任……若無法在獨立廣場集結，那就天堂再見！」[17]

班納並未跟隨父親進入艾資哈爾就讀，反倒在開羅現代師範學院裡進行研究，這是神職人員在現代伊斯蘭主義戲分銳減的重要指標。[18]當他為了念書，於一九二三年搬進新家時，一個衝擊等待著他。若說三角洲正逐漸被西方的喜好和觀念侵蝕，那首都的滲透就是截然不同的等級。你可以在班納對新環境驚駭的反應中，感覺到當時全球大規模都市化期間，其他數百萬新城市居民所感受的那種夾雜神魂顛倒的心驚肉跳。

一九二〇年代的開羅是不平等、重消費、不敬神的國際都會——凡事都與馬赫穆迪亞南轅北轍。電影院、劇院、沒戴面紗的女性和百貨公司為一個狂放的奇想構成華麗俗氣的背景。瓦夫德黨員擺好架勢，準備迎戰政治宿敵自由立憲黨員（Liberal Constitutionalist）。虛無主義的風則從阿塔圖克的土耳其襲來。就是在這樣的地方，諸如阿里．阿卜杜爾．拉齊克這樣的革新派會覺得有足夠的膽量提出議論，來挑戰伊斯蘭政府的正當性——班納就參與過一九二五年《哈里發與國家主權》出版引發的抗議活動。

但西方的文化和經濟攻擊看似勢不可擋。在開羅，首席拉比女兒的婚禮有穆斯林和諸多不同教派的基督徒出席，全都講法語。權貴——同樣地，絕大多數是外國人或宗教少數——

在陳設一如倫敦帕摩爾（Pall Mall）的俱樂部裡大啖龍蝦。同一時刻，在這個奢侈嘉年華的邊緣，多數民眾過著沒電沒自來水的生活；這個城市的孩子有半數在六歲前死於腹瀉和營養不良。

在這裡，班納後來形容的「西方思想與文化的激烈攻擊……挾財富和生命的外在誘惑」變本加厲。[19]班納所受的教養並未讓他得以在面對現代化時，以其人之道還治其人之身。土耳其小說家哈利特·齊亞·烏沙克里吉在《藍與黑》中用滿懷仇恨的新潮主義來譴責這種新生活，但這不適合班納。那些年邁的事務仲裁者看來也未明察他們所面臨的威脅有多凶惡；班納前往艾資哈爾懇求對這樣的腐敗採取有效的行動，但這所老學校正試圖平衡，既保有君主的寵愛，又能發揮傳統學術的作用。謝赫顯然對這些瓦解社會的「傳教和不敬神的潮流」無可奈何。[20]

班納被周遭正在崩解的社會嚇壞了，遂和一群看法相近的朋友分享他的感受。「只有真主知道，」他寫道：「我們花了多少個夜晚分析國家的處境……分析這個病，思索可能的療法。我們心煩意亂，忍不住淚流。」[21]

班納確實想出一個辦法：伊斯蘭世界近代史上最重要的念頭。那從蘇伊士運河的伊斯梅利亞拓居地起步，班納在一九二七年被派來這裡的一所小學教書。從英軍附近的駐地寫著英文而非阿拉伯文的招牌，到外國人住的豪宅和低階埃及工人住的小屋並排在一起，伊斯梅利亞呈現出文化和物質的失衡。一如行動積極深受他崇拜的阿富汗尼在一八七〇年代埃及的作為，他躲進咖啡館向聽眾發表關於伊斯蘭的籠統意見，再把流露興趣的人帶進小房間詳盡討論神的本質、正確的禮拜方式，以及信徒發揚美德、打擊邪惡的責任。

班納很快在伊斯梅利亞的貧困地區博得名聲，一九二八年三月，六個在英國駐地工作的勞工找上他尋求指引。依據班納後來的紀錄，他們告訴他「自己厭倦了這種羞辱的生活」，毫無「地位」或「尊嚴」，但他們渴望為「故土、宗教和國家」效力。他們也願意投身「你所理解的行動之路」。班納被他們的真誠打動，於是七個人立誓成為「傳遞伊斯蘭信息的部隊」。班納為這個團體想了個名字。「我們是為伊斯蘭服務的兄弟，」他說：「因此我們是『穆斯林兄弟會』」。[22]

二十世紀最具影響力的穆斯林組織於焉形成，既提供儀式，也對人生的大哉問提供諮詢，目標是讓一個備受打擊的社群恢復信心；而歐洲自認的文化優越性正被阿塔圖克和李查沙阿推到高峰。恰恰相反，班納主張，沒有比伊斯蘭更好的生活方式了，他也向薩拉菲運動致謝——當時尚未成為伊斯蘭戰鬥精神的指標——重申伊斯蘭做為完整人生途徑的實用性，功能並未衰減，所以不需要用西方的方式加以修正。

接下來幾年，班納花了很多時間，在教師工作之餘走遍埃及，一面講道，一面為清真寺、學校和診所籌募經費。這些地方都為民眾的生活帶來實質改變，而他的追隨者也採取同樣的途徑。(雖然班納在馬赫穆迪亞對基督傳教團體恨之入骨,但在兄弟會的創建故事中,我們很難不看到那些團體的影子:結合勸誘改宗和對社會失敗者的實質幫助。)無論是開夜間班級教導正確的伊斯蘭習俗觀念、透過幫助失業或窮愁潦倒的會員來提升自助力、或為善事募款,兄弟會都是穆斯林世界的創舉。這是一個主要由一般信徒經營的非政府社會組織,決心——如其無所不在、工作勤奮、始終和顏悅色的創辦人所言——避免與權力機構有任何牽連,那已經使這個國家墜入萬丈深淵了。

班納形容兄弟會是「政治組織、運動團體、文化教育協會、經濟商號和社會概念」,是各式各樣的活動,其接管人生所有層面的願望,讓人想起共產主義、法西斯主義和其他極權主義的社會組織。儘管宣揚薩拉菲主義、儘管傳遞保守訊息,在許多方面,穆斯林兄弟會並非返回過去,而是映照他的現代化對手,而其特性讓它得以挑戰和擊敗那些意識形態。

至一九三六年時,兄弟會在全國各地已擁有一百個分會、一份充斥埃及人互相幫助的好新聞報紙,以及青年組織「流浪者」(rovers)——有二頭肌和祈禱跪墊的男童軍。(一九二七年,班納等人再度直接模仿基督教的對手,在開羅成立青年穆斯林協會〔Young Men's Muslim Association〕。)這項運動的衝刺速度能這麼快,當歸功於創立者本身。這位和藹可親、行動派而非理論派的信念傳播者會以「開朗的笑靨」歡迎他的崇拜者,其中一位崇拜者這麼說:「……然後唸一段《古蘭經》,一兩行詩,最後是充滿生氣和活力的笑容。」另一位崇拜者指出，當班納對支持者說話時，「老的、小的、有教養的、不識字的、沒受過教育的，全都了解他說的話……他的聲音裡有深刻的共鳴，他的舌頭會變魔法。」[23]

雖然拒絕參與政治，一九三六年班納仍選擇寫一封滿是忠告的公開信對新國王——福阿德之子——法魯克一世（Farouk I）說教。已故的君王貪婪、獨裁、瞧不起臣民，因此眾人希望他英俊、虔誠、穆罕默德・阿里王朝唯一會說流利阿拉伯語的十六歲兒子能領導埃及壯大成為真正獨立的國家。班納在這封發送給所有阿拉伯政府領導人的信中，要求埃及應獲得自由，與其他國家競爭，讓「社會進步」，但不是透過仿效西方，西方的政治基礎「已被獨裁政權夷平，經濟基礎被危機搗毀」。與早期一些頌揚新教工作倫理的改革者相反，班納斥責資本主義秩序是歐洲唯物主義、侵略、貪婪的根源。「人類，」他寫道：「迫切需要真正的伊斯蘭淨化之水，」而他建議新國王舀取「《古蘭經》的藥來拯救這個受盡病痛折磨的世界。」[24]

班納這封也在許多平民老百姓間流傳的信，堪稱伊斯蘭反啟蒙的開場白。自十九世紀初中東開始轉型以來，這或許是第一次有現代伊斯蘭運動的領導人對西方及其妄稱的優越性不屑一顧，公開抵制諸如里發・塔哈塔維和坦志麥特等改革者煞費苦心試圖與伊斯蘭理想調和的唯物原則。現在，班納——復甦的埃及遜尼派領導人——宣布這項工作已經結束，而較簡單的伊斯蘭價值觀，如節約、平等、保守社會價值觀和傳統伊斯蘭經濟——採取誘人的中間路線，調和動機與社會良知——才是因應現代世界最有效的方式。

哈桑．班納的伊斯蘭主義同時包含現代政治和渴望過去的元素。與反射性的反動派大相逕庭，班納顯然非常清楚穆斯林世界已不可逆地改變了，而透過強調教育、科學與技術投資的必要，以及女性在伊斯蘭政府底下可擔綱的積極角色，他大大利用了早期改革者的成就。身為一般信徒的班納也沒有企圖扭轉神職人員式微的趨勢，例如艾資哈爾的謝赫們不再享有的社會仲裁者的地位。他也繼續和那些試圖在開羅重建哈里發國、支持法魯克任哈里發而未果的同胞保持距離。採用這些現代理想——可說是把它們當成純正的伊斯蘭資本存起來——班納需要一個東山再起而足以挑戰西方的文明，不是像阿塔圖克和李查沙阿所仿效的由西方定義的文明，而是蘊藏於伊斯蘭文化蜂巢裡的文明。

但穆斯林兄弟會不是只做善事和提升道德的組織。後來伊斯蘭主義的訊息會變得如此尖銳，是其追隨者受盡苦楚所致；但那些受難者的目標，是以伊斯蘭之名奪取權力，如有必要不惜動武。一九三〇年代晚期的兄弟會即有這種思維出現，當時它發展了一個準軍事機構，其終極目標——班納一九三九年在兄弟會大會上宣布——是將目前的「準備」階段帶入新的階段，所謂的「執行」。那場致詞，他以譴責政黨和殖民主義做結束，他說政黨會導致分裂，且容易被伊斯蘭的敵人利用。「死，好過受奴役與壓迫的一生！」[25]

穆斯林兄弟會跨入政壇後，與埃及既有政治集團的爭執愈演愈烈，尤其是如今傲慢又貪腐的瓦夫德黨，因為事實已經明朗：這兩方的利益並不一致。法魯克一世本身沒有乍看下的那麼虔誠，也愈來愈傲慢貪腐。他的統治逐漸惡化成賭博、放蕩和惡作劇，政府高官紛紛把女兒鎖起來以免被他染指，而他的紅色車隊——包括一部希特勒送的賓士——則以各式各樣客製化的喇叭讓百姓大受驚嚇。[26]

第二次世界大戰對埃及脆弱的半民主，施加了無法容忍的壓力。英國再次把這個國家當成軍事基地，強制實施戒嚴，並且在一九四二年仰賴國王傾覆親軸心國的官僚政府。本來就是殖民主義的堅定反對者，對英國的厭惡又因猶太復國主義在隔壁巴勒斯坦（仍是殖民託管地）的進展而加劇，班納發現自己在英國人的十字瞄準線裡，並在一九四一年短暫被捕。班納也試著在這段期間競選國會議員，但選舉過程被操縱，使他敗選。伊斯蘭主義和民主制度之間的互不信任逐漸成形。

同時在二次大戰後的混亂年代裡，依伊斯蘭教法施政的政府、以反猶太復國為範本的反殖民奮鬥，以及反對暴政等等，為現代伊斯蘭主義的形塑灌注活力。一九三〇年代親英政府對巴勒斯坦人的命運漠不關心——猶太移民可以使用埃及港口登陸就是一例——讓班納相信這個君主國和權貴為阿拉伯同胞流的淚，都是鱷魚的眼淚，虛情假意。戰後，去殖民化運動如火如荼，從印度、印尼蔓延到肯亞和賽普勒斯，但在埃及，英國人拒絕撤出運河區，反觀隔壁，猶太殖民者的建國奮鬥，卻在一九四七年九月聯合國巴勒斯坦分割方案的襄助下開花結果。

在幾乎難以忍受的國內外緊張情勢中，兄弟會的激進分子啟動其軍事計畫——班納本人涉入程度不明——向英國設施投擲手榴彈和引爆炸彈，並暗殺他們認為不夠愛國的政治人物。一九四八年，穆斯林兄弟會參與由阿拉伯國家對新猶太國家發動的戰役，然而最可恥的是，法魯克一世在騎著白駒視察埃及軍隊後，又回到牌桌上去。雖然兄弟會的義勇兵格外驍勇善戰，但扼殺新生以色列的行動卻是一場十足的災難，反倒使那個新國家贏得比建國之初更多的威望和土地。

在失敗的崩潰中，總理馬哈茂德．諾克拉希（Mahmoud El Nokrashy）下令取締兄弟會。當權者再也無法容忍一個有革命傾向的準軍事運動，更何況它的支持者據估有數百萬人之多。

數星期後，或許出乎班納意料，一名年輕的兄弟會成員刺殺了諾克拉希。班納承認兄弟會犯了錯，甚至答應解散。但他並未被逮捕，雖是官方的疏忽，但他預言那與死刑執行令無異。一九四九年二月十二日，他在開羅青年穆斯林協會總部門前的階梯上被擊斃。

這是穆斯林兄弟會遭到政府鎮壓的開始。班納在坦克和裝甲車的護送下前往他的墓地，至一九四九年七月，四千多名兄弟會成員被打入大牢。組織的資產亦被沒收。但當初驅使班納及其支持者的那股憤怒，還有他們對正義的渴望，並未消逝。相反地，在接下來幾年內更急速成長，兄弟會也陸續在敘利亞、耶路撒冷、外約旦、伊拉克和北非建立分支，並播下更多民族振興和伊斯蘭復興的種子。

伊斯蘭主義會在兩次大戰之間的動盪時代生根發展，絕不令人意外。支持反啟蒙的活躍政治運動源自於反動——既抗議第一次世界大戰戰勝國的恣意妄為，特別是讓以色列建國，也是對於自阿拉比上校以來，民族自決計畫一再受挫的反彈。

帝國主義者提倡民主的矛盾，一直是中東現代化的裂隙。努力填補裂隙一個半世紀後——不論是為了取西方意識形態之長而原諒西方人的貪婪，或是重振伊斯蘭來表現那種意識形態——信息與信使不可能分離的事實，已明顯得不能再明顯了。

在班納對政黨輕蔑的態度中，我們可以看到他有多懷疑這種西方一直在推銷的政治制度。當它像開羅這般運作得不健全時，似乎只會造成西方有機可乘。伊斯蘭改革者奮鬥數十年的西化民主，與國際剝削的關係不可磨滅。

這種已在中東激增、懷疑西方意圖的憤世嫉俗，從中東在二次世界大戰後對聯合國成立的反應可見一斑。穆斯林民族主義前輩曾寄託於國際聯盟，還有伍德羅·威爾遜不切實際的希望，班納相當不以為然：他們對人類互相尊重的未來過於樂觀。做為安全理事會的創始成員，英國能夠阻止任何對埃及獨立有意義的討論，一九四七年十一月，聯合國大會通過備受爭議的巴勒斯坦分割決議。穆斯林國家再也無法對西方國家創立的國際組織懷抱信任了。伊斯蘭文明要復甦、要再次強大，必須仰賴自己的能量，在自己純淨的光輝中進行。

這就是哈桑．班納承諾的伊斯蘭。「要是有人問你，你究竟需要什麼，」他這麼告訴追隨者：「回說你需要伊斯蘭，需要穆罕默德的信息，需要這種內含政府，並以實現自由為義務的宗教。要是對方說你在搞政治，回答他，伊斯蘭並沒有這種區別。要是你被指控在搞革命，就說：『……我們得到真主恩准，保衛自己反抗你們的不公不義。』」伊斯蘭，從一開始，就建立了基於這種假設的制度：宗教可以驅使在它面前的一切，掌握權力。如一位現代伊斯蘭學者所寫：「伊斯蘭當初即『寫好勝利的程式。』」[27]在那之後，隨著西方思想到來，這種假設曾被擊倒、踐踏。這會兒它重新站起來了。

一位看似不可能的人物——一位前衛派詩人及官員，在華盛頓特區溫習英文時聽聞班納的死訊——把穆斯林兄弟會的意識形態強化為一種革命信條，做出驚人的好戰之舉。

他名叫賽義德．庫特布（Sayyid Qutb），而他為穆斯林殉教的漫長旅程，經由古怪的詩詞、影響二十世紀伊斯蘭主義深遠的文宣，得從尼羅河上游氾濫平原的穆沙村（Musha）開始。在這個距開羅兩百哩遠、狹長可耕地兩側是一望無際的石灰岩和沙漠的磚土聚落，庫特布生於一九〇六年，由一個困苦地主和小艾資哈爾學者組成的家族撫養長大。

庫特布後來在回憶錄中寫到他的童年。那部回憶錄證明，鄉愁可是多麼重要的憤怒催化劑。在《來自鄉村的孩子》（*A Child from the Village*）一書中描繪的穆沙，是個土裡土氣、毫不勢利的地方，家家戶戶都有爐灶，賣麵包是破壞習俗的愚行，而每年一次的洪水會把村子「變成一群小島，只能靠小船和輕艇互相聯繫。」[28]在這個好交際、好管閒事、像被施了魔法的社會，小男孩最怕的事情包括遇到托缽僧納基卜（Naqib），他會把「衣服撕成碎片在泥裡打滾，或往頭上和赤裸裸的身上倒土；遭到惡靈攻擊（庫特布自己初生小弟的死，被歸咎於這樣的「雙胞胎」）；或單純的夜晚時光，那時村裡的街道一片漆黑，「每一個角落都暗藏不明的危險。」宇宙有勢均力敵的善惡力量，人們無奈接受命運注定的悲劇——這就是穆沙的宇宙結構。

但就是這個穆沙，看似對那些在城市注入生命的理性價值無動於衷的地方，正在為一種不搭的現代性所改變。年輕的庫特布上了一所乾淨、設備良好（提供吸墨紙）、學費由國家支付的學校，他很高興，因為他聽說「庫塔」私塾的老師是邋裡邋遢的造謠者。庫特布不到十歲就會背《古蘭經》和其他學校功課，並且收藏了不拘一格的書籍，包括中世紀的祈禱詩、情色的《一千零一夜》和柯南．道爾（Conan Doyle）的阿拉伯文譯本。於是這頭「巴斯克維爾的獵犬」（hound of the Baskervilles，柯南．道爾的作品）在穆沙嚎叫——一個世紀前穆罕默德．阿里帕夏將印刷引進埃及的圓滿結果。

穆沙已被拖出安適的、沒沒無聞的狀態，進了官方紀錄簿，但這對庫特布來說不見得是好事。每當政府的醫生來訪，就是孩子們驚慌失措的時候。醫生會拿針戳他們，跟他們要尿液和糞便的採樣，他們猜不出目的何在。政府士兵搜查村子沒收非法武器時，也是一陣恐慌。面對一定要繳出槍的最後通牒，明明沒有槍的貧窮村民只得賣牛、賣食物、賣珠寶去買槍。

「鄉下人，」庫特布哀嘆：「總是被統治者壓迫，被他那一小塊地得繳的稅壓迫，被永無止境服從政府命令的要求壓迫，包括捐獻給慈善機構……買紅新月會（Red Crescent）的郵票……還有築堤建壩、去富人田裡清毛毛蟲的強迫勞役，村外的警衛勤務、與蝗蟲的搏鬥等其他數不清的『任務』，讓村民覺得自己永遠像隻役畜。」最後，他寫道：「還有傳統的包袱——特別是在女人身上，在男人眼中，女人始終與商品無異。」[29]

年輕的庫特布就是懷著這種強烈的不平——但沒有洩露他後來的伊斯蘭好戰主義和社會清教主義——在一九二一年前往開羅。在開羅念完中等學校後，他進入哈桑．班納才在兩年前離開的師範學院就讀。一九三三年畢業後，庫特布在有療養礦泉的郊區赫勒萬（Hulwan）展開小學教師的生涯，身材削瘦、留著一本正經小鬍子、穿西裝打領帶的他，對官場的滑溜相當在行，因此獲得提拔進入教育部頗具名望的一般文化科（Office of General Culture）。當時庫特布的朋友，埃及小說家納吉布．馬哈福茲後來在半自傳的著作《鏡子》（*Mirrors*）裡描述他。不是什麼奉承的話。庫特布的性格被描述為「斯文的健談者」，他「從不說宗教的事，思想和穿著都假裝現代，並採用歐洲的習慣。」他的某些特質令馬哈福茲憂慮，因為「儘管他一直對我展現寬厚的友愛，但對於他的臉，或說他凸起的眼睛、嚴肅的眼神，我始終無法自在……他投機的那一面令我不安，令我懷疑他的誠信。雖然我們交情匪淺，但一股反感在我心裡揮之不去。」[30]

馬哈福茲和庫特布同屬一九三〇年代世俗「littérateurs」（文人）圈子的一員，那群詩人和批評家會撰文反映自相矛盾的社會，而庫特布常參加聚會。庫特布特別尊敬新浪漫派的阿巴斯．馬穆德．阿嘎德（Abbas Mahmoud al-Aqqad），也景仰阿布都的門徒與爭議性的教育家塔哈．海珊。試著處理在新埃及閃爍不定的疏離，欣賞穆斯林兄弟會的活力但不認同其神權思想，庫特布替尚未實現承諾的文明勾勒出輪廓。「我們的藝術為什麼不描繪精神奕奕、生氣勃勃的氣氛？」他問。「我們打贏了反抗敵人的戰爭了嗎？我們開啟世界的新紀元了嗎？我們獲得獨立了嗎？我們能自由地呼吸嗎？我們有任何能引以為傲的工業突破嗎？」[31]

他的詩不是熱情洋溢，就是索然無味，不然就是赤裸裸地涉及政治，評論殖民征服的「黑暗時代」。[32]「我們都是流亡者，」他在一九四〇年母親過世後寫道：「我們是小小的樹枝，我們的根已經在離開家鄉的土壤後枯萎了。在外域的土壤，樹枝要怎麼安身立命呢？」[33]

庫特布的挫折感可能因缺乏愛情滋潤而加劇。他習慣一面將異性理想化，同時又覺得他遇到的未蒙面紗的女性，不值得他青睞。他的性經驗可能不比他小說《刺》（*Thorns*）裡的主人翁豐富：他在她的內衣裡看到他渴望的目標，而「許多事物讓他想要接近她，但其他許多事物阻止他這麼做。」[34]

儘管覺得埃及還有未開發利用的潛力，但庫特布相信這個國家擁有道德和政治誠信，而它的居民，不分基督徒或穆斯林，都天生擁有一種靈性，使他們有別於唯物主義和個人主義的西方。他在一九三八年與塔哈．海珊分道揚鑣，因為後者主張（如同哈桑．塔吉扎德為伊朗所主張）埃及的現代化該以歐洲為師；恰恰相反，庫特布反駁，埃及是東方傳統的一部分，其依循超驗伊斯蘭的本能，已賦予這種傳統實際的形式。他正逐步接近這個將在他最具影響力的著作《里程碑》（*Milestones*）中闡述的論點：「既然伊斯蘭國家無法在物質的獨創性上與歐洲競爭，『我們必須擁有其他特質，一種現代文明欠缺的特質。』」[35]

那種特質是什麼？什麼可以讓埃及展現它的天賦？一九四〇年代，震驚於猶太復國主義和法魯克的狂歡作樂，他兜了一圈，回到那部他童年在穆沙背誦的神聖文本。現在庫特布盛讚《古蘭經》具備無與倫比的文學性質；他在這段期間的著作描繪了一種既為神賜，也優美宜人的伊斯蘭。不過，庫特布認為政治秩序要以伊斯蘭為基礎的觀念，落在了奈米克．凱末爾的改良主義傳統內——接受啟蒙的進步概念，而以《古蘭經》為其核心。

一九四八年秋天，埃及政府送庫特布到美國學習美國的教育方法，面對人類自我實現的問題時，庫特布在伊斯蘭與一般的解決方案之間，權衡取捨。對於在他之前西行的重要中東思想家來說，長年旅居西方會有示範性的效應。例如西拉齊就帶著伊朗最早使用的印刷機回國；奈米克・凱末爾在大英博物館閱覽室徹底了解那個啟蒙機構的價值所在；塔哈・海珊對他留學法國時的描述，在在流露他有多渴望符合法國學術的嚴格標準。美國對庫特布的影響恰恰相反。為什麼前人都對西方留下好印象，獨獨這位旅人深感厭惡呢？

從庫特布在橫越大西洋期間對一位基督傳教士講道的反應——那促使他以牙還牙，帶領穆斯林的乘客和船員一起禱告——就知道他的想法類似於馬基維利的毀滅性對立。一個「漂亮、高䠷、半裸」，主動示好的女人一被他趕出艙房就摔倒、醉得不省人事，這情景提醒他注意西方感官滿足的心口不一。而從戰時破繭而出，表演、購物和性愛閃閃發亮的紐約，「呼嘯的車輛和轟隆的交通，彷彿最後審判日一般向前奔騰，洶湧人潮急切狂熱地搜尋他們的獵物，呈現出時髦、耀眼，充斥貪婪、渴望和肉慾的臉孔。」[36]

以上描述散發著反對淫亂的氣味，又因這位穆沙出身的處男未能實現渴望而加劇了，而在華盛頓特區上語言課程時，於喬治華盛頓大學醫院（George Washington University Hospital）治療呼吸道問題時，他再次成為主動示好的對象，這一次，一名護士試著藉由形容她夢中情人的理想特質來挑逗他。在垂涎地欣賞這個典型美國女人「渴求的雙唇……隆起的雙峰」和「光滑的雙腿」時，庫特布堅守「文明」的高度；他自稱不欣賞他的學院這種「有瑕疵的教學法」，而寫信給一個盼望找個人聊「金錢、電影明星、汽車款式」以外話題的朋友。[37]

就大部分的印象和事件而言，庫特布的著作是我們唯一的來源，而他的說法顯然偏頗、不完整。他聲稱喬治華盛頓大學醫院的員工對哈桑．班納被暗殺之事歡欣鼓舞，這點更是可疑，因為一九四〇年代的美國，不大可能對中東政治這麼瞭若指掌。

在所有有益身心的典型美國鄉里中，或許科羅拉多州牧場鎮格里利（Greeley）可以消化庫特布日益膨脹的偏見，他在一九四九年春天為旁聽教學技巧而去的，這裡在他心中名列前茅。這個虔誠、道德嚴謹、不飲酒，如州立教育學院（State College of Education）所說「握手堅定」、歡迎「誠摯」的地方，土地遼闊、綠樹成蔭、只有一萬人的聚落，卻擁有數十座教堂，同時也吸引足夠的外國人來證明一家國際俱樂部的週年晚宴，其提供的餐點能否夠資格稱為「阿拉伯料理」。

在格里利，庫特布顯然沒有洩露後來他為人熟知的激進好戰。那個國際俱樂部的一名會員回憶他的埃及朋友喜歡西方古典樂；而他從沒見過庫特布禱告。庫特布甚至加入教會社團來體驗群體生活。你可以猜想他獲得許多體貼友好的對待。

但格里利一定是看起來離埃及的忙碌喧囂太過遙遠，因此對庫特布來說，它正是美國粉飾膚淺本質的例證——他尤其對當地居民花了太多時間照顧草坪感到悲哀。教會社團的舞蹈再次喚出他流著口水的假正經，會堂「震動著留聲機的旋律……手摟著腰、唇貼著唇、胸靠著胸……氣氛熱情澎湃。」38

庫特布筆下的美國是一個引人注目的故事，訴說一名伊斯蘭知識分子對西方的香格里拉有多失望，而除了西方的缺點，那當然也讓我們窺見庫特布的內心。從他叨叨絮絮的斥責，他顯然對所有公開的「性」表現備覺困擾；早期的穆斯林旅人雖然對西方習俗不以為然，但不致視之為個人救贖的威脅，但我們可以在庫特布身上察覺出對道德腐敗的恐懼。值得注意的是，十九世紀初，西拉齊還能讚美與他相處的德文郡女孩的優點；到了一九四九年惡魔般的美國，庫特布眼中已經沒有這些優點了。而對今天的讀者來說，他的文字正是道德正準備掙脫宗教的牽繫，真正世俗化的徵兆。在一九六〇年代晚期開始改變西方社會的性開放，將令許多主流穆斯林大為反感，因為那直接抵觸了做為伊斯蘭社會基石的家庭價值。

早期的穆斯林改革者同意西方的發明源於啟蒙運動所釋放的人類獨創性，庫特布不以為然；相反地，他主張美國先進的物質文明和其創造者「沒有關連性」。「我擔心，」他最後這麼控訴：「當生命的輪子轉向，歷史的卷宗闔上，美國將不會留給世界任何有價值的遺產。」39

他在譴責美國種族歧視時的態度更加堅定——八成是聽說了科羅拉多西部猶他人（Ute）的命運（國會在一八八〇年沒收了他們廣大的祖靈地）。待在格里利的期間，庫特布因膚色黝黑而被禁止上電影院。在得知客人實為埃及人而不是非裔美國人後，電影院老闆向他致歉，但庫特布堅守原則，拒絕入場。「在美國，」他在一九五〇年八月回家後寫道：「說白人好像在說半人半神……說到有色人種，比如埃及人和全體阿拉伯人，好像在說半人半獸……我們必須善加教育我們的學齡兒童，讓他們看見白人的暴虐。」[40]但他自己也不是沒有歧視，瞧不起爵士「這種黑人為討好自己的原始傾向和對噪音的渴望所發明的音樂。」[41]

庫特布回到埃及時，埃及已進入最後以革命收場的政治騷動時期。他推出義憤填膺的新論著《伊斯蘭與資本主義之戰》（*The Battle of Islam and Capitalism*）大獲成功，而他也愈來愈興奮地觀察情勢。一九五一年政府廢除《英埃條約》，由穆斯林兄弟會領導的武裝團體變本加厲地騷擾運河區的英軍。次年元月，開羅發生大規模反外國利益的暴動；伊斯梅爾帕夏構思的歐洲城市慘遭燒殺擄掠，電影院、餐廳、小酒店和其他西方設施都被縱火、搗毀。「就好像地球所有原子同時尖叫，」納吉布．馬哈福茲寫道：「壓抑的怒氣、鬱悶的絕望、扼制的緊張，所有一直在民眾體內醞釀的東西全都爆炸，像惡魔的旋風一般噴發。」[42]

由於欠缺英埃危機的政治解決方案，怒火燒毀了舊秩序更多的台柱。一九五二年七月，由賈邁勒．阿卜杜勒．納賽爾領導、以兄弟會認可的伊斯蘭主義者穆罕默德．納吉布（Muhammad Naguib）為名領導的政變，推翻了法魯克一世。不到一年後，埃及建立共和政體。這場政變的準備工作，庫特布涉入極深；他已正式加入穆斯林兄弟會，聲明拋棄稍早世俗的著作。現在，身為官員與兄弟會的聯絡人，他信心滿滿地期望一個伊斯蘭政權。但一九五四年二月，納吉布下台，而在現今實質掌控國家的納賽爾身上，穆罕默德．阿里帕夏的特質多過於先知穆罕默德。又一個世俗化的現代派人士來拯救埃及了。

「我生於一九五一年。」庫特布後來說，指的是他終於加入兄弟會的時間。但也可以說，他真正的重生，是如今伊斯蘭主義者和軍隊間如火如荼的衝突期間到來。納賽爾感興趣的是土地改革而非伊斯蘭統治，而他屬意反以色列、反英國的國際合作模式，是阿拉伯在埃及底下一統，而非伊斯蘭團結於兄弟會之下。納賽爾遭到兄弟會祕密組織一名成員開槍射擊，而這次刺殺未遂，給了他好用的藉口來瓦解這個組織。六名高階兄弟被處決，很多人入獄。庫特布上法庭時，他掀起襯衫，露出身體遭拷打的印記。「賈邁勒．阿卜杜勒．納賽爾在獄中的我們身上，應用了革命的原則。」他說。他被處以二十五年的勞役。

事實上，接下來九年，庫特布在惡名遠播的圖拉（Tura）監獄中受苦，而他也在此確立為好戰伊斯蘭最重要的理論家。這部分是政府的疏忽所賜，當局未禁止他在獄中發表新的著作，部分是因為無神共和國正在外面欣欣向榮，孤獨的他懷抱著愈來愈深的敵意，無人想管。但納賽爾是個強勁、成功的敵人。國家的新「rayyis」，也就是新首領，深受民眾愛戴——因為他對抗且打敗了國家的敵人，也因為他是開啟世界新紀元的男人。一九五六年他順利接掌失敗的舊政權，先將蘇伊士運河國有化，又驅逐了一次由英、法、以聯手的笨拙軍事干預，可說對英國打了場轟轟烈烈的勝仗。兩年後，埃及和敘利亞合組聯合阿拉伯共和國，理論上是對等關係，但實質由納賽爾主導（敘利亞最後退出）；一九六一年，埃及連同南斯拉夫、印度、印尼和迦納成為不結盟運動（Non-Aligned Movement）的創始會員：一個反帝國主義、也希望避免被蘇聯帝國併吞的集團。

在埃及國內，納賽爾主義開始了計畫、分配和築壩；在赫勒萬——庫特布芳香四溢的前居所——空氣開始瀰漫新鋼鐵、汽車和水泥工廠產生的塵土和煙霧。[43]埃及不和諧的半民主停擺了，不贊同的聲音被消音，首領身邊充塞無敵的氛圍。接下來幾年，事實證明納賽爾模式極具魅力，從阿爾及爾（Algiers）到巴格達，許多國家部分或全盤採用；有六個新總統一面滔滔不絕地談論社會主義發展和阿拉伯一統，一面樹立無線電天線杆和打造拷問室。對庫特布來說，最煩惱的是許許多多埃及民眾，因孤注一擲地相信納賽爾的偉大運動必能成功，而默許他的「暴政」。[44]

在這方面，伊斯蘭沒有什麼著力的空間，連西式的自由主義也沒有。自由主義的名聲已臭，因為那和剛被掃除的殖民秩序有關。而就納賽爾瘋狂追求的工業進步、女性教育和國際服裝標準（短袖狩獵裝在國營公司會議室大行其道）等事情上，伊斯蘭更毫無著力點。但政治伊斯蘭，或伊斯蘭主義，正逐漸演化成一種反抗的意識形態，而現在的敵人包括專制威權。日後伊斯蘭以最激烈、最政治化的形式捲土重來時，其基礎正是現在被打下；在某種程度上，是在圖拉監獄打下的。

受苦與美德對伊斯蘭主義至關重要，其理論家將這兩者與伊斯蘭早期嚴峻的日子連在一起，也就是先知的使命看似就要被異教徒和猶太人勢力滅絕的時候。一九五〇年代初期，這些被崇尚的特質，由一群被壓制的穆斯林兄弟會和他們傑出的禁慾人士庫特布體現。他在監獄的放風場傳播思想，在骯髒、蚊蟲侵擾的牢房解釋稍縱即逝的小樂趣——例如他跟兄弟會同志輪流享受「不多於一便士的細微光芒」——就是真主的徵象。一九五七年當權者在獄中殺害二十一名執拗的穆斯林兄弟會成員時，他剛好人在醫務室，但他對最後勝利的信心未曾動搖。「我沒有交出我的武器，」他在屠殺後寫道：「如果黑暗大軍包圍我……我會為我的真主和宗教報仇。」[45]

真主——他相信——已賦予人民要不要努力在塵世建立崇高秩序的選擇，而一項唯有整體才有意義的計畫，就不可能零碎地履行。他將炮火轉向他曾經並肩而立的理性主義者——穆罕默德．阿布都。他寫道：「將伊斯蘭灌進外國的哲學模子裡。」把理性提升到和天啟一樣的地位。[46]

在這裡，庫特布——在核子彈隨時準備發射、在人們衝上太空之際——重新主張艾什爾里的老調「bila kayf」，即「不問怎麼做」，他反對賈邁勒丁所相信的，哲學永恆的時效性和先知的局限。他試著藉此推回一百五十年來緩慢的理性發展。「誰懂得比較多，」他這麼威嚇心存懷疑者：「是你還是真主？」[47]

庫特布在人生的最後階段，也是最有生產力的階段；先是在獄裡，後於一九六四年照仰慕者伊拉克總統的吩咐獲釋。他所寫的所有書籍中，對於引領穆斯林前往激進好戰之路最有效率的，莫過於《里程碑》。這本冊子從一個預言和一個處方開始。「今天人類正站在懸崖邊緣，不是因為面臨徹底毀滅的危險——這只是症狀，不是真正的病灶——而是因為人類缺乏健康發展和實質進步必不可少的重要價值觀……人類必須有新的領導統御！」[48]新的領導統御當然必須來自伊斯蘭，但不是人們目前在世界中看到的那個墮落的伊斯蘭，那個充斥著「賈希利亞（jahiliyya）」，蒙昧無知的伊斯蘭。自穆罕默德宣教的黎明以來，原本已沒有那麼猖獗，如今又成了我們「整個環境，人們的信仰和思想，習慣和藝術，規章和法律」，把當今所有所謂「穆斯林的社會」玷污成贗品。庫特布認為，在西方的影響下，他們的生活方式已成為穆斯林和外來價值觀的混合物；立法者的頭銜本屬真主，他們卻轉移給議會和國會中的男人。[49]

必須成立先頭部隊（這裡庫特布借用了列寧的革命思想），推動伊斯蘭的理念到它接管世界、建立純正的伊斯蘭政府實施教法為止。在這過程的開端，今天的穆斯林必須像早期伊斯蘭的祖先那樣研讀《古蘭經》的字面意義，不是「為了獲取文化和資訊、為了品味或欣賞」而讀，而要找出「全能造物主給他的囑咐……就像戰場上的士兵要讀『今日公報』才知道自己該做什麼。」[50]

流血當然在庫特布意料之內。他嘲笑當今意志不堅的思想家，說他們是「現今穆斯林世代可悲境遇」的產物，「已在挫敗中放下心靈和理性的武器，還說『伊斯蘭規定只能打防衛戰！』」這就是阿布都和印度通敵者賽義德．艾哈默德．汗爵士（Syed Ahmad Khan）屬意的那種和平主義的詮釋，但現在庫特布加以駁斥。「以為光是講道和闡述信息，」他這麼聲稱：「解放全球人類的召喚就能實現，那就太天真了。」相反地，只要穆斯林生活在「專制國家的政治暴政下，基於種族和階級、由暴虐政府軍事力量支持的社經制度下」（意即處處），伊斯蘭論理上別無他途，唯有靠武力驅除這些政府。[51]

《里程碑》談了不少關於自由的事，也就是賈巴爾迪謝赫用來區別奴隸的「hurriya」——本身是法文「libération」的誤譯，「libération」指的是政治自主權。這位伊斯蘭主義之父是怎麼理解這個詞呢？庫特布並未強調個人為所欲為的自由，他的自由是脫離人為政治的支配，以便不假思索地服從真主規範的自由。換句話說，即是以神的束縛取代人為的束縛。不過，《里程碑》的作者沒有在其他地方詳述這實際該呈現何種面貌，也沒有說明該建立何種人類結構來遂行真主的意志和律法。庫特布不贊同國會，所以就算人民是自由地經由選舉，準備將他們的事務委託給立法者組成議會，這也是庫特布主義所不允。他曾惹人注目地表明他的伊斯蘭主義是後改革時代的伊斯蘭主義，除了排斥教士管理的概念，更認為那與基督教會無異，也排斥「某些真主的代言人成為統治者的概念，神權統治就是這樣的例子。」[52]

庫特布攻擊的目標也包括資深的艾資哈爾謝赫，納賽爾已在一九六一年將該校收歸國有，讓謝赫們盡職地支持政權，打擊誹謗者。藉由緊緊抱住這所老學校，納賽爾親自證明，該校脫離世俗政權獨立自主的任何主張，皆是虛妄。

《里程碑》於一九六四年十一月出版，那時庫特布不僅已經出獄，還忙著指導一群準備與政府火併的伊斯蘭主義者。納賽爾承諾的平等主義烏托邦正被揭露為一場騙局，房屋粗製濫造，少數族群被推到冷漠的穆斯林法官面前，就算大學畢業人數暴漲，教育水準卻一落千丈。（一九五〇年開羅大學的師生比是一比六，十年後變成一比六十。）[53]對於那些棘手的伊斯蘭主義者，納賽爾的態度游移不定，既想興兵討伐、又想收編反對派、又必須遷就其他不結盟領導人請他寬大為懷的要求。最後，當《里程碑》發表，納賽爾親自出手，讓這篇毫不掩飾革命意圖的冗長議論通過審查。埃及民眾以排隊購買表示感謝，這無疑促成了作者的命運。「如果你想了解庫特布為什麼會被判死刑，」庫特布的追隨者加薩里（Zaynab Al-Ghazali）寫道：「去讀讀《里程碑》。」[54]

一九六四年八月，獲釋不到一年後，庫特布又被逮捕。數千名兄弟會成員和同情者隨之入獄，其中許多遭嚴刑拷打。庫特布坦承自己想改變政權，不過是用好言相勸。「打著民族主義旗幟的歷史階段已經過了。」他這麼告訴埃及的間諜頭子。[55]

當他得知自己將因「圖謀推翻國家合法政權」的罪名被處死時，庫特布說：「頌揚真主，我執行聖戰十五年，終於獲此殉教。」[56]他拒絕官方要他悔改換取赦免的提議，於是在一九六六年八月二十九日凌晨，他和另外兩名伊斯蘭主義好戰分子一起被絞死。

庫特布等人慷慨赴難的精神，為面對暴政的反抗者樹立了標準，至今仍深印在伊斯蘭主義者的心中。勝利不屬於最後一個屹立的人，而屬於死得最壯烈的人。庫特布被處決幾個月後，納賽爾的軍隊在六日戰爭中慘遭以色列羞辱，對此，人在獄中的加薩里憤恨地高喊：「你落敗、悽慘、殞落正是因為你背離《古蘭經》和聖行……違抗真主，下場唯有羞辱、悲慘、挫敗、衰弱、火煉，和永遠的懲罰。」[57]

庫特布死了，但庫特布主義沒有。一九七〇年納賽爾過世後，繼任總統的沙達特起初採取了懷柔手段。固然對和緩局勢有幫助，但伊朗一九七九年的革命和蘇聯入侵阿富汗，更堅定了庫特布的思想。從庫特布的賈希利亞——對當代所有暴君的萬用譴責——衍生出「塔克菲理」的教義，即聲明放棄信仰的國家或個人都該死。對絕大多數穆斯林、包括今天的穆斯林兄弟會來說，塔克菲理不是伊斯蘭且不可接受，但沒有塔克菲理，就不會有我們熟知的伊斯蘭主義恐怖行動——在現代伊斯蘭激進派的軍械庫裡，塔克菲理必不可少。對埃及聖戰組織（al-Jihad）來說也是如此。這個一九七九年成立的團體，受到十三世紀法學家和反理性主義者伊本．泰米葉啟發，領袖阿卜杜勒．薩拉姆．法拉傑（Abd al-Salam Faraj）寫道：「面對隱藏真理、散播謬論的領導人，穆斯林有拔劍的義務。」[58]

總統沙達特本人就是伊斯蘭的「近敵」，法拉傑是這麼主張的（「遠敵」是西方）。雖然沙達特在一九七三年攻打以色列的贖罪日戰爭（Yom Kippur War）表現出色，但六年後卻與以色列媾和，換取與西方更密切的聯繫——同時鎮壓國內的反對聲浪——而惹惱許多穆斯林。一九八一年十月沙達特成為塔克菲理行動的祭品，在一次閱兵期間被自己的士兵刺殺，士兵趁沙達特行答禮時向他所在的講壇投擲手榴彈，這位聖戰士伊斯蘭布里（Khalid al-Islambouli）高喊：「我殺掉法老了！」

沙達特遇刺宛如號角響起：宣布好戰伊斯蘭已成為中東政治的新要素。如果不是要鬥爭到底，就得和自穆罕默德．阿里時代以來，逐漸接管埃及政治體的現代化、仿效西方的動力調和。在中東另一端的波斯高原上，伊朗沙阿穆罕默德．李查．巴列維（Muhammad Reza Pahlavi）正走向另一場伊斯蘭主義的劇變，各黨各派的伊朗人企圖在這股衝動的氣氛下，占有一席之地。當那化為一九七九年的革命，把沙阿攆下台、歡迎何梅尼（Ruhollah Khomeini）建立當代唯一的神權國家後，一個伊斯蘭共和國於焉誕生，自稱依照普世價值運作。但伊朗革命並未照其擘畫者的希望輸出到其他地方。它始終沒有脫離伊朗的發源地。

儘管如此，庫特布與何梅尼的伊斯蘭主義，仍將成為世界上最具影響力的兩股現代穆斯林運動，他們將盛怒和殉教的信條，注入到一九八〇年被蘇聯入侵的阿富汗戰爭中，也在今天的伊斯蘭武裝勢力留下印記。然而，這兩大伊斯蘭主義及其武裝勢力，始終沒有聯合起來，證明了兩者追求普世性的主張是虛偽的，也顯示他們的擁護者面對國族身分認同時，事實上多被宗教派系給影響。

修辭和現實之間還有一條鴻溝。何梅尼的革命者和穆斯林兄弟會都無法擺脫選舉民主，這當然暗示了這些公開宣誓要回歸前現代價值觀的信徒，其實被近代西方代議政府的概念困住了。儘管他們真誠地討論過伊斯蘭如何跨越國界，還有古代「商議」制度的優點，然而事實證明，獨立國家和民主是不可能拋棄的價值。令他們極度煩躁的是，伊斯蘭主義本身充斥著啟蒙的價值觀。

伊朗人如何在一九七九年揭竿起義，是個混合了現代價值觀、群眾動員和宗教狂熱的故事——混亂、背叛、平民反動——結果出乎眾人意料之外。在二十世紀中葉的伊朗，年輕的穆罕默德·巴勒維像法魯克一世一樣努力抓住民族主義、左派和信仰復興運動並不穩固的支柱。（為促成王室團結，這兩位男士在一九三九年成為舅子和妹婿，雖然穆罕默德·巴勒維和法魯克一世妹妹茀絲亞〔Fawzia〕的婚姻維繫不久。）穆罕默德·巴勒維一九四一年即位後，原已放寬了父親一些嚴厲的反宗教政策。然而一九四六年，象徵伊斯蘭沙文主義急速成長——政教分離論者艾哈邁德·卡斯拉維在答辯「詆毀伊斯蘭」的指控時被殺。卡斯拉維本來就是穆吉塔巴·納瓦布·薩法維（Navvab-Safavi）的暗殺目標；納瓦布·薩法維與埃及的穆斯林兄弟會關係良好，是個伊朗好戰分子。而一名前景看好、名叫魯霍拉·何梅尼的教士要求對那個「大不里士的文盲」採取決定性的行動。（卡斯拉維當然絕非文盲，他還用阿拉伯語痛批伊斯蘭，讓何梅尼火冒三丈）。在最後的審訊期間，納瓦布・薩法維背後的組織伊斯蘭敢死隊（Devotees of Islam）雇用暴徒進入法庭，用刀槍殺害卡斯拉維和他忠實的文書助理哈達普爾（Muhammad-Taqi Haddadpour）。殺手被逮捕，但後來的審判成了鬧劇一場，因為目擊證人拒絕作證，而政府最後屈服於教士的壓力，將他們釋放。[59]殺手獲釋引發的興奮反應讓人確信巴勒維王朝無神的日子已經結束，而接下來十年，伊斯蘭敢死隊利用激進烏里瑪們對他們的支持，進行一連串高調的暗殺，最惡名昭彰的是一九五一年刺殺在任總理哈吉・阿里・拉茲馬拉（Haj Ali Razmara）——這段暴力與狂熱的歷程終於在一九五六年隨著納瓦布・薩法維被處決後戛然而止。

一九四〇年和五〇年代，伊斯蘭世界並不像今天我們所知道的，被遜尼派和什葉派之間的深仇大恨給撕裂，伊朗的新激進派大致受到從印尼綿延到北非的全球伊斯蘭網絡所接納，每年都在朝覲期間順便舉辦年會，凝聚更廣泛的反以色列和反殖民主義勢力。跨宗派的和睦也對穆罕默德・摩薩台（Mohammad Mossadegh）等伊朗政教分離派展現。摩薩台是受歐洲訓練的律師，年輕時曾支持一九〇五年憲政革命，差點命喪李查沙阿的獨裁政府；在根除殖民主義和國內暴政上，他非常懊惱怎麼政府會一事無成。一九五一年五月擔任總理後，摩薩台將石油產業國有化——以旋風般的果決行動查扣英國資產——造成轟動。那年冬天摩薩台應邀前往反英情緒熾烈的開羅，受到大批群眾盛宴款待，他建議埃及政府取回他們的「財產」——擺明指的是仍受外國控制的蘇伊士運河。[60]但他的愛國冒險，結局不像納賽爾那麼幸運；兩年後，英國人讓美國人相信摩薩台是共產黨員的爪牙（他真的不是），結果兩國聯手發動政變將他推翻，使石油產業回歸西方掌控。

對雙方來說，石油爭奪絕不只是關於經濟。藉由廢黜摩薩台的總理職位，英國軍情六處和美國中情局的策畫者也終止了伊朗自一九〇五年以來時機最好、最有可能建立一個脫離列強掌控的憲政體制。經歷與摩薩台共事的磨練後——相信他是共和主義者（他仍舊不是）——現在沙阿開始獨攬大權；此後，伊朗再也沒有民選的總理能和君主分庭抗禮了。

一九五〇和六〇年代，穆罕默德·巴勒維力行由上而下的改革及經濟計畫——這種計畫已在發展中國家取得新的正統地位。建造水壩、分配土地、由國家主導工業化——儘管對埃及的共和革命餘悸猶存，也討厭納賽爾，但沙阿的計畫卻與共和體制的埃及雷同。但不同於他憎惡的尼羅河領導人，沙阿不是「不結盟主義」的信徒，而既然英國已退出世界強權之林，他遂將國家駛進華盛頓的艉流。美國現在成了伊朗硬體和技術的主要來源，持續為沙阿提供鑽油平台、經濟計畫和凌遲異議分子的最新方法——美國為沙阿成立的祕密警察薩瓦克（Savak），就採用了美國、甚至拓展了那些方法。

一九六〇年代，隨著石油收入增加但支出日益無度，不平衡成了伊朗最顯著的特色。工業化一日千里，人均所得節節上升，農業卻因投資不足而受創；隨著人們追求城市的就業率和舒適，伊朗的村落愈來愈空落。但移民的規模超過了伊朗不成熟的基礎建設，繁榮、期望與分配的矩陣歪斜失調。在此同時，沙阿不容許有人反對他的文明躍進之舉。一九六三年他血腥鎮壓一起何梅尼和其他穆拉煽動的短命躁動，此後，「黑色反動派」——他喜歡這樣稱呼教士——多半沉寂下來，如果不是像納賽爾的艾資哈爾學者那樣被收編，就是銷聲匿跡——就像被流放的何梅尼那樣。

也有經濟學家和國家計畫師不樂見的心理抑鬱。國內遷徙、教育水準提高、新的消費文化引發一種錯位感，以一種旁觀的角度看見自己的命運逐漸解離。對那些捲入其中的人來說，國家往現代化的衝刺是一場沒有終點線的賽跑——是對抗伊朗本身的賽跑。

一九六〇年代的伊朗是依據外國模式經歷社會轉變的國家。這原本可能拼出伊斯蘭啟蒙的勝利，但沒有。至於沙阿的傲慢將在一場革命中被推翻，證明了他的統治欠缺柔軟與能耐來包容異己——任何現代政治制度該有的基礎。簡單地說，伊朗敏感易怒。但沙阿的失敗也顯示現代化沒有單一模式，而是一股籠統的推力或傾向，必須與現有的宿主文化（host culture）保持平衡。沙阿胡亂撲向一種全新的生活方式，被詮釋為一種徵兆，他對伊朗的伊斯蘭傳統和一般伊朗人的生活方式感到難堪；這位君主並不了解人民對外國利益的嫌惡正泉湧而出，那些外國人都欲爭奪經濟的一杯羹。一八九一年的菸草抗爭會推向勝利，是因為人們害怕非穆斯林掌握一種會放進伊朗人嘴裡的興奮劑。現在，四分之三個世紀後，情況變得更糟。外國人接觸、指揮、策畫、評論國家生活的幾乎每一個領域，使親眼目睹的民眾產生一種無力和自我厭惡感。

另一個麻煩是，誠如庫特布指出的，西方的物質文化平庸乏味。它不留空間給超驗，且恣意抹煞千百年的傳統。這真的是一百五十年來社會與政治艱苦奮鬥的結果嗎？這難道是大不里士草地上第一次出現現代士兵操演的動機嗎？這是讓閨房文化飽受責難、而憲政的革命號角被吹響的原因嗎？你可以把這些統統裝進一只百事可樂的瓶子裡嗎？令許多受過教育的民眾心煩意亂的是，所謂的進步，這種表面目的是要讓人發揮潛力的偉大構想，似乎被扭曲了，不僅清空人類的文化和情感，還注入了對光鮮亮麗愚蠢的愛。沙阿看似一心一意要引進伊朗的東西，就是這種劣質的進步；而他從事的許多活動，對那些風俗習慣養成多年的民眾來說「錯得離譜」，也表現出沙阿對民眾的厭惡，例如養狗當寵物、進農舍不脫鞋、斟伯蘭爵香檳（Bollinger）舉杯祝賀外國的權貴和他們胸部豐滿的妻子。

就是在這種物質進步、精神貧乏的背景下，伊朗人浮現一種新的焦慮，就像早期的庫特布那樣，提倡反璞歸真。但與後期的庫特布不同的是，伊朗人以極具人性的彈性來詮釋國家的伊斯蘭身分認同。

正因有這樣的焦慮，賈拉勒・艾哈邁德（Jalal Al-e Ahmad）才有「存在的理由」（raison

d'être）。他是二十世紀伊朗最重要也最麻煩（對沙阿來說）的思想家之一，一九二三年生於德黑蘭，童年在李查沙阿毫不妥協的統治下度過。身為穆拉之子（一如卡斯拉維），他以相當好的阿拉伯文和足夠的法文來翻譯卡繆（Albert Camus）與沙特（Jean-Paul Sartre）的作品。他跟穆斯林兄弟會的哈桑．班納一樣先成為學校教師，但他是第一個看出自己論點瑕疵的人，這讓他成為令人難以置信的改宗者——他知道他是國家知識菁英的一分子，為此蒙受高尚的苦難。「我不曉得我是誰。」晚年他會這樣告訴大不里士的學生聽眾，而既然「沒什麼事情能從一開始就確定，那不如從一開始就懷疑。」

一九四〇到五〇年代，他從共產黨員變成摩薩台的信徒，但寫到什葉派伊斯蘭時也深情款款。他是那種膽敢在長途巴士上跟女人聊天、然後把她娶回家的傳統主義者。（那名女子即是小說家席敏．達涅什瓦爾〔Simin Daneshvar〕，他在文章裡直接稱呼太太「席敏」——這在伊斯蘭世界是罕見的公開親密。）他也是那種仍會接受官方邀請訪問以色列的驕傲穆斯林。但你不能因為這些矛盾而看不起他。他能擔當成功的公共知識分子，主因之一就是他坦然接受自己的不可靠。

他平易近人的個性也沒有壞處，當他沒在教書或在鄉間到處行走做研究時，你很可能會在距離英國使館（也就是罷黜摩薩台的陰謀策畫之地）不遠的費魯茲咖啡館（Cafe Firouz）看見他瘦骨嶙峋、上唇被很普通的小鬍子遮掩、黑白髮夾雜的身影，而他正有個接見仰慕者的小聚會。

他的成名作是一九五八年出版的自傳體短篇小說《校長》（*The School Principal*），書中描述一個該做某件事、卻拗不過現實的困窘，只好做另一件事的「現代結構」——其實就是指學校。在賈拉勒．艾哈邁德的敘述中，伊朗的教育制度被一起偶然如洪災的事件給破壞殆盡，那讓世界變成了一灘爛泥，曠課率增加了十倍。「在此之前，」故事裡的敘事者承認：「我讀過很多講教育基礎是什麼的垃圾。老師啦、擦黑板的人啦、適合的馬桶啦，或其他林林總總的事物。但這裡，非常單純且基本地，教育的基礎是鞋子。」[61]在另一段，敘事者強烈反對開設時髦的手工藝品班，他知道對一個長期仰賴國外大量製造商品的國家來說，鼓勵正在衰退的在地生產，一點用都沒有。「我們靠驢子進口線鋸，」他寫道，故意採用古老的量度單位，「還有安全別針、瓷馬桶、水管、灌腸幫浦等」，但一千人中只有一個人考慮去做有生產力的事，比如經營裝框或鑲嵌店。

由於第三方——真主——的介入，個人與社會的關係變得愈來愈複雜、愈來愈棘手。在另一個短篇故事裡，意志薄弱的市場盤商埃米爾—李查（Amir-Reza）笨拙地違反了齋戒月的義務；他好渴，也不想被其他虔誠的市場夥伴發現，於是搭巴士一路到隔壁沒有人認識他的卡拉季鎮（Karaj），放膽解渴。但因為沒有對晚餐表現出充分的熱情，被妻子發現他的欺瞞，妻子斥責他沒有男子氣概、不虔誠又欠缺良知。「你不覺得花了四托曼（toman）到卡拉季，只為喝一杯茶還破戒很可恥嗎？何況那時都下午了，你只要再等兩、三個鐘頭就可以喝了！現在你要怎麼奢望真主憐憫？你連遵守祂的齋戒都做不到！而且，是誰說你非守齋不可的？」故事以星星在夜空閃爍收場；「也許，」賈拉勒·艾哈邁德寫道：「面對這種種的不幸和愚蠢，它們笑不可抑，正對彼此眨眼，嘲笑我們。」[62]

一九六二年，賈拉勒·艾哈邁德寫了一本書，撼動了有叛意的什葉派伊斯蘭信徒——就像馬丁尼克（Martinique）知識分子法蘭茲·法農（Frantz Fanon）在一九六一年以《大地的受苦者》（*The Wretched of the Earth*）令正欲獨立的法國殖民地激動不已，又或者是一九六四年庫特布的遜尼派擁護者大受《里程碑》刺激那樣，賈拉勒·艾哈邁德這本反西方三大諷刺作品之一叫「Gharbzadegi」，譯法不一而足，包括「迷醉西方」（Westoxication）、「西方衝擊」（Weststruckness）」、「歐洲狂熱」（Euromania）、「西方病變」（Occidentosis）等，是一種神祕的衰弱症。他還用農業術語加以定義，讓伊朗部分仍屬於農業社會的人更容易理解。「那起碼跟小麥田裡的鋸蜂一樣糟，」他寫道：「你們有見過鋸蜂怎麼危害小麥的吧？由內而外。表面仍有健康的外殼。但那只是外殼。」[63]

這種可怕的空洞化，原因何在？答案是機器——包括實體的表現和它背後的非人性化與政治屈從。沙阿的工業化方案與伊朗講究的人性和祖傳模式背道而馳。「隨著機器盤據城鎮和村落，」賈拉勒·艾哈邁德繼續說：「不論是化為機械化的磨坊或紡織廠，都讓當地各行各業的工人沒有工作，村裡的磨臼停擺、紡車無用。絨毛毯、平毯、氈毯的製造畫下句點。」64

賈拉勒・艾哈邁德把世界分成擁有機器和資本來生產成品的西方國家，以及未充分發展、被迫供應石油或鐵砂、再買回西方所製造一切成品的第三世界國家。如果這聽起來像是一場非常熟悉、有原料供應商與精品製造商之間一面倒的腕力比賽，請再想想，是不是很像十九世紀時，土耳其和埃及棉農及英格蘭北部織布城鎮都經歷過的「依賴」關係？如今，這比當年更邪惡，這種新的失衡關係也會改變創造力和形上學。史詩故事、信仰基礎、音樂、甚至最崇高的宗教思想領域，都無法避免「迷醉西方」；支撐傳統的「生命事件、文化、文明和思考模式的集合」被剝奪了；伊朗之所以成為伊朗的一切垮了、內爆了。這種衰退，根源於一段與外面世界接觸的陰鬱歷史——特別是西方對伊朗石油的覬覦。在賈拉勒・艾哈邁德的摩尼教史觀中，伊朗正位在一連串二元對立的錯誤端：「富裕與貧窮、力量與無能、知識與愚昧、發展與荒蕪、文明與野蠻」。65

艾哈邁德的伊朗衰退觀，與城市的引力和鄉村生活的緩慢死亡有關。工業和工地吸引著鄉村的勞動力，而他把農民搬離祖先的村莊，比作「猛然拉出土地」，這個詞讓人聯想到信徒與真主的分離——離開葦床的蘆葦——即中世紀詩人魯米在大作《瑪斯納維》（*Mathnavi*），或「偶句詩」中喚起的記憶。今天日益空蕩的村莊——艾哈邁德痛惜著——本身就是原料物資與商品製造關係的受害者。村莊拿到了牽引機，讓它漠不關心地踐踏土地間的溝渠，成為暴力爭端的因素；關於這些「血腥衝突」，這位偶爾過起農村生活的記錄者寫道：「我有一整個檔案櫃。」

農民連根拔起在城市裡完成人生：柔軟的家具、外來的飲食和娛樂（三明治、電影和電晶體）都有使人柔弱的效果。伊朗的大地之子已變成渴望萊禮（Raleigh）腳踏車、飛雅特（Fiat）汽車和罐頭食品的人。「在我們的服飾、房屋、食物和禮節上，伊朗都是『與自己疏離』的部族」。[66]

在這種蛋白霜文化頂端的小塑像——新伊朗人效法的模範——是那種「受西方所害」、沙阿底下不假思索、無足輕重的官員。當艾哈邁德介紹他嘲弄的目標，是國家「統治機關」的成員時，他差不多直指君主了。[67]此冒犯君主之舉引來薩瓦克的關注，他們命令艾哈邁德定期去薩瓦克辦公室報到。現代伊朗官吏是那種住別墅、崇尚名車、玩留聲機、讀《時代》雜誌的空洞物體，身在政府委員會裡逍遙度日，拿著「對灰塵過敏」為藉口逃避下鄉任務，只會熱情洋溢地討論霓虹燈和國際主義的建築是怎麼把德黑蘭變成不一樣的地方。不用說，「清真寺和『mehrab』——對著麥加方向的壁龕——已被遺忘。」我們只剩軀殼的伊朗人，既不信神也不信人。

一個男人（沙阿）的「進步」，是另一個男人（賈拉勒・艾哈邁德）可怕的反烏托邦夢魘。艾哈邁德對機器的恐懼與反動，或許也是土耳其作者烏沙克里吉的反動，他在小說《藍與黑》針對一八九〇年代平版印刷機的描述：拼字領工「因不斷用指尖……組合和拆解構想而毀損、筋疲力盡」，就闡明了機器剝奪人性的可能。

賈拉勒・艾哈邁德在《迷醉西方》中的憂慮與他的反西方同志之間，有諸多雷同。他對德黑蘭新資產階級追求安逸的輕蔑，包括找理髮師、裁縫師、鞋油和妓女等等，有幾分庫特布的味道，呼應他對受慾望驅使的西方生活有所反感。[68]雖然法蘭茲・法農對納賽爾的泛阿拉伯主義表現出天真的信念（那將在短短幾年後引火自焚），而他優美精煉的法文和艾哈邁德的拘泥修辭，形成鮮明的對比。但這兩位男士的本能，都是融合文化與反抗，打造一座如法農所說，「因熱情發光發熱」的壁爐。這位原住民知識分子「不僅轉變成人民過往歷史的捍衛者，也願意被視為其中的一分子。」[69]如果認識艾哈邁德，馬丁尼克的法農或許會聊到這個伊朗人。

雖然在概念和主題上，其他相關的辯論與分析性作品很多，《迷醉西方》仍是伊朗獨有、反全球化、來自集體力量的吶喊。畢竟一支民族的文化，就在短短幾年間，已被沖刷掉習俗、表達力和信仰的多年沉積。

賈拉勒・艾哈邁德永不滿意的心智，再次在他一九六三到六五年極具包容力的旅遊行程裡得到印證。他去了以色列、哈佛和麥加。他和席敏的以色列之行或許是這些短暫訪問中最令人意外的，因為雖然沙阿已含蓄地承認這個猶太人國家——納賽爾主義是他們共同的敵人——那裡對多數穆斯林來說，卻仍是不可接受的「殖民地」。但艾哈邁德對這個受過苦難而聖化、且實行社會主義的國家，有所敬仰，甚至淩駕於其他事物，特別是對伊斯蘭的顧慮。艾哈邁德夫婦倆，待在「基布茲」（kibbutz，以色列的集體農場），跟其他勞動者暢飲啤酒、討論卡斯楚、毛澤東。艾哈邁德淚流滿面地走出猶太人大屠殺紀念館（Yad Vashem），斷言以色列是猶太人悲慘歷史的適當補償。這也是一個可取自於西方而不致失去身分認同的例子。「以色列，」他寫道：「雖然犯了錯，雖然內部有諸多矛盾，卻是一個不遙遠的未來權力的基礎，這是它的第一步，它的報信者。」

艾哈邁德對以色列人的讚美，想必會令庫特布和其他最早的聖戰派感到憎惡；他對哈佛大致正面的評價亦如是。他在哈佛度過一九六五年的夏天，參加亨利・季辛吉（Henry Kissinger）擔任籌辦人的國際研討會（後來揭露是中情局出資）。在演講和研討之餘，艾哈邁德研讀《頑童歷險記》（*Huckleberry Finn*）和《裸者與死者》（*The Naked and the Dead*）（他聽了諾曼・梅勒〔Norman Mailer〕演說，形容他是「中等身材、圓滾滾、頭髮像小麥一樣隨風擺動」的男人），顯然相當喜愛美國軟實力營造的國際性氛圍。跟他一起開會的成員包括一個固執己見的巴基斯坦知識分子，她收集了數不清的紗麗服（Sari），令他吃驚（當時巴基斯坦的穆斯林尚未將紗麗服斥為印度教的標記）；還有一位年輕的日本男士，父親和祖父都切腹自殺，而他形容那是挑釁的行為。不論是稱讚一名美麗的德國女子、在一間勞工階級酒吧享受與常客「饒富意義」的對話，或是在想不出貼切的字眼時，從蹩腳的英語轉換成較流利的法語，艾哈邁德顯然充分浸淫於這個機會，聽取來自不同背景的見解。哈佛之於艾哈邁德，刺激且明亮，一如格里利之於庫特布冷淡而可憎。

這兩位中東人之所以對美國留下如此不同的印象，固然有部分是兩人的個性迥異，但美國本身在一九四九年以後也發生了變化，變得比較不墨守成規，而賈拉勒．艾哈邁德欣賞源於美國文化本身的反對和反抗方式。在艾哈邁德停留哈佛期間，有超過一萬五千名美國士兵參與越戰，而他也加入關於這個主題的激烈討論——但顯然不是跟季辛吉本人討論；季辛吉操控一個他主持的討論會，「使會上沒有人抨擊美國的政策。」[70]種族是另一個熱門話題（民權法案〔Civil Rights Act〕於艾哈邁德訪美期間通過），他斥責美國黑人作繭自縛，引來黑人作家及民運人士拉爾夫．艾里森（Ralph Ellison）——備受讚譽的小說《看不見的人》（*Invisible Man*）的作者——的關注。「基督教和爵士，」他宣稱：「如果不存在這兩個避難所，也許現在問題早就解決了。」[71]艾里森似乎不介意這蓄意的挑釁（他是造詣深厚的爵士小喇叭手）；「他堅強剛毅，」艾哈邁德語帶認同地寫道：「但面帶微笑。」

不過，艾哈邁德對哈佛的讚賞，並未扭轉他稍早在《迷醉西方》中對美國的譴責。在美國人身上再自然不過的東西，若移植到其他地方，只會造就波坦金式、徒有外表的「美國人」——就像《迷醉西方》裡沒有品格的男人那樣。要熬過西方的強攻猛打，文化需要最牢固、最深的根，而他逐漸明白，這些根必須深入形上學。

就一個反基督、認為基督阻礙美國民權發展的人來說，艾哈邁德會在晚年轉向什葉派伊斯蘭令人費解。他的伊斯蘭當然跟庫特布照字面詮釋《古蘭經》、推翻不虔誠統治者的激進要求大不相同。艾哈邁德並未像庫特布那般超越民族國家；對他來說，什葉派伊斯蘭是伊朗身分認同不可或缺的要素，也是遏止「迷醉西方」最有效的「疫苗」。自伊朗於十六世紀成為什葉派國家後，就一直有股捍衛自己的氛圍，還有一種期待失蹤的十二伊瑪目會再現的狂熱期待。或許對賈拉勒．艾哈邁德來說，比起伊朗，美國許多黑人教會實踐的宿命論基督教義，更帶有馬克思「群眾鴉片」的意味。

他對伊斯蘭的欣賞，也因為這個日益茁壯的信念而更加鞏固，那就是過度西化的知識分子——由李查沙阿推動政教分離下的產物——已讓伊朗人江河日下。再次令人意外地，這個年少時崇拜卡斯拉維的男人，現在開始對烏里瑪備感親切了。回想起一八九一年賈邁勒丁策動高級聖職人員反對菸草特許、穆拉在李查沙阿的統治下受苦，以及不久前何梅尼反對政權的英勇事蹟，他深信聖職人員大有用處。在《迷醉西方》中他甚至讓法茲魯拉．努里謝赫復職；在賈拉勒．艾哈邁德的心目中，真正的壞蛋是那些嘲笑努里、歡送努里進墳墓的世俗派。

一九六五年，他前往朝覲，看到沙烏地阿拉伯政府用霓虹燈及「五顏六色的迷你摩天樓」來裝飾位於半島西部花崗岩高峰之間的聖城，他反對的言論仍帶有超然、怯懦的局外人立場。（要是他見到現在伊斯蘭誕生地光彩奪目的街道，一定會震驚無比。）但撇開這些反諷，除了天候及食物造成的腹痛，賈拉勒．艾哈邁德感受到許多前往麥加的人都有的那種融入群眾的感覺，大家放棄民族和階級的差異，穿上白色、開解的朝覲制服，為同樣的真主進行同樣的儀式。「我開始行伏地禮，」艾哈邁德這麼描述在麥加大清真寺裡的儀式性禱告，「當我再次抬頭，全部的人……排列整齊，從門柱和屋頂的這端到那端。這是全人類最大的集會，聽從一道命令在這片天空下齊聚一地。歸根究柢，這個集會一定具有某種意義。」[72]

確實有。他在美國認識的巴基斯坦朋友告訴他，在她的國家，知識分子正往後退，離開讓他們與一般民眾產生隔閡的世俗主義，重新融入穆斯林的身分認同。這就是艾哈邁德晚年的轉向。儘管他讚美聖職人員（獲得何梅尼的回應），儘管麥加朝聖讓他心滿意足，但他離完美的信徒還很遠，一九六七年，有人問他對演化和神造論的看法，他好像在回答自己喜歡椰棗還是蜂蜜一樣。「在這兩者之間──也就是演化的假定或推測，與神造的故事之間──我喜歡故事。為什麼？因為它是詩……你喜歡哪個版本，就接受哪個版本吧。」以為會有更明確的答案來透露賈拉勒．艾哈邁德的宗教信念──較庫特布式的答覆──在場一些人打斷他：「不可接受。」[73]

一九六九年，不過四十六歲，已一頭白髮的艾哈邁德死於心臟病。死前他一直為一個夭折的政治聯盟悲傷，難過自己和席敏生不出孩子，也如史學家羅伊・莫塔德（Roy Mottahedeh）所說：「哀悼看似注定滅絕、無可挽回的文化遺產……他的希望正在落空。」[74]

結果，雖然有美國做後盾的沙阿政權看似固若金湯，賈拉勒・艾哈邁德的希望——建立反抗軸心、聯合烏里瑪和認清自己屬於伊朗文化的知識階級——將迅速實現。王室的傲慢、過熱的經濟，和挾帶本身的價值觀蜂擁而入的西方人（一九七〇年代中期約有兩萬五千名美國人住在伊朗）都推波助瀾。拜油價在一九七二及七三年飆漲所賜，國家歲入暴增八倍，全世界的業務員都跑來德黑蘭。一如前舅子埃及國王法魯克一世，也像一八六〇年代的伊斯梅爾帕夏，二十世紀後半的伊朗君主，誤將他的權力當成為所欲為的通用許可。他沉迷於唯有獨裁者才會硬幹的夢想，更改曆法、實施一黨專政、廣邀世界領導人在波斯波利斯的廢墟上舉行一場愚不可及的宴會。還有——清楚顯示他心裡住了個無可救藥的飆仔——他訂了不是一架、而是兩架協和號超音速客機。

沙阿控制不住景氣。一九七〇年代中葉通貨膨脹升高、抑制信貸措施上路、成長失控振盪。投資銳減、許多花大錢受教育的年輕人不是失業就是從事低賤的工作。在此同時，許多較貧窮的伊朗人——留在艾哈邁德摯愛村子裡的人、擠進大城鎮邊緣簡陋木屋裡的人——仍過著沒有自來水等基本設施的日子。

艾哈邁德有滿腹懷疑——受到太多啟蒙運動的影響——而無法為他在《迷醉西方》鑑定出的問題提供解方。結果，那交由另一位公共知識分子，社會學家和非神職傳教士阿里·沙里亞蒂（Ali Shariati）結合他在一九六〇年代學到的反殖民主義（他是法國東方學家路易斯·馬西尼翁〔Louis Massignon〕的學生，還把法農的作品譯成波斯文）和什葉派反抗不正義的概念，在此過程提出一種革命性的意識形態，來將中產階級政治化、將國家猛然推向革命。

生於一九三三年——晚賈拉勒·艾哈邁德十年——沙里亞蒂沒留鬍子、髮線漸高、會打領帶，而他的妻女因為沒遮住頭髮，是虔誠信徒抨擊的對象。對於一九七〇年代初期在繁榮的北德黑蘭聚集聽他演說的廣大群眾（在道奇汽車公司〔Dodge Motor Company〕資助的演講廳）而言，沙里亞蒂揭示的伊斯蘭要汲取伊瑪目的殉教精神，成為反叛的動力。他說，伊斯蘭既是「一種意識形態，也是意在建造無階級自由社會的社會革命。」[75]獨裁政府，他繼續說，唯有靠武力才能推翻。沙里亞蒂的伊斯蘭顯然打算發揮像類固醇而非鴉片的作用，而他對艾哈邁德「純正」伊朗的懷念，又被戰鬥精神強化。回應沙阿對伊朗古帝國的嚮往——從他常在波斯波利斯辦狂歡派對就看得出來——沙里亞蒂寫道：「我們的人民不記得遙遠的過往……對我們來說，落葉歸根不是指重新發掘前伊斯蘭時代的伊朗，而是回到我們的伊斯蘭，特別是什葉派的根。」

政府懼怕他、不信任他、不斷騷擾他、甚至逮捕他，而鬥志旺盛的沙里亞蒂也找什葉派聖職人員的碴；他們現在分裂成兩派，一派反對沙阿，一派主張與沙阿共存。雖然他本身是穆拉之子，沙里亞蒂卻不靠分析宗教文本建立宗教信念，而是透過「非宗教、甚至反宗教科學家」的路徑。「我沿著這條路前進，用同樣……拒絕承認宗教或否定其形而上根源的語言說話。」[76]

貶低宗教文本，也代表貶低捍衛宗教文本的男人。沙里亞蒂與艾哈邁德對教士大致上肯定的感覺相反，指責他們「封閉的壟斷、專橫、扼殺和僵化」。[77]這種有神但不要神職人員的概念，援用了懷疑謝赫自命權威的悠久傳統。回到一八七〇年代，賈邁勒丁·阿富汗尼自詡是穆斯林的馬丁路德，但菸草抗爭能夠成功，仍仰賴高級聖職人員的統理，而賈邁勒丁本人——在艾資哈爾或什葉派神學院都沒有職位的自由職業者——最終遭到忽視，沒沒無聞。從艾哈邁德·卡斯拉維抱怨欺騙是神職人員的「正字標記」，到庫特布準備擺脫艾資哈爾、要求伊斯蘭起而行動等等，現代的信仰，正被謝赫掌控不住的外力所形塑。最新的一位是沙里亞蒂（受庫特布啟發），但儘管他成功讓什葉派伊斯蘭與反抗結合，他仍無法將反教權主義挺入正在蓄積的「反沙阿運動」核心。

伊朗太空時代的「馬丁路德」在一九七七年六月於流亡途中死於心臟病。次年元月，王室在一份報紙惡意誹謗何梅尼，反倒激起一連串的抗爭；抗爭在接下來愈演愈烈，迫使沙阿在一九七九年元月十六日逃離伊朗。沙里亞蒂已不在舞台，因此何梅尼和革命先鋒部隊其他成員得以挪用他什葉派革命潛力的概念，結合了十分吸引人的教權權威。一九七九年二月，當大批群眾迎接何梅尼從十六年的流亡歸來，事實證明大多數伊朗百姓還沒做好準備，接納沒有神職人員的伊斯蘭。何梅尼搭乘的法國航空包機，降落在梅赫拉巴德國際機場（Mehrabad International Airport），無可避免地被比作失蹤的十二伊瑪目回歸了。

逃亡的沙阿獲得朋友埃及總統沙達特的接納，並於一九八〇年七月因癌症客死埃及。十五個月後，他的東道主也遭槍殺。同一時刻，何梅尼建立了他的伊斯蘭共和國。由於輕蔑西方唯物論、又對聖戰充滿熱情（現正針對薩達姆・海珊〔Saddam Hussein〕的伊拉克無神論政黨阿拉伯復興黨〔Baathism〕徹底執行，也就是從一九八〇年到一九八八年殘暴的兩伊戰爭），這個世上第一個伊斯蘭神權國家，被廣為詮釋成伊朗回到中世紀的信號。

這不正確。沙阿被廢黜是伊朗努力限制君主權力的高潮，那始於一八五〇年代廚師之子埃米爾・卡比爾擔任總理，促成憲政革命及其動盪餘波。政體改變本身就是重大的革新；那違背一千多年來伊斯蘭的正統——視這樣的劇變會觸怒真主。另外，伊朗伊斯蘭共和國有明顯的現代特色。那大量灌注了民族主義，反阿拉伯的情感在兩伊戰爭期間節節高漲，因為海珊得到其他阿拉伯國家的支持；另外，伊朗透過計畫實現經濟重配的社會主義思想。儘管形式為神授政府，但這個新國家的制度包括民選總統、國會、各級政府部門，這些都是一個普世一致的現代變體；這個主題可一路回溯至一七九八年拿破崙管理埃及的貴族議會「迪旺」。而儘管伊斯蘭啟蒙運動許多偶然的收穫，例如女權，自此不是陷入停滯就是反轉（例如女性又被強制包頭巾了），追求進步的壓力仍不可抗拒。伊斯蘭共和國將讓受過教育的年輕伊朗女性人數推上新高——二〇〇〇年代中期，全國超過一半的大學畢業生是女性——也把國家帶入了核子時代。

儘管如此，不可否認的是，對於許多和啟蒙運動息息相關的價值觀而言，這場伊斯蘭革命是一大挫敗。伊朗把一種壓迫性的政府換成另一種，而史上第一次，什葉派的穆拉掌管了一個國家。許多何梅尼的支持者都和賈拉勒·艾哈邁德一般懷舊、像阿里·沙里亞蒂一般好戰、跟賽義德·庫特布一樣偏執。他們齊聲反對現代形式的文化及政治帝國主義，而這之所以為人民接受，是因為他們受夠了被當成財物一般對待，渴望精神的饗宴和文化的本真。

在土耳其，這個東西文化傳統的交會點，二十世紀後半伊斯蘭和現代化的難題產生了一種不具革命性、而需要政權和平轉移的政治。革命性的伊斯蘭主義在這個甫走出創傷、依賴穩定政府結構的年輕國度沒有太大的吸引力。相反地，統治中的「凱末爾主義」政府（因遵循凱末爾·阿塔圖克的理念而得名）僅重視有限度的伊斯蘭虔誠，因為那是一堵阻擋共產主義的牆。

一九六〇和七〇年代，土耳其革命派大多是馬克思或托洛茨基主義分子（Trotskyites），而虔誠的大眾大多極為保守。如果那時的土耳其沒有產生像庫特布影響如此深遠、或像賈拉勒·艾哈邁德那麼具原創性的思想家，這是因為這個國家的伊斯蘭主義者沒那麼在乎闡述伊斯蘭政府或本土反抗的理論，而比較關心如何把可觀的群眾支持轉化成真正的權力。

二戰過後——在伊斯麥特·伊諾努領導下，土耳其巧妙地避開了二戰——阿塔圖克的遺產逐漸被拋棄。但事實證明冷戰更不可抵抗，於是這個阿塔圖克留下的國家變得更明確地傾向西方，甚至在一九五〇年代初期的韓戰，派了頗具規模的部隊投入反共陣營——兩千五百名土耳其士兵沒有回來——並於一九五二年加入北約。在此同時，隨著民選政治人物委婉地損害凱末爾主義的遺產，政教分離、民主和虔敬之間的盤根錯節才暴露出來。

濫觴於一九四〇年代晚期的多黨政治，提供了一個解決困境的機會，而一九五〇年，當選民有機會藉由投票讓虔誠派反對黨民主黨（Democrat Party）執政，他們立刻就這麼做了，結果便是宗教價值觀得到緩慢、謹慎地重建。一九三二年阿塔圖克禁止用阿拉伯語宣禮；這項禁令被撤銷（幾乎一夕之間，全國各地都恢復用阿拉伯語宣禮），宗教教育和穆斯林重建雙雙起飛。

土耳其新伊斯蘭主義的反對者是凱末爾主義權勢集團，阿塔圖克一黨專政的世俗政府，他們建構了一個以軍方和官僚為中心的統治菁英。一如埃及（伊朗則不然），土耳其軍方對平民政治仍有強大的掌控力，一九六〇到一九八〇年間，軍方將領三度推翻他們覺得太伊斯蘭主義或者會使國家陷入混亂的民選政府。只要嘴巴上支持凱末爾主義即獲准參政，但隨時有被軍方逮捕和入獄的可能，土耳其親伊斯蘭的政治人物遂發展出一套著重滲透而非革命的伎倆；他們收買政府，而非推翻政府。

土耳其三次軍事政變中，最後一次也是最重要的一次，反倒在不經意間幫助伊斯蘭主義者達成目標。一九八〇年五月土耳其軍方推翻了蘇萊曼．狄米瑞（Suleyman Demirel）不穩定的中間偏右派政府，緊接著有六十五萬人被拘捕、超過一百五十萬人被禁止受雇於公共部門。許多人被嚴刑拷打，使整個國家大半活在恐懼之中。雖然伊斯蘭主義者也受波及，但首當其衝的是土耳其左派，加上冷戰於一九八九年結束，使土耳其社會主義不再是主要的政治勢力。一九八〇年以前，土耳其伊斯蘭主義者仍跟左派激烈纏鬥，現在他們可以專心滲透凱末爾主義的機關，如軍方、警方和公務體系了。不到四分之一個世紀，這場人與思想的漸進式運動，不像伊朗和埃及分別體現在革命和一波又一波的動亂與鎮壓上；土耳其的伊斯蘭主義者，已合法取得政府的掌控權。

結論

隨著埃及民主化失敗、伊朗發生革命、土耳其一派伊斯蘭主義者掌權後轉為獨裁，伊斯蘭啟蒙主義的故事，包括它不和諧的反啟蒙終曲，似乎在一九八〇年左右走到終點。現在我們很難看到中東有任何支持自由、人道主義原則的全面性運動，只看得到他們向暴力和派系仇恨滑動。確實，隨著二〇〇三年英美聯軍攻占伊拉克卻失敗而回，二〇一一年阿拉伯之春胎死腹中，以及土耳其在艾爾多安的領導下從革新的社會演化成貪腐的獨裁社會，我們很容易做出這樣的結論：伊斯蘭啟蒙運動是個以失敗收場的「有趣概念」；這本書介紹的種種偉大思想運動、生活方式和政治組織，終究承受不住它們原欲推翻的傳統與保守主義。

然而，若就此認定信仰與理性的鬥爭是由信仰獲勝，那就錯了，而且不只是伊朗展現的特殊主義如此（那在政治上仍持續由一個強有力的改革派主宰）。事實上，傳統與現代之間的「對抗」一語已重新定義。就如同何謂「真正」伊斯蘭的惱人爭論，訴求與反訴求，充斥著現代伊斯蘭的身分認同。在伊斯蘭史上很少看到遜尼派狂熱分子如此堅持地宣稱什葉派是該死的異教徒；其他穆斯林則露骨直言那些狂熱分子奉行的不是伊斯蘭而是野蠻。在此同時，技術、素養和現代的個人崇拜，也允許人民依照自己的喜好實踐伊斯蘭。

綜觀伊斯蘭大部分的歷史，同質化反對多樣化。鄂圖曼帝國的城市中心是由數個毗鄰的社區組成的，但鄰近未必會帶來同情，更別說仿效。[1] 宗教和世俗的權威，同樣試著把信仰的實踐歸併成數量有限的學校和舉止。賈巴爾迪強烈反對許多同胞實行的聖徒崇拜，納賽爾丁沙阿對巴比教和巴哈伊教的殘暴反應，表現出一種過敏：害怕現代的先知會構成威脅。更近期以來，同質化遭受技術和個人解放倫理的挑戰——那已經從世俗跨入宗教領域了。個人信仰版本的出現，部分是十九、二十世紀傳統遜尼派教士式微的結果。部分是源自現代生活的錯亂。

有巴基斯坦血統的英國穆斯林或許會查看激進的網路長文，而非陪同爸媽去當地清真寺聆聽傳統、與政治無關的布道。感受到當地人疏遠的法國穆斯林，伊斯蘭或許比較不像信仰的規範，而比較像是對種族歧視和伊斯蘭恐懼症的反制，而他們也許對他們擁護的信仰所知不多。是什麼把這些憤怒、通常資訊不足的穆斯林，跟具有企業家精神、舉行蘇非派禱告會、投入洛杉磯郊區慈善事業的伊朗裔美國人，或其傳教網掌握全球數百所學校、宣揚跨宗教和睦而被控企圖推翻土耳其政府的土耳其傳教士法圖拉・葛蘭（Fethullah Gulen）連在一起呢？我們完全無法確定這些人是否屬於同一個共同體，還是互異、對立的社群。所謂的「伊斯蘭」，其實範圍甚廣。

另一方面，有無數人的世界觀已受到伊斯蘭信仰和習俗形塑，當然也有無數人雖然尊重祖先的道德訓誡，在儀式上卻馬馬虎虎。他們也自認是穆斯林；就其世俗世界觀和相對開明的價值觀而言，他們代表伊斯蘭啟蒙運動成功的部分。

這些例子顯示，伊斯蘭與非伊斯蘭世界地理分界線的崩解，對於我們今日所見五花八門的伊斯蘭，有深刻的影響。伊斯蘭不是安定的實體。它已潰堤，不滿與欲望澎湃洶湧，可立刻被辨識為與現代化痛苦較量的結果。許多在歐洲土地上從事自殺攻擊的「戰士」，其實對伊斯蘭一無所知；他們的仇恨比較是心理的不穩定，以及一場更廣泛的失敗——無法調和伊斯蘭價值觀與在一九六〇年代後愈趨放蕩、拜金的現代社會——的產物。自殺炸彈的現象與報導它的媒體密不可分；經由智慧型手機或穿戴式攝影機錄影，透過社群媒體傳播，這樣的行為可能被視為一種「極端自拍」——某種程度是我們自戀時代的純正產物。西方所發生一些最糟的「伊斯蘭」攻擊是由生活混亂、犯罪和享樂的男人操刀。很難將「穆斯林」的標籤貼在這些對信仰的實踐如此膚淺的人身上。這些驚世駭俗的穆斯林，已經受過現代化溫室的栽培。

然而，儘管伊斯蘭啟蒙運動表面上暫時中止，與它有關的歷史性轉變依然持續。二〇〇九年夏天，伊朗的綠色運動（Green Movement）動員了數百萬人針對國家強硬領導階層操縱的選舉結果，發動規模驚人的抗議；在德黑蘭，抗議人士（其中許多是女性）告訴我，憲政革命的目標終於達成。兩年後，阿拉伯之春給了在一次世界大戰落幕時被歐洲殖民主義拒予民族自決、此後一直由軍隊出身的暴君統治的民眾，實現遲來滿足的希望。在開羅，革命派人士告訴我，胡斯尼．穆巴拉克（Hosni Mubarak）專制暴政的垮台，讓他們更有勇氣打擊住家附近由來已久的統治階級；埃及人想重新檢討他們面對權威時的順從態度，而似乎沒有任何既有的結構，不論是家庭、職場或大學，能夠免疫於這股渴望。緊接著，二〇一三年，土耳其也爆發類似規模和強度的抗爭，反對艾爾多安毫無包容力的政府。

這些平民意志的展現，都沒有達到真正的目標，當然不代表激發它們的動力已悄然遠去。伊朗的綠色運動先是遭到鎮壓，五年後在溫和改革派的哈桑．羅哈尼（Hassan Rouhani）當選總統後獲得平反。穆斯林兄弟會二〇一二年在埃及建立的政府因無能又不信任民主，隔年就在軍方領導的反革命中被推翻；而土耳其的抗爭給了艾爾多安所需的一切藉口，來對他的國內政敵發難。在此同時，敘利亞、利比亞等地的內戰，加上貧窮及氣候變遷，迫使數百萬穆斯林移入歐洲。這些微不足道的少數族群來到西方，並非為了把西方變成伊斯蘭哈里發國。他們來西方，是為了能享用在他們自己國家出了差錯的啟蒙運動果實。

本書大部分的內容，討論了伊斯蘭世界與一些率先於歐洲闡述的思想所發生的關係。這個關係在一七九八年時，宛如狂風暴雨、猛烈無常，今天依然如此。但我希望我闡明的許多思想，例如個人的價值、法律、科學、代議政體的益處，已迅速獲得採納——而且是如此不著痕跡，以至於現已成為伊斯蘭思想與社會的純正特徵。

當然，在這段融合與同化的過程期間，西方本身也非站著不動，他們以本書人物完全想像不到的方式，拓展了人類的極限和可能。有些後啟蒙時代生活的表現形式，不論在社會上（例如譴責傳統家庭）或宇宙上（例如科學帶來長生不死的撩人希望），對許多穆斯林來說意味著令人厭惡的傲慢。對後宗教時代的基督教社會來說，伊斯蘭仍是弟妹，它雖已內化許多現代的概念，但仍堅持西方已大抵喪失的精神面向。這就是啟蒙後的伊斯蘭，由賈邁勒丁・阿富汗尼和穆罕默德・阿布都勾勒、賈拉勒・艾哈邁德賦予人性、賽義德・庫特布灌注熱力的伊斯蘭，永不安寧，被矛盾圍攻的伊斯蘭。它一定會繼續戳著我們，讓我們百思不得其解。

致謝

我在圖書館花了三年時間為這本書做研究和撰寫，大多時候安靜無聲。或許有人以為這類工作虧欠的恩情，會比新聞寫作來得少，畢竟新聞寫作要仰賴許多在世者的善意——他們的故事、他們的包容和收留。出乎意料地，寫這本《伊斯蘭啟蒙運動》讓我負債累累，因為雖然構想是我的，文字是我的，但沒有其他許多人的才智、鼓勵和批評指教，它不可能誕生。《伊斯蘭啟蒙運動》是一個作者多數時候在大英圖書館的一個房間裡所寫，集合眾人的心血之作。

不論書目或洋洋灑灑的註腳，都無法充分描述我從其他多位作家身上汲取的靈感和資訊。現在，是時候向胡安．科爾（Juan Cole）的出眾才華、珍妮特．阿法理（Janet Afary）的創新社會史和馬克斯．羅登貝克（Max Rodenbeck）有見地的現代分析聊表謝意了。假如沒有彼得．格蘭（Peter Gran）的嘔心瀝血之作，我就寫不出哈桑．阿泰爾的段落；我同樣感激丹尼爾·紐曼（Daniel Newman）引介他優美的里發·塔哈塔維遊記譯本，我才能記述現代埃及之父。埃胡德·托萊達諾（Ehud Toledano）的著作對我奴隸制度沒落的紀錄不可或缺，而沒有妮基·凱迪（Nikki Keddie），賈邁勒丁·阿富汗尼的段落將索然無味。我對十九世紀伊朗的了解受惠於阿巴斯·阿馬納特（Abbas Amanat）的學術成就，尼亞齊·伯克斯（Niyazi Berkes）則是我寫土耳其時的固定夥伴。菲利普·曼塞爾（Philip Mansel）對伊斯坦堡和亞歷山大港的研究豐富了我對這兩座城市的認識，理查德·米切爾（Richard Mitchell）和約翰·卡爾弗特（John Calvert）則為我介紹現代的伊斯蘭主義。如果我的字裡行間散發著較古老洞見的光輝，那些是發自馬歇爾·霍奇森（Marshall Hodgson）、阿爾伯特·霍拉尼（Albert Hourani）、派翠夏·克朗（Patricia Crone）、霍馬·卡圖茲安（Homa Katouzian）、羅伊·莫塔希德（Roy Mottahedeh）和伯納德·劉易斯（Bernard Lewis）等恆星。關於中東，不缺輝煌的著作。

同樣重要的是我從學者、學生、朋友和其他作家獲得的私人協助，有時是建議我讀一本我該留意卻尚未留意的書；有時是介紹給我具啟發性和刺激性的思路或對話。他們包括（未按特別順序，並向遺漏的恩人致歉）：約翰·格尼（John Gurney）、內加爾·阿齊米（Negar Azimi）、尤金·羅根（Eugene Rogan）、侯賽因·奧馬爾（Hussein Omar）、諾曼·斯通（Norman Stone）、穆拉特·西維洛格魯（Murat Siviloglu）、克里斯蒂娜·德·貝萊格

（Christina de Bellaigue）、埃里克・德・貝萊格（Eric de Bellaigue）、納德・哈希米（Nader Hashemi）、丹尼・波斯特爾（Danny Postel）、莫森・米蘭尼（Mohsen Milani）、保羅・盧夫特（Paul Luft）、阿里・德巴希（Ali Dehbashi）、休・埃金（Hugh Eakin）、阿巴斯・米蘭尼（Abbas Milani）、羅傑・科恩（Roger Cohen）、傑里米・哈丁（Jeremy Harding）、尼古拉斯・伯恩斯（Nicholas Burns）、泰莎・波特勒（Tessa Boteler）、希拉・德・貝萊格（Sheila de Bellaigue）、貝魯茲・阿法格（Behrouz Afagh）和穆罕默德—侯賽因・塞納利（Muhammad-Hossein Zeynali）。我在阿拉伯之春期間於埃及和突尼西亞與BBC合作，以及後續幾年在土耳其和伊朗與《衛報》和《紐約書評》合作的新聞工作，讓我在書寫過往時不致忽略當代。所以，感謝我在那些公司的編輯：羅伯特・西爾弗斯（Robert Silvers）、英尼斯・鮑恩（Innes Bowen）和喬納森・謝寧（Jonathan Shainin）——他勇敢地允許我在二〇一五年《衛報》的「長路」（Long Road）專欄試驗我的構想：〈別再號召伊斯蘭啟蒙運動〉（Stop Calling for an Islamic Enlightenment）。

我也想要感謝大英圖書館亞非研究閱覽室（Asia and African Studies Reading Room）的阿琳・卡倫德—布萊克（Arlene Callender-Blake）和瑪麗・劉易斯（Marie Lewis）。他們是專業圖書館員的模範，但在漫長的冬季午後支持我、讓我不致沉沒的，是他們的淘氣和幽默。

《伊斯蘭啟蒙運動》是本涵蓋許多領域的大書。交初稿時，那鬆散又凌亂。里福萊特出版社（Liveright）的鮑勃．威爾（Bob Weil），秉持優良傳統的編輯，剛柔並濟地使它成形。他在我毫無戒心的原稿上留下的塗鴉和花體字是藝術品。緊接著是「Bodley Head」出版社的約格．亨斯根（Jörg Hensgen）和安娜—索菲亞．沃茨（Anna-Sophia Watts），他們在斯圖爾特．威廉姆斯（Stuart Williams）親切地監督下以法醫般的專心致志一字一句檢視文本，提出問題並加以改善，以求讓文本盡可能清楚、連貫遞交到文字編輯凱瑟琳．弗萊（Katherine Fry）之手。在紐約，史蒂夫．阿塔多（Steve Attardo）設計了華麗的書封，而這本書準備交給菲爾．馬里諾（Phil Marino）、彼得．米勒（Peter Miller）和瑪麗．潘托揚（Marie Pantojan）發行，在英國則要感謝朱莉婭．康諾利（Julia Connolly）醒目的封面設計，也感謝艾丹．奧尼爾（Aidan O'Neill）撰寫宣傳簡介。

經紀人的首要工作是找到最好的出版社，而在這方面，彼得．斯特勞斯（Peter Straus）和梅蘭妮．傑克遜（Melanie Jackson）沒得挑剔。但他們不只是出色的媒合者。我愈是感受到他們對寫作的愛，就愈覺得自己有他們作為代表是何其光榮。

最親愛的，內人碧妲（Bita）可說看著《伊斯蘭啟蒙運動》從萌生到長大。她的恩情似海，我永遠償還不了。

註釋

前言

1 Cole, Juan, *Modernity and the Millennium*, 9.
2 Lyons, *The House of Wisdom*, 124.
3 Rodenbeck, *Cairo*, 151.

一、開羅

1 Herold, *Bonaparte in Egypt*, 97.
2 Al-Jabarti, cit. Rodenbeck, 152.
3 Al-Jabarti, *Chronicle of the French Occupation*, 31.
4 Al-Jabarti, *Merveilles biographiques et historiques ou chroniques*, vol. 6, 74–5.
5 Ibid., 111.
6 Al-Jabarti, *Merveilles biographiques et historiques ou chroniques*, vol. 1, 13.

7 Al-Jabarti, *Chronicle of the French Occupation*, 43.
8 Raymond, *Artisans et commerçants au Caire au XVIIIe siècle*, 346.
9 Al-Jabarti, *Chronicle of the French Occupation*, 29.
10 Ibid., 33.
11 Loc. cit.
12 Cole, *Napoleon's Egypt*, 159.
13 Fourier, *Description de l'Egypte*, vol. 1, 516.
14 Ibid., xvi.
15 Ibid., iii.
16 Al-Jabarti, *Merveilles biographiques et historiques ou chroniques*, vol. 6, 223.
17 Al-Jabarti, *Chronicle of the French Occupation*, 76.
18 Gran, *Islamic Roots of Capitalism*, 79.
19 Ibid., 189–90.
20 Marsot, *Egypt in the Reign of Muhammad Ali*, 273.
21 Lane, *An Account of the Manners and Customs of the Modern Egyptians*, vol. 1, 129.
22 Marsot, *Egypt in the Reign of Muhammad Ali*, 127.
23 Paton, *A History of the Egyptian Revolution*, vol. 2, 97.
24 Hamont, *L'Egypte sous Méhémet-Ali*, 437.
25 Tucker, *Women in Nineteenth-Century Egypt*, 27.
26 Ibid., 88.

27 Paton, *A History of the Egyptian Revolution*, vol. 2, 243.

28 Mansel, *Levant*, 61–3.

29 Ibid., 68.

30 Hamont, *L'Egypte sous Méhémet-Ali*, ii, 336.

31 Paton, vol. 2, 286.

32 雷恩會寫下《現代埃及人的舉止與習慣》（*Account of the Manners and Customs of the Modern Egyptians*）這部經典不是想要記錄新埃及——他遺憾地承認那必將產生——而是記下正被消除的埃及。他的書其實更適合這個書名：《中世紀埃及人的舉止與習慣》。蘇格蘭畫家大衛・羅伯茲（David Roberts）也對埃及福樓拜式的形象有所貢獻，在一八四〇年代繪下中世紀埃及的全景。對許多外國人來說，最誘人的埃及始終是想像中那個永遠不變的埃及。

33 Gran, *Islamic Roots of Capitalism*, 103.

34 Delanoue, *Moralistes et politiques musulmans*, vol. 2, 353.

35 Gran, *Islamic Roots of Capitalism*, 106.

36 Ibid., 105.

37 Galland, *Tableau de l'Egypte*, volume ii, 2.

38 Delanoue, *Moralistes et politiques musulmans*, vol. 2, 347.

39 Livingston, 'Shaykhs Jabarti and Attar', 97.

40 Clot, *Aperçu général sur l'Egypte*, vol. 2, 410.

41 Hamont, *L'Egypte sous Méhémet-Ali*, ii, 91.

42 Paton, vol. 2, 287.

43 Gran, *Islamic Roots of Capitalism*, 128.
44 Ibid., 130.
45 Delanoue, *Moralistes et politiques musulmans*, vol. 2, 355.
46 Silvera, 'The First Egyptian Student Mission', 14.
47 Ibid., 9.
48 Tahtawi, *An Imam in Paris*, 261.
49 Ibid., 150–2.
50 Ibid., 246.
51 Ibid., 233.
52 Ibid., 249.
53 Lane-Poole, *Life of Edward William Lane*, 70.
54 Tahtawi, *An Iman in Paris*, 252.
55 Burlamaqui, *Principles of Natural Law*, 3.
56 Tahtawi, *An Imam in Paris*, 323.
57 Ibid., 324.
58 Ibid., 49.
59 Delanoue, *Moralistes et politiques musulmans*, vol. 2, 450.
60 Tahtawi, *An Imam in Paris*, 182.
61 Delanoue, *Moralistes et politiques musulmans*, vol. 2, 362.
62 賈巴爾迪用「hurriya」表示的自由是奴隸的反義詞。對里發來說那意味「正義與公平」。後來這個詞才呼應法文的「liberté」，代表政治及社會自由。隨著歐洲帝國主義崛起，「hurriya」代表脫離殖民政權的自由，後來在阿拉伯之春時，又回到先前較有限的意義。

63 Tahtawi, *An Imam in Paris*, 92.

64 他在處理「天氣」這種獨特的歐洲概念時，就沒有那麼成功了。法文是「時間」（temps）來表示。里發盡責地用阿拉伯文的時間「al-żaman」來表示。沒人懂。

65 Tahtawi, *An Imam in Paris*, 46.

66 Hourani, *Arabic Thought in the Liberal Age*, 71.

67 Tahtawi, *An Iman in Paris*, 359.

68 Delanoue, *Moralistes et politiques musulmans*, vol. 2, 482.

69 Ibid., 449.

70 Ibid., 429.

71 Ibid., 426.

72 Ibid., 433.

73 Kyle, Keith, *Suez*, 14.

74 De Leon, *Egypt under its Khedives*, 160.

75 Douin, *Histoire du règne du Khédive Ismail*, vol. 2, 41.

76 Ibid., 461.

77 Mansel, *Levant*, 114.

78 無疑地，因為賈巴爾迪對赫迪夫王朝的批判，直到一八七九年，有關當局才准許《紀錄與生平的功業奇蹟》在作者的祖國出版。

二、伊斯坦堡

1 Lewis, *The Emergence of Modern Turkey*, 66.

2 Temperley, *England and the Near East*, 272.

3 Langles, *Diatribe de l'ingénieur Séid Moustapha*, 52.

4 Ibid., 36.

5 Finkel, *Osman's Dream*, 435.

6 Jouannin/Gaver, *Turquie*.

7 Temperley, *England and the Near East*, 19.

8 Jouannin/Gaver, 428.

9 Ibid., 429.

10 Heyd, *Foundations of Turkish Nationalism*, 75.

11 Adnan, *La Science chez les turcs ottomans*, 160.

12 Bianchi, 12.

13 White, *Three Years in Constantinople*, vol. 1, 127.

14 Ibid.

15 DeKay, 153–4.

16 Ibid., 117.

17 Panzac, *La Peste dans l'Empire ottoman*, 292.

18 整體而言，推託做法似乎在諸如希臘東正教之類的少數族群（「齊米」）之間較為普遍，對他們來說，災難是神的詛咒，可透過遷徙、祈禱或在危急關頭屠殺猶太人來抑止。

19 Panzac, *La Peste dans l'Empire ottoman*,

20 Al-Jabarti, *Merveilles biographiques et historiques ou chroniques* vol. 9, 19.

21 Panzac, *La Peste dans l'Empire ottoman*, 468–74.

22 Ibid., 475.

23 Temperley, *England and the Near East*, 27.

24 cit. Berkes, 105.

25 Gibb, *A History of Ottoman Poetry*, vol. 6, 19.

26 Mansel, *Constantinople*, 252.

27 Ibid., 260.

28 Davison, *Reform in the Ottoman Empire*, 97.

29 MacFarlane, *Constantinople in 1828*, vol. 2, ii, 267.

30 Mason, 234.

31 另一種鎮壓是針對帝國許多非正統穆斯林所為，包括阿列維派（Alevis）等親什葉派的群體；沒有米利特的地位或保護他們的外國勢力，他們任憑所有討厭他們的官員宰割。

32 Berkes, 149.

33 MacFarlane, T*urkey and its Destiny*, volume II, 268.

34 Ibid., 295.

35 Gibb, *A History of Ottoman Poetry*, vol. 5, 3.

36 Mardin, *The Genesis of Young Ottoman Thought*, 266.

37 White, *Three Years in Constantinople*, vol. 2, 157–9.

38 Walsh, *A Residence at Constantinople*, vol. 2, 283.
39 Gibb, *A History of Ottoman Poetry*, vol. 5, 22.
40 Tanpinar, *Asir Türk*, 169.
41 Mardin, *The Genesis of Young Ottoman Thought*, 265.
42 Lewis, *The Emergence of Modern Turkey*, 144.
43 Sinasi, *Makaleler*, 6–10.
44 Ibid., 23.
45 Ibid., 103.
46 麥考利男爵（Macaulay）也以同樣的心境描述過倫敦最早的街上照明（由愛德華・海明〔Edward Heming〕這位聰明的「設計師」取得專利），說雖然那為居民的生活帶來顯著的進步，「黑暗的起因卻不是毫無防備。那個年代有愚人極力反對採用那種稱為新光的東西，正如我們這個年代也有愚人反對疫苗和鐵路……在海明取得專利的多年後，倫敦仍有廣大地區看不到街燈。」（《英格蘭史》第一卷：*History of England*, vol. 1, Longman, Brown, Green and Longmans, 1861, p. 565）
47 Ebuzziya, *Sinasi*, 150.
48 Ibid., 253.
49 Ibid., 233.
50 後來失傳了：謠傳那被燒毀，但也可能埋藏於某間法國圖書館，沒被認出來。
51 Tanpinar, *Asir Türk*, 165.
52 Siviloglu, 'The Emergence of Public Opinion in the Ottoman Empire', 171–3.
53 Budak, *Munif Pasa*, 547.

54 Lewis, *The Emergence of Modern Turkey*, 147.

55 Davison, *Reform in the Ottoman Empire*, 34.

56 Ibid., 85.

57 Ibid., 75.

58 Findley, 117.

59 不同於早期新教信仰的倡導者立刻看出古騰堡的活字印刷是傳播思想的利器，穆斯林裡的虔誠派卻指責印刷術是最神聖的文字組合該防禦的侵略者。直到一八七四年才有第一部阿拉伯文的《古蘭經》被印刷出來，比分別出自牛津和巴黎印刷機的英文和法文《古蘭經》譯本足足晚了兩百年。

60 Siviloglu, 'The Emergence of Public Opinion in the Ottoman Empire', 160.

61 Davison, *Reform in the Ottoman Empire*, 69.

62 Kuntay, *Namik Kemal*, vol. 2, 164.

63 Kaplan, 113.

64 把義大利換成土耳其，威爾第要出征的戰士羅蘭多（Rolando）囑咐兒子的價值觀，會贏得凱末爾本人喝采。「告訴他，他流著義大利的血，」羅蘭多這麼吩咐男孩的母親：「信神，叫他敬愛祖國。」

65 Tanpinar, *Asir Türk*, 324.

66 Berkes, 209.

67 Davison, *Reform in the Ottoman Empire*, 204.

68 伊斯蘭和民主這兩種思想向來不令人滿意的結合，可以在下列各處見到：一九五六、一九六二和一九七三年修飾宗教性的巴基斯坦憲法；伊朗伊斯蘭共和國的立國文件（在一九七九年革命後生效）；以及二〇一二年穆罕默德・穆爾西（Muhammad Morsi）版的埃及憲法——僅維持七個月，這位埃及首位穆斯林兄弟會的國家元首就被一場軍事政變擊倒。

69 Kuntay, *Namik Kemal*, vol. 2, 535.

70 Lewis, *The Emergence of Modern Turkey*, 142.

71 Kaplan, 106.

72 Ibid., 129.

73 Berkes, 212–13.

74 Davison, *Reform in the Ottoman Empire*, 224.

75 Kaplan, 80.

76 Kaplan, 90.

77 Kuntay, *Namik Kemal*, vol. 2, 527.

78 Davison, *Reform in the Ottoman Empire*, 152.

79 Siviloglu, 'The Emergence of Public Opinion in the Ottoman Empire', 218.

80 Hawgood, *Modern Constitutions since 1787*, 140.

81 Finkel, *Osman's Dream*, 488.

82 Midhat, *The Life of Midhat Pasha*, 213.

83 Davison, *Reform in the Ottoman Empire*, 403.

84 Lewis, *The Emergence of Modern Turkey*, 170.

三、德黑蘭

1 Greaves, 'Relations with European Companies', 353.

2 Algar, *Religion and State in Iran*, 38.
3 Tabatabai, *Dibachei dar Nazariyeh-ye Enhetat-e Iran*, 221.
4 Morier, *A Second Journey*, 199.
5 Drouville, *Voyage en Perse*, 251.
6 Morier, *A Second Journey*, 217; Kotzebue, *Narrative of Journey into Persia*, 153.
7 Green, *The Love of Strangers*, 8.
8 Atkin, *Russia and Iran, 1780–1828*, 110.
9 Ibid., 135; Wright, *The English Among the Persians*, 50.
10 Wright, *English Among*, 51.
11 Morier, *A Second Journey*, 213.
12 Drouville, *Voyage en Perse*, 255.
13 Morier, *A Second Journey*, 209, 210.
14 Ouseley, *Travels in Various Countries of the East*, vol. 3, 16.
15 Atkin, *Russia and Iran, 1780–1828*, 137.
16 Wright, *The Persians Among the English*, 73.
17 Ouseley, *Travels in Various Countries of the East*, vol. 3, 16.
18 Green, *The Love of Strangers*, 3.
19 Mirza Saleh, *Majmueyi Safarnamehha*, 92–3.
20 其中一位早期紀錄者是商人兼教會聖職人員阿卜杜—拉提夫．舒什泰利，他在這個世紀初寫下許多他住加爾各答和孟買時從英國人身上打聽到的資訊，不過他的物理學靠不住——他預言挖掘蘇伊士運河會淹沒世界，讓世界沉沒。

21 Saleh, *Majmueyi Safarnamehha*, 113.

22 Green, *The Love of Strangers*, 9.

23 Saleh, *Majmueyi Safarnamehha*, 245.

24 Green, *The Love of Strangers*, 72.

25 Saleh, *Majmueyi Safarnamehha*, 277.

26 Ibid., 283.

27 Ibid., 285.

28 Ibid., 293.

29 他的資料來源很可能包括大衛・休謨（David Hume）具權威性的《英格蘭史》。

30 Tabatabai, *Dibachei dar Nazariyeh-ye Enhetat-e Iran*, 271.

31 Saleh, *Majmueyi Safarnamehha*, 435.

32 這或許可以拿來跟伊斯梅爾帕夏能夠輕鬆開闢一條貫穿開羅市中心的穆罕默德阿里大道、趕上蘇伊士運河啟用的情況做比較。

33 Saleh, *Majmueyi Safarnamehha*, 295.

34 Green, *The Love of Strangers*, 302.

35 Farman Farmayan, 'The Forces of Modernisation in Nineteenth-century Iran', 123.

36 Ibid., 122.

37 Green, *The Love of Strangers*, 310.

38 Amanat, *Pivot of the Universe: Nasir al-Din Shah and the Iranian Monarchy*, 75.

39 Wright, *Persians*, 82.
40 Kelly, *Diplomacy and Murder in Tehran*, 193.
41 Adamiyat, *Amir Kabir va Iran*, 54.
42 Amanat, *Pivot*, 77.
43 Ibid., 112.
44 Ibid., 123.
45 Encyclopaedia Iranica, Algar, Hamid, *Amir Kabir, Mirza Taqi Khan*
46 Algar, *Religion and State in Iran*, 134.
47 Adamiyat, *Amir Kabir va Iran*, 188.
48 Sheil, *Glimpses of Life and Manners in Persia*, 249.
49 Ibid., 251.
50 Ibid.
51 Ibid.; Amanat, *Pivot*, 162.
52 Adamiyat, *Amir Kabir va Iran*, 495–6.
53 這位埃米爾過世七年後，一位為沙阿服務的奧地利醫生拜訪菲恩宮殿時，發現浴室的牆仍血跡斑斑。
54 現代巴哈伊教的國際性和普遍性，在它最大的禮拜場所顯露無遺。位於新德里的蓮花寺（Lotus Temple，建築由巨大花瓣組成而得名）是由伊朗人設計、印度人出資、一家英國公司用希臘大理石建造。二〇〇一年共有七千萬人造訪，其中大部分是印度人，使之名列世界最受歡迎的觀光勝地。
55 Amanat, *Resurrection and Renewal*, 133.
56 Ibid., 148.

57 Amanat, *Pivot*, 217.
58 Browne, *Materials for the Study of the Babi Religion*, 270.
59 Ibid., 139.
60 巴哈伊教的起點不會與維多利亞年代所攪拌的異教徒信仰雜燴，包括玄學、神祕主義和轉世化身等格格不入。不同群體間亦有交流。一九一一年巴哈歐拉的兒子和繼承人阿博都巴哈（Abdulbaha）在倫敦對神智學協會（Theosophy Society）發表演說，暢談父親一統信仰、團結人類的信念——這也是神智學者的信念。
61 Cole, *Modernity and the Millenium*, 73.
62 Ibid., 36.
63 Ibid., 60.
64 Ibid., 41.
65 Amanat, *Resurrection and Renewal*, 297.
66 Ibid., 299.
67 Nabil, *The Dawn-Breakers*, 270.
68 Mottahedeh, 'Ruptured Spaces and Effective Histories', 64–5.
69 Ibid., 66.
70 這一類的震懾戰術並非伊斯蘭傳統獨有。當印度教神明濕婆（Shiva）的妻子迦梨（Kali）陷入瘋狂，無可阻擋地殺戮與斬首，濕婆發現唯一的解決之道就是躺在她的必經之路上——果不其然，當迦梨的腳底不當地觸碰到他，人就清醒過來了。
71 Hatcher and Hemmat, *The Poetry of Tahirih*, 13–14.
72 數十年後，莎拉．伯恩哈特（Sarah Bernhardt）委託法國劇作家卡蒂爾．孟戴斯（Catulle Mendès）和亨利・安東・朱爾—布瓦（Jules-Bois）撰寫一部關於塔荷蕾的戲，但始終沒有演出。

73 Hatcher and Hemmat, *The Poetry of Tahirih*, 15.

四、漩渦

1 Pamuk, *The Ottoman Empire and European Capitalism*, 17.

2 Issawi, *An Economic History of the Middle East and North Africa*, 152.

3 Ibid., 95–6.

4 Cole, *Colonialism and Revolution in the Middle East*, 198–200.

5 Mansel, *Constantinople*, 328.

6 Findley, 181–2.

7 Cole, *Colonialism and Revolution in the Middle East*, 198.

8 Berkes, 292.

9 Elshakry, *Reading Darwin in Arabic*, 110.

10 Ibid., 76.

11 Ibid., 87.

12 Berkes, 292.

13 Okay, *Besir Fuad*, 80–3.

14 Ibid., 77.

15 Ibid., 100.

16 我敘述希迪阿格的資料是援引自羅賓・克瑞斯威爾（Robyn Creswell）出色的文章：〈第一部偉大的阿拉

伯小說〉（The First Great Arabic Novel）（New York Review of Books, 8 October 2015）。

17 Cresswell, 'The First Great Arabic Novel'.

18 Finn, *The Early Turkish Novel*, 13.

19 Ibid., 19.

20 Lewis, *What Went Wrong?*, 132.

21 Baron, 'Unveiling in Early Twentieth Century Egypt', 373.

22 Amin, *New Woman*, 153.

23 Cooper, *The Women of Egypt*, 183–4.

24 Ettehadieh, *Zanani ke zir-e maghnaeh kolahdari nemudeand*, 20.

25 Amanat, *Taj al-Saltana, Crowning Anguish*, 197–8.

26 Shaarawi, 57.

27 Fahmy, 'Women, Medicine, and Power in Nineteenth-Century Egypt', 40.

28 Baron, 'Unveiling in Early Twentieth Century Egypt', 81.

29 Tucker, *Women in Nineteenth-Century Egypt*, 127.

30 Cole, 'Feminism, Class and Islam in Turn-of-the-Century Egypt', 401.

31 Edith Louise Butcher, *Things Seen in Egypt*, London, 1910, cit. Baron, *Unveiling in Early Twentieth Century Egypt*, 381.

32 Cakir, *Osmanli Kadin Hareketi*, 60.

33 Ibid., 65.

34 Cooper, *The Women of Egypt*, 29.

35 Baron, 'Unveiling in Early Twentieth Century Egypt', 377.
36 Cooper, *The Women of Egypt*, 129.
37 Badran and Cooke, *Opening the Gates*, 232.
38 Amin, *The Liberation of Women*, 22.
39 Harcourt, *L'Egypte et les Egyptiens*, 100.
40 Amin, *The Liberation of Women*, 86.
41 Ibid., 31.
42 Ibid., 53.
43 Toledano, *The Ottoman Slave Trade and its Suppresion*, 279.
44 Ibid., 79–80.
45 Ibid., 18.
46 Sheil, *Glimpses of Life and Manners in Persia*, 243–4.
47 Toledano, *Slavery and Abolition in the Ottoman Middle East*, 116–17.
48 Toledano, *The Ottoman Slave Trade and its Suppression*, 112.
49 Ibid., 42.
50 White, *Three Years in Constantinople*, vol. 3, 280–3.
51 Toledano, *The Ottoman Slave Trade and its Suppression*, 277.
52 Tucker, *Women in Nineteenth-Century Egypt*, 174.
53 Ibid., 166.
54 Afary, *Sexual Politics in Modern Iran*, 115; Akhundzadeh, *Maktubat-e Kamal-ul Dowleh*, 73.

55 Toledano, *The Ottoman Slave Trade and its Suppression*, 186–91.
56 Cresswell, 'The First Great Arabic Novel'.
57 Amanat, *Taj al-Saltana, Crowning Anguish*, 41.
58 cit. Afary, *Sexual Politics in Modern Iran*, 65.
59 El-Rouayheb, *Before Homosexuality in the Arab-Islamic World, 1500–1800*, 94.
60 cit. El-Rouayheb, 1–2.
61 cit. Afary, *Sexual Politics in Modern Iran*, 104.
62 cit. Andrews and Kalpakli, *The Age of Beloveds*, 173.
63 Afary, *Sexual Politics in Modern Iran*, 112.
64 Ibid., 95.
65 El-Rouayheb, 2.
66 cit. Afary, *Sexual Politics in Modern Iran*, 120.
67 Afary, *Sexual Politics in Modern Iran*, 123.
68 Ansari, *The Politics of Nationalism in Modern Iran*, 63.

五、國家

1 Mishra, *From the Ruins of Empire*, 1.
2 Browne, *The Persian Constitutional Revolution*, 1.
3 Keddie, *Sayyid Jamal ad-Din 'Al-Afghani'*, 80.
4 Ibid., 34.

5 Ibid., 41, 45.
6 Ibid., 54.
7 Berkes, 187.
8 Kedourie, *Afghani and Abduh*, 15.
9 Ibid., 14.
10 Ibid., 12.
11 Ibid., 14–15.
12 Keddie, *Sayyid Jamal ad-Din 'Al-Afghani'*, 95.
13 Kedourie, *Afghani and Abduh*, 25.
14 Keddie, *Sayyid Jamal ad-Din 'Al-Afghani'*, 116.
15 Wright, *A Tidy Little War*, 16.
16 Ibid., 27.
17 Blunt, *Secret History of the English Occupation of Egypt*, 368.
18 cit. Wright, 19.
19 Scholch, *Egypt for the Egyptians!*, 159.
20 Blunt, *Secret History of the English Occupation of Egypt*, 114.
21 Ibid., 117.
22 Scholch, *Egypt for the Egyptians!*, 202.
23 Rogan, *The Arabs*, 129.
24 cit. Wright, 42.

25 法國的棄權後來演變成斷然反對英國統治埃及。
26 cit. Wright, 109.
27 Ibid, 262.
28 cit. Wright, 103.
29 Blunt, *Gordon at Khartoum*, 209.
30 Ibid., 500–1.
31 Keddie, *Sayyid Jamal ad-Din 'Al-Afghani'*, 304.
32 Ibid., 298.
33 Adamiyat, *Ideoloji-ye Mashrutiyat-e Iran*, 12.
34 Browne, *The Persian Revolution*, 27.
35 Amanat, *Taj al-Saltaneh, Crowning Anguish*, 188.
36 Algar, *Mirza Malkum Khan*, 177.
37 Feuvrier, *Trois ans à la cour de Perse*, 310.
38 Keddie, *Sayyid Jamal ad-Din 'Al-Afghani'*, 331.
39 Feuvrier, *Trois ans à la cour de Perse*, 311–12.
40 Keddie, *Sayyid Jamal ad-Din 'Al-Afghani'*, 343–4.
41 Keddie, *Religion and Rebellion in Iran*, 96–7.
42 Browne, *The Persian Revolution*, 58.
43 Keddie, *Sayyid Jamal ad-Din 'Al-Afghani'*, 408.
44 Nazem al-Islam Kermani, *Tarikh-e Bidari-ye Iranian*, 85.

45 Keddie, *Sayyid Jamal ad-Din 'Al-Afghani'*, 411–12.
46 Ibid., 420.
47 Sohrabi, *Revolution and Constitutionalism in the Ottoman Empire and Iran*, 80.
48 Nazem al-Islam Kermani, *Tarikh-e Bidari-ye Iranian*, 295.
49 雖然本身是神射手，但他顯然沒有自信能射贏兩名並肩而立的刺客。
50 McCullagh, *The Fall of Abd-Ul-Hamid*, 255–60.
51 Mansel, *Constantinople*, 317.
52 Deringil, *The Well-Protected Domains*, 98.
53 Nazem al-Islam Kermani, *Tarikh-e Bidari-ye Iranian*, 276.
54 Kasravi, *History of the Iranian Constitutional Revolution*, 104.
55 Keddie, *Sayyid Jamal ad-Din 'Al-Afghani'*, 392.
56 Nazem al-Islam Kermani, *Tarikh-e Bidari-ye Iranian*, 435.
57 Browne, *The Persian Revolution*, 127.
58 Ibid., 119.
59 Ibid., 133.
60 Afary, *Sexual Politics in Modern Iran*, 179.
61 cit. Afary, *The Iranian Constitutional Revolution*, 63.
62 Shuster, *The Strangling of Persia*, 21–2.
63 Kasravi, *History of the Iranian Constitutional Revolution*, vol. 1, 269–70.
64 Afary, *The Iranian Constitutional Revolution*, 189.

65 Taqizadeh, *Zendegi Tufani*, 24.
66 Ibid., 26.
67 Ibid., 43.
68 Browne, *The Persian Revolution*, 144.
69 Taqizadeh, *Zendegi Tufani*, 63.
70 Katouzian, 'Sayyed Hassan Taqizadeh', 2.
71 Afary, *The Iranian Constitutional Revolution*, 100.
72 Ibid., 110.
73 Ibid., 135.
74 Browne, *The Persian Revolution*, 167.
75 Ibid., 194.
76 Ibid., 201.
77 Ibid.
78 Kasravi, *Tarikh-e Mashrouteh-e Iran*, 636.
79 Browne, *The Persian Revolution*, 247.
80 Browne, *The Press and Poetry of Modern Persia*, 215.
81 Afary, *The Iranian Constitutional Revolution*, 259.
82 Shuster, *The Strangling of Persia*, 182.
83 Ibid., 191.
84 把沙阿本身算進去是不公道的。納賽爾丁對歐洲人考古挖掘的興趣主要是商業取向。

85 Ansari, *The Politics of Nationalism in Modern Iran*, 57–8.
86 McMeekin, *The Ottoman Endgame*, 35.
87 Berkes, *The Development of Secularism in Turkey*, 357.
88 McMeekin, *The Ottoman Endgame*, 45.
89 Edib, *Memoirs*, 258–9.
90 Ibid., 259.
91 Ibid., 260.
92 Sohrabi, *Revolution and Constitutionalism in the Ottoman Empire and Iran*, 175, 186.
93 Browne, *The Persian Revolution*, 250.
94 McCullagh, *The Fall of Abd-ul-Hamid*, 13.
95 Ibid., 65.
96 Sohrabi, *Revolution and Constitutionalism in the Ottoman Empire and Iran*, 190, 197.
97 Ibid., 233.
98 Berkes, *Development*, 341.
99 McMeekin, *The Ottoman Endgame*, 54.
100 McCullagh, *The Fall of Abd-ul-Hamid*, 271.
101 Edib, *Memoirs*, 317.
102 Heyd, *Foundations of Turkish Nationalism*, 22.
103 Berkes, *Development*, 395.
104 Gokalp, *Turkish Nationalism*, 38.

105 Ibid., 40.
106 cit. Mazower, *Salonica, City of Ghosts*, 283.
107 Gokalp, *Turkish Nationalism*, 73.
108 Ibid., 83–5.
109 Berkes, *Development*, 375.
110 Gokalp, *Turkish Nationalism*, 76.
111 McMeekin, *The Ottoman Endgame*, 72.
112 Berkes, *Development*, 358.
113 Mango, *Atatürk*, 218–19.
114 Thompson, *Justice Interrupted*, 101.
115 在前一年齊亞所寫的一篇文章中，他在描述為機構注入情感或精神意義時引用了涂爾幹（Emile Durkheim）的話。「每當我們感覺對某個物體有宗教之愛，」齊亞寫道：「我們稱之為『聖』；產生道德感覺的事物，我們稱之為『善』；刺激藝術情感的東西，我們形容為『美』」。
116 Edib, *Memoirs*, 335–7.
117 Gesink, *Islamic Reform and Conservatism*, 97.
118 Abduh, *The Theology of Unity*, 35–7.
119 Ibid., 38.
120 Ibid., 126–7.
121 Blunt, *My Diaries*, vol. 1, 418.
122 Gesink, *Islamic Reform and Conservatism*, 16.

123 Sedgwick, *Muhammad Abduh*, 74.
124 Blunt, *My Diaries*, vol. 2, 69.
125 Sedgwick, *Muhammad Abduh*, 62.
126 Mahmoudi, *Taha Husain's Education*, 29.
127 Ibid., 28–9.
128 Gesink, *Islamic Reform and Conservatism*, 182.
129 Fahmy, *Ordinary Egyptians*, 85.
130 Gesink, *Islamic Reform and Conservatism*, 186.
131 Blunt, *My Diaries*, vol. 2, 455.
132 Sedgwick, *Muhammad Abduh*, 113.

六、反啟蒙

1 Shaarawi, *Harem Years*, 7.
2 Edib, *The Turkish Ordeal*, 31–2.
3 Hourani, *Arabic Thought in the Liberal Age*, 185.
4 Rogan, *The Fall of the Ottomans*, 291.
5 McMeekin, *The Ottoman Endgame*, 481.
6 Fromkin, *A Peace to End All Peace*, 258–9.
7 Edib, *The Turkish Ordeal*, 30.
8 Ansari, *The Politics of Nationalism in Modern Iran*, 69.

9 Pedersen, *The Guardians*, 17.

10 de Bellaigue, *Patriot of Persia*, 51.

11 Fromkin, *A Peace to End All Peace*, 399.

12 de Bellaigue, *Patriot of Persia*, 82.

13 Thompson, *Justice Interrupted*, 109–11.

14 再往東走，阿富汗的阿曼諾拉汗也在做同一件事；關於如何使一個穆斯林國家現代化，有個標準模板出現了。

15 Mitchell, *The Society of Muslim Brothers*, viii.

16 Halpern, *The Politics of Social Change in the Middle East and North Africa*, 130.

17 Thompson, *Justice Interrupted*, 154.

18 反觀另一位和班納同時代、也對伊斯蘭主義的崛起有深遠影響的人物：巴基斯坦的賽義德・阿爾・阿奧拉・茅杜第（Sayyid Abul-Ala Maududi），則是在宗教學校受教育，不過除了宗教研究，他也擅長科學和數學。應用科學能在現代伊斯蘭主義的圈子被接納，原因可追溯至哈桑・阿泰爾和沙尼札德赫・阿塔烏拉等十九世紀思想家享有的成就，他們說服身邊的宗教虔信者相信，伊斯蘭與科學知識之間並無對立。

19 Thompson, *Justice Interrupted*, 156.

20 Mitchell, *The Society of Muslim Brothers*, 71.

21 Ibid., 5.

22 Ibid., 8.

23 Thompson, *Justice Interrupted*, 161.

24 Ibid., 163.

25 Ibid., 168.
26 Rodenbeck, *Cairo*, 194.
27 Ruthven, *Islam in the World*, 92.
28 Qutb, *A Child from the Village*, 113.
29 Ibid.
30 John Calvert, *Sayyid Qutb and the Origins of Radical Islamism*, 115.
31 Ibid., 78.
32 Ibid., 68.
33 Ibid., 66.
34 Ibid., 110.
35 Ibid., 96.
36 Ibid., 143.
37 Ibid., 145.
38 Ibid., 150.
39 Ibid., 153.
40 Ibid., 149.
41 Ruthven, *Islam in the World*, 81.
42 Rodenbeck, *Cairo*, 199.
43 Ibid., 219.
44 Calvert, 195.

45 Ibid., 203.
46 Ibid., 208.
47 Ibid.
48 Bergesen, *The Sayyid Qutb Reader*, 35.
49 Ibid., 40.
50 Ruthven, *Islam in the World*, 89.
51 Ibid., 92.
52 Bergesen, *The Sayyid Qutb Reader*, 37.
53 Rodenbeck, *Cairo*, 221.
54 Ruthven, *Islam in the World*, 96.
55 Calvert, 258.
56 Ibid., 261.
57 Ibid., 268.
58 Ibid., 283.
59 Manafzadeh, *Ahmad Kasravi*, 194.
60 de Bellaigue, *Patriot of Persia*, 185.
61 Mottahedeh, *Mantle of the Prophet*, 297.
62 Al-e Ahmad, *Iranian Society*, 57.
63 Mottahedeh, 296.
64 Boroujerdi, *Iranian Intellectuals and the West*, 70.

65 Al-e Ahmad, *Gharbzadegi*, 7.
66 Ibid., 36.
67 Ibid., 71.
68 Ibid., 47.
69 Fanon, *The Wretched of the Earth*, 175.
70 Al-e Ahmad, *Karnameh*, 111.
71 Ibid., 102.
72 Al-e Ahmad, *Iranian Society*, 305.
73 Mottahedeh, *Mantle of the Prophet*, 301.
74 Ibid., 323.
75 Rahnama, *An Islamic Utopian*, 236.
76 Boroujerdi, *Iranian Intellectuals and the West*, 107.
77 Buchan, *Days of God*, 133.

結論

1 在紊亂的混雜確實發生之處，例如巴爾幹半島的農村，伊斯蘭、基督教和猶太教造就出統合性的傳統——不為後來的純粹主義者所認同，而遭到鎮壓。

【VISUM】MV0008

伊斯蘭啟蒙運動：在信仰與理性中掙扎的現代化之路

The Islamic Enlightenment: The modern struggle between faith and reason

作　　者❖克里斯多福・德・貝萊格（Christopher de Bellaigue）
譯　　者❖洪世民
封面設計❖兒　日
內頁排版❖張彩梅
校　　對❖魏秋綢
總 編 輯❖郭寶秀
責任編輯❖力宏勳
行銷企劃❖許芷瑀

發 行 人❖凃玉雲
出　　版❖馬可孛羅文化
104台北市中山區民生東路二段141號5樓
電話：02-25007696
發　　行❖英屬蓋曼群島商家庭傳媒股份有限公司城邦分公司
104台北市中山區民生東路二段141號11樓
客服服務專線：(886) 2-25007718；25007719
24小時傳真專線：(886) 2-25001990；25001991
服務時間：週一至週五9:00～12:00；13:00～17:00
劃撥帳號：19863813　戶名：書虫股份有限公司
讀者服務信箱：service@readingclub.com.tw
香港發行所❖城邦（香港）出版集團有限公司
香港灣仔駱克道193號東超商業中心1/F
電話：(852) 2508 6231　傳真：(852) 2578 9337
新馬發行所❖城邦（馬新）出版集團 Cite (M) Sdn Bhd.
41-3, Jalan Radin Anum, Bandar Baru Sri Petaling,
57000 Kuala Lumpur, Malaysia.
電話：(603) 9056 3833　傳真：(603) 9057 6622
讀者服務信箱：services@cite.my
輸出印刷❖中原造像股份有限公司
初版一刷❖2020年5月
定　　價❖620元

ISBN：978-986-5509-18-7

城邦讀書花園
www.cite.com.tw

國家圖書館出版品預行編目（CIP）資料

伊斯蘭啟蒙運動：在信仰與理性中掙扎的現代化之路／克里斯多福・德・貝萊格（Christopher de Bellaigue）著；洪世民譯. -- 初版. -- 臺北市：馬可孛羅文化出版：家庭傳媒城邦分公司發行，2020.05
　面；　公分 --（Visum；MV0008）
譯自：The Islamic Enlightenment: The modern struggle between faith and reason
ISBN 978-986-5509-18-7（平裝）
1.伊斯蘭教　2.啟蒙運動　3.中東史
735　　109004537